Otto Wachenhusen

Die Volkswirtschaftslehre für das deutsche Volk

Otto Wachenhusen

Die Volkswirtschaftslehre für das deutsche Volk

ISBN/EAN: 9783744643054

Hergestellt in Europa, USA, Kanada, Australien, Japan

Cover: Foto ©Suzi / pixelio.de

Weitere Bücher finden Sie auf **www.hansebooks.com**

Die

Volkswirthschaftslehre.

Für das deutsche Volk

von

Otto Wachenhusen.

Leipzig

Verlag von Otto Wigand.

1863.

Vorwort.

—·—

Unsere Literatur ist reich an gediegenen Lehrbüchern über Volkswirthschaft, wie auch an vortrefflichen Schriften über einzelne volkswirthschaftliche Fragen. Erstere konnten indessen, so lange unser Volk aus wenigen Gebildeten und einer mehr oder weniger in Unwissenheit und Gleichgültigkeit lebenden Masse bestand, nur auf einen engeren Leserkreis Bedacht nehmen, und auch letztere wurden, bei der localen Beschränktheit und bei der Zersplitterung der Interessen, in weiteren Kreisen nur mit derjenigen Vorbereitung und Hingebung gelesen, wie sie fremden, dem Eigeninteresse fern liegenden Angelegenheiten gewidmet zu werden pflegt. Der Volks-wirthschaftslehre war ein ebenso enger Wirkungskreis abgesteckt, wie jedem anderen Zweige menschlicher Thätigkeit. — Jetzt hat sich der Wirkungskreis derselben ungemein erweitert: seit Wissenschaft und Technik, Hand in Hand gehend, durch staunenswerthe, jede Thätigkeit befruchtende, Schöpfungen alle wirthschaftlichen Be-ziehungen, alle Wirkungs- und Gesichts-Kreise weithinaus erweitert haben, seitdem ist Aufklärung und Empfänglichkeit in die unteren und eine mehr dem praktischen Leben der Gegenwart zugewandte Bildung in die höheren Volksschichten eingedrungen, seitdem

schwindet aber auch die Zahl Derer immer mehr, denen irgendwelche wirthschaftliche Vorgänge und Einrichtungen noch als ihnen
fremde Angelegenheiten erscheinen. In Allen gewinnt nun die
Erkenntniß immer mehr Raum, daß alle aufgeworfenen wirthschaftlichen Fragen in innigstem Zusammenhange stehen, und sich zu der
einen großen, brennenden, socialen Frage vereinen, die Alle gleichmäßig berührt, und in deren Verständniß Jeder aus eigenem
Selbstinteresse eindringen muß.

Was bedeutet diese Wendung? Warum sehen wir gerade seit
der Vermählung der Wissenschaft mit dem praktischen Leben die
Menschen und ihre Wirksamkeit aus ihrer Kleinheit heraustreten
und zu einer niegeahnten Entwicklung gelangen, die unteren
Schichten eine ihnen so lange vorenthaltene Aufklärung und
Bildungsfähigkeit gewinnen, die höheren Schichten sich dem realen
Gebiet der wirthschaftlichen Interessen wieder zuwenden, und alle
die kleinen Interessen sich immermehr zu einem Gesammtinteresse
vereinen? Warum geht diese hohe Culturentwickelung gerade von
dem wirthschaftlichen Gebiete aus vor sich, sich eng mit dem Selbstinteresse verknüpfend? — Weil das Selbstinteresse, die eigene
Bedürfnißbefriedigung, der natürliche, einzig wahre und dauernde
Stachel allen menschlichen Strebens ist, weil sodann die Arbeit
Dasjenige ist, wodurch allein der Mensch seine Befriedigungsmittel
schaffen und sich selbst entwickeln kann, weil ferner jede Arbeit,
allein wirkend, kaum das Schwächste, mit den Arbeiten der Gesammtheit sich ergänzend und gegenseitig fördernd, das Größeste
zu leisten im Stande ist, und weil endlich das wirthschaftliche
Gebiet der natürliche Vereinigungspunkt der Arbeiten Aller ist,
wo also auch allein die Wissenschaft mit der Gesammtkraft sich vereinigen kann.

Unser wirthschaftliches Zusammenleben ist also der natürliche
Ausgangspunkt aller Cultur, und zu ihm muß die letztere, will sie

sich weiter entwickeln, fort und fort in Beziehung verbleiben. Gleicherweise ist aber auch die geistige und sittliche Bildung der Menschen für die Entwickelung ihrer materiellen Interessen von dem wesentlichsten Einflusse, sie ist eine der wesentlichsten wirth= schaftlichen Productivkräfte.

Durch diese kurze, zum sofortigen Verständnisse mit dem Leser voraufgeschickte, Umschau ist das Wesen der Volkswirthschaft und der Volkswirthschaftslehre gekennzeichnet, und zugleich ersichtlich, daß nun, nachdem obberegtermaßen alle Schichten unseres Volks zu einer erhöheten, gesunderen Bildung und zur Theilnahme an einer immer mächtiger werdenden volkswirthschaftlichen Bewegung — zu deren Herbeiführung jene eingangsgedachten Schriften seit Adam Smith, wenn auch von kleinen Kreisen aus, so wesent= lich mitgewirkt haben — gelangt sind und sich vereinen, daß nun erst die Volkswirthschaftslehre ihre volle Aufgabe lösen kann, aber auch mit Anstrengung aller Kräfte lösen muß, nämlich: die Quellen des Volkswohlstandes und damit zugleich die Quellen geistiger und sittlicher Bildung dem ganzen Volke sichtbar und zugänglich zu machen, damit Alle sie immer mehr erschließen helfen.

Die Volkswirthschaftslehre kann und muß nun zum Volke sprechen, ihre Wahrheiten Allen mittheilen, und zwar durch den Mund Vieler, aber sie muß nicht, um Allen in einigen Stücken verständlich zu werden, Allen nur halb verständlich werden wollen; sie muß deßhalb nicht, um der schwächeren Fassungskraft der Vielen willen, die geistigen und sittlichen Triebkräfte des menschlichen Handelns verschleiert lassen, und etwa den Magen als das Allein= bewegende hinstellen, und sie kann auch nicht, wenn sie nicht bloße gedankenlose Nachbeter schaffen will, ihre Wahrheiten als bloße Glaubenssätze eintrichtern wollen. Sie muß vielmehr in zwar möglichst verständlicher, übersichtlicher, aber die Auffassung von innenheraus berichtigender, überzeugender Darstellung wirkliche

Belehrung und Läuterung der Ansichten bezwecken. Wenn Viele nach diesem Ziele hinwirken, dann wird unter Beihülfe der wirthschaftlichen Entwickelung selbst ein Kreis nach dem andern in immer rascherem Fortschritt zur vollen Erkenntniß gelangen.

In diesem Sinne soll auch das gegenwärtige Lehrbuch wirken, das mit einem dem guten Willen des Verfassers entsprechenden Wohlwollen aufgenommen werden möge.

Boitzenburg a/E., 1862/63.

Otto Wachenhusen.

Inhaltsübersicht.

Drittes Buch.

Die Vertheilung der Güter im wirthschaftlichen Berufsleben.

Sechstes Capitel.

Die Einkommenzweige.

Siebentes Capitel.

Praktische Gestaltung der Einkommenzweige.

Einleitung.

Der richtige Standpunkt für die Lösung der socialen Frage.

Unter praktischen, den Wissenschaften fernstehenden Geschäftsleuten besteht immer noch eine gewisse Voreingenommenheit gegen die wissenschaftliche Behandlung der praktischen Lebensfragen: Wissenschaft und Praxis werden als Gegensätze aufgefaßt, die Resultate der Wissenschaft als „graue Theorien," als „Hirngespinnste" bei Seite geschoben, ehe man sich die Mühe genommen, sie näher zu prüfen. Die Volkswirthschaftslehre hat mit diesem Vorurtheil um so mehr zu kämpfen, als sie — wegen ihres vielfachen Zusammenhanges mit der Politik und indem sie der freien Bewegung das Wort redet — nicht umhin kann, sich bei Denjenigen unliebsam zu machen, welche um jeden Preis ihre Sonderrechte retten möchten. Diese haben nie verfehlt, jenes Vorurtheil bei Denjenigen nach Kräften zu nähren und auszubeuten (wie vor Kurzem noch die Verbündung von Kleist-Retzow und dem Schuhmacher Panse in Berlin gezeigt), bei welchen es aus was immer für Gründen leichter ist, Furcht und Schrecken, als den Trieb nach ruhiger selbsteigener Forschung zu erwecken. Bei den letzteren bedurfte es häufig nur der Verdächtigung, als ob die Resultate der Volkswirthschaftslehre, eben weil sie eine Wissenschaft sei, verwandt sein müßten mit den allerdings rein theoretischen Phantasiegebilden von Louis Blanc, Fourier, St. Simon, Cabet, Baboeuf, und wie diese auf dem französischen Boden wie die Pilze wachsenden Projectenmacher — diese Antipoden der Volkswirthschaftslehre alle heißen, und die alte Meinung: daß überhaupt nicht die Wissenschaft, sondern nur die Praxis, d. h. der praktische Geschäftsmann, die sociale Frage lösen könne, war neu befestigt.

Nun ist aber wohl zu beachten, daß, wenn der bloße, d. h. durch die Volkswirthschaftslehre noch nicht hindurchgegangene Praktiker von seinem Geschäftsstandpunkte aus seine Grundsätze, nach welchen er die Verkehrsverhältnisse entwickelt sehen möchte, darlegt, diese Grundsätze vielmehr im Sinne von Louis Blanc ec. sich gestalten, als die der heutigen Volkswirthschaftslehre, welche mit den französischen „Theorien" auch nicht ein Jota gemein hat. Wir haben das in der eclantesten Weise aus den zahllosen Petitionen ersehen, welche aus der praktischen Geschäftswelt 1848 bei der Nationalversammlung in Frankfurt und bei den einzelnen Kammern eingingen, welche durchweg auf eine socialistisch künstliche Regulirung der Verkehrsverhältnisse von Staatswegen und Stand gegen Stand, Gewerk gegen Gewerk, gerichtet waren, und bei welchen gerade die Volkswirthschaftslehre das zu tadeln hatte, daß eben sie vielfach eine bodenlose Unkenntniß des Gesammtverkehrs verriethen.

Bloße Hirngespinnste, wie die der französischen Socialisten und Communisten zu studiren, wäre für den Praktiker Zeitverschwendung, denn sie harmoniren weder mit der Natur des Menschen, noch haben sie sonst irgend welchen praktischen Boden unter ihren Füßen; wenn wir aber immer finden, daß der blos praktische Geschäftsmann nur zu leicht auf dieselben Abwege geräth, wohin jene Socialisten ihn führen möchten, weil auch im praktischen Berufsleben der Einzelne nur einen ganz kleinen, engen Standpunkt im Gesammtleben und Gesammtverkehr einnimmt, der ihn leicht zu Einseitigkeiten veranlaßt, so dürfte es sich für den Praktiker wohl der Mühe lohnen, sich in der Volkswirthschaftslehre wenigstens einmal mit eigenen Augen umzusehen. Er wird es sicherlich nicht bereuen, und wird finden, daß zu wahrhaft praktischer Anschauung mehr erforderlich ist, als die kleinen Erfahrungen des einseitigen Berufslebens.

Die Volkswirthschaftslehre, welche an der Hand der Geschichte, der Statistik, der Naturwissenschaften, der moralischen und philosophischen, der Staats- und Rechtswissenschaften, der Handelswissenschaft ec. ec. von den inneren und äußeren Bedingungen des Verkehrslebens sich unterrichtet, und mit so geschärftem Blicke zugleich das praktische Gesammtleben überblickt und durchschauet, ist allein im Stande, die sociale Frage allseitig und consequent richtig zu lösen.

Sie weiß sich davor zu hüten, einseitige Wahrnehmungen, von denen man von vornherein und ohne Weiteres noch gar nicht wissen kann, in welchem Zusammenhange sie mit dem Gesammtleben stehen, und wie sie von ihm beeinflußt werden, zu verallgemeinern, und ihnen allgemeine Gültigkeit und Tragweite beizulegen. Sie hütet sich ferner, den gesammten Erscheinungen eines Städtchens, Länchens, Kreises, ja eines Zeitalters, die Bedeutung beizulegen, als wären sie zur Abschließung eines Allgemein-Urtheils ausreichend. Sie zerlegt das ganze

Verkehrsleben, ihr ganzes Material, in seine Elemente und einzelnen Abschnitte, vergleicht die geschäftlichen, politischen und culturhistorischen Zustände und Einrichtungen der verschiedensten Länder und der verschiedensten Zeitperioden mit einander, prüft an jedem Platze und in jedem Zeitraume das Verhältniß aller einzelnen Lebenserscheinungen zu einander, registrirt jeden erheblichen Nebenumstand, welcher dieselbe Einrichtung hier günstig, dort ungünstig stellen konnte, und schließt erst dann mit ihrem Urtheil ab, wenn sie sich überzeugt halten kann, daß sie das Nothwendige, ewig Wiederkehrende, völlig von den zufälligen Nebenbeimischungen gesäubert, und sich ein klares Bild von den gesammten Erscheinungen des Lebens und ihren regelmäßigen Wechselbeziehungen gemacht hat.

Nur ein solches wissenschaftliches Verfahren schärft das Auge zur Beobachtung des gegenwärtigen Lebens, und sichert ebensosehr vor dem perückenhaften Schematismus der trockenen Gelehrten, und den bodenlosen Phantasien unbesonnener Idealisten, als vor der spießbürgerlichen Engherzigkeit und Kurzsichtigkeit, welche, nur geleitet durch den Zufall und die Berechnung der nächsten Folgen, gewöhnlich sich selbst die Ruthe bindet.

Die Volkswirthschaftslehre ist sich heutigen Tages in den wesentlichsten Fragen einig, und überall, wo der Blick der Völker sich aufklärt, feiert sie in raschem Zuge ihre Triumphe; möge bald kein deutsches Land mehr sein, das ihren Mahnungen sein Ohr verschließt.

Erstes Buch.

Erstes Capitel.

Grundanschauungen.

§. 1.

Der Mensch und sein Lebensgesetz.

Die Volkswirthschaftslehre, oder Nationalökonomie hat es mit der Gestaltung der wirthschaftlichen Verhältnisse der ganzen Bevölkerung zu thun, wie diese vor sich gehen, und sich wechselseitig beeinflussen und bedingen; sie untersucht: nach welchen natürlichen Entwickelungsgesetzen die Erzeugung, die Vertheilung und die Benutzung derjenigen Dinge sich regelt und bestimmt, welche zur Befriedigung der Bedürfnisse der Bevölkerung dienen. Sie will diese Entwickelungsgesetze erfahrungsmäßig auffinden; um aber diese Erfahrungen in dem richtigen Lichte betrachten, sammeln und zu einem Urtheile zusammenstellen zu können, ist es unumgänglich nothwendig, daß sie zuvor ihr Auge auf die Grundverhältnisse richte, woran sich die Erfahrungen anknüpfen sollen. Es ist deshalb erforderlich, daß wir zunächst über das Wesen und die Triebkräfte des Volks und, um diese richtig aufzufassen, über das Wesen, über die Einrichtung und Ausrüstung des Menschen uns verständigen.

Betrachten wir also zunächst den Menschen; es ist so leicht nicht, ihn richtig zu beurtheilen:

Einer unserer größesten Denker: Kant (metaphys. Rechtslehre XLIII) giebt uns über ihn eine treffliche, aber Vieles in sich begreifende Erklärung. Nach ihm ist der Mensch „das von physischen Bedingungen abhängige Subject des Freiheitsvermögens."

Er ist Subject, d. h. Inhaber des Freiheitsvermögens, er allein auf dieser ganzen Erde. Wie schon seine aufrechte Stellung andeutet, ist der Mensch bestimmt, seinen Willen und seinen Geist über diese enge Welt hinaus in das Reich des Unendlichen hineinzuerstrecken, um dort seine höhere Vollendung anzustreben, auf welche zuletzt Alles abzielt. Er kann und soll dieserhalb seinen Willen und seine Handlungen nach höheren Vorstellungen selbst bestimmen. Aber dieses hohe Ziel, eben weil es die Freiheit oder richtiger die Befreiung des Willens in sich begreift und zur Voraussetzung hat, kann nur erreicht werden durch ewigen Kampf mit entgegenstrebenden Mächten; denn wo wäre eine Kraft, welche nicht erschlaffen müßte in Unthätigkeit und Ruhe, und wo ist Thätigkeit denkbar ohne Widerstand? Deshalb hat der Mensch nur die Keime des göttlichen Geistes erhalten, und er mußte an die irdische Umgebung gebunden werden, die fort und fort ihn herabzieht, und an seine daran sich schließenden irdischen Triebe, Wünsche, Bedürfnisse, die ihn ewig treiben und jagen. — In diesem nimmer rastenden Kampfe, dieser nie endenden Thätigkeit selbst gerade soll der Mensch seinen Willen und seinen Geist kräftigen und ergänzen, und wenn er die Umgebung, die Kräfte der Natur, die erst ihn beherrschen, nach und nach, weiter und weiter sich dienstbar gemacht, und sie seinen eigenen Kräften immer mehr und mehr zu eigen gemacht hat, wie der Körper die Nahrung, daß sie seine Bedürfnisse befriedigen und befriedigen helfen, dann wachsen aus der Befriedigung seiner Bedürfnisse immer wieder neue Bedürfnisse empor, welche ihn weiter und weiter zu immer neuem Kampfe, zu neuer Thätigkeit antreiben: der Kampf ist das Lebenselement der menschlichen Kraft und seine Nahrung sind die nie endenden Bedürfnisse. Die Seele nährt sich groß in dem Kampfe mit der körperlichen Welt, ihre Befreiung ist nicht anders denkbar, als wenn sie einerseits an das Körperliche gebunden, von körperlichen Bedingungen abhängig war, andererseits aber auch vermöge ihres inneren Lebensgesetzes gezwungen ist, durch immer von Neuem hervorwachsende höhere Bedürfnisse den niederen Regionen sich zu entwinden. Das allein kann richtig sein, und von diesem Standpunkte aus kann eine entgegengesetzte Anschauung, wonach wir in De- und Wehmuth und in Unthätigkeit durch die Fürsorge Anderer unsere Glückseligkeit, wie eine gebratene Taube erwarten sollen, nur unwahr und unwürdig erscheinen; der Schöpfer hätte dann ein ganz miserables Geschöpf zu seinem Ebenbilde geschaffen, das den Keim seines Unterganges in sich selbst getragen hätte.

Wir sehen dieses von uns entwickelte Gesetz des Kampfes und Gegensatzes in allen Lebenskreisen, wo irgendwie sich eine Kraft zu entwickeln strebt. Alles im Leben beruht auf demselben und nur durch Vermittelung desselben ist die Ewigkeit denkbar, denn diese kann nicht anders gedacht werden als in ewiger Wiedererzeugung und Verjüngung durch Vergehen. Das Pflanzenreich vergeht im Herbst, um im Frühling verjüngt wieder zu erstehen und zu wachsen. Licht wird durch Schatten bedingt, Tag durch Nacht, Wärme durch Kälte, und nicht anders ist es im Gebiete des Geistigen und Sittlichen; denn das Gute ist nur möglich durch Kampf mit dem Bösen, die Liebe nur durch die Möglichkeit des Hasses, Genuß und Befriedigung nur durch Bedürfniß und Anstrengung.

Je vollkommener, je freier, je entwickelter der Mensch zu werden bestimmt ist, desto größer muß demnach der Widerstand der gegenwirkenden Kräfte sein, und umgekehrt aus der Größe des Widerstandes müssen wir auf die Größe der möglichen menschlichen Entwickelung schließen. (Jürgen, der nach Gellert durch seine Dummheit fortkommt, weil ihm Niemand etwas zu Leide thut, kann nur eine sehr geringe Entwickelungsstufe erreichen.)

Schon die Vergleichung des Menschen mit dem — höherer Entwickelung unfähigen — Thiere macht uns die Absicht verständlich, welche die Vorsehung mit der Zusammensetzung des Menschen zu einem theils körperlichen theils geistig-sittlichen Wesen unverkennbar hat bethätigen wollen.

Das Thier ist von vornherein gegen die Elemente gewaffnet; der Mensch dagegen kommt als ein höchst weichliches, hülfloses Geschöpf zur Welt, und reift so langsam heran, daß er nur durch Unterstützung zuerst vor Untergang bewahrt werden kann. — Das Thier hat von vornherein durchaus entwickelte aber begrenzte Triebe; beim Menschen dagegen sind die Bedürfnisse zuerst gering und unentwickelt, steigern sich aber und breiten sich nach allen Richtungen hin je nach der Anregung aus. Vom Nothwendigen schreitet er zum Nützlichen, von diesem zum Angenehmen vor, bis er zuletzt mit seinem Bedürfnisse Alles umfaßt, bis die Ergründung der tiefsten Wahrheiten durch die Wissenschaften, wie die Erreichung der höchsten Schönheit in den Schöpfungen der Dichtkunst, Malerei, Musik u. s. w. ihm auf der höheren Entwickelungsstufe ebenso dringendes Bedürfniß werden, als in der Kindheit und im rohen Völkerleben ihn die Erreichung des Nothwendigen zu befriedigen schien. — Um es aber dem Menschen desto näher zu legen, daß er in dem weiten und stets sich erweiternden Kreise seiner vielgestaltigen Bedürfnisse nur in angestrengtester Thätigkeit und mit der zähesten Energie die materielle Welt bewältigen, und seinen höheren Zwecken dienstbar machen könne und solle, hat die Vorsehung ihm den einfachen Instinct versagt, — welcher dem Thiere genügt, damit es in dem einfachen, engabgegrenzten, und ein für alle

Mal vorgezeichneten Kreise seiner Bedürfnisse mit Sicherheit seine Befriedigung finde — und hat ihn dagegen mit den zwar schönen, aber fort und fort der Entwickelung bedürftigen Gaben seiner so reich construirten Seele: mit Vernunft, Verstand, Einbildungskraft, Gedächtniß, Gefühl, freiem Willensvermögen und Bewußtsein ausgerüstet, welche ihn befähigen, die wildesten Thiere zu zähmen, die geheimnißvollsten Tiefen der Natur zu erforschen, die Elemente, das Meer, das Feuer, die Winde und alle die Kräfte, welche wir in dem Schießgewehr, in der Locomotive, dem Telegraphen u. s. w. ihm dienstbar sehen, zu bezwingen und für sich auszubeuten, und alle die Schätze aus der Erde an's Licht zu fördern, welche ihn immer höher und höher heben, — mit Gaben, welche aber auch n u r d a n n zum Ziele führen, und ihn nur dann zu dem mächtigen Herrscher der Welt machen, wenn sie ewig und mit immer gesteigerter Energie und in stetem Kampfe mit entgegenstrebenden Kräften geübt und gepflegt werden.   In Ermangelung jenes sicher leitenden Instincts der Thiere und mit seiner zwiegestaltigen Natur, — dieser Composition aus Körper und Geist — begabt, wird der Mensch zwischen den Leidenschaften und Begierden, welche immer und immer wieder ihn bestürmen, und der Vernunft, welche sie zu leiten und zu mäßigen strebt, hin und hergeworfen, muß mit allen jenen Gaben von Versuch zu Versuch schreiten, bald irrend, bald das Richtige treffend, und es ist unzweifelhaft, daß er nur mit Entfaltung aller seiner Kräfte, mit höchster Energie und Zähheit, d. h. wenn sein Willensvermögen durch Kampf immer mehr sich stählt, und auch dann nur durch ein Labyrinth von Irrthümern den Weg zur Wahrheit sich bahnen kann.

> „In labyrinthischen Gewirren
> schwankt ungewiß der Mensch dahin,
> und Das, Das ist sein Rang; nur Er, der diesen Sinn
> für Recht und Licht empfing, der hohe Mensch kann irren."
>
> (Urania von Tiedge.)

Es soll und muß so sein nach dem oben entwickelten Gesetze des Gegensatzes: wo kein Irrthum, da ist auch keine Wahrheit, ohne Anstrengung ist kein Erfolg.   Nehmt dem Menschen die Gelegenheit, ja die Nothwendigkeit zum Kampfe und zur selbststeigensten Anstrengung aller Kräfte, und — wie gut Ihr es auch meint — er wird erschlaffen und verkommen.

§. 2.

Das Volk und sein Lebensgesetz.

Wir haben also gesehen: zum Höchsten ist der Mensch bestimmt, er kann es aber nur erreichen durch Kampf, und zu diesem Kampfe findet er zuerst in der Noth, und weiterhin in seinen wachsenden Bedürfnissen, und in diesen um so mehr Anregung, je höher er sich entwickelt; seine Bedürfnisse, anfangs klein, steigern und erweitern sich mit jeder Befriedigung, mit jedem Genusse, und erwecken also immer neuen Kampf und neues Streben, so daß der Mensch also nur gewissermaßen an der Stufenleiter seiner körperlichen und geistigen Bedürfnisse zur Höhe emporklimmen kann.

Alleinstehend wäre der Mensch seiner Aufgabe nicht gewachsen. Wie er als zartes, hülfsbedürftiges Kind der Unterstützung bedarf, so bedarf er, zu höherer Entwickelung gediehen, des gemeinschaftlichen Strebens; und dieses nicht etwa blos um sich zu erhalten, sondern mehr noch, um desto höher emporzuklimmen. Je höher er steigt, je vielseitiger und entwickelter und feiner seine Bedürfnisse, seine Interessen werden, desto größer wird sein Verlangen nach gegenseitiger Ergänzung, ja manche seiner Bedürfnisse entstehen und finden ihre Befriedigung nur in der Gemeinschaft. Deßhalb zwingt den fortschreitenden Menschen ein ewig sich steigernder innerer Drang zur Vereinigung mit anderen Menschen. Wollen wir diesen Act der Vereinigung richtig verstehen, so müssen wir von der oben dargelegten Natur des Menschen ausgehend, welche ihn überall nur durch seine Bedürfnisse angeregt sein läßt, offen gestehen, daß der Mensch zu dieser Vereinigung immer nur aus Egoismus schreitet: um für seine Bedürfnisse besser sorgen zu können, seine Aufgabe erreichen zu können, nähert er sich Anderen an; aber wie dieser Egoismus auf der höheren Stufe der Entwickelung aus der Vergrößerung seiner Bedürfnisse immer stärker herauswächst, und immer stärker vom Menschen als Triebfeder empfunden wird, so muß derselbe zugleich mit dem Wachsen sich auch veredeln, weil die Bedürfnisse sich immer mehr vergeistigen und veredeln, je höher der Mensch steigt. Deßhalb dürfen wir uns dieses Egoismus durchaus nicht schämen, denn der edle Egoismus fühlt das Bedürfniß des Mittheilens an Andere, des Wohlthuns, das Wohlthun bietet ihm Genuß, und wir gelangen also nach unserer Anschauung ganz auf denselben Fleck, wie Diejenigen, welche den Egoismus bei tugendhaften Handlungen nicht eingestehen. Wir legen aber Gewicht auf unsere Auffassung insofern, als von unserem Standpunkte aus man nie und nimmer in der Volksvereinigung den Selbstzweck des Einzelnen, des Individuums vergißt, und sich bewußt bleibt, daß dieser gewahrt bleiben muß, wenn man dem ursprünglichen Zwecke und Wesen der Volksvereinigung getreu bleiben, und das Wesen des Volks richtig verstehen will. Es ist dies der Individualismus, den der Engländer und Amerikaner, wie auch der Deutsche stets zu bewahren strebt. Auch schon auf der niederen Stufe der Bildung ist es indessen nicht allein das Streben nach Hülfe gegen die Kräfte der Natur und gegen andere Menschen (d. i. ein so zu sagen blos thierischer Egoismus), welches den Menschen zur Vereinigung treibt, sondern von vornherein schwebt ihm eine Ahnung seiner höheren Aufgabe vor, und gerade der letzteren wegen ist es weniger ein willkürlich, etwa in Betracht der zu vermeidenden Gefahren, gefaßter Entschluß, als vielmehr eine eben durch die höhere Lebensaufgabe gebotene **innere Nothwendigkeit**, welche ihn zur Volksvereinigung **unwillkür-lich** treibt. Deßhalb sehen wir die Völker auf der rohesten Stufe schon gemeinschaftlichen religiösen Cultus entwickeln und Liebe und Freund-schaft, welche nur aus einer tief innern Quelle entsprießen können, finden wir in jedem Volke und auf jeder Stufe sich bethätigen. — Wir über-sehen keineswegs, wie auch die, durch die Vereinigung dargebotene, Er-leichterung der Beseitigung von äußeren Gefahren und der Herbeischaffung der Befriedigungsmittel für körperliche Bedürfnisse die Menschen zum Zu-sammentreten veranlaßt; wir wollen nur hervorheben, daß es auch noch einen tieferen Grund hierfür giebt, der als der wichtigere erscheinen muß, und das ist die höhere Lebensaufgabe des Menschen. Glücklicherweise wirken auch der erstere und der letztere Grund gemeinschaftlich, ohne sich zu stören, denn wir haben bereits es angedeutet, und werden es späterhin noch vielfach sehen, daß die körperlichen Bedürfnisse und deren immer ausreichlichere Befriedigung, weil sie sich immer neu erzeugen und neu ge-stalten, und immer zu neuer Thätigkeit drängen, gerade wesentlich zur Erreichung der höheren Lebensaufgabe mitwirken. Sprechen wir also von Erreichung der höheren Lebensaufgabe, so sehen wir nie von den körperlichen Bedürfnissen ab, sondern begreifen diese immer als bereits selbstverständliche Bedingungen der geistigen Entwicklung mit ein. Jede einseitige Auffassung ist zu vermeiden, als ein zu falschen Resultaten füh-render Irrweg; deßhalb warnen wir Diejenigen, welche zu sehr an die körperliche Natur des Menschen denken, daß sie sein geistig-sittliches Wesen nicht vergessen, und Die, welche nur im Himmel leben möchten, daß sie den festen Grund und Boden auf der Erde nicht verlieren. Deß-halb auch warnen wir davor, daß in der Volksvereinigung nicht das Selbstinteresse vergessen und hintangesetzt werde, und vertrösten Diejeni-gen, welche das Individualitätsprinzip für das Wohl des Ganzen ge-fährlich dünkt, auf die geistig-sittliche Natur des Menschen und auf das neben und mit seinem Einzelinteresse, und gerade durch das letztere sich entwickelnde Interesse des Menschen für die Gesammtheit und für alle Einzelnen, mit denen er sich um seiner selbstwillen vereinigen und freund-lich stellen **muß.**

So bekommen wir in dem Volke ein lebendiges Ganzes, das nach dem oben entwickelten Gesetze der Gegensätze die Bedingungen und Vor-aussetzungen der Lebenskräftigkeit und Lebensfrische in sich hat, das sich im freundlichen Aufeinanderwirken dieser Gegensätze ewig verjüngt. Das also ist die Bedeutung und das Wesen des Volks: **es ist eine in seinem innersten Wesen durch die gemeinsame höhere**

Zweckbestimmung aller Glieder mit innerer Nothwendigkeit verbundene Einheit, ein Organismus, welcher
von dem sowohl selbsteigenen, als auch gemeinsamen
höheren Lebenszwecke aller Volksglieder sein Leben
empfängt, und welcher die durch das Einzel- und Gesammtstreben aller Glieder empfangene Lebenskräftigkeit, wie nach dem Gesetze des Blutumlaufs, wechselweise von den Einzelnen an die Gesammtheit, und von
dieser an die einzelnen Glieder zurückgiebt. Es steht also
das Wohlbefinden aller einzelnen Glieder und dasjenige der Gesammtheit, des Volks, in nothwendiger steter Wechselwirkung. Das Wohlsein der Einzelnen ist Ursache von dem Wohlsein des Ganzen und umgekehrt das Wohlsein des Ganzen ist Ursache des Wohlseins aller
Einzelnen, ja auch das Wohlbefinden oder Kranken der einen Glieder
muß, durch den Gesammtorganismus hindurchgehend, nothwendig auf
das Wohlsein oder Kranken der anderen Glieder von wesentlichem
Einflusse sein.

Haben wir nun bei Betrachtung des Menschen und aus seinem Verhältnisse zur äußeren Natur gesehen, daß Kampf und Thätigkeit sein
Lebenselement ist, und daß er nur, um desto höhere Kämpfe seiner Aufgabe, seinem Lebenszwecke gemäß, bestehen zu können, zur Vereinigung
mit anderen gleichgearteten Menschen getrieben wird, so müssen wir nothwendig vor allen Dingen die Aufgabe des Volkslebens dahin bestimmen,
daß es die Aufgabe des einzelnen Menschen im gemeinsamen Kampfe erreichen helfen, auf keinen Fall aber die
nur durch steten freien Kampf mögliche Erreichung dieser
Lebensaufgabe dem Einzelnen hemmend beeinträchtigen dürfe. Und damit haben wir denn mit Nothwendigkeit den einzigen Weg gefunden, auf welchem das Volk als Gesammtheit seine Aufgabe nur allein erreichen kann, das unwandelbare Naturgesetz, dessen
Verletzung und Hintansetzung sich an jedem Volke rächen, dessen Befolgung jedes Volk in allen seinen Gliedern gesund und kräftig
und glücklich machen muß, und dieses Naturgesetz kann nicht anders
heißen, als:

> Nur bei unbedingtester Gewährung freien und ungehemmten Wal-
> tens aller Kräfte jedes Einzelnen im Volke kann und muß sich das
> Ganze, und können und müssen sich alle Einzelnen wohlbe-
> finden.

Nur zu leicht täuscht man sich, wenn man nicht, wie wir, vom Ei
anfängt, sondern in rein äußerer Betrachtung das Wesen über die Form
übersieht. So wie man gewöhnt ist, das Volk nur in einer bestimmten
Staatsform zu betrachten, oder vielmehr nur den Staat sehend, das

Volk, die Nation in dieser Form zu übersehen, ist man leicht verführt, die ganzen Verhältnisse verkehrt anzusehen. Das Volk kann dem Begriffe nach ohne Staatsform, der Staat aber nicht ohne Volk sein, letzteres ist also, und wie wir in Anbetracht der hohen Lebensaufgabe jedes einzelnen Menschen gesehen haben, das Wesentliche, die Hauptsache. Der Staat ist zwar heutigen Tages eine Nothwendigkeit geworden, weil die freie Entfaltung der menschlichen Kräfte ausnahmsweise irregeleitet werden, und in verbrecherische Mißachtung der Freiheit Anderer ausarten kann, und dann gegen solche verbrecherische Mißachtung und Störung der freien Entwickelung ein Regulator da sein muß; er ist aber immer nur eine äußere Nothwendigkeit, indem er nur die ebengedachten Hemmnisse der Freiheitsentwickelung fern halten und beseitigen soll, sich also nur negativ d. i. diesen Störungen und Hemmnissen gegenüber abhaltend und beseitigend verhalten soll. Das Volk dagegen ist eine innere Nothwendigkeit, es soll positiv im gemeinsamen Streben der Einzelnen Diesen die Erreichung ihrer Zwecke vermitteln helfen, die Einzelnen sollen und wollen in ihm sich ergänzen und entfalten, das Volk ist daher das Gesammtstreben der Einzelnen. Der Staat ist ein äußeres Band, das Volk ein inneres Band. Wer nun nach dem Bande zwischen den einzelnen Menschen sucht, und nicht bis auf das Ei zurückgeht, der findet nur den äußeren Staatsverband, nicht den durch die Gemeinschaftlichkeit der höheren Lebensaufgabe aller Einzelnen, wie von selbst sich bildenden Volksverband, welcher alle Sonderinteressen der Einzelnen freundlich mit einander verknüpft, ohne deren Selbständigkeit zu schaden. Diejenigen, welche blos den Staatsverband sehen, halten den Verband am engsten in der Absolutie, wo die Staatsregierung alle Einzelwillen, alle Einzelstrebungen und folglich alle Einzelexistenzen so zu sagen in sich aufsaugt und vernichtet. Hier gleicht das Ganze einem Hampelmann, welcher, wenn die Regierung an dem Bande zieht, das Arme und Beine verbindet, sich an allen Gliedern gleichmäßig bewegt. Bei anderen Staatsformen, wo die Einzelstrebungen sich mehr oder weniger vor solcher Aufsaugung und Vernichtung bewahrt haben, da gehen natürlich die Einzelwillen in Folge der Wahrung ihres höheren Selbstzwecks vielfach ihren eigenen Weg, ein solches äußeres Band, das die Kraft hat, nach einem außer ihnen waltenden Willen alle Glieder des Ganzen zu bewegen, fehlt hier, aber dafür ist hier auch nicht das innere, alle Interessen innerlich und wesentlich verknüpfende Band zerrissen, wie dort. Während dort, wie beim Hampelmanne, das Ganze nur noch einer blos äußerlich zusammengehaltenen und bewegten Maschine gleicht, ist hier ein lebendiger, innerlich sich selbst bethätigender Organismus, wo Alles wie Ursache und Wirkung wechselsweise sich verhält, wo der Einzelne, wenn er für sich wirkt, d. h. wahrhaft für sich wirkt, ein tüchtiges, brauchbares Glied für das Ganze wird, und so am besten für das Ganze und alle Theile mitwirkt, weil sein

Interesse, sein Wohlbefinden dem Interesse und Wohlbefinden der Uebrigen förderlich ist. Wie bei einem lebenden Körper die Uebung und Stärkung jedes einzelnen Gliedes für die Gesammtgesundheit förderlich und nothwendig ist, wie dem ganzen Körper unbehaglich ist, wenn das Blut einem Theile desselben nicht zuströmt, so auch beim Volke, und wie man bei dem menschlichen Körper nicht willkürlich eine andere, als die natürliche Ordnung des Blut- und Säfte-Umlaufs anders, als zum Schaden des Ganzen und aller einzelnen Glieder einführen kann, so auch beim Volke; auch bei diesem steht Alles in ewiger natürlicher Wechselwirkung, und auch hier ist es ein natürliches Lebensgesetz, welchem der Organismus im Ganzen und in allen seinen Theilen sich nicht entfremden darf, und das ist die freie Bewegung, die freie Thätigkeit aller Glieder. Diese Aehnlichkeit ist so wunderbar, daß selbst die Staats- und Volkswissenschaft mit der Medizin in ihren Irrthümern und Wahrheiten auffallend parallel geht: wie die Medizin früher nur die äußere Erscheinung der Krankheit in's Auge faßte, und die Erscheinung auf eine künstliche Weise zurückdrängen und immer und immer zurückdrängen und quacksalbern zu müssen glaubte, in der Meinung, daß wenn nirgend eine bestimmte Krankheitserscheinung mehr sichtbar, der Körper gesund sei, bis dieser zuletzt alle Frische und natürliche Kraft verlor, so glaubten früher auch die Staatsmänner gegen die Erscheinungen der Krankheit künstlich operiren, und immer und immer am Getriebe des Volks reguliren und doctern zu müssen, und wie jetzt die Verständigen in der Medizin einsehen, daß man nur der Natur freien Lauf lassen und die hemmenden Einflüsse beseitigen müsse, damit der Körper bald sich selbst helfe und seine Kraft bewahre, so ist auch in der Staats- und Volkswissenschaft diese vernünftige und natürliche Methode jetzt zur Geltung gekommen. Und es gehört nur die Beseitigung der alten aus oberflächlicher Anschauung entsprungenen Vorurtheile, und die richtige Erkennung der Volksnatur dazu, um im wirklichen Volksleben Tag für Tag die Richtigkeit dieser natürlichen Methode sich bethätigen zu sehen. Wenn ein Theil des Körpers verwundet ist, dann giebt der ganze übrige Körper Säfte an den kranken Theil ab, bis die Wunde heil ist; ebenso in der Volkswirthschaft: ist z. B. an irgend einem Befriedigungsmittel Mangel, so macht der vermehrte Begehr danach den Preis desselben steigen, also alle übrigen Preise im Verhältniß dagegen sinken, und in Folge dessen wenden sich alle möglichen Kräfte wie selbstverständlich an die Herbeischaffung des Fehlenden aus eigenem Interesse; ist dagegen eine Geschäftsbranche überfüllt, so zu sagen übersättigt, so schwindet der Reiz dafür, die Preise, Löhne in dieser Branche fallen, und Alles wendet sich möglichst zu anderen Zweigen, bis die Ueberfüllung nachgelassen und das normale Bedürfniß dafür wieder da ist. Dies Bild wird unsere Anschauung, daß das Volk, die Nation ein lebendiger, sich selbst nach einem inneren unabänderlichen

Naturgesetz entwickelnder und bewegender Organismus ist, noch deutlicher machen. Dies innere, in ihm unabänderlich waltende Naturgesetz regulirt von selbst die verschiedenen Einzelinteressen auf eine wunderbare Weise, stellt immer und immer bei ungehindertem Walten die Harmonie unter denselben wieder her, schafft also eine naturwüchsige, sich selbst regelnde Ordnung, welche viel vollkommener ist als diejenige, welche der klügelnde Mensch, vor dessen Auge viele Triebkräfte verborgen bleiben, an deren Stelle zu setzen im Stande sein kann. Dem Letzteren, dem Arzte, der klüger sein will als die Natur, erscheint oftmals ein Widerstreit da Besorgniß erregend, wo eben die Natur nach dem Gesetze des Gegensatzes die Einzelinteressen kämpfend zur Versöhnung bringen, die im Fortschritte begriffene Ordnung durch Verjüngung der Kräfte erhalten will.

Wenn der Staat, der, wie oben bemerkt, nur die Aufgabe hat, die störenden Hemmnisse, welche in Gestalt von Verbrechen — dieser Auswüchse der sich frei entwickelnden Ordnung — auftreten, im Wege des Rechts beseitigen zu helfen, seine Aufgabe überschreitet, und an die Stelle dieser natürlichen Ordnung um der Auswüchse willen eine künstliche Ordnung setzt, in welcher er die Einzelinteressen in ihrem natürlichen Kampfe stört, so kann er nur die Entwickelung und Verjüngung der Kräfte hindern, und den lebendigen Organismus bis zur Vernichtung schwächen.

Es ist das klare Verständniß dieses Wesens des Volks, wonach es nicht eine zufällig nebeneinander bestehende Anzahl von Menschen ist, die durch menschlichen Verstand künstlich „unter einen Hut" gebracht werden muß, sondern wonach es ein natürlich sich entwickelnder lebendiger Organismus ist, in welchem alle Kräfte sich gegenseitig bedingen, und wie Ursache und Wirkung fortdauernd sich wechselseitig beeinflussen, von höchster Wichtigkeit. Wer nicht dieses Wesen und diese darin waltenden Wechselbeziehungen begreift, kann unmöglich jemals zum Verständnisse der Nationalökonomie, oder der Geschichte, oder der Politik, oder irgend welcher das Volk berührender Ideen gelangen.

In der Nationalökonomie würde ohne diese Anschauung nur eine Anzahl von sich nicht untereinander bedingenden Privatwirthschaften uns entgegentreten, wir würden nicht sehen und begreifen, wie das Wohl der Einen das der Anderen fördert, Alles würde im gegenseitigen Verkehr nur als sich einander ausbeutend und feindlich gegenüberstehend erscheinen, während nach richtigem Verständniß der Volksnatur die Harmonie der Interessen selbst aus den Kämpfen derselben gegeneinander hervorleuchtet. So wie der civilisirte Mensch in dem Gewitter am Himmel weniger etwas Erschreckendes, als vielmehr einen Reinigungsproceß der waltenden Natur erblickt, so sieht auch die richtige volkswirthschaftliche Anschauung im natürlichen Kampfe der Interessen nur das Streben nach Versöhnung und Verjüngung.

§. 3.

Bewährung der obigen Lebensgesetze in der Geschichte der Völker.

Die Geschichte der Völker bestätigt unsere obigen Auffassungen vom Menschen und vom Volke und von den ihre Entwickelung bedingenden natürlichen Gesetzen auf jedem Blatte. Sie zeigt uns kein Volk, wie reichlich die Natur es auch bedacht haben mag, welches Reichthum und Cultur ohne die angestrengteste, selbstständigste und freieste Thätigkeit besessen hätte, und keines, mag die Natur es noch so karg ausgestattet haben, welches unter angestrengtester Thätigkeit und bei freien Institutionen arm und roh geblieben wäre. Sie zeigt uns vielmehr überall, daß die Völker an Wohlhabenheit und Civilisation immer nach Maßgabe ihrer Kraftentwickelung und Freiheit emporgekommen, und nach Maßgabe ihrer Unthätigkeit und Gebundenheit zurückgeblieben und verfallen sind.

In den Ländern des größesten natürlichen Segens, wo die Fülle von selbst hervorsprießt, wo der Mensch, um zu existiren, nur die Gaben der Natur entgegenzunehmen, und so zu sagen nur seinen Schooß zu öffnen braucht, sehen wir ihn in Ermangelung äußerer Anregung nur zu oft auf derselben niederen Stufe der Wohlhabenheit und Bildung fortvegetiren, auf der er anfangs war. So in den Tropenländern, wo Datteln und Bananen, der Brod= und der Kuhbaum den Menschen wie von selbst nähren, wo er Kleidung, Nahrung und Wohnung, Alles, was er zu seiner dringendsten Nothdurft bedarf, fast fertig in der Natur vorfindet. Der von selbst sich darbietende Segen der Natur schläfert seine Kräfte ein, die Trägheit und Schlaffheit erstickt jedes Bedürfniß im Keime, und so ist es nicht zu verwundern, wenn Europäer diese Menschen vielfach so sehr aller Bedürfnisse baar vorfanden, daß sie solche erst wieder durch künstlichen Anreiz, durch Geschenke u. s. w. erwecken und beleben mußten, um Production und Zugänglichkeit für den Handel in ihnen hervorzurufen.

Wo dagegen die Natur den Menschen auf kargen Boden gestellt, der seinen Hunger nicht anders stillt, als wenn er die nothwendigsten Früchte ihm durch Klugheit und Fleiß abnöthigt, wo das Klima ihn veranlaßt, gegen Kälte und Stürme sich durch dichte Wohnungen und warme Kleidung zu sichern, da ist er zu Nachdenken und Fleiß gezwungen, er muß künstliche Geräthe schaffen, muß Flüsse und Seen benutzen, um in der Ferne zu suchen, was er in der Nähe nicht findet; er tritt mit anderen Völkern in Berührung, lernt deren Fortschritte kennen, sieht neue Befriedigungsmittel, und gewöhnt sich an sie; es entwickelt sich Ackerbau, Gewerbe, Handel; die Thätigkeit selbst wird ihm Bedürfniß, und je mehr Erfolge und je mehr Genüsse sie ihm schafft, desto reger werden seine Wünsche und Bestrebungen nach neuen Genüssen. So sehen wir karg ausgestattete Länder vielfach sich zu hohem Reichthum entwickeln, und ein altes Sprichwort: „Die Noth ist die Mutter der Erfindung, Begierde deren Amme und Leidenschaft deren Erzieherin," hat seinen guten Grund.

Im Alterthum waren es die Phönizier und Athener, welche bei kärglichen Bodenverhältnissen, und gerade weil sie durch dieselben auf's Meer getrieben wurden, durch ihren Reichthum und ihre Bildung in Erstaunen setzen, während Egypten und Tibet, die fruchtbarsten Länder, an Reichthum und Cultur gegen jene zurückblieben; bei jenen fleißiges Bürgerthum, bei diesen faules Volk, das die niederen Klassen zu selavischer roher Arbeit nöthigte, um sich in Kasten zu theilen, und durch eine Unmasse Pfaffen in seinem dumpfen Aberglauben immer tiefer herabzusinken. —

Wie fabelhaften Reichthum hat Venedig in seiner Blüthezeit entwickelt, ohne eine Krume Land, wie rasch hat es sich so oft aus den größesten Vernichtungen wieder hervorgearbeitet, und wie groß ragt Holland, das theils mit der Unfruchtbarkeit des Bodens, theils mit Ueberschwemmungen zu kämpfen hat, an Reichthum und an großen Gelehrten und Künstlern hervor!

Die Natur bietet nur die Voraussetzungen und den Stoff zur Befriedigung der Bedürfnisse dar, die Arbeit und das Streben des einzelnen Menschen und ganzer Völker begründen wesentlich ihr Glück.

Wo die Arbeit Nichts gegolten, wo sie verachteten Sclaven überlassen war, da konnte der Staat wohl eine Zeit lang durch die Eroberung, welche von dem Schweiße Anderer lebt, emporkommen, aber der Untergang war auch von vorne herein vorgezeichnet, entweder durch die Obmacht des Feindes, oder durch den bis an sein Ziel gelangten Sieg selbst; denn sobald letzteren Falles die Kriegsthätigkeit und die dadurch temporär vernothwendigte Steigerung der Kräfte aufhört, und einer unausbleiblichen unproductiven, trägen Genußsucht Platz macht, beginnt unausbleiblich die Fäulniß, die den Staat bald dem schwächsten Feinde zugänglich machen muß. Das sehen wir an dem alten Rom, das nach Eroberung der damaligen Welt an Trägheit starb. Ebenso an Persien und so vielen anderen Völkern.

Auch im Mittelalter war die Arbeit nur in sehr begrenzter Weise geachtet, und was hier so eigenthümlich hervortretend ist: nur sehr theilweise ermöglicht und gestattet. Ritter und Knappen störten auf rohe Weise dem Kaufmanne und Gewerbsmanne die Früchte ihres Fleißes, während Leibeigene den verachteten Ackerbau betreiben mußten, ohne die Früchte für sich zu genießen. Handel und Gewerbe waren so genöthigt, eine abgeschlossene sich Schutz und Privilegien erringende Kaste zu werden, die in dieser ihrer abgeschlossenen Stellung der Ergänzung ihrer Kräfte und, bei der zurückbleibenden Bodencultur, eines fortschreitenden Absatzes ermangelten. So schlummerten auch hier tausend Kräfte: Kastengeist, Finsterniß, Aberglauben und Unmenschlichkeit, welche als nothwendige Folgen dieser Stagnation eintreten, würden in Ermangelung glücklicher einen

neuen Fortschritt anbahnender Ereignisse unfehlbar zum Rückschritt und
zur Auflösung geführt haben. Die Erfindung des Schießpulvers aber
trat zur rechten Zeit ein, um das Uebergewicht des Ritterthums zu schwächen, und die Ungleichheiten zu beseitigen; das bürgerliche Leben und Geschäft erhielten Raum und Anregung, sich zu entwickeln. Nun konnte das
Städtewesen und mit ihm jede wissenschaftliche und industrielle Thätigkeit
sich frei entfalten. Das Studium des römischen Rechts trug sodann dazu
bei, den Aberglauben, die barbarische Grausamkeit und die Finsterniß im
Rechtsleben (Hexenprozesse, gräuliche Torturen, Blutrache, Gottesgerichte,
Behme ꝛc. ꝛc.) zu verscheuchen, die nach der Eroberung Constantinopels durch
die Türken nach Italien und Deutschland vertriebenen griechischen Gelehrten machten die reichen Schätze der altgriechischen und römischen Wissenschaften zugänglich und es wurde nun allmählich das Bedürfniß nach wissenschaftlicher Aufklärung immer allgemeiner und fühlbarer, und von dieser Zeit, wo die Wissenschaften wieder in Aufnahme kommen, und unter
Beihülfe der nun erfundenen Buchdruckerkunst verwandelte sich die Nacht
und Finsterniß immer mehr in hellen Tag. Ein Schatz von Erfahrungen und Forschungen der größesten Geister aller Jahrhunderte und aller
Völker — der Griechen, Römer und Araber — goß sich über die Menschheit aus, und schritt, da wieder anknüpfend, wo das Alterthum unterbrochen war, mit Riesenschritten vorwärts. Da kam die Reformation
mit ihren großen für die Aufklärung und freie Entwickelung unschätzbaren
Folgen. — Die Welt hat seitdem, d. h. seit der Wiederanbahnung freier
Thätigkeit und Entwickelung eine ganz neue Gestalt erhalten. Die Wissenschaften wurden wirkliche selbstforschende Wissenschaften. Besonders
die Naturwissenschaften und Mathematik und auf ihrer Grundlage die
Technologie und Mechanik zogen nun alsbald die ungeahntesten Naturkräfte an das Licht und erleuchteten und belebten die Industrie auf eine
wunderbare Weise, und wenn jetzt — nachdem in Folge dessen Eisenbahnen, Dampfschiffe und Telegraphen die fernsten Länder auf das Engste
und Nächste mit einander verbinden, so daß in Wahrheit die Intelligenz
und Kraft aller Jahrhunderte und aller Völker gemeinsam, wie in e i n e r
Werkstatt, an der Dienstbarmachung der Natur und in den Regionen des
Geistes arbeiten, und folglich ein riesiges Capital von Kräften und Fähigkeiten für die gesammte Welt thätig wird — wenn jetzt ein Volk nicht
durch tyrannischen Druck oder engherzige Spießbürgerpolitik verhindert
wird, auf diesen Standpunkt der Civilisation sich hinzustellen, und alle
Arme frei zu regen, so scheint der Industrie eines solchen Volkes heutigen
Tages Nichts mehr unmöglich zu sein.

Man kann nach den obigen geschichtlichen Hindeutungen, welche wir
namentlich durch eine Vergleichung der mehr und mehr zurückgebliebenen
unfreien Länder des jetzigen Europa: Rußlands, Ungarns, Polens, Italiens, Spaniens, Portugals mit dem freieren Deutschland und noch mehr

mit dem wirklich freien England erweitern könnten, über welche hinaus wir uns aber der zu erstrebenden Kürze halber nicht erstrecken konnten, unmöglich verkennen, daß von jeher nur die freiwaltende Thätigkeit Fortschritt und Blüthe in ihrem Gefolge hatte und haben konnte, und ebensowenig verkennen können wir, daß asiatischer Despotismus oder mittelalterliche Engherzigkeit die Errungenschaften der Civilisation wieder vernichten müßten, wie auch nicht minder, daß Beide, in einem Volke sich einnistend und dieses von der ungehemmten Mitthätigkeit in der großen Völkerwerkstatt, worin jetzt alle anderen Völker thätig wirken, zurückhaltend, dieses doppelt, ja hundertfach elend und beklagenswerth machen müßten.

§. 4.

Resumé.

Im Vorstehenden ist beabsichtigt, in möglichst kurzen Umrissen den Leser durch eine tiefere Auffassung der Grundelemente des menschlichen Seins und Schaffens für das Verständniß der Volkswirthschaftslehren vorzubereiten.

Es war dies nothwendig. Man ist nur zu sehr gewöhnt, die Erscheinungen des Lebens von der rein äußerlichen Seite aufzufassen, und kann dann nur zu einseitigen und völlig unrichtigen Anschauungen gelangen. Wie häufig hört man sagen: die Menschen sollten in Ruhe der Gaben der Natur genießen, die so reichlich für Alle spendet, wie glücklich könnten sie dann sein. Solche Auffassung — die beiläufig gesagt nicht einmal bedenkt, daß der Genuß ohne seinen Gegensatz, das Bedürfniß und die Anstrengung, bald schaal und widerwärtig, also sich selbst vernichtend werden müßte, — sieht den heutigen fertigen Zustand als sich von selbst verstehend an. Der heutigen an Capitalien, d. i. aufgesparten Arbeitserzeugnissen so reichen Zeit mußten aber nothwendig andere Zeiten voraufgehen, wo fleißige und sparsame Leute diese Vorräthe sammelten, und wenn nicht fleißige und sparsame Leute rastlos weiter arbeiten, so gehen die Schätze vermöge des Prinzips, wonach die Natur fortwährend auch gegen uns kämpft, indem sie im Wege des Vergehens Alles wieder zu sich nimmt, sehr bald wieder den Weg alles Fleisches. — Der Mensch bedarf des Kampfes, wie wir gesehen haben, wie seiner Lebensluft. Kein Schritt vorwärts ohne Kampf, weder im Einzelleben, noch in der Gemeinschaft des Volks, ja auch der Kampf mit dem aufsaugenden Staatsprinzip kann uns heilsam sein, wenn wir ihm gegenüber unsere Selbständigkeit aufrecht erhalten. Er verbürgt alsdann die Erhaltung des Volksorganismus, welcher ebenfalls in ruhigem Bestande nicht gedacht werden kann, in Ruhe, in Fäulniß übergehen würde. Was würde wohl aus dem Firmamente werden, wenn nicht entgegengesetzte Kräfte den

Gang der Geſtirne regelten? So auch im Volks- und Staatsleben.
Die höchſte Gewalt will Alles äußerlich zuſammenhalten, und iſt ſtets
geneigt geweſen, die Zügel zu ſtark anzuziehen; wir müſſen ſo viel Cen-
trifugalkraft in uns haben, daß wir nicht zuletzt wie von einem
Schwamme aufgeſogen werden, und mit unſerem höheren Selbſtzwecke
verſchwinden. Dieſen letzteren ſtets im Auge iſt uns der Staat nicht
mehr, als eine Beihülfe zur Erreichung deſſelben. Dadurch, daß wir ihn
erreichen, d. h. daß wir durch eigene Thätigkeit im Verein mit unſeren
Volksgenoſſen die höchſte Wohlhabenheit und die höchſte geiſtig-ſittliche
Bildung, auf welche zuletzt Alles hinausläuft, erlangen, dadurch werden
wir dem Ganzen und allen Einzelnen am nützlichſten; denn wir werden
dadurch eine tüchtige Stütze, die Niemandem zur Laſt fällt und auf die
Jeder ſich verlaſſen kann. Es iſt dies keine Phantaſterei, ſondern die
pure, trockene, praktiſche Wahrheit, höchſtens dem incurablen Philiſter
nicht zugänglich. Nur Dieſer, der von der Nothwendigkeit des Kampfes
ſich nicht überzeugen kann oder will, d. h. der nicht weiß oder nicht wiſſen
will, daß ſich allüberall durch Kampf, und nur durch Kampf Kraft und
Fähigkeit, und nur durch Kraft und Fähigkeit eine erhöhete Stufe der
Wohlhabenheit und Bildung erringen läßt, und daß die Ruhe und die
Geborgenheit die erſte Feindin alles Fortſchrittes und aller Cultur iſt,
kann mit der wohlfeilen, trägen, für alle möglichen willkürlichen Be-
ſchränkungen tagtäglich gebrauchten Redensart: „Ordnung muß ſein"
dem Einzelwillen allüberall den Hals zuſchnüren wollen. Der Schöpfer
hat uns als Einzelnen unſere höhere Beſtimmung gegeben, und unſer Einzelintereſſe muß uns daher voranſtehen; es iſt aber dieſem Einzelintereſſe
ſchon in ſeiner materiellen Richtung ein Regulator dadurch gegeben, daß
ſchon die Klugheit Jedem die rechtliche Art des Gebrauchs ſeiner Kräfte
vorſchreibt, ſo wie dadurch, daß die Intereſſen der Einzelnen, wenn ſie
übergreifen wollen, von den gegenüberſtehenden Intereſſen Anderer in
Schranken gehalten werden, wodurch ſich alle ausgleichen, und dann hat,
wie aus dem Obigen hervorgeht, die menſchliche Natur zu ihrem ſinn-
lichen Elemente eine ſo weſentliche, ſich in dem heilſamen Gemeinſinne
offenbarende, geiſtig-ſittliche Beimiſchung erhalten, daß alle Furcht vor
einem unheilſamen Kriege Aller gegen Alle im Staate eine im Allgemeinen völlig unſinnige Schreckgeſtalt iſt. Dieſe geiſtig-ſittliche Seite des
Menſchen kann nicht anders entwickelt werden als in der Freiheit, d. i.
durch die freie Selbſtbeſtimmung, und wenn durch dieſe etliche Irrthümer
und Auswüchſe entſtehen, ſo iſt eben die Möglichkeit ſolcher Auswüchſe
die unerläßliche Bedingung für die ſittliche Vervollkommnung, und können
ſolche Auswüchſe auch, wenn ſie da ſind, noch zeitig genug im Wege des
Rechts unſchädlich gemacht werden. Die Ordnung dagegen, welche der
Staat von oben her in allen Kreiſen der menſchlichen Entwickelung willkürlich und deßhalb hier ſo, dort anders, heute ſo, morgen anders, nach

der Einſicht und dem Geſchmacke der jedesmaligen Lenker meiſt ohne getreue und allſeitige Anſchauung der eigenthümlich ſich verkettenden Lebens-
verhältniſſe ſchafft, iſt wenigſtens dann für den Fortſchritt und das allſeitige Wohlbefinden ſchädlich wirkend, wenn ſie das oberſte Geſetz der
menſchlichen Entwickelung: freie Entwickelung der Kräfte, unbeachtet läßt,
oder gar verleugnet.

Wir wollen übrigens dem Selbſturtheil des Leſers, zu welchem ſich
in dieſer Richtung noch ſo viel Gelegenheit bietet, nicht vorgreifen, ſondern nur vorläufig das aus dem Bisherigen ſich im Allgemeinen ergebende Prinzip hervorheben: Kampf iſt in allen Kreiſen des menſchlichen Lebens und Wirkens die Grundbedingung allen Fortſchritts, und
Jeder ſtrebt am beſten zugleich für das Allgemeine, fördert es, ermöglicht
deſſen Beſtand, wenn er, für ſein eigenes wahres Intereſſe ſtrebend, zu
einer kräftigen Stütze — Jeder eine Säule des Staats — wird.

§. 5.

Nähere Betrachtung der menſchlichen Bedürfniſſe als Hebel der Wirthſchaftlichkeit.

Wir haben geſagt, alles Streben gehe aus dem Fühlen von Be-
dürfniſſen hervor, und mit jeder Befriedigung eines Bedürfniſſes tauchen
neue, erhöhete, geſteigerte Bedürfniſſe auf: die Noth ſei die Mutter der
Erfindung, Begierde deren Amme, und Leidenſchaft deren Erzieherin.
Das Bedürfniß iſt demnach der Stachel und der Ausgangspunkt aller
Production, und es iſt deßhalb, wollen wir nicht der Kürze halber in
Oberflächlichkeit verfallen, vor allem Weiteren noch ein näheres Eingehen
auf die menſchlichen Bedürfniſſe erforderlich.

In der ganzen Welt giebt es wohl Nichts, was nicht in irgend
einer Weiſe ein menſchliches Bedürfniß befriedigen könnte und deßhalb
ſchon iſt bei dem erſtaunenswerthen Reichthum, welchen die Natur an
Stoffen und Kräften in den verſchiedenen Gegenden der Erde für unſern
Gebrauch bereit hält, auf eine unendliche Vielgeſtaltigkeit und Entwickelungsfähigkeit der menſchlichen Bedürfniſſe zu ſchließen. Schon die leiblichen Bedürfniſſe ſind nicht allein nach Klima, Alter, Geſchlecht, individueller Naturanlage des Menſchen von vornherein äußerſt vielgeſtaltig,
ſondern auch überall und bei jedem Menſchen faſt unendlich dehnbar, ſie
vermehren ſich mit jeder höheren Culturſtufe. Dieſe Dehnbarkeit der Bedürfniſſe iſt wohl zu beachten; viele falſche Theorien: namentlich die Annahme einer Ueberproduction, Abſatzloſigkeit ſelbſt bei freier Concurrenz ꝛc.
haben gerade darin gewöhnlich ihren Grund, daß man gegebene Zuſtände
als unveränderlich, und nach wie vor feſtbleibend anſieht, alſo der Dehnbarkeit der Bedürfniſſe keine Rechnung trägt. — Die Dehnbarkeit der
Bedürfniſſe, ja deren wirkliche Vermehrung iſt die Grundlage der menſch-

lichen Entwickelung.	Zwar ist es nicht zu leugnen, daß der Mensch sich in seinen Bedürfnissen verirren kann, und richtig ist es dieserhalb, daß er sich in denselben nach Anleitung seiner Vernunft beschränken muß; aber bei der entschiedenen Wichtigkeit, die wir dem menschlichen Bedürfnisse für die Culturentwickelung beimessen müssen, und bei der Freiheit, die der bei der Wahl mitbetheiligte Geist beanspruchen darf, möchten wir doch die Beschränkungsnothwendigkeit nur insoweit anerkennen, daß wir nach Art Epicur's zugeben: wenn die Befriedigung eines Bedürfnisses die Befriedigung eines anderen dringenderen Bedürfnisses unmöglich macht, und wenn die Befriedigung eines Bedürfnisses die menschliche Fähigkeit, sei es die körperliche, sei es die geistig-sittliche, und vor Allem die letztere schwächt, dann ist die Nährung des Bedürfnisses eine Verirrung.	Wenn ein pariser Gourmand einem Bettler, der ihm seinen grenzenlosen Hunger klagt, erwidert: er beneide ihn um solchen Hunger, er kenne gar keinen mehr, so ist dieses ein Fall, wo die Einschränkung des Genusses um der Erhaltung des Bedürfnisses willen zuvor rathsam gewesen wäre, und wenn Jemand seinen letzten Thaler für ein Vergnügen hingiebt, während er für sich und seine Familie kein Brod im Hause hat, oder wenn Jemand, der vermöge seiner Mittel und Stellung auf Arbeit angewiesen ist, sich gewöhnt, das Wirthshaus zu frequentiren, dann ist auch in diesen und ähnlichen Fällen ein Mißgriff offenbar.	Aber laufen nicht diese Fälle streng genommen alle darauf hinaus, daß in Folge einer Verirrung ausnahmsweise eine Minderung der Bedürfnisse eintritt?	Alle diese Personen hätten bei ökonomischem Verfahren mit ihren Kräften und Mitteln mehr Bedürfnisse haben und befriedigen können, und so die Sache angesehen, und genau genommen, bleibt dann immer als Regel stehen: die Bedürfnisse sind in ihrem natürlichen Streben, sich möglichst zu vermehren und zu steigern, nicht zu beschränken.	Man darf aber auch die leiblichen Bedürfnisse nicht allein betrachten, sondern wenn von der Vermehrung der Bedürfnisse die Rede ist, muß man auch die geistigen und sittlichen berücksichtigen, und diese vor allen.	Sobald der körperliche Genuß den geistigen und sittlichen Trieb abschwächt, macht er den Menschen an Bedürfnissen ärmer, und weil die geistigen und sittlichen für den Einzelnen viel dehnbarer sind als die leiblichen, da die Sättigung ihrer Befriedigung nicht sobald auf dem Fuße folgt, so muß man insoweit, als die Heranbildung körperlicher Bedürfnisse die geistigen und sittlichen Bedürfnisse mindert und schwächt, den Satz: „kreuzige dein Fleisch" allerdings unterschreiben, weiter aber auch nicht; denn die leiblichen Bedürfnisse haben alsdann unbedingt Berechtigung, wenn sie das Streben des Menschen und damit seine Gesammtbefähigung steigern.

Die leiblichen und die geistigen Genüsse und Bedürfnisse spielen übrigens gar sehr, und um so mehr in einander über, jemehr die geistige Entwickelung des Menschen sich hebt.	Die schöne Form, welche man einem Gebrauchsgegenstande giebt, die heitere oder ernste der jedesmaligen Seelenstimmung entsprechende Farbe der Kleider, Zimmer u. s. w., der gute Humor an der Tafel u. s. w., das sind Vergeistigungen sinnlicher Genüsse, welche Jeder kennt. Wie sehr mehren und erhöhen sich aber diese geistigen Beimischungen mit der Cultivirung des Menschen, wie verschieden gestalten sie sich nach der Begabung und nach der verschiedenen Anregung im Leben!

Gerade durch diese verschiedene Gestaltung der Bedürfnisse je nach der verschiedenen Auffassung, nach dem verschiedenen Geschmacke der verschiedenen Personen, ja sogar durch die mit der Entwickelung jeder einzelnen Person in ihren verschiedenen Lebensperioden vorgehende Veränderung der Geschmacksrichtung wird ein ewiger Wechsel der Befriedigungsmittel bedingt, und hierin liegt ein ungemeiner Hebel für das Streben nach diesen. — Führte die Befriedigung der Bedürfnisse zur Verminderung des Volksvermögens, so würde man freilich Denjenigen Recht geben müssen, welche über die Veränderlichkeit der Mode und über die materielle Richtung unserer Zeit in dieser Rücksicht klagen; allein wie sehr hebt es das Streben des Landmannes, wenn die Industrie ihm immer neue wünschenswerthe Genüsse vor Augen stellt, wie sehr hebt es Industrie und Handel, wenn sie ihre Erzeugnisse und Speculationen durch Absatz belohnt sehen, wie sehr wird die Kraft jedes Menschen erhöhet, wenn er neue Genüsse seine Thätigkeit belohnen sieht. Wer durch sein geschmackvoll hergerichtetes Schaufenster, durch launige, lockende Zeitungsannoncen, Etiquetten ꝛc. die Käufer anzulocken versteht, wer durch Erfindung neuer geschmackvoller Muster den Wechsel der Mode zu fördern weiß u. s. w., der steht sich gut dabei, und wenn Diejenigen, welche dadurch zu Ausgaben veranlaßt werden, vielleicht doppelte Arbeit aufwenden, um den Verlust wieder zu decken, so haben auch sie dadurch neue Anregung zur Thätigkeit erhalten, und ist die Ausgabe wieder gedeckt, so ist inzwischen die industrielle Befähigung hier und da gewachsen. Wie die Erzeugung von Befriedigungsmitteln in dem Vorhandensein von Bedürfnissen ihren Grund hat, so wachsen aus jeder Befriedigung, wie wir gesehen haben, wieder neue, höhere, edlere Bedürfnisse hervor: Bedürfniß und Befriedigung stehen also durchaus in wechselseitigem Ursachverhältniß zu einander.

Diese Wechselseitigkeit ist aber, wie wir bereits bei Betrachtung des Volks und seines Lebensgesetzes angedeutet haben, nur in der Gesellschaft unbeschränkt wirksam: auch der isolirte Mensch würde aus jeder Bedürfniß-Befriedigung neue Bedürfnisse hervorkeimen sehen, aber dieselben würden alsbald in der Unmöglichkeit, die Mittel zur Befriedigung herbeizuschaffen, wieder ersticken. Anders in der Gesellschaft, im Volke. Hier stellt sich in Betracht, daß, wenn auch Bedürfniß und Befriedigung höchst persönlich, d. h. nicht von einem Menschen auf den andern über-

tragbar sind, doch die Befriedigungsmittel und deren Beschaffung, d. i.
die zwischen dem höchst persönlichen Bedürfniß und der höchst persönlichen
Befriedigung in der Mitte liegenden Anstrengungen übertragbar sind.
Diese Uebertragbarkeit der Befriedigungsmittel — welche, wie wir später
sehen werden, die Arbeitstheilung und den Tauschverkehr hervorgerufen
hat, und welche den Mittelpunkt der ganzen Volkswirthschaftslehre bildet
— macht es möglich, daß in der Gesellschaft, im Volke, aber auch nur
hier und deßhalb hier wiederum auch nur so weit, als sie schran-
kenlos im freien Verkehr sich bethätigen kann, dem Entstehen eines Bedürfnisses sofort das entsprechende Befriedigungsmittel, und der Befriedigung wiederum sofort ein neues Bedürfniß auf dem Fuße folgen kann
und wirklich folgt, daß also jedes Bedürfniß sich alsbald befriedigen und
jedes Befriedigungsmittel alsbald seine Verwendung finden kann und
wird. — In der Abgeschlossenheit leiden die rohesten Bedürfnisse Mangel, und Bedürfnisse und Kräfte bleiben
auf der untersten Stufe zurück; in der Gesellschaft decken
sich Bedürfniß und Befriedigung, und beide schreiten zu
einer immer höheren Entwickelung fort. Dies ist so wahr,
daß es auch auf die Zwischenstufen zwischen den beiden Extremen — der
völligen Abgeschlossenheit des Einzelnen und der völlig freien Durchwachsenheit der Gesellschaft und des Verkehrs, d. i. der völlig freien
Arbeitstheilung und des völlig freien Austausches gegenseitiger Dienstleistungen — Anwendung findet, daß wir also sagen können und müssen:
je mehr auf einem volkswirthschaftlichen Gebiete die Einzelnen in der
freien Gestaltung und dem freien Austausche ihrer Bethätigungen beschränkt werden, desto mehr werden sie Alle im Mangel und in der Entwickelung zurückgehalten, und je weniger alle Einzelnen verhindert werden,
mit ihrem Schaffen und ihren Leistungen frei zu schalten und sich wechselseitig zu ergänzen, wie in einem lebendigen Organismus, desto mehr
Befriedigung und Entwickelung Aller.

Zweites Capitel.
Die Erzeugung der Güter.

§. 6.
Die Production und die Productionsmittel.

Mögen wir uns auf den Standpunkt der ersten uns bekannten Jahrhunderte der Menschengeschichte, oder auf den heutigen Standpunkt der
nach unseren jetzigen Begriffen so erstaunlich weit vorgeschrittenen —

dennoch aber in fernerer Zukunft, vielleicht theilweise als Barbarei erscheinenden — Civilisation, von welcher wir am Schlusse des §. 3. nur in kurzen Zügen ein flüchtiges Bild gegeben haben, hinstellen; immer müssen wir uns den Menschen als aus der Natur schöpfend denken, wenn wir uns veranschaulichen wollen, wie er seine zahlreichen körperlichen und geistigen Bedürfnisse befriedigen will; denn immer, auch heute noch spielt die Natur mit ihrem unermeßlichen Fond von Stoffen und Kräften eine wesentliche Rolle für die Erzeugung der Befriedigungsmittel. Erzeugen im Sinne des Schaffens, wie wir es dem Schöpfer zuschreiben, kann der Mensch Nichts, auch nicht das Kleinste; er kann nur aus dem Schatze der Natur hervorholen, und den Stoffen und Kräften durch Trennung, Zusammensetzung, Umformung, Ortsveränderung eine veränderte, in diesem Sinne neu genannte Gestalt und Bedeutung geben.

Umgekehrt aber kann man wieder auch nirgends die Natur den einzigen Schöpfer eines fertigen Befriedigungsmittels nennen. Wenn auch noch so gering, so ist doch immer begriffsmäßig einige Thätigkeit erforderlich, um der Natur das Befriedigungsmittel abzugewinnen, und wenn man auch nur z. B. die reife wilde Frucht vom Baume pflücken, oder sie auflesen muß. Wir täuschen uns aber auch vom heutigen Standpunkte der Entwickelung aus sehr häufig über die Leistungen der Natur an sich, indem wir übersehen, daß die Natur bereits von Menschenarbeit zuvor hergerichtet ist, wo wir sie für selbsterzeugend ansehen, z. B. beim tragfähigen Boden.

In den seltensten Fällen kommen wir aber auch mit der Natur und mit der Arbeit, wenn wir uns diese als gegenwärtige denken (d. h. mit dem im Augenblicke der Herstellung des fraglichen Products vergossenen Schweiße unseres Angesichts, wie der gewöhnliche Arbeiter sagt) aus, um ein Befriedigungsmittel zu schaffen, sondern wir müssen auch die Erzeugnisse bereits früher gethaner Arbeit, welche aufgespart worden sind, um sie später nützlich weiter zu verwenden, mit zu Hülfe nehmen. So z. B. müssen wir, wenn wir auch nur einen Baum fällen wollen, uns der Säge oder Axt bedienen. Solche Arbeitserzeugnisse nun, welche zu fernerer Production aufbewahrt sind, und verwandt werden, nennen wir Capital. Die Capitaleigenschaft — im gewöhnlichen Leben so unrichtig aufgefaßt — entsteht ganz allein durch die Bestimmung und Verwendung einer Sache zur Production. Dieser Begriff ist als in der Nationalökonomie feststehender wohl festzuhalten, denn nur in diesem Sinne wird derselbe im Ferneren gebraucht werden.

Drücken wir uns überhaupt technisch aus, so nennen wir die in der Natur vorfindlichen Stoffe und Kräfte überhaupt, seien sie lebendig oder todt, körperlich oder geistig, „Dinge". — Sind diese körperlicher Art, so nennen wir sie „Sache", oder wir nennen auch wohl alle Dinge Sachen, wenn wir an unser Rechts- oder wirthschaftliches Verhältniß zu ihnen denken, wenn wir sie also als von dem Naturganzen schon abgetrennt und unserer Einwirkung unterworfen denken. — Kommen Dinge als Mittel zur Befriedigung unserer Bedürfnisse, als Nützlichkeiten in Betracht, so nennen wir sie „Güter". Die Nützlichkeit, welche diese haben, nennen wir ihren „Werth" insofern, als dieselbe durch menschliche, übertragbare Thätigkeit hergestellt ist. Ein Inbegriff, eine Menge von Gütern in einer Hand gesammelt heißt „Vermögen" und derjenige Theil des Vermögens, welcher nicht zum unmittelbaren, oder sofortigen Consum bestimmt, oder verwandt wird, sondern welcher die Bestimmung oder Verwendung erhalten hat, neue Güter damit, oder daraus zu produciren, heißt eben „Capital".

Nach dem Obigen sind also die Mittel oder Factoren zur Production, d. h. derjenigen Thätigkeit, wodurch Güter geschaffen werden, d. i. den Dingen Nützlichkeit beigebracht wird:

Natur, Arbeit und Capital.

Wir betrachten diese drei Factoren der Production jetzt einzeln näher:

§. 7.

Die Natur.

Was in der Natur an brauchbaren Dingen für uns vorhanden sei? Das ist eine nach dem Standpunkte unserer Civilisation sehr verschieden zu beantwortende Frage; denn wenn wir auch oben gesagt haben, daß schwerlich ein Ding zu finden sei, ohne alle Nutzbarkeit, so ist doch von der allgemeinen Möglichkeit der Benutzung bis zur wirklichen besonderen Nutzbarkeit ein oft Jahrhunderte langer Weg. — Gar Vieles wird jetzt von uns benutzt, von dessen Nützlichkeit unsere Voreltern keine Ahnung hatten, ja das ihnen vielleicht nur schädlich und hinderlich erscheinen mochte. Viele Dinge waren ihnen gänzlich unbekannt, weil sie nur in Gegenden sich finden und gedeihen, welche ihnen noch unzugänglich waren. Denken wir aber nicht allein an die Stoffe in der Natur, sondern auch an deren Kräfte, wie viele sind deren, welche erst in den letztverflossenen Jahrhunderten uns bekannt geworden, und wie viele mögen noch im Schooße der Natur verborgen sein, von denen wir erst nach Jahrhunderten Kenntniß erhalten werden. Vielleicht wirken sie rings um uns her tagtäglich, und unser körperliches oder geistiges Auge ist nur noch zu schwach, um sie zu erkennen, oder sie sind uns etwa ihrem Dasein nach bekannt, aber wir ahnen nicht ihre große Wirksamkeit und Ausbeutungsfähigkeit. Wer hat früher an die elektromagnetische Kraft gedacht, und wie sollte man jetzt, da Dampfwagen und Dampfschiffe die ganze Welt durcheilen, sich nicht darüber wundern, daß man von dem Heben des Deckels auf dem Theekessel nicht eher Notiz genommen? Die Naturwissenschaften sind für die Menschheit gewissermaßen die zweiten Schöpfer

der Natur, was sie aus dieser machen, das ist sie uns; aber in weiterer
Linie stehen wieder die Mathematiker, die Techniker und alle Diejenigen
sodann, welche diese bilden und anregen, so wie selbst Diejenigen, welche
deren Erfindungen zu immer weiterer Production ausbeuten und ausbeuten
helfen. — Das ist ein höchst beachtungswerther Gedanke. Er weiset mit Entschiedenheit auf die Nothwendigkeit hin, alle Kräfte frei walten zu lassen,
damit die Gesammtkraft der ganzen Menschheit thätig sei, den Segen
der Natur zu entfalten. — Manche große Erfindung ist auf eine so un-
vorhergesehene Weise entstanden, wie man es kaum glauben sollte. Um
nur ein Beispiel anzuführen: bei den ersten Dampfmaschinen mußten
Knaben die Communication zwischen dem Kessel und dem Cylinder, sobald
der Kolben hinauf und herunter ging, wechselsweise öffnen und schließen.
Einer dieser Knaben verfiel, um Zeit zum Spielen zu gewinnen, darauf,
durch eine Schnur von dem Griffe des Ventils nach einem anderen Theile
der Maschine das Ventil ohne weiteres Zuthun sich öffnen und schließen
zu lassen. So entstand die Ventilsteuerung. — Jeder großen Erfindung
gehen zahllose kleinere Erfindungen voraus, die oft so unbedeutend
scheinen, daß man sie zuerst gar nicht beachtet, und die doch den Keim
einer großen Erfindung in sich tragen können. Wo ist nun der eigentliche Herd einer großen Erfindung? Ein Glied aus der Kette hinweggela-
lassen, und die ganze Existenz der großen Erfindung, d. i. des letzten
Schlußacts wird vielleicht eine Generation weiter hinausgeschoben.

Was ist nun aber mit allem Dem gesagt? Wir wissen bereits, daß
die Natur ein Factor der Production sei, aber der Leser ahnt vielleicht
noch nicht, ein wie wichtiger er ist. So möge er Folgendes wohl beachten. Wir haben gesagt, daß wir Nichts im eigentlichen Sinne schaffen
könnten. Wenn wir eine Nützlichkeit schaffen, um ein Bedürfniß zu befriedigen, so geschieht dies, indem wir unsere gegenwärtige Arbeit und
meist auch noch frühere Arbeit, Capital, an oder mit der Natur zusammenwirken lassen. Unsere Arbeit nun ist kostbar, sie kostet uns Kräfte
und Zeit, d. h. einen Theil unseres Lebens; wir müssen, wenn wir
unsere Arbeit nach einer Richtung hin verwenden, währenddessen nach
einer anderen Richtung hin damit pausiren, und können uns in anderen
Branchen währenddem keine Befriedigung verschaffen, sondern müssen in
diesen, wie sehr unsere Existenz es auch verlangt, währenddem entbehren.
Die Natur dagegen, sowohl deren Stoffe als deren Kräfte, ist un entgeltlich, ihre Mitwirkung kostet durchaus gar nichts. Erst wenn sich
Arbeit daran hängt, wenn die Stoffe und Kräfte der Natur mit Arbeit
zusammen verknüpft sind, so kostet diese in ihnen enthaltene
Arbeit, dieses Capital demjenigen, der sie erworben, eben die
Arbeit, und Demjenigen, welcher sie von Diesem weiter erwerben will,
eine Gegenleistung. Der Boden kostet Etwas, sobald er irgendwie bereits
bearbeitet, und wenn auch nur in Besitz genommen ist, denn auch die

Beſitzergreifung ſchon enthält irgendwie eine Arbeit. Die bloße Natur aber koſtet nichts, und deßhalb koſten nicht allein alle die Stoffe und Kräfte, die nicht in abgeſonderten Theilen angeeignet werden, weil ſie in unendlicher, oder genugſamer Fülle vorhanden ſind, nichts, ſondern auch die übrigen, in abgeſonderten Theilen angeeigneten Stoffe und Kräfte der Natur werden nur ſcheinbar bezahlt, da in Wirklichkeit nur die auf ſie und an ihnen verwandte Arbeit durch Gegenleiſtungen vergolten wird. Die Sonne ſcheint, der Wind wehet, das Meer, der Regen, die Luft, die Wärme, die Schwerkraft, die Elektricität, die Ausdehnung der Dämpfe und Gaſe, aber eben ſo auch die Beſtandtheile des Grund und Bodens u. ſ. w., ſie wirken und ſind nützlich für Alle ohne Gegen-leiſtung. — — Was folgt nun hieraus? Daß eine Production um ſo weniger koſtet, je mehr der Factor Natur und je weniger der Factor Arbeit daran nach Verhältniß ver-treten iſt. Und hieraus folgt wiederum, daß es das Streben und die Aufgabe des Menſchen iſt, die Natur mit immer mehr Stoffen und Kräften dienſtbar zu machen, und alles Dasjenige mit ihrer Hülfe zu vollführen, was früher mit der rohen Muskelkraft unendlich viel ſchwerer und unausreichlicher erreicht werden konnte, oder was man durch bloße Arbeit gar nicht erreichen konnte. Das Waſſer in der Mühle läßt man vermöge ſeiner Schwere arbeiten ſtatt der Muskelkraft des Menſchen oder des Thiers, die Dampfmaſchine arbeitet unter der Leitung eines Menſchen, was hundert ſonſt nicht vollbrachten. Darauf beruhet der vermehrte Reichthum der Jetztzeit gegenüber den früheren unwiſſenden Jahrhunderten. Das Bedürfniß ruhet und raſtet nicht. Iſt die Pro-duction vermehrt mit Hülfe der dienſtbar gemachten Natur, ſo wirft ſich der arbeitende Geiſt auf andere Zweige, um die erſparte Zeit und Kraft zu anderweitigen Bedürfnißbefriedigungen zu verwenden. Das iſt der Weg zum Wohlbefinden Aller. Mit weniger Mühe ſollen Alle mehr ge-nießen, weil Alle mehr leiſten. Der große Tiſch des großen Marktes, auf welchen Alle jetzt hundert-, ja tauſendfach vermehrte Nützlichkeiten legen gegen ſonſt, bietet Allen vermehrte Befriedigungen und Genüſſe dar.

Wenn wir nun bedenken, wie oft der unbedeutendſte Arbeiter im Wege des Zufalls zu den wichtigſten Entdeckungen gelangt, ſo müſſen wir ſchon vom Standpunkte der bloßen enggefaßten Nützlichkeit aus als einzig richtiges Prinzip das ungehinderte Walten der Arbeit Aller erkennen. Wie wenig würde der einzelne, durch willkürliche Schranken aus der großen Werkſtatt eines Volks Verſtoßene, von dem Tiſche des Markts nehmen, und wie viel, wie unendlich viel kann er möglicherweiſe bringen! —

Die Natur wirkt verſchieden in den verſchiedenen Gegenden der Erde. Im Norden läßt ſie Eis gefrieren, im Süden kocht die Sonne die ſcharfen Gewürze zurecht. Das Prinzip, wonach wir die Kräfte der Natur mög-lichſt an die Stelle unſerer perſönlichen Anſtrengungen ſetzen müſſen, führt

In Anbetracht dieser verschiedenen Wirksamkeit der Naturkräfte dahin, daß ein Land richtiger nur dieses, ein anderes nur jenes Product zu erzeugen, und die Menschheit ihre Producte gegenseitig auszutauschen strebt.

Die körperlichen und geistigen Anlagen des Menschen sind an und für sich ebenfalls unentgeltliche Gaben der Natur. Das Eigenthümliche an ihnen ist, daß — während die Natur außer uns durchaus unpersönlich, und deßhalb an und für sich außer dem Eigenthum der Einzelnen, also allen Menschen gemeinschaftlich ist, sie von vorneherein mit der Person des Einzelnen unzertrennlich verknüpft sind. Ein unentgeltlicher, natürlicher Fond sind auch sie, aber von vorne herein für den Inhaber, der auch sogleich dieselben durch die Mittel seiner Erhaltung und Ausbildung capitalisirt. Natur, Arbeit und Capital fallen hier unzertrennlich zusammen in demjenigen, was wir späterhin die Arbeitskraft des Menschen nennen.

§. 8.
Die Arbeit.

Arbeit ist diejenige Thätigkeit des Menschen, welche darauf gerichtet ist, die Mittel zur Befriedigung menschlicher Bedürfnisse zu schaffen. Die aus der körperlichen und geistigen Beschaffenheit des Menschen entspringenden Bedürfnisse sind, wie wir gesehen haben, je nach des Menschen Beschaffenheit, Entwickelung und Umgebung verschieden. Deßhalb erscheint dem Einen etwas als Bedürfniß, was dem Andern sehr entbehrlich scheint, in einem Lande und Zeitalter gilt Etwas noch (z. B. Rosenkränze, Amulette) oder schon (z. B. aufklärende Schriften, Kunstgenüsse) für ein Bedürfniß, was in dem anderen unbrauchbar erscheint. Darauf beruht es, daß meine Arbeit nicht eigentlich und geradezu auf die Befriedigung meines Bedürfnisses gerichtet zu sein braucht, wenn der von mir producirte Gegenstand keinen Gebrauchswerth für mich hat, und dennoch auf Umwegen, indirect mein Bedürfniß zu befriedigen bestimmt ist, wenn ich vermöge des Tauschwerthes des durch meine Arbeit erzeugten Gutes das zu erhalten hoffe, was ich gebrauchen will. Auch braucht die Arbeit nicht auf Herbeischaffung eines sofort zu benutzenden Gutes gerichtet zu sein, da sie auf Ansammlung eines Capitals gerichtet sein kann, z. B. bei dem Studirenden, Handwerkslehrling u. s. w. Aber gerichtet muß immer die Thätigkeit auf Herbeischaffung des Befriedigungsmittels eines Bedürfnisses sein, denn weder das Genießen selbst, noch die ohne Hinblick und Aussicht auf Befriedigung irgend eines Bedürfnisses unternommene Anstrengung ist Arbeit zu nennen, obwohl beides Thätigkeiten sind. — Ist auch unerlaubte Thätigkeit Arbeit? Nein, deßhalb nicht, weil die Thätigkeit keine gütererzeugende ist, oder als solche wenigstens in der öffentlichen Welt nicht anerkannt ist, z. B. Diebstahl, Betrug u. s. w. Wenn freilich Etwas von Oben, durch die Staatsgewalt, verboten ist, was im

wirthschaftlichen Publicum als erlaubt und gütermehrend angesehen wird
(z. B. verbotene Bücher), so wird letzteres — und darin offenbart es sich,
daß das Volk mit seinen Sitten, Auffassungen, Ueberzeugungen, etwas
vom Staate Verschiedenes, an Macht und Gewicht schließlich doch immer
über dem Staate Stehendes ist — von diesem, vom Volke, als wirkliche
Arbeit und schließlich immer mit Erfolg anerkannt.

Wie nothwendig die Arbeit für jeden Menschen schon um der Entwickelung seiner nur im Kampf sich steigernden Persönlichkeit willen sei,
haben wir bereits oben entwickelt. L. Stein (System der Staatswissen-
schaft) sagt kurz und treffend: „die Arbeit ist die Bethätigung der freien
Selbstbestimmung in der Natur, und damit die lebendige Verwirklichung
der persönlichen Freiheit; denn sie ist ewig dieselbe, wie das persönliche
Wesen des Menschen, aber ewig zugleich eine neue, wie das Bedürfniß
und der Stoff. Sie ist unendlich reich und mannichfaltig, weil sie das
ganze Dasein der Natur durch das ganze innere Leben der Persönlichkeit
umfassen lehrt. Sie ist das wirkliche Werden der Freiheit des Menschen,
sie ist darum absolut nothwendig, und in diesem Sinne ist die Menschheit
zur Arbeit geschaffen. Und daher kommt es, daß auch die besten Menschen
und die besten Zustände ohne Arbeit untergehen," und Robert Blum
(Handbuch der Staatswissenschaften) sagt eben so wahr: „Arbeit ist das
mächtigste Mittel zur Erhebung und Veredlung des Menschen und die
Allgemeinheit und Schönheit derselben kann als Gradmesser für die Bildung eines Volkes betrachtet werden. Als die Arbeit noch roh, mühsam
und gar nicht genußreich war, lockte sie den Menschen nicht, und er zog es
vor, seine Kraft zur Unterjochung des Mitmenschen zu verwenden, und ihn
durch die Furcht vor seiner körperlichen Uebermacht zu zwingen, daß er die
Arbeit für ihn mache. So sonderten sich Freiheit und Sclaverei, Herrschaft und Unterthänigkeit ab; so entstanden die Unterschiede der Stände,
die Kasten, die Zerklüftungen der Gesellschaft, die sich zuletzt alle auf den
großen Unterschied der Faulen und Müßiggänger und der Arbeitenden
zurückführen lassen. Wie sich die Menschen und mit ihnen die Arbeit ver-
edelte, so verschwanden diese Unterscheidungen; der Müßigen wurden immer
weniger, und heute ist die Arbeit dem denkenden Menschen Bedürfniß, der
Müßiggang nur noch eine Ausnahme."

Letztere Ausnahme läßt sich mancher Orten leider noch jetzt in größerer
Ausdehnung wahrnehmen — freilich nur in den weniger vorgeschrittenen
Staaten — indem Geburt, Vermögen und selbst Amt und Würde zu
Nichtsthun und fauler Ausbeute mißbraucht wird. In einem großen
Theile der höheren Gesellschaftskreise wird die Arbeit noch jetzt als
größtentheils entehrend angesehen*).

---

*) In Mecklenburg gehört es zu den exorbitantesten Seltenheiten, daß ein
Adliger: Advocat, Arzt, Kaufmann, Fabrikant u. s. w. wird. Nur der Beamten-

Aber auch das läßt sich leider nicht leugnen, daß umgekehrt ein großer Theil der körperlich Arbeitenden, an die alte begriffsverwirrende Eintheilung „Nähr-, Zehr- und Wehrstand" sich anschließend, alle diejenigen als nicht arbeitend, oder sich nicht anstrengend, oder nicht productiv arbeitend ansieht, welche nicht körperlich arbeiten. Dies ist gewissermaßen die Revanche für das erstere Vorurtheil. Das eine Extrem ist so roh und unverständig wie das andere. Diejenigen, welche so von beiden Seiten mit Undank belohnt werden, die geistig Arbeitenden, sind glücklicher Weise durch die schöne Hoffnung gestärkt, daß ihre Aufklärung allmählich auch diese geistigen Zeloten aufklären wird. Hat leider die Theologie vor und nach unserm großen Luther in solcher Aufklärung ihre Pflicht gar sehr vernachlässigt, so können wir Gott sei Dank mit um so größerer Befriedigung auf die modernen Wissenschaften, namentlich auf die Naturwissenschaften blicken, welche der Menschheit da den Standpunkt jetzt klar machen, wo ihn Andere zuvor verdüstert haben*).

Die Wissenschaften sind so sehr productiv, daß sie fortdauernd fast an und bei jeder Production heutigen Tages das wesentlichste Theil beschaffen. Denken wir uns — sagt J. B. Say — daß die Wissenschaften plötzlich aufhörten, Niemand studirte sie mehr, was würde dann geschehen? Die Gewerbe würden einige Zeit durch ihren eigenen Antrieb fortgehen, aber sie würden bald in blinde Routine versinken. Wenn die guten Theorien mangelten, so würde man allmählich die Naturgesetze verkennen, die Erklärung der einfachsten Thatsachen verlieren, ohne ein Mittel zu ihrer Wiederentdeckung zu haben. Die Methoden würden, wenn sie von einer Hand in die andere übergingen, allmählich ausarten. Sehr werthvolle Methoden aus dem Alterthume sind im Mittelalter untergegangen. Theilweise hat man sie wieder entdeckt, theilweise nicht. Man kann z. B. nicht mehr Glas machen, das in beliebige Formen kalt umgehämmert werden kann, man kennt nicht mehr das unter dem Wasser brennende griechische Feuer, man kann nicht die Frescomalereien, die nach 3000 Jahren in Theben in voller Frische der Farben gefunden sind, in der Dauerhaftigkeit schaffen u. s. w.

Ist diejenige Arbeit, und nur diejenige im wahren Sinne des Wortes productiv zu nennen, welche durch Gewinnung oder Umwandlung eines

---

und Militairstand gilt dem Adel als „für ihn möglich", in diesen werden aber die unbedeutendsten Stellen — mit Ausnahme der Lehrerstellen — von ihm frequentirt.

*) Zaar Iwan Wasiljewitsch II. gab im 16. Jahrhunderte eine vom Könige von Dänemark ihm geschenkte Uhr zurück, weil er an Gott glaube, und mit Planeten und Zeichen Nichts zu schaffen haben wolle. (Büsching's Magazin VII. p. 300.) In Rendsburg wurde noch anno 1724 ein mit dem Teufel geschlossener Contract öffentlich verbrannt, und der ihn geschlossen hatte, daselbst enthauptet (ebendaselbst XVII. p. 273). Naturforscher galten als Zauberer, Aerzte, welche die Ursachen der Epidemien angaben, wurden des Atheismus beschuldigt u. s. w. u. s. w. Die Kirche und zwar die protestantische, wie die katholische, hat sich von diesen finstern Werken durchaus nicht freigehalten.

Stoffes eine über die Productionskosten hinausgehende Nützlichkeit schafft, so haben gerade die wissenschaftlichen Entdeckungen und Erfindungen dahin geführt, daß man mit so wenig Arbeit und so wenig Mühe so große Nützlichkeiten erzeugt, wie dies jetzt möglich ist. Diejenigen, welche die Erfindungen gemacht, und diejenigen, welche dieselben lehrend verbreiten, sind gewiß productiv. Aber auch diejenigen, welche Anderen die Möglichkeit verschaffen, daß sie arbeiten können, der Arzt, welcher die Gliedmaßen heilt, der Jurist, welcher die Rechtssicherheit schafft, der Prediger, welcher die Moral fördert, und also dem Juristen vorarbeitet, sind gewiß productiv. Ja auch der Sänger, der Maler u. s. w. sind productiv, sofern sie Befriedigung schaffen und sofern sie das geistige und sittliche Capital, und damit die Productivkraft des Volkes erhöhen.

Eine andere Frage ist die: wenn auch jeder Stand productiv sein kann, sind es auch immer die einzelnen Mitglieder jedes Standes? Darauf muß man allerdings natürlich mit: nein! antworten, aber es ist ebenso gut der Handwerker unproductiv, welcher ein perpetuum mobile machen will, und dabei seine Zeit und seine Kräfte nutzlos hinbringt, der Bäcker, welcher ein Brod verbäckt u. s. w., im einzelnen Falle unproductiv, als der Arzt, der nichts versteht, der Prediger, welcher verfinstert, anstatt zu erleuchten, der Jurist, welcher Unrecht zu Recht macht, der Beamte, welcher zu viel regiert u. s. w. u. s. w.

Nur einen Stand möchte ich total unproductiv halten, das ist der Soldat, sofern ich mir ihn im stehenden Heer denke. Wenn Roscher sagt, der Soldat sei ebensogut productiv, wenn er den Feind abhalte, als der Flurschütz, welcher die Krähen vom Kornfelde abhalte, so ist das vom Soldaten im Kriege richtig, aber auf den Soldaten auf stehendem Fuße in Friedenszeiten hat das gar keine Anwendung, denn der Staat kann ohne stehendes Heer ebenso kriegstüchtig sein, als mit einem solchen, und deshalb verhütet das stehende Heer nicht einmal einen Krieg. Will man einwenden, der Staat sei nun einmal ohne stehendes Heer nicht so kriegstüchtig, als mit demselben, so erwidere ich, daß es sich 1) darum eigentlich gar nicht handle, sondern um die Sicherheit, und daß das Bestehen eines Heeres und das Trotzen auf seine Macht oft den unnöthigen Krieg gerade veranlaßt, oder ermöglicht, welchen das friedliebende Volk ohne das Heer gar nicht zu befürchten hätte, 2) aber leugne ich auch, daß das Volk mit stehendem Heere kriegstüchtiger sei. Die Kriegstüchtigkeit — die ebensogut ihre geistige Beimischung hat, wie jede Arbeitsfähigkeit — hängt von der Freiheit und Vaterlandsliebe eines Volkes ab, und diese werden gemindert in einem von Soldatensteuern und Soldatenwirthschaft ausgesogenen Lande. Das Soldatenwesen ist ein sehr schadenbringendes Spielzeug, welches die Productionsfähigkeit eines Landes an allen Ecken und Enden schmälert (auch den Größenwahn schon durch das Uniformwesen nährt, bekanntlich füllen sich die Irrenhäuser durch Uniformirte am meisten).

Würde der Staat dies Spielzeug nicht einrichten, und so sehr in Ehren und Salarirung erhalten, und den Gedienten vor allen Anderen Carrièren eröffnen, so würde sich jetzt nicht leicht Jemand auf die Militaircarrière werfen. Die Schweiz hat kein stehendes Heer und kann doch in kürzester Zeit ein geübtes Milizheer von 160,000 Mann schlagfertig haben. Radetzky selbst hat in einer eigenen Abhandlung es ausgesprochen und ausgeführt, daß die zuverlässigste Stärke eines Staates auf zweckmäßig gebildeten Landwehren beruhe, und die Ausführungen v. Rüstow's sind jetzt allgemein bekannt.

Auf 670'000,000 Thlr. berechnet man mindestens die directen wirthschaftlichen Kosten der Heere Europa's im Frieden jährlich. — Auch sterben (in Friedenszeit) um die Hälfte bis noch einmal so viel Soldaten, als unter Männern gleichen Alters im Civil. Ursachen: Veränderung in der Lebensweise, Verleckungen, gehäufte Schlaffälle u. s. w. (Kolb, Handbuch der vergleichenden Statistik.)

§. 9.
Verschiedene Gattungen der Arbeit.

Will man eine Uebersicht über die wirthschaftlichen Arbeiten gewinnen, so giebt diese am besten die Abtheilung Roscher's:

A. Occupation (Aneignung) der freiwilligen Naturgaben, wie der wilden Pflanzen, Thiere und der Mineralien, Jägerei, Fischerei u. s. w.

B. Stoffproduction, d. h. Leitung der Natur, um brauchbare Rohstoffe hervorzubringen, wie z. B. in Viehzucht, Ackerbau, Forstcultur u. s. w.

C. Stoffveredlung (Werthvermehrung am Stoff), wie sie den Fabriken, Manufacturen und Handwerkern obliegt.

D. Zutheilung des Gütervorrathes an diejenigen, welche unmittelbar davon Gebrauch machen wollen, sowohl von Nation zu Nation, Ort zu Ort (Großhandel), als an die einzelnen Bewohner desselben Orts (Kleinhandel), wozu auch die Geschäfte des Verpachtens, Vermiethens, Darleihens u. s. w. gehören.

E. Dienstleistungen im engern Sinne, d. i. Hervorbringung persönlicher und unkörperlicher Güter, also z. B. der Aerzte, Lehrer, Virtuosen, Staatsmänner, Richter, Advocaten, Geistlichen, welche die unkörperlichen Dinge, Staat und Kirche produciren.

In jeder Classe ist heut zu Tage die Wissenschaft durch Entdeckungen und Erfindungen thätig.

Die aufgeführten Classen entwickeln sich in der angegebenen Reihenfolge mit der steigenden Cultur, und jede Classe hebt sich in sich mit der geistigen Ausbildung des Volkes, hebt dann aber natürlich gleichzeitig die anderen Arbeitsgattungen mit.

§. 10.
Zweck, Stoff und Mittel der Arbeit.

Der Zweck der Arbeit, die Mittel zur Befriedigung von Bedürfnissen zu schaffen, wird natürlich dann am vollkommensten erreicht, wenn mit möglichst wenig Arbeitsmitteln möglichst nützliche, oder möglichst viel nützliche Befriedigungsmittel geschaffen werden. Richtet sich nun meine Thätigkeit auf die Dinge und Kräfte der den Menschen umgebenden Natur oder auf die Leistungen der Menschen selbst, indem ich an denselben und durch dieselben eine werthhöhende Umgestaltung hervorbringen will, so ist meine Aufgabe die, so wenig Stoff und Mittel, so wenig Dinge und Kräfte zu verwenden, als möglich ist, und doch die Wertherhöhung in möglichst hohem Grade oder Maße (qualitativ und quantitativ) zu erreichen, und da meine Thätigkeit selbstverständlich auf einem Raume und in der Zeit vor sich geht, auch von diesen beiden Dingen möglichst wenig zu verwenden. Letzteres umsomehr, als deren Vorrath sich ebensowohl erschöpft, als alles Andere, ich also im Hinblick auf fernere Verwendung auch hieran möglichst sparen muß.

Wie ist dies nun aber zu erreichen? Vor allen Dingen durch richtig angelegten Plan. Eine geistige Thätigkeit ist es wiederum, die jede Arbeit einleiten muß. Ich muß vor allen Dingen ganz genau die Art des Bedürfnisses kennen, zu dessen Befriedigung ich die Mittel herrichten will, muß mir danach das zu schaffende Product geistig ganz genau vor dem Beginn der wirklichen Arbeit vorstellen. Dann betrachte ich den Stoff, woran ich arbeiten will, sehe, was er mir für Schwierigkeiten bieten kann, und bemesse dann meine Mittel, um diese Schwierigkeiten möglichst leicht zu überwinden.

Habe ich die Wahl in den Mitteln, kann ich mich der unentgeltlichen Kräfte der Natur, der thierischen und der menschlichen Kräfte als Mittel bedienen, so ist meine Aufgabe, das im einzelnen Falle tauglichste und am wenigsten kostspielige, und von demselben unbeschadet des möglichst größten Erfolges möglichst wenig aufzubrauchen. Ganz denselben, ja noch einen höheren Nutzen, als vom wenigen Gebrauch meiner Mittel, habe ich, wenn ich die Kraft meiner Mittel möglichst erhöhe.

Das klingt Alles so einfach, und doch wird so vielfach dagegen gefehlt.

Zunächst sieht man im praktischen Leben nicht immer, daß die Leute ihre Producte nach deren Nützlichkeit taxiren, sondern sie taxiren sie oft lediglich nach dem Maße ihrer Mühe und Kosten, welche die Arbeit ihnen verursacht hat. Dies würde freilich das richtige Maß sein, wenn sie dieselben zweckmäßig verwandt haben; wenn aber Andere mit weniger Mühe Besseres geschaffen haben, dann ist, vielleicht ohne ihre Schuld, ihre größere

Mühe und Arbeit nicht so befriedigend und werthvoll, als die geringere der Anderen.

Ferner machen nicht alle Leute den Plan ihrer Arbeiten so bedacht, als dies nach dem Obigen geschehen sollte. Vielleicht verkannten sie von vorne herein das Bedürfniß und machten sich darnach unrichtige, oder unvollkommene Vorstellungen von dem Producte, oder wandten aus Unkenntniß unzweckmäßigen Stoff, oder unzweckmäßige Mittel an. Dies pflegt dann zumeist einzutreten, wenn statt des bewußten jedesmaligen Planentwerfens gewohnheitsmäßig die ein für alle Mal angenommene alte Methode angewandt ist, während inzwischen längst von strebsamen, klugen Leuten weit bessere Methoden aufgefunden sind. — Schlendrian, ein Ausfluß zu stabiler Ordnung.

Ferner wird so oft nicht bedacht, daß die Ersparung von Arbeitszeit, d. h. die gute Anwendung des verbrauchten Theils dieses sehr kostbaren Gutes, sowie der verwendeten Kräfte, so sehr großen Einfluß auf die Kosten des Products hat, indem diese bei fortgesetztem Betriebe einen stets wiederkehrenden Werth haben.

Endlich wird nicht genug auf die Erhöhung der Kräfte und Mittel gesehen.

Wir wollen hier vorerst in letzterer Beziehung einmal allein auf die Erhöhung der Menschenkräfte sehen.

Bei den Naturkräften werden wir auf deren vermehrte Wirksamkeit noch später kommen, und bei den Thieren, welche lediglich körperlich wirksam sind, können wir uns mit bloßer Hindeutung auf deren erhöhete Kraft bei guter Zucht und Nahrung begnügen. Die menschlichen Leistungen aber, deren wir uns bedienen, haben mindestens immer eine geistige Beimischung. Hier stellen sich einige sehr wichtige Wahrnehmungen in Betracht, welche leider nicht immer beachtet werden. Die Naturkraft gehorcht unbedingt, wenn sie einmal hervorgezogen und geleitet ist, in dem Maaße, als sie angespannt wird; das Thier folgt der Peitsche und dem Zaum. Nicht so der Mensch. Bei ihm soll der Geist arbeiten, oder wenigstens die körperlichen Kräfte beleben; schlummert dieser, so ist die Arbeit matt und vom Zwecke abgewandt.

Bei dem Menschen ist ein Zwiefaches nothwendig: die Erzeugung seiner geistigen Fähigkeiten und die Regehaltung, die fortdauernde Belebung derselben bei der Arbeit.

In ersterer Beziehung ist nach der oben entwickelten Natur des Menschen vor allen Dingen die ungehemmte, freie Entwickelung seiner geistigen, ja seiner geistig-sittlichen Kräfte, förderlich. Wir haben es oben schon bei der Betrachtung der Entwickelung der Völker gesehen, daß nur die freie Kraftentfaltung durch Vermehrung der Bedürfnisse den Menschen fähiger und tauglicher macht. Dies bedenken diejenigen nicht, welche heutigen Tages so sehr über die gesteigerten Ansprüche der dienenden Classe, der Gesellen

u. f. w., lamentiren. Der Handwerksgeselle, der Commis, das Dienst-
mädchen, leisten heutigen Tages ohne Frage mehr, als früher, es wird jetzt
auch mehr von ihnen verlangt, wie früher, und sie haben mehr Verantwortlichkeit, und ihre gesteigerten Ansprüche erhöhen eben unbedenklich ihr
Streben und ihre Leistungsfähigkeit. Ein englischer Mäher soll 2 bis
3 Mal so viel mähen, als ein russischer; englische Landwirthe am Hel-
lespont sollen griechischen Arbeitern lieber 10 Pfd. Sterling, als tür-
kischen 3 Pfd. an Lohn geben. Die englischen Fabriken sollen trotz des doppelt und mehrfach höheren Lohnes billiger arbeiten, als unsere, weil die
Arbeiter das Doppelte beschaffen. Nach J. St. Mill vermissen die Engländer, welche in Deutschland gearbeitet haben, dort das Ineinandergreifen
der Thätigkeiten und Einrichtungen.

Zu erhalten und zu beleben aber sind die Arbeitskräfte durch Er-
weckung des Interesses des Arbeitenden für die Arbeit. Auch in dieser
Rücksicht zeigt sich jede Unfreiheit nachtheilig. Der Sclave, der Leibeigene,
Hörige, an die Scholle Gebundene kann von vorne herein niemals die
Liebe zur Arbeit haben, wie derjenige, welcher die Früchte derselben frei
verwenden kann. Aber auch bei dem Freien noch muß ein besonderes Interesse seine Thätigkeit beleben, und dies beruht in dem Lohn für die Arbeit.
Niedriger Lohn erzeugt selbstverständlich Unlust an der Arbeit; wenn aber
der Lohn je nach der größeren Thätigkeit sich erhöht, so begünstigt das
die Arbeitserfolge. So sehen wir, daß Fröhner schlechter arbeiten, als
Tagelöhner, und diese wieder schlechter, als Stücklöhner. Es werden von
Einigen 4 Frohntage gleich drei Lohntagen, von andern 3 von jenen 2
von diesen gleich gerechnet, und der Stücklohn, wo er überhaupt anwendbar ist, wird für so wichtig gehalten, daß englische Nationalökonomen
demselben einen großen Theil des Aufschwungs der englischen Industrie
beimessen. Er ist zwar nicht überall anwendlich, weil nicht jede Arbeit sich
in Stücke auflösen läßt, wie z. B. die Gesindearbeit, allein es lassen sich
dennoch viel mehr Arbeiten in Accord geben, als auf den ersten Schein ge-
glaubt wird, und die gefürchtete Verschlechterung kann durch gute Controle,
und wenn man das Interesse des Arbeiters zugleich mit an die Güte seiner
Leistung knüpft, mehr, als man glaubt, vermieden werden. Wenn der
Eisengießereiunternehmer mit dem Hammer in der Hand die Stücke nach-
sieht und zerschlägt, was er seinen Kunden nicht bieten will, so wird die
Arbeit das zweite Mal schon sauberer werden. Auch die Tantième, d. h.
Antheil am Gewinne ist ein Sporn. Der Stubenmaler Leclaire (Leclaire,
répartition des bénéfices du travail, 1842) zahlte seinen Leuten ihren
Lohn, behielt einen von vornherein bestimmten Theil für sich, und theilte
den Rest wieder mit den Arbeitern zu großem Vortheil für Alle.

Auch die Achtung, welche der Arbeiter genießt, ist eine sehr bedeutende Triebkraft: la noblesse oblige (der Adel legt Pflichten auf) ist ein
altes wahres Sprichwort. Wir haben die außerordentlich guten Wirkungen

des Jahres 1848 in dieser Beziehung noch immer vor Augen, und nur Blinde können sie übersehen. Das öffentliche Stimmrecht und der Antheil, welches jedem selbständigen makelfreien Manne an den öffentlichen Interessen beigelegt war, hob seinen Stolz, und machte ihm die Pflicht und die Nothwendigkeit fühlbar, dieses großen Rechtes würdig zu sein. Arbeiter- und Bildungsvereine stemmten sich seitdem gegen die alten rohen Zunftmißbräuche auf den Herbergen, gegen das Betteln, zogen Unterrichtete zu ihrer Belehrung heran u. s. w. Leider wurden sie aufgehoben, das Herbergswesen konnte wieder einreißen, und dennoch pflanzte sich der einmal gelegte Keim in Liedertafeln, gesitteten Geselligkeiten u. s. w. fort. Wie mit einem Striche grenzt sich die Zeit nach 1848 von der Zeit vorher ab. Die Trunkenbolde sind von der Straße verschwunden, wie die zerlumpten Röcke, und wer sich tief in's Volksleben eintaucht, wird überall den Segen dieses so vielgeschmähten Jahres und namentlich auch in der vermehrten Arbeitstüchtigkeit bemerken.

Was wir noch sonst über die Arbeit und die Arbeitsmittel zu sagen haben, verschieben wir, bis wir uns über das Capital, und damit namentlich über die Werkzeuge und Maschinen unterrichtet haben.

§. 11.

Das Capital.

Begriff und Berechtigung und Uebersicht.

Wir haben in §. 6 Capital genannt: alle Arbeitserzeugnisse, welche dem sofortigen Verbrauch entzogen, und zur weiteren Production aufbewahrt und bestimmt sind, und haben dasselbe neben der Natur und der gegenwärtigen, augenblicklichen Arbeit, als dritten Factor der Production angegeben.

Im gewöhnlichen Leben wird der Begriff des Capitals ganz falsch aufgefaßt, wie uns aus der später zu entwickelnden Natur des Geldes noch deutlicher werden wird. Man versteht darunter nämlich sehr irrig nur eine Geldanhäufung. Auch Geld ist dann kein Capital, wenn es, wie man sagt, verzehrt wird, es ist es nur dann, wenn es zur Production verwandt wird, und unter der letzten Voraussetzung ist jedes Gut Capital. Jedenfalls ist Capital immer eine angesammelte Arbeit, und kann nicht ohne dieselbe entstehen. Freilich kann Jemand ein Landgut, eine Summe Geldes, eine Fabrik u. s. w. geschenkt bekommen, ererben, im Spiel gewinnen; dann hat es aber immer der erarbeitet, welcher es verschenkt, vererbt, verspielt, oder derjenige, von welchem dieser es bekommen hat u. s. w., und wer es erarbeitet hat, muß das Recht haben, es auf Jemand Anderes durch Schenken, Vererben, Verspielen zu übertragen, denn nur wenn er dieses Recht hat, hat er den vollen Genuß von seiner Arbeit. Aus diesem Gesichtspunkte muß man, so lange nicht von etwaigen politischen Privilegien die Rede ist, welche hie und da den Capitalisten eingeräumt sind, sondern von der reinen that= sächlich dem Capital als ersparter Arbeit inwohnenden Macht die Rede ist — die Vorzüge desjenigen betrachten, welcher durch den Besitz eines großen Betriebscapitals alle Uebrigen überflügelt; der Vorzug ist von ihm, oder von dem, der es rechtlich auf ihn übertragen hat, mit saurem Schweiße erarbeitet. Er setzt mit dem großen Capital immer nur eine große Summe von Arbeit ein. Wie unrichtig und unrecht ist es daher, wenn man so viele Leute über die Vorzüge der Vermögenden, der Fabriken, des Grundbesitzes u. s. w. klagen hört, und wie thöricht, wenn sie Schutz begehren gegen deren Ueberflügelung, ja begehren, daß Jene zurückgehalten werden sollen, damit sie nachkommen können, nach dem alten Wahlspruche: „Immer langsam voran". Es ist das der reine Communismus, d. h.: die Leugnung des Privateigenthumsrechts; denn wenn das Eigenthums= recht der Einzelnen von Gott und Rechtswegen bestehen muß, **weil es die Frucht der Arbeit und ohne Arbeit nicht möglich ist**, dann muß selbstverständlich der Eigenthümer auch alle Vorzüge seines Eigenthums ungehindert genießen, also auch es auf Andere übertragen können. Man kann es deshalb nur als Zeichen der Dummheit, oder der= jenigen Frechheit und Arroganz ansehen, welche nur der Beschränktheit eigen ist, wenn man Jemand nach Hülfe gegen das Capital wimmern hört. Wir kommen auf dies Thema noch weiter zurück, und werden auch später sehen, daß es nicht schlimm, sondern gut und fördernd gerade für den Unbemittelten ist, wenn möglichst viele Capitalien vorhanden sind. Wir gewinnen von Letzterem, von der Heilsamkeit des Capitals für Jeden, auch für den, der es nicht hat, schon einen Vorgeschmack, wenn wir das Capital als Productionsmittel näher betrachten.

Wie sollte es wohl werden, wenn plötzlich alle Capitalien verschwin= den würden? Es würden dann verschwinden:

1) Alle Verbesserungen des Grund und Bodens, das Land würde in seinem völlig uncultivirten Zustande vor uns liegen.

2) Die Flüsse wären in ihrem Naturzustande, versandet und verstopft, und allüberall planlos übertretend. Landstraßen gäbe es nicht.

3) Es gäbe keine Wohnungen und keine sicheren Aufbewahrungs= räume.

4) Die Pferde, welche wir jetzt zum Ziehen gebrauchen, die Kühe, die Schaafe u. s. w. liefen wild umher, unserer Herrschaft spottend, ja großen= theils wären sie wohl in den Urwäldern bei uns nicht heimisch, Wölfe würden uns die Herrschaft streitig machen.

5) Werkzeuge und Geräthschaften aller Art, Maschinen u. s. w. gäbe es nicht: keine Wagen, keine Schiffe und Kähne, keine Aexte und Sägen, keine Töpfe und Kessel zum Kochen.

6) Selbst die Rohstoffe, deren wir uns zu unseren Arbeiten bedienen,

Felle, Eisen, gefälltes Holz, Saatkorn u. s. w. lägen für uns nicht so bereit; denn sobald wir uns einen gefällten Baum ꝛc. denken, müssen wir schon an vorhergegangene Arbeit denken, und die Arbeit des Fällens wäre ohne Axt und Säge so leicht nicht. Und was wollten wir denn auch mit dem daliegenden Baume ohne Werkzeuge machen?

7) Ebenso fehlte eine Anzahl Stoffe und Kräfte, deren wir uns bei der Umformung bedienen müssen, als Arbeitsmittel außer den Werkzeugen, nämlich die sogenannten Hülfsstoffe, Oel zum Walken der Felle, Pulver zum Schießen u. s. w.

8) Alle die Genüsse, welche der Handel uns jetzt besorgt, Gewürze, Farben, Seide, Baumwolle u. s. w. aus fernen Gegenden, wir hätten unsere hauptsächlichsten Früchte nicht, die erst eingebürgert sind, wie die Weintraube, Kirsche, die Kartoffel, und so viele Nahrungsmittel, und

9) endlich und hauptsächlich fehlte uns das größeste von allen Capitalien, die Schätze von Kenntnissen, welche die Wissenschaften uns seit den Tausenden von Jahren gesammelt, und welche jetzt ebensogut auf uns übertragen werden, wie auf den reichen Sohn der Reichthum seines Vaters.

Dann sollten wir es einmal empfinden, der Tagelöhner, der arme Handwerker ꝛc., welche jetzt allein im Schweiße ihres Angesichts zu arbeiten glauben, sie würden ihr helles Wunder haben, wenn sie nach Vernichtung aller Capitalien, die nicht der Inhaber persönlich erarbeitet hat, sich ihres Rockes, ihrer warmen Wohnung u. s. w. beraubt sähen, wenn sie anstatt den Spaten gebrauchen zu können, sich mit ihren Händen helfen müßten. Was sie sich jetzt am meisten wünschen, Geld, das würden sie am besten entbehren können, es ist für uns Alle entbehrlicher, wie die übrigen Dinge, denn was sollten wir damit, könnten wir diese nicht damit kaufen. Ohne diese anderen Nützlichkeiten aber wären wir schrecklich elend. Da hatte Robinson doch noch wenigstens einige Kleinigkeiten gerettet, die ihm seine Existenz in etwas erleichterten, namentlich seine europäische Vorbildung. Bekannt ist es, daß ganz wilde Menschen auf den weitesten Räumen oft vor Mangel elend umgekommen sind.

Darum sei Jeder von uns zufrieden und dankbar, daß unsere oder anderer Leute Eltern und Voreltern so Vieles gesammelt, so Vieles ihrem eigenen Genusse entzogen haben, das nun wir Alle, möge nun speziell der Einzelne es besitzen oder nicht, jetzt mit benutzen. Wie sehr unsere frühesten Vorfahren hieran, auch in den rein materiellen Dingen, schon mit gearbeitet haben, können wir sehen, wenn wir, was sehr interessant ist, irgend einen Gegenstand in unseren Gedanken nach seinem Ursprung befragen, z. B. ein Brod. Seit wie lange ist an dem Brode, das heute den Backofen verläßt, gearbeitet? fast schon zu Adam's Zeit. Die Mühle, die das Mehl gemacht, besteht aus zahllosen Dingen, und diese sind mit Instrumenten gemacht, in welchen frühere Arbeit steckt, welche wieder mit früher gemachten Instrumenten verrichtet ist — ꝛc. ꝛc.

§. 12.
Privatcapital und Volkscapital.

Forschen wir nach den Capitalien eines Volkes, so wird es aus all den oben erwähnten Dingen bestehen, soweit sie gegenwärtig vorräthig und im Eigenthum des Volkes sind, also aus der Summe aller dieser in den Privatwirthschaften und in der Staatswirthschaft befindlichen Dinge, sofern dieselben nicht zum gegenwärtigen Consum dienen, sondern für eine weitere Production (Reproduction) ge- und verbraucht werden sollen. Sofern das Geld von dem Einzelnen und von einem Volke zur Reproduction gebraucht wird, also um Stoffe und Arbeitsmittel damit von anderen Einzelnen oder anderen Völkern anzuschaffen, insofern ist es (oder repräsentirt es doch) für den Einzelnen und für das Volk auch als Geld Capital, so daß es außer den sonstigen Gütern des Einzelnen, oder des Volkes mitzählt; würden wir aber die Capitalien der ganzen Welt summiren wollen, so würde das Geld als Geld, das blos repräsentirt, kein Capital sein, denn man würde damit außer den in der Welt befindlichen, schon für sich gerechneten Gütern keine andern mehr zur Production hinzu acquiriren können; es würde deßhalb nur als Edelmetall zum unmittelbaren Gebrauche, um Gefäße daraus zu machen, Capital genannt werden können. — Schuldverschreibungen, Hypothekenpapiere, Eisenbahn- und Staatspapiere ꝛc. sind nur Beweismittel für ein irgendwo bestehendes Capital, sie repräsentiren das Letztere, und sind also, wenn das Letztere, das sie repräsentiren, innerhalb des Volks sich befindet, nicht zum Volkscapital zu rechnen, denn sonst würde derselbe Werth doppelt gerechnet. Die Eisenbahn hat den Werth verschluckt, welchen die Eisenbahnactie anzeigt, die Eisenbahn zur Production der Transportwerthe ist vorhanden; wird nun die Eisenbahn als zum Volksvermögen gehörend gerechnet, so kann nicht der darin verschluckte Werth und das dafür dem Actieninhaber ausgestellte Papier noch einmal gerechnet werden. Vom Standpunkte der Privatwirthschaft aus aber ist die Eisenbahnactie Capital, wie Geld, und ihr gegenüber hat dann die Eisenbahn eine Schuld, einen Minuswerth. Das Geld kriecht immer heil und unversehrt als selbständiges Tauschmittel aus dem Verwandlungsprozeß heraus auch vom Standpunkte der Volkswirthschaft aus, denn es kann als selbständiges in sich werthhabendes Zahlungsmittel desjenigen, der es hat, also auch des Volkes gegenüber anderen Völkern gebraucht werden; das Papier ist dagegen in diesem letzten Betracht kein selbständiger Werth; würde z. B. England ganz Deutschland kaufen wollen, so würde es die Papiere, welche in Deutschland selbst fundirt sind, als an sich werthlos bei Seite werfen, nachdem es schon sein Fundament, z. B. die Eisenbahn mitgerechnet hätte.

Je mehr ein Volk von allen den Gegenständen hat, die ich oben unter 1 bis 9 (S. 36 f.) aufgeführt habe, und wozu also nach dem Ebengesagten

10) noch das baare Geld hinzukommt, — wenn wir von den Forderungen und Schulden an das Ausland absehen, die den wirklichen Bestand ändern —, desto größer ist sein Reichthum; nicht aber ist die Geldmasse allein sein Reichthum, und wenn wir seinen Reichthum nicht als einen ruhenden auffassen, sondern als einen sich fortentwickelnden, also in seiner Fähigkeit sich zu vermehren und zu vermindern, dann ist Geld häufig — es kommt das auf die Lage der Dinge an — der allerunproductivste und unwesentlichste Bestandtheil des Volksvermögens. Das hat man an Spanien gesehen, das trotz und vielleicht großentheils durch seine Gold- und Silberminen so arm wurde.

§. 13.
Stehendes und umlaufendes Capital.

Jedem Praktiker ist die Eintheilung des Capitals in stehendes oder Anlagecapital und umlaufendes oder Betriebscapital geläufig. Unter umlaufendem Capital muß man dasjenige verstehen, welches in einem Productionsacte seine ganze Nützlichkeit an das damit neu erzeugte Product abgiebt; unter stehendem solches, welches erst in einer Reihe von Productionsacten thätig ist, und sich allmählig in ihnen abnutzt, also seine Nützlichkeit auf eine Reihe von Producten überträgt. Von dem stehenden geht immer nur der Werth der Nutzung in das neue Product über, es wird nur bei der Production benutzt, gebraucht, es kann daher öftere Male zur Production gebraucht werden, und daß es überhaupt verbraucht wird, ist ihm nicht wesentlich, und bei seinem Gebrauch nicht beabsichtigt. Von dem umlaufenden geht immer der ganze Werth mit einem Male in das neue Product über, es wird mit einem Male verbraucht. Diese Unterscheidung knüpft sich also nur an die Art der Verwendung. Ein Stück Leder, welches der Schuhmacher zum Stiefel verbraucht, ist umlaufendes Capital, denn es geht seinem ganzen Werthe nach in das neue Product, den Stiefel über; gebraucht es aber der Mühlenbauer, um zwei Räder damit in Verbindung zu bringen, so ist es stehendes, denn es überträgt seinen Werth nur allmählig auf all das Mehl, was unter seiner Beihülfe gemahlen wird. Ein Wagen, welchen ein Geschäftsreisender gebraucht, ist stehendes, derjenige, welchen der Wagenfabrikant im Lager zum Verkaufe hat, ist umlaufendes Capital; der Ochse, welchen der Landmann zum Pflügen hat, ist stehendes, der, welchen der Schlachter zum Schlachten hat, umlaufendes Capital. Das Handwerkszeug, welches der Eisenkrämer im Laden zum Verkauf hat, ist umlaufendes, dasjenige, welches der Handwerker benutzt, ist stehendes. So kann also eine und dieselbe Sache bald stehendes, bald umlaufendes Capital sein. Geld kann ich vom Standpunkte der Privatwirthschaft aus nur zum umlaufenden Capital rechnen, denn es geht für den Privatmann, welcher damit einen Arbeitsstoff oder ein Arbeitsmittel ꝛc. kauft, in einem Gebrauchsacte unter, und seinem Werthe nach in den gekauften Gegenstand über. Der Banquier gebraucht es als seine Waare, also ebenfalls als umlaufendes Capital. Von dem Standpunkte der Volkswirthschaft aus ist das Geld als das Mittel zu betrachten, womit diese in sich die verschiedenen Täusche vermittelt, und da ist es ein stehendes Tauschcapital, eine ewig thätige Maschine zur Bewerkstelligung der Täusche im Bereiche des Volkes. Es wandert allerdings vielleicht einmal nach Amerika, allein dann kehrt es, so lange es als Geld existirt, und nicht in reine Silber- oder Goldwaare übergeht und etwa umgeschmolzen wird, sicher einmal an seinen Ursprung zurück, weil es da allein nach seiner theilweisen Abnutzung seinen Nominalwerth (der Regel nach) behält.

Zum Capital erhoben, d. h. vor dem unmittelbaren Consum zu fernerer Production bewahrt, wird zuerst das umlaufende Capital, und einer höheren Stufe erst ist es möglich, dies zu stehendem zu fixiren. Dies ist selbst bei dem Grund und Boden der Fall, welcher erst nach Ueberwindung der, so zu sagen occupatorischen Periode, nach dem bloßen Jagd-, Fischerei- und Nomadenleben bebaut wird. Auch wird das stehende Capital immer aus dem Betriebscapital erhalten, und kann ohne dasselbe nicht thätig sein. Stehendes Capital ist natürlich, weil es erst nach einer Reihe, oft viele Jahre langen Reihe, sich ganz in einen neuen Werth umwandelt, größeren Gefahren ausgesetzt, wie umlaufendes, namentlich auch häufig der Gefahr, durch entstehende Verbesserungen in der Anlage an Werth zu verlieren, und sogar im Verhältniß zu neueren Anlagen unbrauchbar zu werden. Deßhalb ist es nothwendig, das stehende Capital möglichst rasch zu verwerthen. Ferner ist sehr wichtig, sich nicht über die Kräfte in stehendem Capital zu erschöpfen und dieserhalb an Betriebscapital Mangel zu leiden, worunter dann die Production nothwendig leidet. Es müssen die richtigen Verhältnisse beobachtet werden. Diese sind aber in Rücksicht auf die Volkswirthschaft andere, als in Rücksicht auf die Privatwirthschaft; denn bei der ersten ist oft die Frage nach der augenblicklichen Rentabilität nur eine Nebenfrage, da das Leben eines Volkes nach viel längeren Perioden rechnet, und in seiner Vielseitigkeit viel mehr Ausgleichung findet.

§. 14.
Grenzen der Productivität des Capitals.

Wir haben oben bei Betrachtung der Natur, als Productivkraft, darauf hingewiesen, daß die Dinge großentheils in unerschöpflicher Menge vorhanden sind, wie die Luft, das Licht, der Wind, auch das Meer, wo es sich befindet. Niemand legt deßhalb der Regel nach Gewicht auf deren Aneignung, sie sind überall zu haben, sind freie Naturkräfte; sie haben keinen Tauschwerth. Wenn aber nach eigenthümlicher Auffassung, z. B.

des lübischen Rechts, dem Nachbar z. B. das Verbauen des Lichtes u. s. w.
nicht gestattet, also dieses gewissermaßen als beschränkt angeeignet angesehen wird, so steht es als tauschfähiges Capital da. Bei den übrigen
körperlichen Dingen, welche stets nur beschränkt aneignungsfähig sind,
weil sie nicht unbeschränkt vorhanden sind, wie der Grund und Boden
und alle beweglichen Sachen, ist selbstverständlich nur eine nach Maaßgabe
ihrer Grenzen beschränkte Nutzbarkeit vorhanden. Sie müssen sich auch in
sich ein Mal aufnutzen, und natürlich ist es dieserhalb, daß ihre Nutzbarkeit eine schwächere wird, je mehr sie schon an Kräften hergegeben
haben. Die Nutzbarkeit kann indessen wiederum durch Arbeit und Verwendung von Capital darauf erhöht werden, aber natürlich muß bei
der Beschränktheit des Gegenstandes und seiner natürlichen Abnutzbarkeit
eine Grenze da sein, bis zu welcher nur die Nutzbarkeit erhöht werden
kann, und ebenfalls eine Grenze, von welcher an zuvor schon die Erhöhung
der Nutzbarkeit immer schwieriger wird.

So ist der Grund und Boden, wenn wir ihn in seiner Eigenschaft
als reine Naturkraft, ohne darauf verwandte Cultur erblicken, in sehr geringem Maaße, wenn überall tragfähig, seine Tragkraft, wo sie vorhanden
ist, vermindert sich auch durch den Gebrauch an und für sich. Wir können
aber durch Düngung u. s. w. nicht allein die Erschöpfung vermindern,
sondern auch die Tragfähigkeit erhöhen. Wiederum aber hat diese Erhöhung begriffsmäßig irgendwo ihre Grenze, denn wir können nicht bis
in's Unendliche den Ertrag eines bestimmten Ackerstücks durch Melioration
vervielfachen, und wir bemerken auch einen Punkt, von welchem an zur
Zeit die vermehrte Dungkraft in immer abgeschwächterem Maaße sich belohnt. Ebenso bei der Viehmästung u. s. w. In der Privatwirthschaft
macht sich diese Begrenztheit der Productivität bald bemerkbar. In der
Volkswirthschaft weniger, weil wir da eine weniger begrenzte Productivkraft in dem Complex aller Capitalien der fraglichen Art vor uns haben,
und in der Gesammtheit des Volks auch mehr Fähigkeit zur Verbesserung
der Methoden vorhanden ist, als im Einzelnen. In Anbetracht dessen
können wir, wenn z. B. von der Tragfähigkeit des Grund und Bodens
in der Volkswirthschaft die Rede ist, die Tragfähigkeit als eine fast un-
begrenzte ansehen. Dies namentlich bezüglich der Bevölkerungsfrage. Erst
mit der Vergrößerung der Bevölkerung wird das Bedürfniß der Ausnutzung des Bodens immer größer, und erst mit dem mehr und mehr an-
drängenden Bedürfnisse wird sich die Meliorationsweise immer mehr und
mehr verbessern. Jedenfalls ist eine Vorausberechnung der Nutzungs-
möglichkeit sehr trügerisch.

Bei dem unkörperlichen Vermögen und Capital ist die Begrenztheit
weder an sich noch hinsichtlich ihrer Nutzbarkeit vorhanden, indem die
geistige Kraft eines Menschen, eines Volkes Allen und in's Unendliche
nutzbar sein kann. Eine Erfindung z. B. kommt aller Welt zu Nutze und

sie nutzt sich nicht ab. Dennoch ist auch hier (wie oben z. B. beim Lichte, bei der Luft nach Auffassung des lübischen Rechts) eine Aneignungs= fähigkeit angenommen und wird z. B. durch Erfindungspatente, durch Auctorenschutz, ein geistiges Eigenthum anerkannt.

§. 15.
Bedingungen und Motive zur Capitalbildung und Nutzen derselben.

Das Capital entsteht durch Arbeitsaufwendung und Ersparung. Deßhalb ist ersichtlich, daß das Capital eines Volkes um so mehr zu= nehmen muß, jemehr einestheils sich die Arbeitskraft erhöht und andern= theils Trieb zum Ersparen vorhanden ist. Die Arbeitskraft erhöht sich nun aber am meisten, wo durch ungehemmten Kräftegebrauch, durch freie Entwickelung der Bedürfnisse und durch freie, ungeschmälerte Befugniß, dieselben selbstthätig befriedigen zu können, die Cultur am raschesten fort= schreitet, und der Trieb des Ersparens erhöht sich am meisten, wo man von dem Ersparten den vielseitigsten, freiesten Gebrauch machen kann, und wo die Hinweisung auf die eigene Kraft, als einzige mögliche Quelle des Wohlergehens, die Ersparung zur unausbleiblichen Nothwendigkeit den möglichen Unglücksfällen gegenüber macht. Deßhalb kommen wir auch hier wieder dahin, daß die freieste Bewegung aller Kräfte und die eigene Verantwortung eines Volkes diesem am ehesten und sichersten zum Reich= thum verhilft. Die ungeschwächte Möglichkeit für Alle, in allen Betriebs= sphären von ihren Arbeitskräften Gebrauch machen zu können, ist vor Allem die Grundbedingung, daß Alle sich regen, und mit Lust und Liebe und mit Erfolg sich regen. Die Tüchtigkeit jedes Einzelnen, die Erfindung erleichterter Methoden, die Erlangung hinreichender mithelfender Kräfte, ist dadurch bedingt. Rechtsungleichheit aber in Privilegien, Monopolien rc. einerseits, und in Unbefugtheit oder erschwerter Befugniß andererseits, müssen ebenso lähmend wirken, wie Rechtsunsicherheit. Wer ein Privi= legium hat, fühlt weniger die Nothwendigkeit, zu arbeiten und zu sparen, er wird nicht durch Noth und Neid angeregt, und wem ein Privilegium gegenübersteht, fühlt nicht den Muth dazu, und ist von den Hülfsquellen, welche Anderen zu Gebote stehen, abgeschlossen. Wer allein für sich selbst zu sorgen hat, wem für sich und Weib und Kind Niemand auch nur den kleinsten Theil der Sorge abnimmt, der muß mit allen Kräften sich regen, und muß sparen für eine Zeit, wo ihn überkommende Schwäche und Krankheit behindern möchte, und in wessen Wirthschaft kein Anderer regulirend und störend sich einzumischen hat, der findet auch mit seinem suchenden und prüfenden Auge den Platz, wo seine Thätigkeit sich belohnt, und der sucht denselben durch Vermehrung seiner Mittel festzuhalten und zu bessern.

Deßhalb sehen wir auch hier wieder, und gerade hier den Unterschied zwischen den Staaten, wo Alles von obenher geregelt und geordnet ist, und denjenigen, wo Alles frei sich regt, so bedeutend hervortreten.

Im Orient finden wir eine geringe Capitalansammlung; was erarbeitet ist, wird meist verzehrt, und was sich reell nicht verzehren läßt, die edlen Metalle, liegen todt als Schätze da. In England dagegen häuft sich Capital auf Capital, die kolossalsten Anlagen, welche in langen Zeiträumen sich erst wieder rentiren, vermehren sich von Jahr zu Jahr. Von 1814 — 1845 soll das Mobiliarvermögen in England um 1,000 Millionen Pfund Sterl. zugenommen haben, d. i. 32$\frac{1}{2}$ Mill. jährlich. Das Immobiliarvermögen soll 1815 993 Millionen, 1843 über 1610 Millionen betragen haben, jährlicher Zuwachs über 22 Mill. Pfd. Sterl. (Roscher).

Der Culturfortschritt erhöhet übrigens auch an sich den Werth des Volkscapitals, wie ein einzelnes Haus, ein Landgut u. s. w. sich durch die Anlegung einer Verkehrsstraße im Werthe verbessert.

Je mehr Capitalien im Bereich eines Volkes erspart und productiv angelegt werden, desto mehr wird Arbeit gesucht und desto lohnender ist dieselbe; je mehr dagegen dieser Hauptfactor der Production fehlt, oder der Production durch unproductiven Consum entzogen wird, desto weniger kann producirt und Arbeit gebraucht werden, und desto mehr fällt also der Lohn. Jemehr der Lohn fällt, desto ungleicher die Vertheilung der Güter, und so kommen wir gerade in Voraussetzung des Mangels an Capitalien dahin, wohin so viele Leute in falscher Beurtheilung der Verhältnisse glauben, durch die Capitalien kommen zu müssen. Das reichliche Vorhandensein von Capitalien im Bereiche des Volks führt alle Diejenigen, welche arbeiten wollen und dürfen, zur Wohlhabenheit.

Wir betrachten nun insbesondere noch die zwei Hauptmittel der Arbeit, das Werkzeug und die Maschinen, wir betrachten sie hier, weil sie sich als Capital darstellen.

§. 16.
Werkzeuge und Maschinen.

Wie vielfältiger Bewegungen und Verrichtungen der menschliche Körper, diese getreue Abspiegelung der reichbegabten menschlichen Seele, auch fähig ist, so kann er doch den, von der letzteren an ihn gestellten Aufgaben nur unter Beihülfe der ihm vom menschlichen Geiste zugeführten Hülfsmittel, der Werkzeuge und Maschinen, genügen.

Die Werkzeuge dienen dem menschlichen Körper nach allen möglichen Richtungen als Verstärkung und Ersatz seiner Gliedmaßen. Der Hammer ist gleichsam eine verstärkte Faust, das Messer dient ihm statt der Zähne, die Zange kann man sich als verstärkte Finger denken u. s. w.

Das Werkzeug folgt dieserhalb den menschlichen Bewegungen, wird von dem Körper in Bewegung gesetzt, und ist also in seiner Wirkung bei gleicher Tauglichkeit, der Geschicklichkeit Desjenigen durchaus entsprechend und gleich, welcher es handhabt.

Die Maschine erhält ihre Bewegung nicht unmittelbar vom menschlichen Körper, sondern von den Triebkräften der Natur, Thieren, Wasser, Wind, Dampf ꝛc., und diese Bewegung wird vom Menschen nur geleitet und beaufsichtigt. Sie nimmt also die rohe Arbeit dem Menschen ab. Die Maschine ist der Sclave der Zukunft. Aristoteles hat vor 2000 Jahren gesagt: die Sclaverei würde nicht eher aufhören, bis das Weberschiff von selbst hin und hergehen würde; jetzt ist dies erreicht, der Dampf ersetzt den Sclaven, und man kann deßhalb mit Recht sagen, daß die Erfindung der Maschinen, zumal der Dampfmaschinen, der größeste Triumph des menschlichen Geistes ist.

Die Erfolge der Maschinen, gegenüber den Werkzeugen, sind:

1) immense Vermehrung der Producte bei gleichen Arbeitskräften. 300,000 Schreiber würde man dazu gebrauchen, um einen Zeitungsbogen von 60,000 Buchstaben 60,000 Mal in einem Tage abzuschreiben; eine Schnellpresse druckt ihn in einem Tage so viel Mal mit 15 Menschen. Es ist bei solchem Unterschiede die Wahl nur: entweder man müßte für eine Zeitung ohne die Buchdruckerpresse 299,985, bei den vielen Zeitungen und Büchern aber, welche in einem Lande jetzt gedruckt werden, eine unermeßliche Menge Menschen (mehr wie die Erde faßt) haben und löhnen, oder man müßte ohne sie in der alten Finsterniß fortleben. Ohne die Buchdruckerpresse, wie ehedem, war es nur den Reichsten gestattet, Bücher zu lesen, an Zeitungen aber war gar kein Gedanke. So in hunderten und tausenden von Branchen. Der große Tisch, auf welchen alle Producenten zu unser Aller Gebrauch ihre Producte legen, wie leer würde er ohne die Maschinen sein, und wie voll ist er jetzt!

2) Das eben genannte Resultat vermehrt sich noch, wenn wir die Unermüdlichkeit der Naturkräfte in Betracht ziehen. Man sagt wohl gewöhnlich, eine Dampfmaschine habe z. B. 8 Pferdekraft, wenn sie, nach dem Augenblick berechnet, gleich 8 Pferden wirkt. Ein Pferd arbeitet aber nur 8 Stunden den Tag, während die Dampfmaschine immer fortarbeitet, so daß eine solche von 8 Pferdekraft, wenn man sie ausnutzen will, in der That gleich 24 Pferdekraft werden kann.

3) Die Maschine erspart bedeutend an Stoff, z. B. die Fournirsägemaschine bekommt aus einem Klotz viel mehr Fournirplatten heraus, wie die Handsäge.

4) Die Maschine arbeitet unendlich viel genauer und egaler als der Mensch mit dem Werkzeug. (Wenn man auch wohl ungleiche Producte, z. B. Gespinnste, Papiere u. s. w. trifft, so liegt die Schuld in solchen

Ausnahmsfällen nicht in der Maschine, sondern darin, daß in dem Großbetriebe, worin sie meist angewendet wird, zuletzt auch schlechtere Stoffe
mit verarbeitet werden.)   Wie ein Silberarbeiter oder Graveur es wohl
machen wollte, wenn er Tausende von Thalern ohne Maschine einen wie
den anderen machen sollte; oder ein Büchsenschäfter, wenn er ohne Maschine alle Pistons so gleich machen sollte, wie es in Lüttich geschieht, daß
sie alle auf alle Gewehre derselben Gattung gleich passen.   Bei den Ge-
spinnsten und Geweben hat man die genauesten Untersuchungen angestellt,
man hat aber immer die Maschinengespinnste und Gewebe unendlich viel
gleichmäßiger und accurater gefunden, wie die von der Hand.

5) Manche Arbeiten lassen sich g a r n i c h t o h n e Maschinen machen.
Wie sollte wohl die Verbindung zwischen Amerika und uns möglich sein,
ohne Segel= oder Dampfschiffe? Das Rudern sollte wohl schwer halten.

6) Die Maschinen arbeiten unendlich viel w o h l f e i l e r. Man denke
nur an die Kosten, welche die 300,000 Schreiber verursachen würden,
gegen die täglichen Kosten der Presse mit 15 Arbeitern.

Die Maschinen sind aber nicht überall anwendbar, denn die in den
Maschinen wirksamen Naturkräfte, nur geleitet und überwacht von dem
Menschen, arbeiten in ihnen gleichmäßig nach derselben Richtung und Weise
fort.   Wo die Arbeit nach der Verschiedenheit des Stoffs, nach Verschiedenheit der Form oder der Stücke, eine stets veränderte Bewegung und
Einwirkung, ein oftmaliges Absetzen u. s. w. erfordert, da ist die
Maschine unanwendbar, wenigstens der Regel nach und bis jetzt, und
hier wird im Wesentlichen das Handwerkzeug auch seine Geltung behalten, da es jeden Augenblick der veränderten Direction des Handarbei-
ters folgt, und ebenso wird d a s j e n i g e Handwerk, welches sich an das
besondere Bedürfniß Einzelner anschließt, und d a s j e n i g e, welches jeden
Augenblick neue Ueberlegung und geistige Thätigkeit erfordert, wo also
nicht massenhaft und gleichförmig dasselbe gearbeitet wird, geltend bleiben,
weil die Maschine schon wegen ihrer Anlagekosten größeren Absatz voraussetzt.   Nicht minder wo der Rohstoff die Hauptsache und die Arbeit
die Nebensache ist, denn der Zweck der Maschine ist vorzugsweise Arbeits-
ersparung.

Diejenige Arbeit, w e l c h e die Maschine verrichtet, ist in der Regel
die rohe, rein körperliche, und es kann nur ein unendlicher Gewinn für
die Menschheit sein, wenn diese von dem Menschen auf das Thier (auch
dieses ist, unter Leitung des Menschen arbeitend, eine Maschine) und die
rohe Naturkraft verlegt wird.   Die Folge davon ist die, daß die Menschheit, das Volk, der einzelne Mensch, ihre Kräfte auf feinere, geistigere,
und darum bildendere Arbeiten verwenden können.   Wäre es möglich,
mit Hülfe der Maschinen in einer Woche für alle Menschen die Bedürfnisse
des ganzen Jahres im ausreichendsten Maße zu befriedigen, so könnten
alle Menschen sich 51 Wochen des Jahres rein geistigen Arbeiten hingeben,

denn es kommt nicht darauf an, daß Jeder stets und ständig unmittelbar
producirt, sondern daß für Alle möglichst viel zur Befriedigung ihrer Bedürfnisse producirt wird. Mit je weniger Arbeit dies geschehen kann,
desto besser. Allerdings sind auch bei den Maschinen Menschen thätig,
und diese müssen zum Theil eine überaus einförmige Arbeit verrichten,
allein es wird solche Einförmigkeit in ihrem nachtheiligen Einflusse namentlich durch die Vortheile der innigen Gemeinschaft und Beziehungen
mit zahlreichen Genossen wieder aufgewogen, und hat die Erfahrung in
der That gelehrt, daß Maschinen-Arbeiter und Leiter in überaus künstlichen Erfindungen einen durchaus nicht verkümmerten Geist bewähren
konnten. Jedenfalls steht aber die Zahl der geistlos Beschäftigten zu der
derjenigen, welche früher mit solchen gleichförmigen Arbeiten beschäftigt
waren, und bei fortschreitend vermehrter Production noch mehr damit beschäftigt sein würden, — man denke z. B. an die 300,000 Schreiber
statt der 15 Setzer und Drucker, man denke an die Karrenschieber bei
Chausseebauten oder Hafenreinigungen ꝛc. — in gar keinem Verhältnisse,
und fest steht nun doch einmal, daß, wenn wir auch nur annäherungsweise
die Maschinenproducte, die wir jetzt haben, durch reine Menschenarbeit
mit Handwerkszeug schaffen wollten — was freilich im Entferntesten nicht
möglich wäre — die Menschheit zu geistveredelnden Arbeiten gar keine
Zeit mehr haben würde. Diese Veredlung der Menschheit ist der
größeste Vorzug der Maschinen. Immer mehr Mitglieder des Volks werden für die höhere Civilisation durch sie gewonnen, die Unterwürfigkeit
der rohen Masse weicht mit ihrer Verbreitung immer mehr einem sich frei-
fühlenden Bürgerstande. Letzteres auch schon deßhalb, weil die massenhafte Production und Capitalansammlung bei Ersparung von Zeit und
Arbeitskräften die Producte immer billiger macht, deßhalb sich alle Classen
der Bevölkerung in ihren Besitz setzen und einen ganz anderen, verfeinern-
den, veredelnden Comfort aneignen können, als früher. Die Taglöhner-
familie hat sich jetzt an eine Masse Dinge gewöhnt, von denen früher der
Fürst keine Ahnung hatte. Man gehe einmal die Wohnung eines Tagelöhners durch und sehe, wie vieles von dem, was er hat, im 17. Jahrhundert und in der ersten Hälfte des achtzehnten schon zu haben gewesen.
Nach J. Scherr „Culturgeschichte" war die Königin von Frankreich im
17. Jahrhunderte im ganzen Lande die einzige Person, welche zwei Hemden hatte. Ja, wieviel Einzelne auch über den Pauperismus sagen, den
man jetzt nur mehr beachtet, es ist die Wohlhabenheit, wie auch nicht
anders möglich, durch die massenhafte, billigere Production unendlich gewachsen. Ich habe oben schon bemerkt, daß von 1814—1845 das
Capital in England sich jährlich um 54½ Millionen Pfund Sterling
vermehrt hat. Die Einkommensteuerlisten ergeben keineswegs die ungleiche Vertheilung, welche von Manchen unkundigerweise angenommen
wird.

1851 war die Einwohnerzahl:

in England   16,910,947
in Wales   1,011,821
in Schottland   2,870,784

1856/57 ergeben die Einkommensteuerlisten in allen drei Territorien:

unter		100 Pfd. Sterl.			20,318
zwischen	100 und	150	„	„	120,650
„	150 „	200	„	„	40,086
„	200 „	300	„	„	32,665
„	300 „	400	„	„	15,006
„	400 „	500	„	„	7,407
„	500 „	600	„	„	5,471
„	600 „	700	„	„	3,105
„	700 „	800	„	„	2,066
„	800 „	900	„	„	1,745
„	900 „	1000	„	„	816
„	1000 „	2000	„	„	5,423
„	2000 „	3000	„	„	1,568
„	3000 „	4000	„	„	773
„	4000 „	5000	„	„	450
„	5000 „	10,000	„	„	811
„	10,000 „	50,000	„	„	444
über	50,000		„	„	46

Von 1812 bis 1847 haben die Steuerpflichtigen zugenommen:

von Pfd. Sterl.	150 —	500	Zunahme	196	Proc.	
„ „ „	500 —	1000	„	148	„	
„ „ „	1000 —	2000	„	148	„	
„ „ „	2000 —	5000	„	118	„	
„ „ „	5000 und darüber		„	189	„	

Die Bevölkerung hatte um etwa 60 Proc. zugenommen, der Wohlstand hatte also ungefähr 3 Mal mehr zugenommen, als die Volkszahl.

Bei der Erbschaftssteuer von 1833—48 hat sich ergeben, daß die Besitzthümer über 30,000 Pfd. Sterl. stetig abnahmen; dagegen diejenigen unter 1500 Pfd. Sterl. um 15,65 Proc., die bis 5000 um 9,21, die bis 10,000 um 16,38, die bis 15,000 um 6,36 zunahmen (Porter).

Der öffentliche Aufwand für Armenpflege in England war

1833/34   6,317,255 = 8 Sh. 9$\frac{1}{2}$ D.
1857/58   5,878,542 = 6 Sh. 0$\frac{1}{2}$ D. } auf den Kopf der Bevölkerung.

Vergleichen wir die Consumtion von Brod und Fleisch verschiedener Länder mit der Englands, so werden wir sehen, wie günstig England steht, um so mehr, wenn wir bedenken, daß gerade diese Consumtibilien gegenüber der Billigkeit der dortigen Fabrikate dort theurer sein müssen.

Es wird verzehrt pro Kopf im Jahre:

Brod: in Preußen   324 Pfd.
  „   Baden   471   „
  „   England   450   „
  „   Frankreich   495   „
Fleisch: in Preußen 34,745   „
  „   Sachsen   41,67   „
  „   Baden   50,8   „
  „   Frankreich   39,4   „

blos an Rindfleisch in England 78,67 Pfd. (Kolb's Statist.)

Diese Notizen, die uns später noch öfter dienen werden, werfen auf England gewiß ein günstiges Licht, um so mehr, wenn man den unermeßlichen Aufwand Englands an Kriegskosten berücksichtigt. Von 1801 bis 10 kamen auf jeden Einwohner jährlich 5 Pfd. St. 12 Sh. 1 Den.

Es erklären sich diese günstigen Verhältnisse in England gerade aus seinem Maschinenbetriebe. Zuerst werden allerdings bei Einführung von Maschinen, wie bei jeder Umwandlung von Betriebscapital in stehendes Capital, natürlich eine Menge Leute außer Thätigkeit gesetzt. Bald ist aber der Schaden, wenigstens bei gesundem, sich frei entwickelndem Verkehr wieder reparirt. Die außer Thätigkeit Gesetzten werfen sich in andere Productionsbahnen, meist aber auf solche Arbeiten in ihrem Fach, welche von der Maschinenthätigkeit nicht ergriffen werden. Hält sich die Production mit der Maschine, so ist es natürlich, daß mit ihrem Emporblühen auch die übrigen Geschäftsbranchen an Beschäftigung zunehmen, weil von den Producenten der ersteren mehr verdient und überdies bei dem Billigerwerden der Waare von allen Consumenten mehr erspart wird, beiderlei Ueberschüsse aber jedenfalls irgendwie thätig werden müssen. Zuletzt sehen wir in der That bei den Maschinen und durch dieselben mehr Arbeiter beschäftigt, als in den entsprechenden Branchen vor ihnen beschäftigt waren.

Statt der obengedachten Schreiber, deren nun aber auch wohl bei den Gerichten, Advokaten, Kaufleuten ꝛc. ebensoviele beschäftigt sind, als es deren früher gab, wird jetzt eine noch größere Zahl als Papiermacher, Schriftsteller, Maschinenbauer, Buchhändler, Schriftgießer, Typenschneider, Zeichner, Illustrateurs, Correctoren, Setzer, Drucker, Buchbinder u. s. w. beschäftigt.

Als die Eisenbahnen entstanden, wimmerten bei uns alle Fuhrleute, in der Meinung, nun gäbe es für sie gar nichts mehr zu thun, alle Pferde müßten abgeschafft werden. Die hohen Preise der Pferde zeigen, ob sie Recht oder Unrecht gehabt haben.

Als besonders eclatantes Beispiel der Arbeitsvermehrung durch die Maschinen dient die Baumwollenproduction in England. Die Einfuhr betrug

> 1697   1,976,000 Pfund
> 1764   3,870,000 „

Im Jahre 1767 entwickelten sich die großen Maschinen:

> 1786   19,475,000 Pfund
> 1805   59,682,000 „
> 1825   244,360,000 „
> 1830   259,856,000 „
> 1848   713,000,000 „

1850—1857 durchschnittlich 877,000,000 Pfd. im Jahre.

Wenn die Consumtion in demselben Maße zunimmt, als der Preis in Folge der Mitwirkung der unentgeltlichen Naturkräfte anstatt der kostenden menschlichen Arbeitskräfte sinkt, so wird dasselbe Geld für einen erhöhten Gebrauchswerth gegeben, das Volk ist an Gebrauchsobjecten reicher geworden, Mehrere werden ihrer theilhaftig. Wächst die Consumtion noch mehr, so ist außer dem Gebrauchswerth auch der Tauschwerth gewachsen, das Volk hat über die vermehrten Gebrauchswerthe hinaus noch Tauschobjecte erworben. 1766 war der Werth der Baumwollenfabrikate eine halbe Million Pfund Sterl., 1824: 33$\frac{1}{2}$ Million, 1852: 61$\frac{1}{2}$ Million, troß der gesunkenen Preise.

Die Vermehrung der Gebrauchs- und Tauschobjecte übt sofort Einfluß auf das Wachsen der Bevölkerung. Das sieht man in England deutlich, wenn man die Bevölkerung der landwirthschaftlichen Districte mit den Maschinendistricten vergleicht. In 18 rein landwirthschaftlichen Districten ist von 1700—1821 die Bevölkerung um 77 Proc. gestiegen, während sie in Lancashire in derselben Zeit um 546 Proc. gewachsen ist.

Die ganze britische Woll-, Baumwoll-, Flachs- und Seidenindustrie beschäftigte 1845: 353,000 Arbeiter, 1850: 596,000, 1856: 682,000.

Dabei sind die Löhne gegen unsere Löhne ganz bedeutend viel höher. Ein Baumwollenspinner von No. 300 verdiente wöchentlich 1804: 32$\frac{1}{2}$ Schill. (1 Schilling ist nach preußischem Gelde = 10 Sgr.) in 74 Arbeitsstunden; 1833: 42$\frac{1}{2}$ Schill. in 69 Arbeitsstunden; 1850: 40 Schill. in 60 Arbeitsstunden. Dabei ist der Werth des Geldes in England gestiegen. Er kaufte für diese Löhne 1804: 117 Pfund Mehl oder 62 Pfund Fleisch im Durchschnitt; 1833: 267 Pfd. Mehl oder 85 Pfd. Fleisch; 1850: 320 Pfund Mehl oder 85 Pfd. Fleisch.

In den meisten englischen Fabriken steht der Lohn der Männer zwischen 10 und 40 Schill., für Weiber und Mädchen zwischen 7 und 15 Schill., so daß eine Familie oft 100 Pfd. Sterl. oder 700 Thlr. Pr. Crt. verdienen kann (Roscher, „Ansichten“).

Es ist aus dem Bisherigen wohl ersichtlich, daß bei uns über Englands sogenannte Massenverarmung, wonach dort die Reichen immer

reicher, die Armen immer ärmer werden sollen, sehr falsche, oft geflissent-
lich falsche Nachrichten verbreitet sind.

Wir wollen, weil wir noch öfter auf Englands Verhältnisse Bezug
nehmen werden, hier zur Vervollständigung des Bildes noch anfügen,
was Dr. Engel in der von ihm redigirten Zeitschrift des Königl. Preuß.
statist. Büreaus 1861 No. 1 in dem Artikel über Sparkassen sagt: „In
den Staaten, wo die Einkommensteuer seit einer geraumen Zeit in Uebung
steht, wie gerade in England, ist die behauptete Massenverarmung sehr
treffend aus den Steuerlisten zu widerlegen. Es ist dies daselbst seiner
Zeit durch den hochverdienten Statistiker G. Porter, den viel zu früh ge-
storbenen Verfasser des klassischen Werkes „the progress of the nation",
auch geschehen; indeß der Beweis geht nicht minder treffend aus dem ganz
freiwilligen Act der Betheiligung bei den Sparkassen hervor.

In England war Ende des Jahres

1830 die Zahl der individuellen Einlagen			412,217
1849 „ „ „ „ „			1,065,031
1859 „ „ „ „ „			1,479,723
1830 der Betrag der Einlagen in Pfd. Sterl.			13,507,565
1849 „ „ „ „ „ „			28,537,010
1859 „ „ „ „ „ „			38,995,876

Im Jahre 1859 kommen jedoch noch die von den
Gesellschaften zu milden Zwecken und den sogenannten
friendly societies bewirkten Einlagen mit   2,533,436
Pfd. Sterl. hinzu, so daß sich also Ende 1859 der Betrag der Einlagen
in den mehr als 600 Sparkassen Englands, Schottlands und Wales auf
41,529,312 Pfund erhöhet. Dieses riesige Wachsthum des Einlagen-
fonds um circa 28,000,000 Pfd. = 186 Millionen Thaler, und der
Zahl der Einleger um über 1 Million, beweiset allein schon zur Genüge,
daß es mit der sogenannten Massenverarmung in England seine guten
Wege hat. Indeß die neuerdings dort ganz entschieden in den Vorder-
grund getretene Associationsbewegung, durch welche fast ähnliche Summen
der niedersten Bevölkerungsklassen aus freiem Antriebe zu Zwecken der
socialen Selbsthülfe zusammengeschossen worden sind, und fortdauernd
zusammengebracht werden, ferner die zahlreichen Pennybanken, die Ende
1858 bereits auf die Zahl von 2360 angewachsenen money order offi-
ces (eine Art von Girobanken), welche in diesem einen Jahre 12,662,165
Pfund Sterl. in 6,689,396 Summen umsetzten, sind so deutliche Belege
für die stetige Capitalvermehrung unter den arbeitenden Classen gerade
desjenigen Landes, welches man der Massenverarmung vorzugsweise verfallen wähnt, daß dem Glauben an die Nothwendigkeit einer solchen, in
Folge sich immer höher steigernder Gewerbsamkeit, dadurch jede positive
Grundlage entzogen wird."

Jedermann muß und wird durch diese, auf die vorzüglichsten Aucto-

ritäten gestützten Mittheilungen seine bisherige falsche Meinung hinsichtlich Englands, als ob es dort nur Arme und Reiche gäbe, aufgeben;
allein das einmal gewohnheitsmäßig gewordene Vorurtheil gegen die
Maschinen wird, wir wissen es aus zu vielfältiger Erfahrung, uns durch
eine letzte Hinterthür entschlüpfen wollen, indem es dem Entwickelungsgange Englands die Nothwendigkeit und Allgemeingültigkeit abspricht.
Auch diese Hinterthür können wir sehr leicht verschließen, indem wir
zeigen, daß die durch die Ausbeutung der unentgeltlichen Naturkräfte gewonnene Zunahme der Mittel bei freiem Verkehr nicht bloß einzelne Reiche
schaffen kann, sondern daß sich deren Reichthum nothwendig verallgemeinern muß. Die Bereicherten sind in den Stand gesetzt, sich fortan Nichts
mehr zu versagen, also einen bisher ungekannten Comfort und Luxus zu
entfalten. Dadurch werden außer den Maschinenarbeitern auch Dieseni-
gen in lohnende Thätigkeit gesetzt, welche in den übrigen Branchen
arbeiten. Ja, sie werden nicht allein von ihnen in Thätigkeit gesetzt
durch deren Bestellungen, sondern es stellen sich auch Denselben die über-
schüssigen Capitalien für ihre Production anleihweise zu Gebote, und
zwar um so massenhafter und deßhalb billiger, je reicher die Maschinen-
besitzer werden; denn die Capitalien suchen ebensowohl Verwendung, als
die Arbeitskraft. Nun können auch diese anderen Gewerke ausgedehnter
und lohnender betrieben werden, und demnächst ihre Ueberschüsse wiederum
Andern mittheilen. Aber es wird uns erwidert, daß die Absatzwege für
die Maschinen nicht ausreichen, und daß dieserhalb die letzteren lediglich
das verwandte Handwerk berauben würden, ohne ihnen anderweitig
wieder Nahrung zuzuwenden, sodann aber würde, auch wenn die Maschinenproducte genugsam Absatz fänden, doch den durch ihre Ueberschüsse mit
Anleihen versehenen Handwerken der lohnende Absatz für eine vermehrte
Production fehlen. Solchen Einwendungen gegenüber verweisen wir
auf die oben bereits beregte Dehnbarkeit der Bedürfnisse, sowohl der materiellen als der geistigen. Die materiellen Bedürfnisse haben wir durch
die Baumwollenfabrikation, die geistigen durch die Buchdruckerei vertreten
lassen. Beide mußten nothwendig um so viel sich vermehren, als die
Mithülfe der Natur ihre Producte im Preise sinken ließ, denn es fehlt für
kein Befriedigungsmittel an dem entsprechenden, nöthigenfalls durch die
Möglichkeit der Befriedigung geweckten Bedürfnisse. Man denke sich, daß
die vermehrten Producte ganz umsonst geliefert würden: würde man
dann daran zweifeln, daß für dieselben Bedürfniß vorhanden wäre?
Gewiß nicht! Niemand kann, von hieraus weiter schließend, und erfahrungsmäßig daran zweifeln, daß, je billiger die Waare ist, desto größer
auch der Gebrauchskreis, der Absatzmarkt ist. Folglich erweitert sich der
Markt für die Maschinenproducte um so mehr, als die Mitwirkung der
unentgeltlichen Naturkräfte die Preise niedriger stellt, für die anderweitigen außer den Maschinen producirenden Gewerke aber erweitert sich der

Markt insoweit, als nicht bloß in den bereicherten Maschinenbesitzern und deren Arbeitern ihnen Käufer zuwachsen, sondern auch, als sie durch deren überschüssige Capitalien, welche ihnen immer billiger angestellt werden, je mehr sie anschwellen, ebenfalls in den Stand gesetzt werden, massenhafter und billiger zu produciren. — Aber wenn selbst der Markt mit dem sinkenden Preise sich nicht erweiterte für dieses billig gewordene Fabrikat, so würde doch die vom Publikum in Folge der Preiserniedrigung des e i n e n Fabrikats gemachte Ersparung zum Ankaufe a n d e r e r Artikel verwendet werden. Wenn meine Kleidung sonst 100 Thlr. kostete, und ich habe sie eben so gut jetzt für 20 Thlr., so werde ich doch die ersparten 80 Thlr. zur Befriedigung anderer Bedürfnisse verwenden, oder falls i ch es nicht thue, so borgen sie mir Andere ab, um damit ihrerseits Bedürfnisse zu befriedigen, denn still liegen nun doch einmal die Capitalien nicht. — Bei allgemein vermehrter, durch die Mitwirkung der Naturkräfte und billige Capitalien lohniger gewordener Arbeit ist die Möglichkeit und Nothwendigkeit höherer Löhne gegeben, welche um so mehr bei freiem Verkehr eine allgemeine sein muß, als das Hinstreben von der schlechter gelohnten zur besser gelohnten Arbeitsbranche sich nothwendig von selbst macht. Eine reichlich beschäftigte, gut gelohnte Arbeit hat nun aber die immer gleichmäßiger werdende Vertheilung des Reichthums bis in die untersten Schichten der Bevölkerung hinein in ihrem natürlichen Gefolge. Das — oft böswillig geweckte — Vorurtheil über die Armuth der Maschinenarbeiter wird durch den Umstand vielfach genährt, daß die Maschinen und Fabriken in den dichtbevölkerten Industriedistricten die Armen am meisten um die Fabriken concentriren, wie wir an der übermäßigen Zunahme der Bevölkerung von Lancashire sahen, da offensichtlich ein großer Theil derselben auf dem Hinziehen von Armen beruht.

Wenn aber auch wirklich die Vorurtheile über die nachtheiligen Wirkungen der Maschinen für eine zahlreiche Classe der Handwerker begründet wären, und man Denjenigen von ihnen, welche durch dieselben herunterkommen, nicht die Schuld selbst beimessen müßte, indem sie mit einer gewissen Hartnäckigkeit den Uebergang in andere naheliegende Gewerbe verweigern; wäre damit schon über die Maschinen das Urtheil zu sprechen? Ist nicht ihr Vortheil: die unermeßliche Bereicherung der Gesammtheit, die Veredelung des ganzen Menschengeschlechts, dessen Befreiung von der alten Sclaverei und Einführung in die höheren Regionen des geistigen, d. h. wirklich menschlichen und menschenwürdigen Lebens überwiegend und f ü r sie entscheidend? Hätten wir um der 300,000 Schreiber willen, welche jetzt durch 15 Arbeiter, Drucker und Setzer, nicht allein erreicht, sondern in ihrer Leistung übertroffen werden, in der Finsterniß des Mittelalters ewig verharren sollen? Statt nach den Einrichtungen des Mittelalters zurückzustreben, denke man daran, den Arbeitern den Uebergang in andere Bahnen durch völlig freie Arbeitsgestattung zu erleichtern und sie in Zukunft durch praktische Schulbildung zu solchen Uebergängen zu befähigen, und sie selber mögen daran denken, den Kopf aufrecht, sich der Mittel zu bedienen, wodurch sie ihre persönliche Schwäche ergänzen und zum Widerstande sich befähigen können: Belehrung und Association.

§. 17.

Theilung der Arbeit.

Die menschliche Gesellschaft hat sich mit der Vervielfältigung ihrer Bedürfnisse nothwendig in vielfache Geschäfts- und Arbeitszweige zertheilen müssen. Die Möglichkeit, die Producte der Arbeit gegenseitig austauschen zu können, hat diese Theilung ermöglicht, die verschiedene Begabung der Menschen und Gegenden der Erde hat sie befördert, und sie vermehrt sich mit und je nach der Ausbildung der Industrie und des Tauschverkehrs immer mehr. In Paris allein waren schon 1847 nach H. Say 325 Gewerbszweige neben einander; in Birmingham giebt es eigene Fabriken für Fischangeln, Hundehalsbänder ꝛc. Es muß jeder Vernünftige diese Zertheilung je nach der geschäftlichen Entwickelung jetzt für nothwendig anerkennen, da nicht zu verkennen ist, daß nur so den gesteigerten Ansprüchen der Zeit genügt werden kann. Im Allgemeinen findet dieselbe auch wohl überall Anerkennung, in Bezug auf jeden einzelnen Fall sind aber Viele des Nutzens und der Nothwendigkeit häufig sich nicht klar genug bewußt. Wir sehen häufig, daß Kurzsichtigkeit und auf Kurzsichtigkeit beruhende verkehrte Sparsamkeit die Leute verhindert, von den Vortheilen dieser durch das Leben selbst geschaffenen Arbeitstheilung Gebrauch zu machen.

Ein Vorurtheil, welches wir namentlich im zünftigen Handwerkerstande sich täglich geltend machen sehen, ist z. B. die Ansicht, man müsse den Zwischenhändler möglichst vermeiden, an die erste Quelle selbst gehen, ja selbst verfertigen, was man irgend selbst machen könne. So sehen wir z. B. die Schuhmacher, namentlich gerade die kleineren, gerne selbst ihr Leder gerben, jedes Mal zum größten Schaden für ihre Kunden, und deßhalb selbstverständlich auf die Dauer für sie selbst. Wer die Erscheinungen des Lebens nicht mit oberflächlichem Blicke und durch den trüben Schleier alter Vorurtheile betrachtet, sondern einsieht und wirklich mit voller Klarheit einsieht, daß das Volk ein stets von inneren Triebkräften belebter und geleiteter natürlicher Organismus ist, der wird sich mit uns überzeugt halten, daß, wo der Verkehr, d. h. der nicht von oben herab geleitete, sondern der natürlich sich entwickelnde Verkehr, irgend eine neu sich bildende Geschäftsbranche anerkennt und deren Thätigkeit dauernd gestattet, diese auch besondere, ohne sie nicht zu erzeugende Vortheile gewährt. Man verfolge nur ein Mal den Geschäftsverlauf in großen

Städten bis in die kleinsten Details und sehe, wie merkwürdig genau überall das Bedürfniß und dessen Befriedigung harmonirt, wie Alles ineinander greift, obwohl Alles sich zufällig, ohne daß ein Producent von dem anderen, ein Consument von dem anderen weiß, zu gestalten scheint, und obwohl Jeder nur für sich sorgt. Keine Behörde wäre im Stande Alles so in Harmonie zu bringen, wie das Leben selbst es thut. — Die Theilung der Arbeit findet sich übrigens nicht allein in der Absonderung verschiedener Berufsbranchen ausgeprägt, sondern in jeder einzelnen Berufsthätigkeit selbst ist die vorkommende Arbeit einer mehr oder weniger großen Theilung fähig, oft einer für Den, welcher nicht durch eigene Anschauung sich überzeugt hat, unglaublich zahlreichen Theilung. Das Uhrmachergewerbe zerfällt in England in 102 verschiedene Zweige, und diese Zweige sind vielleicht wieder der Arbeitstheilung in sich fähig. Bekannt ist, wie schon die Nähnadel- und die Stecknadel-, auch die Spielkartenfabrikation sich in fast eben so viele kleine, selbständige Beschäftigungen vertheilt.

Die Vortheile der Arbeitstheilung sind nicht allein Vermehrung und Verbesserung der Waaren und Ersparung von Arbeitskräften, sondern wir können getrost sagen: die Arbeitstheilung in der Wissenschaft und Industrie hat die Civilisation auf den Standpunkt gebracht, worauf wir sie sehen, denn ohne sie würden wir auch die Maschinen und überhaupt die große Ansammlung der Capitalien nicht haben.

Ihre Vortheile lassen sich etwa folgendermaßen feststellen, vorausgesetzt, daß dieselbe ohne Zwang sich natürlich aus den Bedürfnissen des Verkehrs entwickelt:

1) Größere Fertigkeit und Geschicklichkeit der Arbeiter. Es folgt dies aus der Möglichkeit, speziell den Beruf und die Branche eines Berufs zu wählen, wozu der Einzelne am meisten Lust und Geschick hat. Dadurch wird von vornherein eine größere Entwickelungsfähigkeit angezeigt. Die fortdauernde Beschäftigung in derselben Branche muß aber auch, wo eine ins Kleine gehende Theilung überall anwendbar ist, die Anlage bis zur Vollendung entwickeln. Der Arbeiter in der Nadelfabrik setzt täglich 14,000 Köpfe auf, ein Nagelschmied im Odenwalde macht täglich 3,000 Schuhmachernägel.

2) Die fortdauernde Beobachtung der Schwierigkeiten desselben Geschäfts führt den Arbeiter zu bedeutenderen Erfahrungen. Er entdeckt Erleichterungen und bessere Methoden. Gerade dadurch sind viele technische Erfindungen gemacht. Wir erinnern uns des obigen Beispiels mit dem Knaben, welcher zur Entdeckung der Ventilsteuerung gelangte. Aus letzterem Grunde, und wenn wir namentlich auf die erst in den letzten Jahrhunderten mit der größeren Ansammlung von Kenntnissen nothwendig gewordene Theilung der Wissenschaften in ihre verschiedenen Branchen Bezug nehmen, müssen wir als Hauptvortheil hinstellen die Entdeckung der besten

Arbeitsmittel. Die wichtigsten Maschinen wären ohne Theilung der Arbeit nie erfunden worden. Jede Maschine ist so zu sagen selbst wieder ein Bild der Arbeitstheilung.

3) Diese durch Anlage vorangezeigte und durch Uebung und Erfahrung entwickelte Tüchtigkeit ist auch im Stande, den Ort und die Zeit, wo die Arbeit am besten verrichtet und am lucrativsten domicilirt wird, mit einem Worte die Bedingungen für die Begründung und Ausführung eines Geschäfts am sichersten und zuverlässigsten zu ermitteln. Deßhalb die Etablirung derselben oder ähnlicher Geschäfte in denselben Gegenden Englands, der Schweiz u. s. w. Die Leinenfabriken in England liegen um Leeds und Dundee, die Wollenfabriken um Leeds, die Baumwollenfabriken um Manchester und Glasgow, die Töpfereien befinden sich in Staffordshire und Südwales, Messerwaaren um Sheffield u. s. w. Diese gruppenweise Zusammenlegung derselben Geschäftsbranchen bietet wiederum ungeahnte Vortheile für den Unternehmer und die Arbeiter in Verbreitung der besten Methoden, Ausbildung und Gruppirung der Arbeiter rc. Wo nur die Theilung der Arbeit keine Hindernisse findet, ist schon aus diesem Grunde ein Mißverhältniß zwischen Bedürfniß und Arbeiterzahl oder Arbeitsunternehmungen nicht zu befürchten.

4) Bei möglichst vollkommen entwickelten Arbeitern, bei den besten Methoden und Arbeitsmitteln, bei günstigst vorhandenen Bedingungen für die Arbeit ist es wohl keine Frage, daß an Stoff, Arbeit und Zeit nach Möglichkeit gespart wird, und daß bei möglichst geringem Kostenaufwande möglichst gut producirt werden muß. Hieraus folgt aber an und für sich nicht allein, daß das Publikum billiger bedient werden kann, sondern daß auch gleichzeitig der Geschäftsunternehmer, Meister, Fabrikant u. s. w. für sich und seine Arbeiter einen besseren Arbeitsüberschuß und Arbeitslohn erzielt. Es kommt aber hinzu, daß die Theilung der Arbeit an und für sich an Zeit und Mühe spart, indem das ununterbrochene Fortarbeiten bei einem und demselben Gegenstande, mit einen und denselben Instrumenten, an einem und demselben Orte frei macht von allen den Unterbrechungen, welche bei ungetheilter Arbeit, — wo bald hier bald dort, bald hieran und hiermit, bald daran und damit abgebrochen und wieder begonnen werden muß, — nothwendig oder absichtlich so viel theure Zeit „verspillt" wird.

5) Die Arbeitstheilung ist die Voraussetzung allen Tauschverkehrs, wie sie wiederum durch ihn befördert und ermöglicht wird. Sie ermöglicht in dieser Weise ein stets gleichmäßiges Fortgehen des Geschäfts, indem der Consument in allen den verschiedenen Geschäftsbranchen regelmäßige Bezugsquellen und der Producent von Rohmaterialien regelmäßige Absatzquellen, beide

namentlich durch die Händler finden, und durch regelmäßige Benutzung und Speisung derselben sie wiederum nie versiechen lassen. Dadurch wird ein möglichst vielfacher Umsatz der Capitalien, eine oftmalige Reproduction, eine oftmalige Werthserhöhung, also erhöhte Einnahme ermöglicht, und dieses im Hinblick auf alle Arbeitszweige eines Volks, ja zuletzt der Welt angewandt, sehen wir überhaupt in der größten Arbeitstheilung den regsten Geschäftsverkehr und die größte Wohlhabenheit Aller entstehen, und jede Befürchtung einer Ueberfüllung oder Versiechung irgend einer Arbeitsquelle — abgesehen von momentanen sich selbst beseitigenden Störungen — zur Unmöglichkeit werden. Alles dieses aber nur unter der Voraussetzung, daß man den Geschäftsverkehr nicht durch dummschlaue Maßregelungen seiner eigenen ihm natürlich innewohnenden Trieb- und Heilkraft beraubt.

Ihre volle Bedeutung bekommt die Theilung der Arbeit erst, wenn der W e l t v e r k e h r möglichst ungehemmt sich entwickeln kann, wohin die Entwickelung der Industrie und namentlich ihres mächtigsten Factors, des Handels, unverkennbar mächtig treibt und drängt, was nur Dem zweifelhaft erscheinen kann, der nicht bedenkt, daß auch dieses Ziel, wie jedes andere, nur im Wege des Kampfes erreicht werden kann. Dann werden wir keinen Zucker mehr bauen unter einer nordischen Sonne, wenn wir ihn unter der heißen Sonne des Südens zu ungleich billigerem Preise haben können, denn gerade Das müssen wir als die vorzüglichste Seite der Arbeitstheilung betrachten, daß sie die Arbeit überall dahin verlegt, wo sie die günstigsten Voraussetzungen findet und also mit leichtester Mühe am meisten schaffen kann. (Die Sonne giebt in den Tropenländern dem Zuckerrohr einige 20 Proc. Zuckerstoff, während sie der Runkelrübe bei uns nur circa 8 Proc. mittheilt; in diesem Verhältniß muß also bei uns mehr Boden und Arbeit verwandt werden.)

Die Arbeitstheilung ist aber nicht überall a n w e n d b a r, denn sie setzt voraus, ähnlich wie die Anwendung der Maschinen:

1) die Möglichkeit ununterbrochener Arbeit, welche z. B. in der Landwirthschaft, worin die Arbeiten sich nur zeitweise wiederholen, weniger vorliegt,

2) ein für die dadurch zu erreichende Mehrproduction bereitliegendes Capital und

3) einen größeren Markt, ohne welchen natürlich keine größere Production möglich ist. Die letzteren beiden Voraussetzungen werden aber, wenn wir von den jetzigen Verhältnissen zumal in Europa ausgehen — etwas Anderes ist es z. B. in Asien und Afrika, wo es an der Reichlichkeit der Meeresküsten u. s. w. fehlt — durch die Arbeitstheilung fast überall erreichbar sein, denn eine tüchtige strebsame Production muß nothwendig sowohl die Capitalien, als die erforderlichen Communications-

mittel erzeugen, und umgekehrt ohne energisches Streben können sie nirgends erwachsen und werden sie nie erwachsen. Constantinopel wird niemals London oder New-York werden, so lange die Türken dort vegetiren.

Man macht der Arbeitstheilung, namentlich in den Fabriken, wo sie sich am Ausgeprägtesten vorfindet, dieselben Vorwürfe, wie wir sie bei den Maschinen erörtert haben; aber auch hier können wir nur dasselbe erwidern, daß sie eine durch die Nothwendigkeit des Fortschritts gebotene Nothwendigkeit ist, daß sie aber auch vielfältig ärger angesehen wird, als sie ist, indem sie das Elend, das sie in bevölkerten Gegenden auf einen Platz, nämlich um die Fabrik concentrirt, nur dem Auge näher rückt und in größerer Masse zeigt. In England ist das Elend, wie wir oben durch unbeugsame Zahlen nachgewiesen, weniger vorhanden als anderswo, und soweit als es vorhanden ist, tragen die Gebundenheit des Grund und Bodens, die riesigen Staatsausgaben, die Armengesetze und die Kornsperre früherer Zeit daran hauptsächlich die Schuld.

Wir werden darauf später noch zurückkommen und es mit dem gesegneten Mecklenburg vergleichen, wo die Arbeitstheilung so wenig wie irgendwo ausgebildet ist. Arbeitstheilung namentlich bei Anwendung von Maschinen, so viel man deren anzuwenden vermag, bringt auf den großen Tisch, von welchem wir Alle leben müssen, die gefülltesten Schüsseln, und kann allein uns von den rohen Arbeiten mehr und mehr befreien, um uns Zeit zu unserer geistig-sittlichen Entwickelung zu erübrigen.

Am Schlusse dieses Capitels noch ein concretes Beispiel, durch welches, den aufgezählten Vortheilen der Arbeitstheilung gegenüber, die Nachtheile der Kräftezersplitterung bei ungetheilter Arbeit anschaulich werden mögen.

In Mecklenburg ist durchgehends der Handwerker neben seinem Hauptgeschäfte mit verhältnißmäßig bedeutendem Ackerbau und mit Viehzucht beschäftigt. Nur wenige beschränken sich ganz auf ihr eigentliches Geschäft. Dies ist neben anderen eine nicht unwesentliche Ursache, weßhalb die Industrie daselbst so sehr zurück, und der Handwerkerstand überaus großentheils sehr kläglich situirt ist. (Wir verkennen die übrigen zum Theil in noch höherem Grade mitwirkenden und der von uns bezielten Kräftezersplitterung allerdings Vorschub leistenden Ursachen: Trennung der Städte vom Lande, bisheriges ungleiches Steuersystem, Ungetheiltheit des Grundbesitzes, Zunftwesen, veraltete Rechtsnormen u. s. w. u. s. w. durchaus nicht.) Schon der Lehrbursche wird weniger im Geschäfte als im Garten, Felde und Viehstall beschäftigt, und kann selbstverständlich nicht mit der Ausbildung in den Gesellenstand treten, wie er müßte. Was Hänschen nicht gelernt, lernt Hans aber nimmermehr. Die Wanderjahre können, selbstverständlich dem unvorgebildeten jungen

Manne den Nutzen nicht gewähren, als wenn er auf dieselben gehörig
vorbereitet wäre. Mit oft gar schwachen Fähigkeiten und folglich mit
wenig Lust und Liebe zum Handwerk, kehrt er heim, und nun geht die
Wirthschaft gerade so weiter, wie der jetzige Meister als Bursche es gelernt hat. Die Hälfte Zeit des Tages wird im Garten und auf dem
Felde zugebracht; die Ackerbesitzung wird soweit ausgedehnt, wie die väter-
liche oder schwiegerväterliche Mitgabe irgend reichen will, ein Stück nach
dem anderen wird möglicherweise zugepachtet. Das Betriebscapital
schrumpft darüber auf ein Minimum zusammen. Kommen Geschäfts-
bestellungen, so sieht der Meister, wenn ihm die Ackerbestellung zur recht
ernstlichen Leidenschaft geworden, diese wohl als eine Störung an, wenn
sie ihm baare Verwendungen zumuthen, welche er lieber in Acker, Garten
oder Vieh gesteckt hätte. Er macht dem Kunden ein saures Gesicht, stößt
wohl gar die Bestellung von der Hand, oder läßt sie liegen, und verwendet wenigstens aller Wahrscheinlichkeit nach nicht die Sorgfalt darauf,
die sein Kunde erwarten kann. Die Zeit aber, welche ihm die Ackerbestellung und das Vieh raubt, ist gar nicht zu berechnen; bald muß er
nach Arbeitsleuten umherlaufen, bald nach Fuhrwerk, bald nach Saatkorn und Pflanzkartoffeln; jede Gelegenheit, die irgend einen Vorwand
zum Verlassen der Werkstatt darbietet, wird benutzt. Ebenso geht es mit
der Aufwartung der Kuh, oder des Schweines. Das Geschäft ist inzwischen ruinirt, die mangelhafte Berechnung wälzt nun auf das Handwerk die Schuld, dieses könne Nichts abwerfen, es sei kein Absatz da,
man könne keine Gesellen bekommen, und anstatt umzukehren, wird der
Ackerbetrieb nun erst recht als die letzte Hülfsquelle betrachtet. Die große
Zahl Derjenigen, die den eben beschriebenen, schon in den Lehrjahren
betretenen Weg wandeln, überbieten einander in jedem Acker-, Garten-
und Wiesen-Verpachtungstermine mit den letzten Schillingen wie rasend.
Je weniger das Handwerk geht, desto mehr Concurrenz auf die Ackerstücke,
die einen Preis gewinnen, der nach aller ruhigen Berechnung auf keine
Weise wieder zu gewinnen ist*). Ich habe in Folge meines Berufs seit
Jahren vielfach Gelegenheit gehabt, diesen Hergang zu beobachten, und
habe anderweitig mit stiller Theilnahme den ungünstigen Verlauf eines
Geschäfts nach dem andern gesehen. Mit Ausnahme der Bäcker, Brenner
und Brauer, mit deren Handwerk der Ackerbetrieb, in einem vernünftigen
Maße betrieben, Hand in Hand gehen kann, wenn auch nicht muß,
habe ich stets jedes Gewerk unter dem Mitbetrieb von Ackerbau alsbald

---

*) In einem heute abgehaltenen Verpachtungstermine sind auf respective 4 und
8 Jahre an jährlicher Pacht geboten: für ein städtisches Ackerstück von 205 □R.
17 Thlr. 8 Schill., für 142 □R. 12 Thlr. 40 Schill., für 290 □R. 23 Thlr.
8 Sch., für 495 □R. 32 Thlr., für 112 □R. 8 Thlr. 16 Sch., für einen
Gemüsegarten von 31 □R. 5 Thlr. 28 Sch., für eine Torfwiese, aus welcher
jährlich 8—10 □R. Torf gestochen werden darf, 47 Thlr.

ernstlich leiden sehen. Dahingegen habe ich stets diejenigen Handwerker emporkommen sehen, — soweit es den übrigen Verhältnissen nach in Mecklenburg möglich ist — welche von diesem Bummelwesen sich gänzlich entfernt hielten, und Manche sind wieder zu Kräften gekommen, wenn sie sich nachträglich ihrem Gewerbe allein wieder zuwandten.

Wir haben die Vortheile der Arbeitstheilung angegeben und angedeutet, unter welchen Bedingungen man sich derselben versehen könne. Eine wesentliche Voraussetzung für dieselbe ist die, daß die getheilte Arbeit wieder ihren Vereinigungspunkt findet, in welchem sie sich zu einem Ganzen zusammenfügt. Hierzu wirkt vor allen Dingen das örtliche Nebeneinanderbestehen der Arbeitstheile und Branchen, und hierauf beruht es, daß, wie wir angegeben, die ähnlichen Industriezweige sich gern in dieselbe Gegend verlegen. Die vollendetste Form der Arbeitstheilung und Vereinigung finden wir in den Fabriken. In diesen sind alle Bedingungen und Voraussetzungen dafür vorzugsweise vorhanden.

§. 18.
Productivität der Arbeiten.

Wir haben im Bisherigen uns fortwährend mit der Production beschäftigt; wir haben die Production dahin erklärt: sie schaffe Befriedigungsmittel für unsere Bedürfnisse, oder was dasselbe sei, sie lege den Dingen eine Nützlichkeit, einen Werth bei, mache sie geeignet uns zu dienen. Wir haben auch hervorgehoben, daß die Production nicht allein in der körperlichen Welt vor sich gehe, indem nicht allein körperliche Dinge dienstlich, nützlich, werthvoll seien, sondern auch in der geistigen Welt, in der Wissenschaft, in der Kunst, gehe sie vor sich, indem die Arbeit des Arztes, des Advocaten u. s. w. ein Product schaffe, dessen wir uns in Gestalt eines Raths, der Naturforscher ein Product schaffe, dessen wir uns in Gestalt einer Erfindung u. s. w. bedienen. Ein körperlicher Gegenstand ist, wenn man die Sache ganz genau ansieht, auch nicht an und für sich und unmittelbar um seiner selbst willen das, was wir vermittelst unserer Production erzielen wollen, und wir wissen auch, daß wir körperliche Dinge gar nicht im strengen Sinne des Worts schaffen können; aber dadurch, daß wir die schon in der Natur vorhandenen Dinge der letzteren abgewinnen, sie umformen u. s. w., legen wir ihnen dienstliche Eigenschaften bei, z. B. die Ernährungsfähigkeit re. Wenn wir ein der Natur irgendwie abgewonnenes Korn säen, um dadurch mehr desgleichen zu ernten, so schaffen wir nicht die Bestandtheile der neuen Körner, sondern wir werfen das Korn in die Erde, die wir durch Lockerung re. gewissermaßen zu einem geeigneten Schmelztiegel gemacht haben, in welchem nun das Korn mit dem Dünger und den anderweitigen Stoffen der Erde und der Luft zum Halm wird,

welcher aus allen den geeigneten Stoffen und Säften die Aehre fabricirt.
Die Aehre haben wir aber nicht um ihrer selbst willen, sondern deßhalb
gezogen, weil sie fähig ist, Mehl und weiter Brod zu machen, und weil
sie dadurch fähig, dienstlich ist, unserm Körper durch einen weiteren Zu-
sammensetzungsprozeß neues Fleisch ꝛc. zuzuführen.   Diese Dienstlichkeit haben wir geschaffen.   Wir zielen es also immer auf das
Schaffen von Diensten ab, und wenn der Arzt und Advocat vermittelst
ihrer zuvorigen Aneignung der Medicin und Jurisprudenz sich in den
Stand setzen, uns einen guten Rath zu ertheilen, so ist dieses eine Dienstleistung und also ein Product im wahren Sinne des Worts.   Wir haben
ferner für diejenigen, welche die Productivität auf diejenigen Leistungen
beschränken wollen, welche auf unsere körperliche Existenz einwirken, darauf
hingewiesen, daß die geistigen Leistungen auch in dieser Rücksicht productiv
wirken, indem auch bei den auf die materiellsten Dinge und deren Dienstbarmachung gerichteten Thätigkeiten oft das Wesentlichste von der richtigen,
nur durch geistige Arbeiten zu ermittelnden, Methode abhänge, oder indem
z. B. die körperliche Arbeit nur nach Wiederherstellung der etwa gestörten
Gesundheit möglich, oder nur bei bestehendem Rechtsfrieden erfolgreich
sein werde u. s. w.

Damit, daß wir uns klar machen, daß wir nicht die Dinge selbst
schaffen können, sondern nur durch Umgestaltung ꝛc. ihre Dienstlichkeit
hervorrufen, haben wir für die richtige Auffassung der Lebensverhältnisse
unendlich viel gewonnen.   Das gewöhnliche Leben pflegt die Verhältnisse
rein äußerlich aufzufassen, es geht den Dingen selten auf den Grund, und
nimmt die eigentlichen innern Beziehungen der Dinge zu einander nicht,
oder nicht klar in ihr Bewußtsein auf.   Sofern aus solchen mangelhaften Grundanschauungen alsdann Schlüsse gezogen werden, müssen diese
nothwendig verkehrt sein.   Fassen wir die Dinge rein äußerlich auf und
nicht nach ihren inneren Beziehungen, so sind zwei Hauptirrthümer fast
unvermeidlich, nämlich, daß wir in den Irrwahn verfallen, als ob uns
geholfen sein müsse, wenn wir Dasjenige uns erworben haben würden,
womit äußerem Anschein nach alles Uebrige leicht zu erwerben sei, nämlich
Geld, oder — wenn wir nach gründlicherer Betrachtung diesen Irrthum
beseitigt haben —, daß aller Reichthum, seinem letzten Ursprunge nach,
dem Grund und Boden entwachse.   Diese beiden Irrthümer haben
in der Welt viel Unglück angerichtet, und sie finden auch jetzt in der praktischen Welt und besonders in den Regierungskreisen immer noch Anhänger.   Erstere Anschauung nennt man das Merkantilsystem, letztere die physiokratische Ansicht.

Ihre Geschichte ist kurz folgende:

Nach der Entdeckung von Amerika und der Auffindung des See-
weges nach Indien 1497 warf sich der ganze Handel von den Staaten
des Mittelmeeres im Süden und von der Hansa im Norden plötzlich zu-

nächst nach Portugal und Spanien, welche die neuentdeckten Länder vom Papste geschenkt erhielten, und es wurden nun, besonders von Carl V. von Spanien Colonien gegründet, worin später auch Holland und England folgten. Carl V., der engherzigste Despot, hatte keinen Begriff von den innern Triebfedern des Volkslebens, und hielt einen gefüllten Schatz für den einzigen Reichthum, für den Hebel aller Dinge, für den nervus rerum, für welchen alle Güter zu haben seien. Er sog demgemäß die neuentdeckten Länder, wie sein eigenes, auf alle Weise aus und deren Schätze an sich, und suchte die Ausfuhr von Geld durch die schroffsten Maßregeln zu hemmen. Bei dem Mangel jeder freien Bewegung schlummerten inzwischen die nationalen Arbeitskräfte ein, Alles haschte auf abenteuerliche Weise nach Geld und nach Nichts, als nach Geld. Was war die Folge und mußte die Folge sein? Die gänzliche Vernachlässigung der Industrie. Bei der Flüssigkeit des Geldes, vermöge welcher dasselbe immer von da, wo davon überreichlich ist, dahin strömt (siehe weiter unten), wo es im Verhältnisse zu den übrigen Gütern am wenigsten vorhanden ist, weil es hier im Preise steigt, d. i. viele Waaren kaufen kann, mußte im Wege des, wenn auch durch Sperrmaßregeln noch so sehr erschwerten Handels, das Geld nach den gütererzeugenden Ländern fließen. Holland und nach ihm England, rissen den ganzen Handel, selbst den amerikanischen, der Wahrheit nach an sich, wenn Spanien auch noch eine Zeit lang den Schein davon behielt. Sie versahen den amerikanischen Markt unter spanischem Namen, oder auf Schleichwegen mit den Industrieerzeugnissen, welche Spanien zu liefern nicht im Stande war, und wurden reich und mächtig, während Spanien, dem das Geld so zu sagen durch die Finger lief, verarmte und immer machtloser wurde. Die Herren der Gold- und Silbergruben Peru's und Mexiko's schlugen daheim schlechte Kupfermünzen und waren Schuldner aller Welt.

Dies System, zu welchem Carl V. bei seiner dürren Lebensauffassung sich durch die amerikanischen Goldminen, die sich ihm so plötzlich eröffneten, verleiten ließ, hat für jede oberflächliche Anschauung, welche sich etwa durch Beschauung einer Privatwirthschaft täuschen läßt, etwas Blendendes, und ist besonders geeignet, bei heruntergekommenen Finanzen als Rettungsanker zu erscheinen. So wurde es auch unter Louis XIV. als Mittel betrachtet, die riesige Staatsschuld abzubürden. Sein Minister Colbert bildete es in anderer Weise aus, als Carl V. Er bevormundete und beschützte die Industrie, den Handel, die Schifffahrt, durch Seminarien, Unterstützungen, Privilegien, „wohlthätige" Einrichtungen aller Art, durch Wege, Canäle, Häfen ꝛc., hielt sie aber auch durch Einfuhrverbote vor jeder Concurrenz sicher, und kündigte dadurch jeder fremden Industrie den Krieg an, die eigene einheimische verhätschelnd und verweichlichend, bis bald aller Handel stockte und mit ihm die einheimische Industrie erlahmte.

Der Schotte John Law, ein enormes Talent, ward zur Rettung berufen, endete aber mit einem Staatsbankerott, bei welchem sich 1631 Millionen neuliquidirte Staatsschulden offenbarten (Rotteck, allgem. Weltgeschichte).

Trotz dieser Lehren haben die Regierungen fast aller Länder dieses System immer wieder gepflegt, weil sie Alles eher einsehen mochten, als daß sie nicht den Verkehr regieren müssen. Es führt den Namen „Merkantilsystem" oder „Handelssystem", weil es im Wesentlichen darauf abzielt, eine günstige Handelsbilanz, d. h. Vermehrung der Geldeinnahme gegen die Geldausgabe herbeizuführen. Geld ist (wenn auch ein Factor dazu), wie wir oben in §. 11 und 12 gesehen haben, nicht der einzige Reichthum eines Volkes, und wenn die Mehreinnahme desselben das ganze Streben ist, und durch künstlichen Schutz und Sperrmaßregeln — wie diese eben als Mittel zur Mehrausfuhr gegen die Einfuhr von den Merkantilisten vorgeschlagen werden — erreicht werden soll, so führen letztere gerade nothwendig zur Lähmung der Industrie, und damit alsbald zur Mindereinnahme, denn wenn ein Land sich in seiner Production schwächt und keine Producte mehr hat, womit es Geld kaufen kann, so fängt letzteres nothwendig an, zu fehlen.

Der zweite Hauptirrthum aus früherer Zeit, welcher ebenfalls noch heut zu Tage sehr viel Anhänger in der ununterrichteten Welt hat, das sogenannte „physiokratische" System ist die Theorie derjenigen, welche die Natur als den einzigen Gütererzeuger ansehen. Es entstand in dieser seiner Einseitigkeit, als Gegensatz zum Merkantilsystem. Letzteres hatte die fabelhaftesten Schwindeleien und Stockungen der Industrie, namentlich in Frankreich, hervorgebracht. Man kam nun, indem man sich sagte, daß Geld nicht vom Himmel regne, sondern mit Producten gekauft werden müsse, und weil man gesehen, wie die Industrie und der Handel trotz aller Begünstigungen keinen Ertrag geliefert hatte, nicht auf die richtige Idee, daß sie nur von den Begünstigungen befreit zu werden brauche, um bald empor zu blühen, sondern in der Verzweiflung kam man auf den Einfall, daß nur der Boden wirklich reelle Werthe erzeuge. Für den Ackerbau hatte Colbert so gut wie Nichts gethan, und vielleicht gerade deßhalb war er der einzige Betrieb, der sich rentirte. Nun meinte man aber, der Industrie ganz Adieu sagen, und sich allein auf den Boden werfen zu müssen. Nur dieser gäbe einen Ueberschuß der Production über die Consumtion, einen Reinertrag, und von diesem Reinertrage lebten Alle, von ihm seien alle Steuern zu tragen. Diese Lehre verschaffte — nachdem der Leibarzt Louis XV., Quesnay, sie durch eine Tabelle (auf welche Louis eigenhändig schrieb: „arme Bauern, armes Reich — armes Reich — armer König") populair gemacht hatte, — sich auch dadurch besonders Anhänger, daß sie für die Bauern gegen den müßigen Adel agitirte, und sie hat das Gute gehabt, daß sie die Fesseln von der Industrie

und dem Handel mindestens in Etwas abstreifte, womit allzugroßes Colbert'sches Wohlwollen sie bedacht.

Eine rohe, sehr einseitige, und darum irrige Auffassung aber liegt
auch dieser Ansicht zu Grunde. Wie will der Landmann seinen Acker be-
bauen ohne Pflug und Sense, und welche industrielle Thätigkeit und Ausbildung ist erforderlich, welche wissenschaftliche Erleuchtung mußte voraufgehen, um solche Hülfsmittel in's Leben zu rufen, wie in den vielfachen,
jetzt auch in der Landwirthschaft in immer ausgedehnterem Maße gebrauchten Maschinen, wie in der Drainirung, in den Rieselmethoden, in
den chemischen Einwirkungen auf den Boden u. s. w. u. s. w. jetzt tagtäglich für die Erhöhung des Bodenertrages angewandt werden! Was
für industrielle Mittel dazu gehören, um eine Mühle, ja auch nur einen
Backofen, die doch nothwendig sind, um das Korn in Brod zu verwandeln,
zu bauen, davon erhält man einen Begriff, wenn man dem Ursprung jedes
Bauwerkzeuges, jedes Mühlenapparates 2c. nachforscht. Auch will der
Landmann, der Müller, der Bäcker doch auch nicht nackend gehen, und wie
viel der Handel und dessen großartiges Handwerksgeräth, Straßen, Schiffe
und Eisenbahnen, ganz direct für den Landbau vermag, das sehen wir,
wenn wir die Kornpreise in den verschiedenen Ländern vor den Eisenbahnen und nach denselben betrachten. Nach Nr. 10. der Zeitschrift des
Königl. Preuß. statistischen Büreaus von 1861 kostete z. B. 1817 der
Scheffel Waizen in der Provinz Posen 96 Sgr. 10 Pf., in der Rhein-
proving dagegen zur selben Zeit 166 Sgr. 3 Pf., die Differenz betrug
also damals in demselben Lande auf einen Scheffel 69 Sgr. 5 Pf.,
während sich jetzt die Differenz fast bis auf die Frachtkosten ausgleicht.
Es ist nun doch gewiß für die Rheinprovinz ein Vortheil, wenn sie ihr
Korn dadurch soviel billiger oder reichlicher bekommt, daß es ihr durch den
Handel aus Gegenden zufließt, wo mehr gewachsen ist, und für die Po-
sener wäre es wohl gut gewesen, wenn sie ihren Preis dadurch erhöht
hätten, daß die Fracht billiger gewesen wäre. — Wenn man die Geschichte
der Republik Venedig studirt, begreift man, daß ein Volk ohne Landbau
vermöge seiner Industrie und seines Handels reich und mächtig werden
kann, und leicht begreiflich ist es, daß im Bereiche eines Volkes nicht der
Ackerbauende der Ernährende zu sein braucht, sondern vielleicht, wenn der
Ackerbau darniederliegen sollte, von der blühenden Industrie und dem
Handel ernährt werden kann, welche sich in den Stand setzen, mit ihren
Producten von anderen Ländern das nöthige Korn zu kaufen. So ist die
Schweiz gewiß nicht im Stande, ihre Bewohner mit Ackerbau zu ernähren,
und doch ist sie vielleicht das wohlste und glücklichste Land Europa's. Die
Schweizerische Handels = und Gewerbezeitung vom 19. Juni 1858 führt
als ersten Grund der Wohlhabenheit der Schweiz an: die aus der Boden-
beschaffenheit des Landes hervorgehende Nothwendigkeit, durch den
Acker der Industrie das zu ersetzen, wozu der wirkliche Acker

nicht ausreicht, d. h. durch die Ausfuhr von Industrieerzeugnissen Mittel zu erhalten, um jährlich 2—3 Millionen Centner Brodfrüchte vom Auslande zu kaufen. — Wie viel Korn England kauft, und wie viel wohler ihm jetzt ist, nachdem es die Kornzölle, womit früher die Physiokraten den englischen Ackerbau schützen wollten, seit 1846/49 aufgehoben, ist bekannt.

Dem Handel im Allgemeinen — nicht etwa blos dem im Merkantilsystem anerkannten Ausfuhrhandel — wird im gewöhnlichen Leben am wenigsten der gebührende Dank gezollt. Er ist in Wahrheit, wir werden das noch vielfältig sehen, die Seele der Production, er steigert nicht allein den Werth der Producte, indem er den dringendsten Bedürfnissen auf die leichteste und am wenigsten kostspielige Weise die besten Befriedigungsmittel zuführt (Schäffle), und dadurch jeden Ort, jedes Volk, jeden Einzelnen in den Stand setzt, seine Kräfte auf die fruchtbarste Weise anzuwenden und zu verwerthen, sondern er belebt, ja erzeugt sogar die Production durch Erweckung der Bedürfnisse, und deßhalb durch Erweckung des Bestrebens, die Mittel zu ihrer Befriedigung zu schaffen. Dabei ist er es von jeher gewesen, der auf seinen — allerdings im reinen Selbstinteresse beschrittenen — Wegen die Cultur weiter und weiter getragen, also die Civilisation und dadurch selbstverständlich die Production überall auf eine höhere Stufe gehoben. Der Handel vermag allerdings allein Nichts, aber ohne ihn wäre die Welt eine rohe, der Cultur fast unfähige Wildniß. Und dies Lob darf man nicht etwa bloß dem Großhandel spenden, sondern die Kleinhändler vom Krämer und Aufkäufer bis zum Hausirer und Trödler herab, sie sind alle, weil sie dem großartigsten Welthandel selbst, gleichsam wie die Unteroffiziere für ein Heer, unentbehrlich sind, in dieses Lob mit inbegriffen.

Wenn man ihm den Vorwurf macht, daß er, und vielleicht vor allen Anderen durch seine thätigsten Repräsentanten, die Juden, der materiellen Richtung unserer Zeit Vorschub leiste, so ist auch dieser Vorwurf ungerecht. Der Händler ist zunächst allerdings mit den materiellen Interessen beschäftigt, darin thut er seine Pflicht, die geistigen und sittlichen Interessen sollen nach dem Gesetze der Arbeitstheilung von denjenigen vertreten werden, welche sich ihnen widmen, und es ist nicht Schuld des Handels, wenn diese sich weniger rühren oder weniger wirken, und nicht auf den Handelsstand selbst, wie auf alle übrigen Stände, ihr Licht verbreiten. Es sind lediglich diejenigen schuld, welche die Wissenschaften zurückdrängen, sie „zur Umkehr" nöthigen wollen, und welche sie in Schulen und auf Kanzeln, in Gerichtsstuben und im Leben dem Volke in der Gestalt, worin sie auftreten, widerwärtig machen. Laßt die Wissenschaften frei, verfolgt nicht die Gesinnung, und Ihr werdet sehen, wie Erleuchtung und wahrhafte Religiösität in alle Lebenskreise dringt.

Zweites Buch.

Von den erzeugten Gütern und ihren Beziehungen zur wirthschaftlichen Persönlichkeit.

Drittes Capitel.

Bedeutung des Privateigenthums, seine Freunde und Feinde in der Geschichte.

§. 19.

Das Privateigenthum. Seine Bedeutung.

Betrachten wir alle die oben im §. 9 aufgeführten Arbeiten von dem ersten Schritte der Occupation an, durch alle Capitalbildungen hindurch, bis zur unkörperlichsten persönlichen Dienstleistung und geistigen Kraftentwickelung, so zielen alle auf das, wovon wir, als der Ursache aller Production, ausgingen, auf das Bedürfniß zurück und auf das ab, was das Bedürfniß zu befriedigen vermag, auf den Erwerb einer Nützlichkeit, eines Werthes, respective auf die productive Ansammlung solcher Nützlichkeiten und Werthe, also auf die Vermehrung des Vermögens des Arbeitenden. Der Naturfond, wie er den Menschen umgiebt, und wie er in den eigenen Anlagen des Menschen sich findet, sowie die gegenwärtige Arbeit und die productiv aufbewahrte Arbeit, das Capital, erzeugen zusammen Nützlichkeiten und Werthe, welche wir in Tausenden von körperlichen Gütern, von persönlichen Leistungen, von persönlichen Eigenschaften und Fähigkeiten, in verschiedenster Weise sich darstellen sehen. Nachdem sich die Theilung der Arbeit und der Tauschverkehr der Art ausgebildet haben, wie wir sie jetzt täglich im Verkehrsleben des Volkes und der Völker sich vollziehen sehen, ist der Einzelne darauf angewiesen, bei Weitem die meisten seiner Bedürfnisse durch die Arbeiten Anderer befriedigen zu lassen, und ist daher das allgemeine Streben aller Einzelnen dahin gerichtet, sich in den Stand zu setzen, möglichst viel Arbeiten Anderer kaufen zu können. Dies kann nicht anders geschehen, als dadurch, daß man die eigenen Arbeiten und die dadurch respective direct erzeugten oder tauschweise erworbenen Werthe frei in seiner Verfügung hat, um sie willkürlich jeden Augenblick umtauschen und verwerthen zu können.

Das in unserer freien Verfügung haben unserer producirten Werthe ist es daher, was wir als die Grundbedingung
für die Möglichkeit unserer Bedürfnißbefriedigung, für die Nützlichkeit
unserer Arbeiten, und für unsere ganze Entwickelung ansehen müssen. Ohne
Theilung der Arbeiten würden wir, wie wir oben gesehen haben, im Elende
leben, da Niemand es dahin bringen könnte, alle seine Kleidung, seine Nahrung, Wohnung ꝛc. ꝛc. selbst in einiger Güte und Brauchbarkeit verfertigen
zu können; die Theilung der Arbeiten unter den Menschen hätte aber ohne
den Tauschverkehr keinen Sinn, und der letztere ist nur möglich bei freier
Verfügung derjenigen, welche tauschen wollen, über diejenigen Dinge,
welche sie vertauschen wollen. Auf dem freien Verfügungsrechte
über unsere producirten Werthe beruht also unsere
ganze Thätigkeit und Entwickelung*). Das ist in seiner Allgemeinheit so klar, daß es nicht bewiesen zu werden braucht. Daß es aber
nicht allein im Allgemeinen wahr und richtig, sondern auch in jeder speciellen Beziehung und im strengsten Sinne so sehr richtig ist, daß daraus
mit Nothwendigkeit der Satz folgen müsse:

> daß jede Behinderung in der freien Verfügung über
> die von uns erzeugten oder zu erzeugenden Werthe
> eine Behinderung und Abschwächung der Produc-
> tion, eine Verminderung des Reichthums und des
> Wohles der Einzelnen und der Gesammtheit verur-
> sachen müsse,

das begreift man erst völlig klar, wenn man die geläuterten Begriffe und
die Erfahrungen der Volkswirthschaftslehre sich angeeignet hat. Noch
mehr aber wird man sich erst alsdann klar bewußt, eine wie ungeahnte, weit reichende Tragweite dieser Satz hat.

§. 20.

Umfang des Privateigenthums. Anerkanntes Privateigenthum und freie Persönlichkeit gleichbedeutend.

Betrachten wir doch einmal den Gedanken näher. Was heißt es:
die freie Verfügung über die von uns erzeugten oder
zu erzeugenden Werthe haben?

Wir werden sehen, daß es nichts Anderes heißt, als:
über sich selbst, über die eigene Person und über die

---

*) Wir brauchen hier wohl nicht vor dem Mißverständnisse zu warnen, als
müsse hiernach der Lohnarbeiter das Eigenthum an den von ihm producirten Dingen
erwerben. Dieser hat den Werth seines Lohnes an dem ihm hingegebenen
Stoffe producirt, wie sich weiter unten zeigen wird, und diesen Werth bekommt er
in Grundlage seines Contracts bezahlt.

eigenen Kräfte frei verfügen können, da die freie Verfügung über unsere Werthproducte, über unsere Güter, nicht anders denkbar ist, als bei freiester Persönlichkeit und da diese letztere stets die freie Verfügung über die erzeugten Werthe in ihrem Gefolge haben muß.

Wir haben bei Betrachtung der drei Productionsfactoren gesehen, daß die Kräfte der äußeren Natur, sowie auch die inneren und äußeren, geistigen und körperlichen Anlagen des Menschen, die menschliche Natur, zusammen mit der Arbeit und den in den Capitalien angesammelten Arbeitskräften und Mitteln die Werthe erzeugen; wir haben bei Betrachtung der Arbeit namentlich auch hervorgehoben, daß auch die nicht auf directe und augenblickliche Befriedigung gerichtete Thätigkeit wertherzeugende Arbeit sei, wenn sie nur, wie z. B. die Ansammlung der Kenntnisse und Fähigkeiten des Studirenden und Lehrlings, auf dereinstige productive Verwendung abziele, und wir haben auch bei Betrachtung der Capitalien gesehen, wie die persönlichen Eigenschaften, Begabungen, Fähigkeiten eines Menschen und eines Volkes zu deren wertherzeugenden Gütern gehören. Wir haben ferner es mehrfach schon hervorgehoben, daß jedes Product, wenn es auch noch so körperlich sei, nur allein insofern in Betracht komme, als es zu einer Dienstleistung fähig sei. Demnach haben wir in unseren persönlichen, körperlichen und geistigen Anlagen und Kräften ebensowohl die Grundlagen unseres Vermögens zu betrachten, als in den Stoffen und Kräften der äußeren Natur. Sie sind ebensowohl Grundlagen und Objecte des Vermögens und Eigenthums. Zwar soll nach römischem Rechte Niemand Eigenthümer seiner eigenen Glieder, geschweige denn seiner geistigen Eigenschaften und Producte sein; wenn es sich aber hier für uns um die mit den öffentlichen Rechten vielfach in Zusammenhang stehende und diesen gegenüber zu bestimmende Stellung des Menschen im Verkehr, um seine Möglichkeit, über Brauchbarkeiten für die Befriedigung seiner und seiner Mitmenschen Bedürfnisse zu verfügen, handelt, so wird es gewiß Niemand bestreiten, daß in dieser Hinsicht die eigenen körperlichen und geistigen Fähigkeiten eines Menschen vor allen Dingen zu seinem Vermögen gehören müssen. Wenn wir ein bisher keinem Anderen gehöriges Stück Land im Schweiße unseres Angesichts umgraben, entwässern oder bewässern, bedüngen u. s. w. und es dadurch aus dem Zustande der Unfruchtbarkeit zu einem ertragsfähigen Waizenacker machen, so wird uns kein Jurist absprechen, daß wir den gerechtesten Anspruch haben auf den Ertrag der schließlich hineingesäeten Waizenkörner und auf die ausschließliche Verfügung über das so von uns brauchbar gemachte Ackerstück. Ebenso aber ist es offenbar, oder vielmehr noch näherliegend ist es, daß uns die Früchte gebühren, welche durch die Uebung und Ausbildung unseres Körpers und Geistes, der Aehre des Kornfeldes gleich, zur Reife kommen, wie auch die ausschließliche freie Verfügung über die erworbenen Fähig-

keiten dieses unseres Körpers und Geistes. Der Gelehrte, welcher von
Jugend auf ein Feld der Wissenschaft nach dem anderen beackert, welcher,
auf die Freuden des Lebens verzichtend, über seinen Arbeitstisch Tag und
Nacht gebeugt, sein geistiges Capital vermehrt hat, der Handwerksgesell,
der Handlungscommis ꝛc., welche sich vielleicht unter harten Anstrengungen
die Fähigkeiten und Erfahrungen ihres Berufes angeeignet haben, diese
haben ebensowohl ihre productiven Kräfte und Mittel, dieses ihr Capital
geschaffen, als der Landmann die Tragfähigkeit des Grundstücks. Ihre
körperlichen und geistigen Anlagen sind ihnen gerade so von der Natur
gespendet, wie das letztere, und es ist noch näherliegend und unzweifel-
hafter, daß sie ohne jedwede Rechtsverletzung i h n e n gehören, wir sagen
ruhig: ihr Eigenthum sind, als jenes Grundstück das Eigenthum jenes
Landmannes, und die Werthe, welche sie vermittelst ihrer körperlichen und
geistigen Thätigkeit und der durch dieselbe gewonnenen Entwickelung ihrem
natürlichen Fond hinzugefügt haben, sind ebensowohl im Hinblick auf
künftigen Fruchterwerb und Genuß von ihnen angesammelt, wie die Me-
liorationen des Bodens von jenem Landmanne. Welchen Antheil bei
dieser Capitalbildung die Natur und welchen die menschliche Arbeit habe,
ist in beiden Fällen, nämlich bei den persönlichen Fähigkeiten und bei der
Tragfähigkeit des Bodens gleich schwer zu bestimmen und abzumessen.

Die Jurisprudenz, welche noch immer an dem Leitseil der alten von
der Volkswirthschaftslehre noch nicht aufgeklärten römischen Rechtslehren
und der in ihren Begriffen von Rechtsverhältnissen des heutigen Verkehrs
noch weniger aufgeklärten alten deutschen Rechtsquellen, wie an einem
Gängelbande zu Werke geht, versteht unter Sachen nur körperliche Dinge
und auch diese nur insoweit, als sie von der Person äußerlich gesondert
sind. Sie kennt Eigenthum, das sie eben nur über Sachen anerkennt, deßhalb nur im Bereiche der vom Eigenthümer äußerlich gesonderten körperlichen Dinge und nennt die auf die eigene Person und auf unkörperliche
Dinge bezüglichen Befugnisse nicht Eigenthum, sondern schlechthin Rechte*).

Es paßt aber der Begriff des Eigenthums, d. i. die rechtliche Beherrschung ebensowohl auf unsere Gliedmaßen und unsere geistigen

---

*) Nach streng juristischen Begriffen giebt es kein Eigenthum an Geisteswerken
und wir würden deßhalb ohne die Bundesbeschlüsse vom 9. November 1837 und
19. Juni 1845 und die sich daran reihenden Gesetze der einzelnen deutschen Länder
wohl unser Recht auf das Papier, welches wir beschrieben oder bedruckt haben, geltend machen können, aber gegen Nachdruck nicht geschützt sein, weil das unkörperliche geistige Product, der Inhalt, der eigentliche Werth, nicht fähig sein soll, Eigen-
thumsobject zu sein — d. h. nach juristischen Grundsätzen. Die Nothwendigkeit
der Bundesbeschlüsse zum Schutz des geistigen Eigenthums war nach unserer Ansicht
der klarste Beweis von der Unrichtigkeit der juristischen Grundbegriffe; die Jurisprudenz mußte sich in diesem Punkte insolvent erklären, wie sie dies dem Verkehr
gegenüber vielfach muß, wenn sie aus dem letzteren nicht hervorgegangen, oder an
ihm sich nicht fortschreitend berichtigt hat.

Kenntnisse, Fähigkeiten und Erzeugnisse unserem Willen gegenüber, als auf außer uns befindliche körperliche Dinge; es tritt nicht und darf nicht treten zwischen unseren Willen und diese unsere körperlichen und geistigen Fähigkeiten ein Drittes, was die Summe der Berechtigungen bestimmen könnte; unser Wille darüber ist allein- und selbstbestimmend, so gut wie über die außer uns befindliche Sache. Können wir zwar keine anderen Menschen im Eigenthum haben, oder deren Fähigkeiten, weil der Wille derselben, das Persönliche, dann uns mitgehören müßte — wie beim Sclaven, — so kann und muß doch unser Wille unsere eigenen Fähigkeiten rechtlich beherrschen. Das Persönliche in uns in rechtlicher Beziehung, d. h. dasjenige, was uns befähigt zu Rechten, Subjecte von Rechten zu sein, ist lediglich unsere Willensfähigkeit, unser Wille. Daß dieser Wille eine äußere Hülle haben müsse, etwas Körperliches, versteht sich von selbst; aber daraus folgt nicht, daß derselbe diese äußere Hülle nicht beherrschen könne, und daß diese Hülle die Person, das rechts- und eigenthumsfähige S u b j e c t sei, und nicht als Object unseres Willens in Betracht komme. Ist es richtig, und dies erkennt ja auch jeder Jurist an, daß die Rechtsfähigkeit, die Persönlichkeit, nur in unserem Willen, diesen in seiner reinen bloßen Existenz aufgefaßt, besteht, so gehört alles Uebrige, was der Wille sich unterwirft und womit er sich das Uebrige unterwirft, zu den Objecten der rechtlichen Herrschaft des Willens. Zwar ist es richtig, daß das Mehr oder Weniger, was der Wille beherrscht, die Größe des Reichthums, die Größe der Befähigung des Menschen, auf die Kraft des Willens zurückwirkt, indem der Wille, wenn er weniger Rückstärkung hat, sich mehr versagen, mehr unausgeführt lassen muß, allein das hat eigentlich und streng genommen Nichts mit der Persönlichkeit an sich, mit der Rechtsfähigkeit in ihrer allgemeinen Existenz zu thun, und darf uns nicht veranlassen, nach der Größe des beherrschten Gebietes und Vermögens eine größere oder geringere Persönlichkeit an-zunehmen; denn es ist doch begriffsmäßig in der That kein Unterschied vorhanden, ob ich mehr vermag, weil ich einen Complex von Landgütern habe, und mit deren Früchten Alles kaufen und mir unterwerfen kann, oder ob ich das Letztere vermöge meiner geistigen und körperlichen Geschicklichkeit vermag. Warum soll denn der Complex von Landgütern nicht ebensowohl zu meiner Persönlichkeit, zu meinen subjectiven Fähigkeiten gehören*), als meine geistige und körperliche Fähigkeit? Die Wahrheit ist, daß Beides strenge genommen nicht, weder das geistige und körperliche Vermögen, noch das im Gütercomplex befindliche Vermögen in ökono-mischer und rechtlicher Beziehung — von moralischen Beziehungen sprechen

---

*) In der That sehen wir dieses leider in Folge der juristischen inconsequenten Auf-fassung tagtäglich z. B. bei unseren mit Landstandschaft versehenen Rittergütern, die man, wenn ihre Berechtigung Sinn haben sollte, als Theile der Person auffassen müßte.

wir nicht — ein Stück vom Subject ist, sondern daß Beides in gleicher
Weise zu den von dem menschlichen Willen, von seiner Person, beherrschten Objecten gehört. Jeder Unbefangene wird diese unsere Anschauungsweise für natürlich erkennen, wie denn auch unser Sprachgebrauch damit
harmonirt. Wir sprechen von unseren Augen, von unseren Armen und
Beinen, von unserem Gedächtnisse, unserem Verstande, unseren Kenntnissen,
als von unserem Eigenthume, und nichts erscheint uns lächerlicher, als
wenn die alten römischen Juristen den Satz aussprachen: Niemand ist
Eigenthümer seiner Glieder (lex 13 Digestorum principio 9, 2) und
wenn die späteren Juristen sich abquälen, um zu den Entschädigungen für
Gesundheitsverletzungen im Wege der Ausnahmen unter Festhaltung eines
so albernen Princips zu gelangen*). Der Schmied, welcher sich ein Paar
tüchtige Arme und Fäuste herangebildet, der Dichter, welcher seinen Schön-
heitssinn ausgebildet, der Jurist, der seinen Verstand geübt, sie besitzen
diese Gaben als Eigenthumsobjecte und wenn auch diese körperlichen und
geistigen Fähigkeiten selbst entäußerungsunfähig und tauschunfähig sind
in dem Sinne eines umlaufenden Capitals oder eines Consumtionsgegen-
standes zum Zwecke der sofortigen Vernichtung; so verwendet man sie
doch in ihren allerdings tauschfähigen Leistungen tagtäglich, und will und
muß über sie so verfügen können, daß sie als stehendes Capital zu immer
ferneren tauschfähigen Leistungen möglichst erhalten und in ihrem Werthe
erhöhet werden. Nur der Wille selbst, als das Subjective ist entäußerungsunfähig, Niemand kann sich seiner entschlagen, ohne die Persönlichkeit
selbst zu vernichten, er kann nicht Object, nicht Eigenthum, sondern nur
Subject sein: veräußert er aber die Leistungen und Dienste des Körpers
und Geistes contractlich, so beherrscht er dennoch die letzteren nach wie
vor, die letzteren leisten ihm ihre Dienste, und er, der Wille überträgt oder
überweiset ihre Leistungen auf Grund des eingegangenen Tauschvertrages
an den anderen Contrahenten**).

---

*) Wir haben Nichts dagegen, daß die juristischen Lehrbücher für das Eigen-
thum an körperlichen Dingen eigene Rubriken anlegen, aber das Eigenthum an
unkörperlichen Dingen, an Fähigkeiten, Geisteswerken 2c. zu leugnen, und das
Eigenthum an dem eigenen Körper nicht anerkennen zu wollen, ist wunderlich; noch
wunderlicher aber ist es, wenn die Jurisprudenz einestheils den Willen des Menschen
in der Potenz gedacht als das Subject der Rechte anerkennt, und dennoch von Ver-
schiedenheiten der rechtlichen Persönlichkeiten reden will, als von folgerichtigen Instituten.
**) Im Preuß. Landrechte I. 8. §. 1. und Oesterreich. Gesetzb. Art. 353.
heißt es: „Alles, was Jemandem zugehört, alle seine körperlichen und unkörperlichen
Sachen heißen sein Eigenthum." Gerber (Deutsches Privatrecht) meint zwar, hierin
sei nicht das Eigenthum an Rechten begründet, derselbe giebt aber zu, daß in diesen
Rechten das Zusammenlaufen der dinglichen und persönlichen Rechte zu finden sei,
und das kann wohl nicht anders sein, weil sie in unseren neueren Verkehrsverhältnissen entstanden sind, und es kann nur von denjenigen Rechtslehrern getadelt
werden, welche, wie eben Gerber, es „ein Gewinnen von selbständigen Rechtsideen

Unsere Unterscheidung ist nun von der höchsten Wichtigkeit. Haben wir erkannt, daß unsere körperlichen und geistigen Fähigkeiten ebensowohl unser Eigenthum sind, als unsere Landgüter, unsere Thaler u. s. w. und erkennen wir zwar an, daß dieselben, wie überhaupt unser Vermögen, auf unseren Willen und auf dessen größere oder geringere Macht zurückwirken, daß sie aber immer von diesem als ihrem Subjecte beherrscht werden, so können wir nicht mehr, gleich den Juristen, die Verschiedenheit der persönlichen Stellung im heutigen Rechtsstaate lediglich aus der Verschiedenheit der Persönlichkeit selbst — wenn wir die letztere uns auch unter den Einflüssen und Rückwirkungen der körperlichen, geistigen und moralischen Fähigkeiten denken wollen — zumal als ihrem letzten und einzigen Grunde herleiten, sondern wir nehmen mit dem klarsten Bewußtsein wahr, daß die sogenannte verschiedene persönliche Stellung, wenn sie eine blos thatsächliche sein soll, von der größeren oder geringeren Rückwirkung des größeren oder geringeren Eigenthums herrührt, wenn sie aber eine rechtliche sein soll, der Art, daß über die thatsächliche Rückwirkung hinaus dem Ueberflusse eine besondere rechtliche Bevorzugung eingeräumt, dem Mangel eine rechtliche Hintanstellung zugemuthet wird, dann nur davon herrührt und herrühren kann, daß das Eigenthum der Menschen mehr oder weniger durch Staatsgesetze einerseits privilegirt und andererseits geschmälert ist, und mit diesem klaren Bewußtsein nehmen manche Dinge sofort einen ganz anderen Anschein an, als sie vorher, ehe wir die richtige Anschauung hatten, uns zu haben schienen. Die Persönlichkeiten müssen nämlich nach unserer Auffassung an und für sich rechtlich völlig gleich sein, weil ihnen überall nur der Wille in seiner einfachen Potenz und Existenz zum Grunde liegt. Hieraus folgt: 1) daß diese Persönlichkeit jedem Menschen zukommen muß, also auch dem Sclaven, und 2) daß dieselbe bei Keinem an und für sich rechtlich mehr vorhanden sein kann, als bei dem Anderen.

Was die Juristen von der persönlichen Verschiedenheit der Stellung reden, wie wir sie in der That im Staate, in der Kirche, u. s. w. anerkannt sehen, reducirt sich auf die Verschiedenheit der rechtlichen Stellung des Vermögens ihrem letzten Grunde nach, und nach den Principien, welche man über die Begründung, über die innere Rechtfertigung des Eigenthums aufstellen muß, beurtheilt es sich, ob die sogenannte verschiedene Stellung der Person, deren Berechtigung oder Nichtberechtigung vernünftigen Grund haben kann, oder nicht. Da der Wille des Menschen gerade in der Dienstbarmachung der natürlichen Kräfte, sowohl derjenigen, welche dem Menschen

---

und Instituten für das heutige Recht" nennen, wenn sie gefunden haben, wie im alten deutschen Rechte das Eigenthum vielfach durch das öffentliche Recht beschränkt ist. Ein solches Festhalten alter Irrthümer aus der Zeit des Faustrechts um der Schule willen ist sehr tadelnswerth.

inne wohnen, als derjenigen, welche außer ihm in der Natur walten, seine
Nahrung und Bethätigung findet, so wirkt diese Dienstbarmachung der
eigenen und Naturkräfte auf die thatsächliche Existenz, auf die Möglichkeit
des Willens sich bethätigen zu können, allerdings thatsächlich zurück, und
diese Wechselwirkung ist eine so natürliche und nothwendige, daß sie eben
zu der obigen Verwechselung der Juristen Veranlassung geben konnte, und
daß man, wenn man nur die objectiven Beziehungen unserer Fähigkeiten
und Kräfte nicht übersieht, in der That dem praktischen Erfolge nach es
dahingestellt lassen möchte, ob die persönliche oder die sachliche Beziehung
derselben im Allgemeinen die wichtigere Seite dieser Kräfte sei.   Wir bestehen nur darauf, daß man die Eigenthumsqualität derselben anerkenne,
und die Frage nach der freien productiven Thätigkeit des Menschen und
seiner Kräfte nicht allein aus der Freiheit der Person, sondern auch
aus dem Gesichtspunkt des geschützten und gesicherten Eigenthums beant-
worte.   Die Freiheit der Person ist immer zugleich die freie Verfügung
derselben über ihre Kräfte, d. i. über ihr Eigenthum, die Beschränkung
der persönlichen Freiheit ist gleichbedeutend mit der Beschränkung des
Eigenthums und umgekehrt, und das wollten wir nachweisen.

Diese Auseinandersetzung war nothwendig für alle diejenigen, welche
sich rühmen, daß sie das Privateigenthum anerkennen und heilig halten
und dasselbe sicher stellen wollen, und welche dennoch von einer Ordnung
reden, in welcher die Personen von vorne herein rechtlich in der un-
gleichsten Weise gestellt sein sollen, von einer Ordnung, in welcher die
Einen von vorne herein über die Kräfte, d. i. das Eigenthum der Anderen
gebieten, und vermöge welcher folglich diese Anderen von vorne herein
ihres Eigenthums beraubt sind, — von einer Ordnung, vermöge welcher
sie auf Schritt und Tritt durch das ganze Leben hindurch die Einen mit
Privilegien auf Kosten der Anderen versehen, und welche daher mit
einer principiellen gewaltsamen Eigenthumsexpro-
priation beginnt, folglich nur die höchste Unordnung und der
größeste Widerspruch gegen die Anerkennung des Eigenthums genannt
werden kann.   Wir werden zu zeigen im Stande sein, daß diese Eigen-
thumsexpropriation nichts Anderes ist als der Ausfluß einer lediglich
communistischen Anschauung, welche das Eigenthum der Privatperson
und deren natürliche Quelle, den menschlichen Willen und die natürliche
menschliche Begabung nicht anerkennt.

§. 21.

Rechtfertigung des Privateigenthums in seinem vollen Umfange aus innerlich nothwendigem Grunde.

Die Jurisprudenz hat für das Eigenthum keine innere, natürliche Erklärung. Sie kennt zwei Arten der vollständigen Beherrschung

einer Sache, vermöge deren man über diese vollständig verfügen kann: den
Besitz und das Eigenthum. Den Besitz nennt sie die factische, thatsächliche Herrschaft, welche dann vorhanden ist, wenn Jemand eine Sache
beherrschen will und thatsächlich beherrschen kann, und welche das
Recht so lange anerkennt, duldet, als Beides, das Wollen und Können in
der Person vereinigt ist oder vereinigt gedacht wird. Das Recht anerkennt
im Besitze die Wirksamkeit des Privatwillens, indem es denjenigen
einer persönlichen Verletzung gegen den Besitzer schuldig erkennt,
welcher den solcher Gestalt factisch bestehenden Besitz stört. Das Institut
ist gewissermaßen ein Ueberrest aus der noch nicht von der Staatsgewalt
behelligten Volksgemeinschaft; denn er wird nicht aus dem Gesammtwillen, welcher sich erst nach dem Mächtigwerden des Staates geltend macht,
sondern aus dem noch souverainen Privatwillen erklärt. Wird dieser
Besitz allerdings noch heutzutage gegenüber jedem anderen Privatwillen
geschützt, so reicht er doch nicht gegen denjenigen Prätendenten aus, welcher
seine Gewalt über die Sache von dem Gesammtwillen, von
der Staatsgewalt, herleitet, d. i. welcher die rechtliche
Herrschaft über die Sache behaupten kann, d. i. gegen den Eigenthümer
(falls dieser nicht dem Besitzer contractliche Rechte eingeräumt hat).
Rechtlich beherrschen, Eigenthümer sein, heißt in der
Jurisprudenz nach dem Willen des Staates beherrschen, und in
dieser Gegenüberstellung der rechtlichen Gewalt gegenüber der thatsächlichen, aus dem Privatwillen abgeleiteten, in dem Vorzuge dieser
rechtlichen, aus dem Gesammtwillen abgeleiteten, vor der
thatsächlichen Macht des Privatwillens liegt von vorne herein etwas
Communistisches; denn der Staat erkennt damit das Eigenthum nur in
demjenigen an, welchem er es concedirt und gewissermaßen verleibet. Hat
man aber diese rein äußere Erklärung des Eigenthums als vom Staate
verliehenen, ja selbst die ebenfalls äußere, wenngleich schon der Natur der
Sache näher gehende und ursprünglichere Erklärung des Besitzes, als
Ausfluß des Privatwillens, so fehlt es immer noch an der inneren
Erklärung, weßhalb denn dem Einzelnen factisch, oder gar rechtlich die
Gewalt über Dinge eingeräumt werden muß, und so lange diese fehlt,
so lange es nicht heißt: der Staat muß aus dem und dem Grunde anerkennen, so lange ist die Anerkennung nur eine rein äußere, welche eben,
weil kein rechtlicher Grund (Titel) als vorhergehend gedacht wird, lediglich
eine Verleihung, wenn auch nach abstract gefaßten Bedingungen ist.

Die Nationalökonomie oder Volkswirthschaftslehre allein kann eine
innere Begründung des Eigenthums aufstellen, d. h. eine solche, nach
welcher der Staat das Eigenthum anerkennen muß*).

---

*) Wohin der Mangel an einer inneren Begründung geführt hat, darüber
vergleiche man die sehr anerkennenswerthe Schrift von Dankwart, National-

Das ist folgende:

Der Mensch wird beziehungsweise schon als Eigenthümer geboren, hat Eigenthum, bevor an einen Staat gedacht wird, und wer im Staate geboren wird, entlehnt dasselbe nicht von diesem, sondern vom Schöpfer aller Dinge selbst. Der Staat kann dem Menschen dies ursprüngliche Eigenthum höchstens nehmen, wenn er es sich zuschreibt, um es wieder verleihen zu können. Es ist dies der natürliche Fond des Menschen, seine körperlichen und geistigen Gaben, welche von Anfang an dazu bestimmt sind, seinem Willen, d. i. ihrem Eigenthümer nach Möglichkeit dienstlich zu sein, oder richtiger gesprochen, dienstlich zu werden. Dies persönliche dem Menschen von Anfang beiwohnende Eigenthum sollte entschieden am heiligsten dastehen. Die Jurisprudenz hat es aber weggestrichen, weil es dasselbe im bisherigen Staats- und Rechtsleben allzuverstümmelt vorfand. — Die übrige Natur ist nicht bestimmt einem bestimmten Einzelnen zu dienen, sondern der Menschheit. Sie ist in ihrer Natürlichkeit, in ihrem Naturzustande ebenfalls nur ein Fond, welcher an und für sich noch keine Dienstlichkeit hat, sondern sie nur erst durch die menschliche Dienstlichmachung erhält, durch die Zusammenwirkung mit Arbeit und Capital.

Der menschliche Körper und Geist wachsen durch die Thätigkeit ihres Eigenthümers, der Mensch selbst als Einzelner (wenn auch im Zusammenhange mit seiner Familie und den übrigen Volksgliedern) bildet sie sich heran, ihre Ausbildung erfordert von seiner Seite unendlich viele, und oft schwierige Anstrengungen und Opfer. Die eigene Thätigkeit ist es, welche Körper und Geist zu derjenigen Dienstlichkeit, zu demjenigen Werthe entwickelt, welche sie eben erlangt. Ist bei dieser Thätigkeit von Anfang her allerdings die Familie und die Volksgemeinschaft mitthätig, so wird doch Niemand mit einigem Grunde behaupten können, daß in dieser Unterstützung, die gemeiniglich im vorwiegenden Maße gerade in den Jahren der Unreife des Willens und der Hülfsbedürftigkeit gewährt wird, und die eben in der Absicht und nur in der Absicht geschieht, um dem unreifen Wesen die Entwickelung, die Ausbildung seiner Kräfte zu erleichtern, ein Rechtsgrund zu finden sei, um den Erwerb dieser entwickelten Kräfte den mithelfenden Personen, d. i. der Familie und der Volksgemeinschaft, oder gar dem Staate, auf Kosten des entwickelten Individuums zuzusprechen. Dieses würde eine Enteignung der Kräfte des zu Entwickelnden, also das gerade Gegentheil des Kräfteerwerbs in sich fassen. Die Familie, das Volk, der Staat, haben mit der Unterstützung des noch unreifen Wesens eben eine Unterstützung bezielt, sie haben das unreife Wesen bis zu seiner Entwickelung sogar noch als veräußerungsunfähig betrachtet, und können deßhalb eine Veräußerung der Kräfte dem

_____

ökonomie und Jurisprudenz, namentlich die Abhandlung über die Specification.

zu Entwickelnden unmöglich zuschreiben, abgesehen davon, daß im Wesentlichen auch bei dem besten Unterrichte und der größesten Beihülfe die eigene Anstrengung immer Dasjenige ist, was die Entwickelung bedingt. Das Höchste also, was Familie, Volk und Staat für die moralische Handlung der Unterstützung beanspruchen können, ist das moralische Gefühl der Dankbarkeit und das Streben des Einzelnen, die empfangenen Dienste nach Möglichkeit zu vergelten. Der einzelne entwickelte Mensch hat also nach der Entwickelung seiner körperlichen und geistigen Kräfte, welche die Natur unbestreitbar ihm, und nur ihm gegeben hat, an diesem seinen körperlichen und geistigen Capital das volle unbeschränkte Eigenthum, weil er diese ihm von der Natur verliehenen Anlagen mit seiner Arbeit herangebildet, zu Kräften und dienstlichen Fähigkeiten geschaffen hat, und ohne dem Communismus zu huldigen, kann er dieses Eigenthums nur in Folge freiwilliger Entäußerung im Wege freien Vertrages entledigt werden.

Die übrige Natur, die Außenwelt des Menschen, ist zunächst durchaus unpersönlich. Sie ist von keinem menschlichen Willen durchdrungen, ist auch an sich nicht dienstbar, sondern enthält nur die Fähigkeit, durch Arbeit dienstbar zu werden.

Der Mensch producirt die derselben abzugewinnenden Werthe erst durch seine Arbeit. Die Arbeit des Menschen (der Schweiß seines Angesichts) ist eine Veräußerung seiner Kräfte an den zu producirenden Werth. Das uncultivirte Stück Land hat keine Beziehung zu irgend einer Person, es ist als solches an und für sich noch durchaus nicht dienstlich, ebensowenig wie die Luft vor dem Einathmen, und Derjenige, welcher es zuerst umgräbt, d. h. es in die Gestalt bringt, in welcher die darin bisher schlummernden Kräfte geweckt werden, sich mit einander und mit den Kräften der Luft, des Wassers rc. verbinden, welcher es düngt, besäet rc., kurz die an sich in ihrer Isolirtheit noch undienstlichen Kräfte verbindet und in gegenseitige Einwirkung bringt, der schafft zuerst aus ihm einen Werth und dieser Act der Schöpfung kann naturgemäß nicht anders vor sich gehen als dadurch, daß er arbeitend von seinen eigenen Kräften einen Theil opfert, also gewissermaßen diesen geopferten Theil seines Eigenthums gegen den neuen Werth vertauscht. Aus diesem Grunde ist es nothwendig, daß er und nur er diesen neuen Werth zu Eigenthum erwirbt. Wie leicht oder wie schwer diese Dienstbarmachung ist, das ist für die Eigenthumsfrage völlig gleichgültig, so gleichgültig, wie in unserem gewöhnlichen Tauschverkehr es ist, ob ich je nach Gelegenheit einen Scheffel Waizen für wenige Groschen, oder für mehre Thaler kaufe. Wer einen Diamant mit unsäglicher Mühe aus den Tiefen der Erde an's Licht befördert, ist nicht mehr Eigenthümer, als wer ihn zufällig als herrenlose Sache auf seinem Felde findet und aufnimmt; die Wertherzeugung liegt in beiden Fällen vor und in beiden Fällen ist sie durch Arbeit geschehen,

welche in letzterem Falle vielleicht durch besondere Aufmerksamkeit, viel=
leicht auch durch Glück begünstigt war.   Werth wird der Diamant erst
durch seine Beförderung aus der unpersönlichen Natur in den menschlichen
Gebrauch oder Verkehr, diese Hervorziehung, diese wirkliche Dienstlich=
machung ist für die Verkehrsverhältnisse seine Schöpfung.

Ist nun irgend ein Ding aus dem Naturfond in den Bereich der
menschlichen Gesellschaft eingeführt, und dadurch, oder durch besondere
menschliche Thätigkeit dienstlich und zum Eigenthum eines Menschen ge=
macht, dann ist, wie gesagt, immer seine Dienstlichkeit das, was ihm
Werth verleiht, und wenn nun ein Anderer als der, welcher ihm Werth
verlieh, nach diesem Werth Begehren trägt, so giebt er dem Eigenthümer
etwa ein Product seiner Arbeit dafür, und tauscht ihn sich ein, oder er
bekommt ihn auch wohl geschenkt u. s. w.

Der Grund des Eigenthums ist auch für diesen Erwerber die Arbeit;
denn der erste Erzeuger muß, da er Eigenthümer ist, d. i. die volle Ge=
walt und Verfügung über den Werth, über das Gut hat, dasselbe an
beliebige Andere übertragen können.   Für gewöhnlich sehen wir zwei Er=
zeuger oder mehrere die Früchte ihrer Arbeiten gegenseitig austauschen,
was, wie wir später sehen werden, durch Vermittelung des Geldes dem
Auge des Nichteingeweihten freilich vielfach entgeht, indem das Geld, das
nicht selbst letzter Zweck ist, nur zu dem Gute hingelangen läßt, auf
welches man es vielleicht abgesehen hat.   Sofern man nun seinen Plan
mit dem Gelde hernach beliebig ändern kann, erwirbt man durch Hülfe
desselben vermöge der eigenen Arbeit oft ein solches Product zu Eigen=
thum, an welches man bei Vollführung dieser Arbeit vielleicht noch gar
nicht dachte.

Die persönlichen, körperlichen und geistigen Fähigkeiten, wozu der
Schöpfer dem Einzelnen die Anlagen gegeben, entwickeln sich durch körper=
liche und geistige Ausbildung (auch hier ist gewissermaßen eine Entäuße=
rung, ein Tausch zum Erwerb derselben nothwendig, indem z. B. das
Nahrungsmittel geopfert wird, um dem Körper Fleisch und Blut zuzu=
führen, eine körperliche oder geistige Anstrengung eingesetzt werden muß,
um körperliches oder geistiges Vermögen zu sammeln).   Die übrigen
Werthe, welche der äußeren Natur abgewonnen werden, und dann immer
weiter und weiter zu neuen Werthen umgebildet werden, werden ebenfalls
durch Kraftentäußerung und Schöpfung erworben.

Das ist ein wirklicher innerer Grund, welcher uns zwingt, das
Privateigenthum als in der Natur der Verhältnisse begründet anzu=
erkennen.

§. 22.

Consequenzen aus dem richtigen Verständnisse und inneren Grunde des Privateigenthums.

Wir haben es uns völlig klar gemacht, worin das Eigenthum seinen inneren, wahren Grund hat und was es alles umfaßt, und wir haben namentlich angedeutet, daß die Freiheit des Eigenthums, dieses in seinem vollsten Umfange aufgefaßt, und die Freiheit der Person ganz dasselbe besagen, daß die Beschränkung der Person nichts Anderes als die Beschränkung des Eigenthums ist.

Wir werden dies in den Consequenzen noch näher erkennen.

Wenn Jeder der Schöpfer nicht allein der der äußeren Natur durch seine Arbeit, d. i. Kräfteentäußerung abgewonnenen Dienstlichkeiten, Werthe, Güter, sondern auch der in ihm und an ihm selbst ausgebildeten persönlichen Kräfte und Fähigkeiten ist, und deßhalb Eigenthümer dieser sachlichen und persönlichen Werthe sein muß, wenn er folglich diese Werthe, diese Güter, allen ihren dienstlichen Eigenschaften nach in seiner freien Verfügung haben muß, wie alle Diejenigen dies anerkennen müssen, welche sich rühmen, daß sie das Privateigenthum anerkennen; wenn wir ferner daran zurückerinnern dürfen, daß die Dienstlichkeit der Sache dieser allein ihren Werth und ihre Eigenthumsqualität verleihet, und daß jede Dienstlichkeit nichts Anderes ist als die Fähigkeit, ein Bedürfniß zu befriedigen, und respective ein Befriedigungsmittel zu schaffen, zu produciren: dann folgt mit Entschiedenheit und völliger Unbestreitbarkeit, daß jeder sothane Eigenthümer seiner persönlichen Fähigkeiten und seiner sonstigen Güter deren Dienstbarkeit zu freiester Veräußerung und zu freiester fernerer Werthschaffung, Production, völlig nach allen Richtungen hin ausnutzen darf. Wer dies nicht anerkennen will, wer da meinen will, daß zu dieser Ausnutzung erst die Erlaubniß des Staats vonnöthen sei, der erkennt eben nicht das **Privateigenthum** an, sondern steht auf dem Standpunkt des alleinigen Staatseigenthums, ist Communist; denn der Staat müßte doch nothwendig erst diese Dienstlichkeiten, dieses Eigenthum haben, ehe er es verleihen könnte, hat er es nicht, hat es die Privatperson, so kann er sie nicht an diese erst verleihen, weil die Privatperson sie bereits ohne den Staat hat. Hieraus folgt nun, daß jeder Eigenthümer äußerer sachlicher Güter dieselben unter Lebenden ganz veräußern, also sie verkaufen, vertauschen, verschenken, verspielen kann, daß er sie theilweise veräußern, also sie verpfänden, vermiethen u. s. w., ihr Servituten auflegen, d. i. einzelne ihrer Dienstleistungen an Andere übertragen kann, ja daß er sie beliebig umwandeln, zerstückeln und selbst zerstören, d. i. in ihr unpersönliches, undienstliches Naturdasein zurückgeben kann.

Eine der schwierigsten Fragen ist die nach der inneren Begründung des Erbrechts, d. h. der Uebertragung des Nachlasses nach dem Tode auf andere Personen. Mit dem Tode hört die Existenz und folglich die natürliche Herrschaft des Willens über das bei Lebzeiten der Person von ihm zusammengehaltene Eigenthum auf. Daß nach dem Tode die persönlichen Eigenschaften nicht forterben können, ist von selbst klar, aber wie können die äußeren Güter forterben?

Das römische Recht hilft sich mit einer Fiction, d. h. mit einer von ihm sanctionirten Einbildung: mit der nämlich, daß die Person in dem Gesammtvermögen fortlebe. Diese Einbildung bekundet die Unmöglichkeit einer inneren Begründung, d. h. einer Begründung nicht blos nach der Nützlichkeit, sondern nach der Natur der Sache; denn da nach Auffassung des römischen Rechts das Eigenthum nicht von der Schöpfung des Einzelnen, sondern von der Verleihung des Staats abgeleitet wird, so kann die Jurisprudenz von diesem Standpunkte aus nicht sagen, daß die Person des Todten in ihren Gütern fortlebt. Das deutsche Recht bis zur Einführung des römischen kannte diese Einheit und gewissermaßen Persönlichkeit der Güter nicht, und ließ die letzteren als einzelne Güter auf die Erben übergehen, indem es sich mit einer anderen aus der Familieneinheit entnommenen Idee half, welche zu der Annahme einer Art Miteigenthums unter dem Erblasser und den Erben schon bei Lebzeiten des ersteren führte. Auch diese Idee ist nicht im Stande, den Uebergang namentlich da zu erklären, wo Erblasser und Erbe, obwohl verwandt, gänzlich getrennt und an dem ursprünglichen Erwerbe nicht gemeinsam betheiligt waren und es ist diese Idee deßhalb unrichtig und selbst gefährlich, weil sie zur Beschränkung der Disposition bei Lebzeiten führt. Die Erklärung, wonach der Erblasser die Pflicht haben soll, die Seinigen zu ernähren, würde ebenfalls nicht weit genug reichen und ist in der That auch gar keine Erklärung des Rechts der Uebertragung.

Für uns ist nach dem Obigen der Uebergang des Nachlasses auf den Erben sehr naheliegend, denn wir fingiren nicht blos, wie das römische Recht, daß der Erblasser in seinem Nachlasse fortlebt, sondern für uns ist dies eine Wirklichkeit. Der Erblasser hat die nachgelassenen Werthe als solche geschaffen, und zwar dadurch, daß er einen Theil seiner Kräfte an sie entäußerte. Dieser Theil seiner Kräfte ist nicht blos in der Einbildung, sondern in der Wirklichkeit noch in den nachgelassenen Werthen vorhanden, und der Erblasser muß deßhalb bestimmen können, wo derselbe verbleiben soll. Dies thut er durch Testament, oder dadurch, daß er, nicht testirend, die Norm des Rechts anerkennt.

Würde man übrigens leugnen, daß der Schöpfer eines Werthes, und jeder, an welchen dieser sein Recht übertragen hat, die souveraine Gewalt über den Werth vermöge seines Schöpfungsacts zu jedweden Bestimmungen auch über seinen Tod hinaus haben müsse, so würde die

Folge dieser Leugnung nur die sein können, daß die Sache wieder ihrer persönlichen Beziehungen entkleidet würde, wieder in das unpersönliche Naturganze zurückfallen müßte. Am allerwenigsten ist, mit der Strenge der Socialisten die Sache behandelt, ein Grund aufzufinden, weßhalb die Sache an den Staat, oder an die Gesellschaft „zurückfallen" müßte, denn Diese haben noch niemals bis dahin einen Antheil an diesem von dem Privatwillen und den Privatkräften ins Leben gerufenen Werthe gehabt, wenngleich sie manche Vorbedingungen für denselben geschaffen haben mögen.

Mit zwei Worten wollen wir nur noch erwähnen, daß wir selbstverständlich nach dem Obigen das Pflichttheilsrecht, d. h. die gesetzliche Vorschrift, wonach der Erblasser seine nächsten Verwandten wider seinen Willen bedenken muß, für ein entschiedenes Unrecht und für eine Inconsequenz ansehen müssen*).

So viel über die Sachgüter. Was besagt es nun aber ferner, wenn wir oben gesagt haben: Jeder müsse, in Folge seines Eigenthums an seinen körperlichen und geistigen Kräften und Fähigkeiten, deren Dienstbarkeiten und Nützlichkeiten zu freiester Veräußerung und zu freiester fernerer Werthschaffung, Production, völlig nach allen Richtungen hin und in jeder Weise ausnutzen können, wenn sein Eigenthum daran nicht leere Gaukelei sein solle? Diese Frage ist nach unseren obigen Auseinandersetzungen eben so leicht zu beantworten, als sie von besonders großer Tragweite ist: sie bedeutet so viel als die aus inneren Gründen aus dem Eigenthumsbegriffe folgende freie Productions- und Erwerbsfähigkeit, also Gewerbefreiheit im vollsten Sinne des Worts, angewandt auf alle nützlichen, und deßhalb nicht zu verhindernden menschlichen Beschäftigungen und Thätigkeiten, also nicht allein in der Bodenindustrie, in der Gewerbe- und Handelsindustrie, sondern auch in den Wissenschaften und Künsten — wodurch die Freiheit der Presse und der Rede als Ausfluß der freien Verfügung über unser Gedankeneigenthum gleichfalls geboten wird — ferner Freizügigkeit. Die Freizügigkeit, d. i. die Freiheit, unbehindert seine Fähigkeiten dahin zu transportiren und da zu verwerthen, wo sie uns am besten zu verwerthen zu sein scheinen, ist die unerläßliche Grundbedingung für unser aller entschiedenstes und rechtlichstes Eigenthum, nämlich für das an unseren eigenen Körper und Geist; wer dies nicht aner-

---

*) In wiefern fideicommissarische Bestimmungen des Erblassers hinsichtlich seiner Nachlaßgüter den Erben binden, und in wiefern Letzterer im Gegentheil die volle eigene Disposition geltend machen könne, das zu erörtern würde uns zu weit führen, denn es involvirt namentlich die Legitimation des Erben und der Gesellschaft gegeneinander.

kennen will, der spreche ja nicht von seiner Anerkennung des Eigenthums
und einer dasselbe schützenden Ordnung.

§. 23.

Die Widersacher des Eigenthums; Stellung der äußersten politischen Parteien zum Eigenthum.

Wer sind die Widersacher des Eigenthums? In neuerer Zeit ist es eine
eigenthümliche Erscheinung, daß Diejenigen, welche man gewohnt geworden ist, die Ordnungspartei zu nennen, weil sie als Grundbedingung alles staatlichen Seins ein starkes, Alles äußerlich ordnendes
und regulirendes Staatsregiment und Beamtenthum verlangen, und welche
in diesem Sinne die bisherigen staatlichen und volkswirthschaftlichen, aus
dem Mittelalter datirenden Zustände nicht allein von Bestande lassen,
sondern unter dem Vorwande, diese Zustände noch mehr befestigen zu
wollen, die Grenzen aller Befugnisse der Staatsbürger immer enger zu
ziehen streben, mit einem Worte, daß die Absolutie die Parteien des
Fortschritts und vor Allen die Demokratie des Communismus oder Socialismus verdächtigen. Uns kann es hier im Grunde gleich bleiben, wie
sich die Absolutie und die Demokratie verhalten, weil wir keine Politik
schreiben, ja Politik nach Möglichkeit vermeiden möchten; es ist aber für
eine wissenschaftliche Volkswirthschaftslehre nicht zu umgehen, die Systeme
des Communismus und Socialismus zu beleuchten und dieselben nach
ihrem Ursprunge zu befragen, und dabei ist ein Hinblick auf die politischen Richtungen und namentlich auf die beiden Gegensätze: die Absolutie
und Demokratie unvermeidlich, weil jene beiden socialen Systeme aus
politischen Anschauungen hervorgegangen sind, und ohne Berichtigung
politischer Irrthümer durchaus nicht verständlich zu machen und zu beseitigen sind.

Sowohl über die Begriffe Absolutie und Demokratie, als
über diejenigen des Communismus und Socialismus bestehen
im gewöhnlichen Leben und leider in den höheren und höchsten Kreisen die
unrichtigsten, seltsamsten Auffassungen. Es hängen diese Auffassungen
auf das Engste mit Dem zusammen, was wir oben über die Volksgemeinschaft und deren Wesen und über das Verhalten des Staates zu ihr
gesagt haben.

Absolutie ist dasjenige Princip — es kann sich in jeder, selbst der
republikanischen Staatsform ausprägen und sucht ebensowohl in der
Kirche als im Staate sich Geltung zu verschaffen — welches im Volke an
und für sich nichts Höheres, kein ihm innewohnendes Naturgesetz, also
nichts Organisches, kein inneres Leben und Treiben erkennt oder erkennen
will, und deßhalb (denn dies ist der stets sich wiederfindende, mehr oder
weniger bewußte innere Grund) einen unbeschränkten höheren menschlichen

Willen, also etwas außer und über dem Volke oder der Gemeinde Stehendes, als nothwendig in fortwährender Leitung und Regierung begriffen annimmt, das bis ins Kleinste seine Absichten durch seine Vermittler in Ausführung bringt. —

Die Demokratie ist das diametral Entgegengesetzte. Sie geht von der höheren Natur des Menschen aus, sieht in der Volksgemeinschaft etwas Organisches, welches nach dem, dem Menschen innewohnenden, sittlichen, in selbstthätigem freiem Kampfe gegen die äußeren Widerstandskräfte allmählich sich durchringenden Willen gemeinsam einer innerlich begründeten Ordnung zustrebt. Die Absolutie centralisirt alles Streben und Wirken in dem einen Willen des Regierenden, die Demokratie decentralisirt alles Streben, d. h. entfernt es vom Mittelpunkte in die Einzelwillen, in die Individuen, welche selbständig ihren Zweck verfolgen, und in diesem, weil er Allen gemeinsam ist, sich vereinigen. Die Regierung und Ordnung der Absolutie ist deßhalb willkürlich und äußerlich, weil von außen kommend, sie sorgt für das Ganze, das lediglich leidend und duldend von ihr empfängt, was ihm von obenher zugedacht ist, und wie es ihm zugedacht ist. Die Regierung der Demokratie dagegen ist nichts Selbständiges, sie giebt nicht, sondern empfängt; die individuelle Thätigkeit der Einzelnen schafft Alles, die durch das gemeinsame Interesse sich bildende Staatsform hat nur die Aufgabe, mit den vom Volke gebotenen Mitteln und nach den lebendig aus dem Verkehr, d. i. dem in steter Wechselbeziehung und Wechselwirkung stehenden Wirken und Schaffen Aller, gewissermaßen von selbst und von innen heraus hervorwachsenden Gesetzen die Ordnung zu vermitteln und aufrecht zu erhalten. Das Princip der Absolutie kann demnach — wo soll sie sonst ihre Gaben hernehmen? — nur äußere Gewalt: Krieg, Eroberung und innere Ausbeutung: Sclaverei, Leibeigenschaft oder diesen ähnliche, durch fortdauernde Willensunterdrückung und Verdummung effectuirte, Beschränkung sein. Das Princip der Demokratie kann nur das Schaffen Aller, die Arbeit sein, und sie bedarf daher, wie ihrer Lebensluft, des äußeren Friedens, der Menschenliebe, der ungestörten, die Individualität und den freien Willen in jedem Anderen achtenden Freiheit. — —

Die Eroberung, die Unterdrückung und Ausbeutung Anderer ist der Sicherheit und der Production des Eigenthums feindlich; die Arbeit, die freie ungehemmte Entwickelung der Kräfte Aller und der Frieden erzeugen und sichern das Eigenthum, sie sind mit dem Bestehen des Eigenthums gleichbedeutend, denn die freie Persönlichkeit und das Eigenthum der Person an ihren Kräften und Fähigkeiten, und an den mit diesen Fähigkeiten geschaffenen Werthen ist, wie wir gesehen haben, Eins und dasselbe.

§. 24.

**Fortsetzung. Geschichtliche Entwickelung. Das Alter-
thum und das Christenthum.**

Absolutie und Demokratie sind zu keiner Zeit und an keinem Orte
rein ausgeprägt gewesen; am reinsten jene in den Despotien des Orients
und diese in Nordamerika. Aber selbst in jenen ist die Ertödtung des
Einzelwillens niemals ganz gelungen, und in diesem hat das wesentlich
puritanische, also germanische Element in dem fort und fort zugeströmten
unlautersten Ausschusse Europas, und sodann in den Einflüssen des aus
heißblütigen und zur Absolutie hinneigenden Virginiern und Romanen
bestehenden, und noch mehr vermöge der Sclaverei zur Gewalt und Unterdrückung stets bereiten, nun im Abfalle begriffenen Südens, erhebliche
Hindernisse für seine demokratische Entwickelung gefunden. Dennoch ist
in Nordamerika trotz jener fremden Bestandtheile die Demokratie immer
in Geltung geblieben, und ihr allein ist die wunderbar rasche Entwickelung des Privatreichthums und der Civilisation zu verdanken, welche
immer siegreicher fortschreitet, wie sehr auch Diejenigen, welchen dies
Gedeihen, weil es ein Beweis von der Heilsamkeit der Selbstregierung
ist, immer ein Dorn im Auge war, daran mäkeln mögen. Zwar bietet
es jetzt in dem großen Kampfe mit dem durch die Sclaverei jedem Eigenthum feindlichen Süden ein Bild der Zerrüttung dar, wer aber die innere
Nothwendigkeit dieses Kampfes gegen die eigenthums = und freiheitsfeind-
lichen Elemente zu erkennen vermag, und wer nicht übersieht, wie augenscheinlich der Norden bestrebt ist, einestheils das bisher staatlich anerkannte Eigenthum an den Sclaven bis zu ausgemachter Sache zu schonen,
so lange es geht, und anderntheils den Krieg nicht zu einem Militärregi-
ment ausarten zu lassen, wer auch eben in Grundlage Dessen die Größe
der voraussichtlich zu bringenden Opfer und die Größe des Entschlusses,
solche Opfer bringen zu wollen, zu erkennen vermag, der wird sicherlich
fern davon sein, sich von den in einer so großen Erschütterung nothwendig
zu Tage tretenden Schlacken beirren zu lassen und daran zu zweifeln, daß
dieser Kampf heute oder morgen siegreich bestanden werden wird. Der
Kampf mußte erfolgen, aber kein anderer Staat als Nordamerika würde
darin der inneren Gewaltherrschaft und Militärdespotie entgehen.

Im griechischen und römischen Alterthum sehen wir die Entwickelung des Privateigenthums und der freien Persönlichkeit des Staatsbür-
gers, wie umgekehrt die Nichtanerkennung des Privateigenthums und die
Despotie immer Hand in Hand gehen, und Eigenthum in demselben Maße
anerkannt und entwickelt, als der absolute Staat und die Gewalt hinter
der Bedeutung der Einzelnen und deren Interessen zurücktritt. Anfangs
giebt es nur an beweglichen Sachen Eigenthum, und auch hier nur theil-

weise. Grund und Boden gehören dem Staat (ager publicus). Als
in den ewigen Kämpfen zwischen Patriziern und Plebejern die Letzteren
mehr und mehr Gewicht und Einfluß erlangen, dehnt sich das Privateigenthum auf Grund und Boden aus, die schwierigen und lästigen Formen der Eigenthumserwerbungen und Uebertragungen, welche ihren Ursprung den Staatsverleihungen verdankten, machen bequemeren und
leichteren Platz. Diese leichteren Formen und Erweiterungen des Eigenthums sind eine Folge der sich entwickelnden Arbeit, der Arbeitstheilung
und des damit vernothwendigten Tauschverkehrs gewesen, mit anderen
Worten, der fortschreitenden Civilisation. So lange in Rom lediglich
Despotie Einzelner herrschte, war das Eigenthum seinem ungleich erheb-
lichsten Theile nach Staatseigenthum, mit dem Wachsthum der Demokratie
aber bildete sich sofort auch das Privateigenthum aus. Als späterhin
die persönlichen Interessen wieder dem Staatsinteresse unterlagen, in den
Zeiten des immer mehr und mehr absolut regierenden Imperatorenthums,
zeigte das Eigenthum auch wieder die Tendenz, an den Staat zurückzukehren. Die kaiserlichen Domainen wuchsen immer riesenhafter heran,
das freie Grundeigenthum ward immer mehr verdrängt, namentlich veranlaßte der unerträgliche Steuerdruck die kleineren Grundeigenthümer, sich
zu Colonen der Mächtigen (d. h. Sclaven der Scholle, Hörigen) zu
machen — erste Anfänge des Lehnrechts, das seine Wurzel in Rom und
nicht in Deutschland hat —. Glücklicherweise haben wir die römische,
bei uns recipirte Jurisprudenz noch der gesunderen Periode zu verdanken.
Dadurch haben wir die Theorie eines freien Eigenthums über die körperlichen Sachen wenigstens empfangen. Desto mehr Unheil haben die
Grundsätze des öffentlichen römischen Rechts, welche sich unter den über
dem Gesetze stehenden Imperatoren entwickelten, angerichtet.

Die Idee der Gleichheit vor Gott, eines vom Staate unabhängigen
Lebens, und also der individuellen Freiheit, kannten die Griechen und
Römer schon wegen der bei ihnen sanctionirten Sclaverei nicht; das
Christenthum hat diese Idee geschaffen, und dasselbe hat die Aufgabe, dieselbe in den civilisirten Staaten zu verwirklichen. Aber wie jede neue
Idee zuerst und lange Zeit mehr rückwärts zu führen scheint, als vorwärts,
indem sie, im Kampfe mit dem alten Princip, dieses weckt und reizt, so
ging es auch mit dieser neuen Idee. Das Territorium, wo sich dieselbe
zuerst ausbreiten sollte, das römische Reich, hatte längst alle Nationali-
täten verschlungen, und alle Freiheiten untergraben. Die Ideen eines
Universalreiches und des Imperatorenthums waren bisher herrschend gewesen, und übten ihren Einfluß auf das Verständniß und die Durchführung der sich danach accommodirenden christlichen Lehren aus. Das
Christenthum mußte ihm fremde Ideen und Aeußerlichkeiten annehmen,
um sich einzuführen. Es schuf sich eine Priesterschaft, welche die Lehren
corrumpirte und, selbst nach äußerer Macht trachtend, neben der weltlichen

Absolutie eine zweite Macht, die römische Kirche hinstellte. Diese, welche
sich dann später in der gemeinsamen Abwehr des eindringenden Islam
und durch die Kreuzzüge immer mehr befestigte und ausdehnte, wuchs
unter dem römischen Papstthum zu der Hierarchie heran, welche an Absolutismus Alles überboten hat. Seit nach dem Untergange des römischen
Reichs Karl der Große aus den Händen des Papstes die römische Kaiser-
krone, die Imperatorenwürde erhielt, nachdem derselbe bereits die Haupt-
bestandtheile des abendländischen Kaiserthums vereinigt hatte, sehen wir
nun statt der einen fortwährend zwei Absolutien, die zwar beide mit einander wetteiferten und einer Verschmelzung entgegenstrebten, die aber
beide ihr Ideal in der alten römischen Weltmonarchie fanden, und dies
in der Unterdrückung jeder freien Individualität zu erreichen strebten.
Wie sehr die von der wahren christlichen Idee sich immer mehr entfrem-
dende Hierarchie dazu beigetragen, auch in dem westlichen Reiche der Er-
oberer Italiens die Freiheit zu ersticken, ist bekannt. In beiden Absolutieen sehen wir aber auch das Eigenthum in gleichem Maße mit der
Freiheit unterdrückt: in der weltlichen das körperliche, und in der geistlichen das geistige Eigenthum, welches die letztere in der Priesterschaft
monopolisirte, die deßhalb nicht mehr als consequent handelte, wenn sie
die Bibel verbot. Diese beiden Absolutieen, sich stützend auf den Resten
der römischen, von ihren Imperatoren ausgesogenen Völkerschaften,
vertreten fort und fort bis in die neueste Zeit das Princip der Vernichtung der freien Persönlichkeit und des Privateigenthums.

§. 25.

**Fortsetzung. Mittelalter. Romanismus als Vertreter
der Absolutie, und Germanismus als Vertreter der
freien Individualität und des freien Eigenthums.**

Nun war aber gerade den das römische Reich erobernden und darin
sich mit den Romanen vermischenden germanischen Völkerschaften der
Sinn für freie Individualität so heimisch und mit ihrem ganzen Wesen
so verwachsen, wie bei keiner anderen Nation der Welt. Die Germanen,
nur freiwillig unter der Fahne eines Geleitsherrn vereinigt, führten von
jeher den Krieg Jeder in eigenem Namen, nicht eines Herren Krieg. Was
sie eroberten, wurde als freies Eigenthum unter die Einzelnen vertheilt,
das sie Allodium nannten, und von einem Aufgehen des Einzelnen in die
Gesammtheit und einer Ableitung ihres Eigenthums von derselben wollten
sie von jeher, selbst zur Zeit der Eroberung, nichts wissen. Dieser
Grundzug des deutschen Charakters, dieses demokratische in freiem Eigenthum und in freier Persönlichkeit sich ausprägende Element, hat in den
Völkerschaften deutschen Stammes durch das nun zwiefache römisch-
absolutistische Element zurückgedrängt, und dem Auge mehr oder weniger

verhüllt, aber nie ganz unterdrückt werden können, und von der Zeit der Vermischung desselben mit dem romanischen ist in der ganzen Geschichte Europa's bis heute der Kampf zwischen dem germanischen Frei- heitsprincip, welches die Person und das Eigenthum vom Staate unabhängig erhalten will, und dem romanischen Absolutismus, welcher das unabhängige Individuum und das vom Staate unabhängige Eigenthum verleugnet und unterdrücken will, zu erblicken, ein Kampf, welcher in der Reformation, im Kampfe zwischen Protestantismus und Katholicismus, zwischen eigener Religionsempfindung und Uebung und zwischen Kirchenauctorität und Kirchenregiment nur deßhalb seinen ent- schiedensten Ausdruck fand, weil die geistliche Knechtung am unerträglich- sten war und fort und fort die weltliche Absolutie nährte*).

Es ist natürlich, daß sich dieser Kampf zwischen Romanismus und Germanismus, also zwischen Person und persönlichem Eigenthum einer- seits und zwischen Absolutie und Staatseigenthum andererseits, zu Gun- sten des freien Princips nur langsam und schwerfällig vollziehen kann, schon deßhalb, weil die das Eigenthum und die Persönlichkeit achtende und deßhalb auch im Kampfe schonende Richtung gegenüber derjenigen Macht, welche Person und Eigenthum verleugnet, und welcher daher Gewalt eigenthümlich ist, eine ungleich weniger günstige Stellung hat. Recht und Freiheit, welche sich ohne Waffengewalt und Druck Geltung verschaffen wollen, können gegen die letztere nur durch die Macht des Ge-

---

*) Es giebt eine Menge von Schriften, welche sowohl den ursprünglichen Charakter des Christenthums, wonach das Individuum ein vom Staate unab- hängiges freies Seelenleben beanspruchen kann, als auch den ursprünglichen natio- nalen Grundzug der Germanen, welcher ebenfalls die freie Selbstbestimmung des Individuums auch im Staatsleben, und daher ein von Staatsbeschränkungen freies allodiales Eigenthum anstrebt, völlig ignoriren, und ihre Auffassungen denjenigen Zuständen entnehmen, wo der Christ und das germanische Volk unter dem Drucke der Hierarchie und des weltlichen Absolutismus und Feudalismus schmachteten und darunter verhindert waren, ihre natürlichen Auffassungen geltend zu machen. So behauptet Schmidt, „Der principielle Unterschied zwischen dem römischen und ger- manischen Rechte“, dem römischen Rechte liege die Grundanschauung der indivi- duellen Freiheit des römischen Volks, dem deutschen die Grundanschauung des deutschen Volks, wonach alles Recht vom göttlichen Willen als einer über dem Willen der Einzelnen und des Volks stehenden Macht abgeleitet werde, zu Grunde. Diese Ansicht ist total unhistorisch, weil sie willkürlich gewählte Perioden der Ge- schichte zum Ausgangspunkte nimmt. Das römische Privatrecht ist, glücklicher- weise für uns, in einer Periode entwickelt und wissenschaftlich ausgebildet, wo das römische Volk unter dem Einflusse der republikanischen Form und des auflebenden Verkehrs stehend — in den Anschauungen des Jus gentium — einem freien Privat- willen und also einem freien Eigenthum günstig, sonst — wie bezeugen die An- schauungen der Kaiserzeit über öffentliche Rechtsfragen — ist die römische Idee immer das gänzliche Aufgehen des Einzelnen im Staate gewesen. Die allen germani- schen Völkern eigenthümliche, sich trotz aller Hierarchie und Absolutie immer wieder durchdringende Idee war dagegen gerade die Idee der freien Persönlichkeit

bankens und der Sittlichkeit sich aufrecht erhalten oder emporkommen. Recht und Sittlichkeit beruhen auf Erkenntniß der Wahrheit und auf geistiger Bildung, und letztere mußten in der Zeit des von unten auf nach und nach beginnenden Kampfes, in den Zeiten der Unwissenheit und Rohheit, eine mit Irrthümern und unlauterem Wesen vielfach unter= mischte Gestaltung und Erscheinung annehmen, und auf Grund eben der sich untermischenden unvollkommenen, falschen und rohen Auffassungen und Tendenzen mußten die sich von unten auf emporarbeitenden Elemente vielfach Denjenigen entgegenwirken, welche sie nach dem Standpunkte jetziger Aufklärung als ihre natürlichen Bundesgenossen hätten ansehen müssen, nämlich ihren arbeitenden Mitbrüdern. Ueberdies gesellen sich zu den, und bestehen schon vor den, natürlichen Gegensätzen der ein= heitlichen Absolutie diejenigen Widersacher derselben, welche die Absolutie nicht an sich verneinen, sondern, selbst absolutistisch, nach eigener Gewalt streben, und dadurch die Einheit und Macht des Gesammtstaats zerbröckeln und verhindern, zugleich aber auch dem Aufkommen allgemeiner Freiheit entgegenstreben. Die ersteren sind das aufstrebende Bürgerthum, diese der von Anfang bestehende Adel. So sehen wir zwischen Absolutie und Demokratie in der ganzen Geschichte, und namentlich durch das ganze Mittelalter hindurch, ja noch heute, ein Mittelding sich einschieben, resp. von Anfang her gegenüber der nach Centralisirung strebenden Macht be= stehen, die Aristokratie, welche die absolute Gewalt schwächen, ihre Er= rungenschaften aber um so weniger mit der übrigen Bevölkerung theilen will, als sie entweder selbst nur erst theilweise zur Wahrheit und Sitte vorgeschritten, oder aber auch noch selbst von absolutistischen Anschauungen und Gelüsten durchdrungen ist, als sie also aus beiderlei Gründen noch selbst geneigt sein muß, unwissentlich oder wissentlich von den Mitteln der Absolutie noch Gebrauch zu machen. Wenn nun Nichts in der Welt stetig fortschreitet, sondern der Fortschritt sich immer nur wellenförmig, unter immer wiederholtem Rückgange vollzieht, so kann es uns nicht ver= wundern, daß die Aristokratie, und zwar nicht blos der Adel, sondern auch das bürgerliche Element derselben, oftmals absoluter und drückender aufgetreten ist, als die von ihr bereits durchbrochene Absolutie selbst,

---

und des freien Eigenthums, und die Beschränkungen, welche für beide im Mittel= alter, d. i. in der Zeit, wo das deutsche Recht, das in seiner Entwickelung durch die Reception des römischen Rechts unterbrochen ward, bis zu der Entwickelung ge= dieh, welche es seitdem wesentlich behalten mußte, erwuchsen, sind nicht Ausflüsse des deutschen, sondern des vom Drucke römischer Päpste und der Imperatoren des heiligen römischen Reichs herabgedrückten feudalen Mittelalters. Wenn Schmidt und viele sogenannte Germanisten diese mittelalterlichen Ideen für urdeutsch aus= geben, so kann dies nur in persönlichen, der kirchlichen und weltlichen Absolutie freundlichen Auffassungen, beruhen, welche in der Wissenschaft Gott sei Dank immer mehr Anklang — verlieren.

indem ihr Freiheitsgefühl und ihre Achtung des Eigenthums nicht über ihre eigene Person und ihr eigenes Eigenthum hinaus sich erstreckt. So sehen wir selbst denjenigen Theil des Volks, welcher Einsicht und Entwickelung genug gewonnen hat, um sich von der Herrschaft und Bedrohung Anderer loszuringen, selbst nach Macht und Einfluß streben, und Gewalt und Druck nicht verschmähen, um sich darin zu erhalten und zu erweitern. Wir sehen die Ritterschaft sich untereinander und Andere befehden und selbst berauben, und wir sehen selbst die Bürgerschaft, Handel und Gewerbe, nachdem weiter und weiter auch diese sich zu Intelligenz und Kraft emporgearbeitet hat, in Bannrechten und Privilegien Druck ausüben. Wir sehen aber auch, wie langsam und schwierig es geschieht, nicht allein, daß Intelligenz und Macht, Freiheit und Eigenthum, an räumlicher Ausdehnung gewinnen, indem Hörigkeit und Eigenthumslosigkeit und damit Hand in Hand gehender Stumpfsinn und Rohheit immer noch eine große Zahl in sich faßt, sondern daß — nachdem einmal die romanische Staatsidee eingedrungen und herrschend geworden war, und sich jeden Fuß breit Landes nur mit größestem Widerstreben abringen läßt —, es überaus schwer ist, daß die sich von der Staatsgewalt mit ihrer Person und mit ihrem Eigenthum Befreienden sich ganz zu völliger Freiheit und zu völlig freiem Eigenthum und zu der Intelligenz, welche auch die fremde Individualität achtet, durchringen. Die Person nimmt die Gestalt eines Vasallen an, oder in den Städten bringt sie es nur bis zur Theilnahme an Corporationen, welche wieder einen Theil der individuellen Freiheit in sich aufsaugen müssen, um von dem Staatsoberhaupte eine größere Unabhängigkeit zu erkämpfen und ihren Mitgliedern Sonderrechte zu gewähren. Das Eigenthum nimmt die Gestalt des Lehens, d. h. vom Staatsoberhaupte widerrufsweise verliehenen und gebundenen, und in den Städten des Gesammteigenthums an. Als die Städte zu einiger Festigkeit gelangten, sehen wir die bürgerliche Schichte der Staatsgesellschaft, die einzige, welche das Princip der Arbeit vertrat und demgemäß allein das Allodialeigenthum zur vollen Geltung hätte bringen können, in dem allgemeinen Trubel bald mit der Regierung die Aristokratie bekämpfen, bald sehen wir sie mit dem Adel gegen die Regierung verbündet; alle drei zerren wechselseitig an einander herum, und so ist es natürlich, daß das Eigenthum und die Freiheit der Person nur setzenweise sich Concessionen erringen konnten. Das deutsche Recht und namentlich das Eigenthum trägt so das Gepräge theils der Freiheit, theils der Unfreiheit.

Die weitere Entwickelung desselben wurde wesentlich gehemmt, als man im 14. und 15. Jahrhundert das römische Recht als fertiges Ganzes im Wege der Wissenschaft und Gewohnheit aufnahm und es bereits im 15. Jahrhunderte zu einem unmittelbar verbindlichen Rechtsgesetze erhob. Das in den eben nur angedeuteten Wirren entwickelte deutsche Recht war

damals noch zu roh und stückweise und mit wenig entwickeltem Bewußtsein unter stetem Widerstreben der Staatsgewalt und des Adels ausgebildet, und konnte dem in bewundernswerther wissenschaftlicher Schärfe
von den römischen Juristen der besseren Zeit unter viel günstigeren Umständen aus dem fortgeschritteneren Leben und einer fortgeschritteneren
Bildung geschöpften römischen Rechte nicht widerstehen, und es war zunächst ein unbedingter unermeßlicher Gewinn und weiterer Fortschritt des
Germanismus selbst, daß, nachdem doch einmal die modernrömischen
Imperatorenideen und der Feudalismus im öffentlichen Recht Wurzel gefaßt hatten, nun auch der gesundere Theil des römischen Privatlebens,
die unendlich viel freieren privatrechtlichen Anschauungen aus den Zeiten
der alten römischen Republik und des jus gentium Eingang fanden. Im
römischen Privatrechte sind Person und Eigenthum wesentlich frei
hingestellt, während, wie gesagt, nur Fetzen von Freiheit Beider im
deutschen Rechte, welches öffentliches Recht und Privatrecht überall ver-
mischte, zu finden sind. Leider hat aber die innere Vorzüglichkeit des
römischen Privatrechts, die seine Einführung als einen Fortschritt zur
Freiheit uns erscheinen läßt, dahin geführt, daß es für unfehlbar und un-
übertrefflich gehalten worden ist und von den Juristen, welche weder links
noch rechts sehen, noch immer als ein non plus ultra gepriesen wird.
Dadurch hat die juristische Wissenschaft überhaupt eine Stabilität erhalten,
welche jede Neuerung wie die Sünde haßt, und dieser Umstand hat dahin
geführt, daß die Jurisprudenz, welche in den wichtigsten Regierungs- und
Beamtenstellen und in den Gesetzgebungen vertreten ist, nicht nur nicht
für die Ausmerzung der aus dem mittelalterlichen, in der Entwickelung
unterbrochenen deutschen Rechte übriggebliebenen Einmischungen des öffentlichen Rechts in das Privatrecht, an deren Fortbestehen Regierung und
Beamte ein Interesse zu haben glauben, gewirkt hat, sondern daß sie mit
Hand und Fuß dagegen strebt, wenn das Verkehrsleben solche Einmischungen beseitigen will. So bestehen denn noch immer die vielen
polizeilichen Eigenthums-Beschränkungen z. B. im Baurecht, die Hoheits-
rechte und Regalien, z. B. Forst-, Jagd-, Fischerei-Gerechtigkeiten u. s. w.
der Regierungen und derjenigen, welche von dieser damit beliehen sind,
die Beschränkungen der Veräußerung, oder Parzellirung von Grund und
Boden durch Staats- oder Familien-Gesetze, Beschränkungen nachbarlicher
Verhältnisse, Lehen-, Schutz- und gutsherrliche Verhältnisse, Zunftprivi-
legien, Bannrechte und alle die vielgestaltigen Institutionen, welche dem
Einzelnen selbst im Bereiche der einzelnen Staaten verwehren, sein Eigenthum und namentlich seine Fähigkeiten frei zu verwerthen, wie und wo
er will. Der große Grundbesitz und das große Capital sind mit politischen und privatrechtlichen Vorrechten ausgezeichnet, die kleinen Bauern
und armen Leute finden in den Vorrechten Jener ein ewiges Hinderniß
ihrer Productionsfähigkeit und ihres Wohlergehens.

„So erben ſich Geſetz und Recht
wie eine ew'ge Krankheit fort."

Dieſe Zuſtände, welche wir als Eigenthumsbeſchränkungen charak-
teriſirt haben, weil ſie im Grunde genommen alle darauf hinauszielen, die
freie Verfügung über die ſelbſteigenſten Kräfte und Fähigkeiten, wie auch
über die ſonſtigen Dinge und die Verwerthung derſelben zu verhindern,
die aber als Unfreiheit der Perſonen noch reichlich ſo gehäſſig ſind, ſie
ſind die Ueberreſte des Abſolutismus und Feudalismus, wo dieſer jenem
gegenüber ſich erhalten hat, Zöpfe, welche abzuſchneiden der Demokratie
bisher noch nicht möglich geworden.   Sie ſind communiſtiſche Tendenzen,
ſofern Communismus die Leugnung des Privateigenthums iſt, und ſocia-
liſtiſch, ſofern ſie Ausflüſſe einer künſtlichen Ordnung ſind, die klüger
ſein will, als der ungehemmte Verkehr ſelbſt, und wunderbar: ſie ſind,
obwohl Ausflüſſe des Communismus und Socialismus, dennoch gerade
auch wieder die Veranlaſſungen und Vorwände für die Entſtehung der
ausgebildeten ſocialiſtiſchen und communiſtiſchen, ſie angeblich beſeitigen
wollenden Syſteme.

§. 26.

Fortſetzung. Neuere Zeit. Sieg der freien Individualität, der Demokratie und des Privateigenthums in den
germaniſchen Staaten, und der Abſolutie in den romaniſchen Staaten, beſonders in Frankreich.

In den Staaten, welche von romaniſchen und germaniſchen Ele-
menten gemiſcht ſind, iſt der Kampf zwiſchen beiden je nach der Mächtigkeit des einen oder des anderen verſchieden ausgefallen.   In Deutſchland
iſt der Kampf noch in voller Thätigkeit.   Einerſeits mag der centrifugale
Sinn der Deutſchen den Zerfall der deutſchen Einheit, die Zerbröckelung
des Geſammtſtaats mit veranlaßt haben, andererſeits hat, wie wir im
Obigen angedeutet, es dem romaniſchen Elemente weder in Kirche noch
im Staat, wie wir am Verlauf der Reformation und an der Geſtaltung
der Communen, ſowie auch an der Entwickelung der Staatsverfaſſungen
ſehen, jemals gelingen wollen, über den germaniſchen Freiheitsſinn Herr
zu werden.   Zwar iſt die Reformation keinesweges bei uns zu ihrem
Endziele gelangt, indem die proteſtantiſche Kirche unleugbar weſentlich
katholiſche Beimiſchungen behalten hat, und in ſich gern wiedergewinnen
möchte, und freilich ſind die beſtehenden Abſchwächungen der abſoluten
Gewalt und des ariſtokratiſchen Elements in Staats - und Communal-
verfaſſungen, zumal bei dem jetzt offenbaren Zurückſchreiten unſerer vor-
wärtsſchreitenden Wellenbewegung, ſehr weit entfernt von irgend welcher
befriedigender Verwirklichung demokratiſcher Anſchauungen, d. i. von der
Befreiung des Individuums; aber man müßte blind ſein, wenn man

nicht schon in der immer mehr zunehmenden Klarheit der Gesammtbevölkerung Deutschlands über ihr Ziel und über die Wege, welche zu demselben führen, die beruhigendste Garantie für die, in friedlichstem Verlaufe sich realisirende Freiheit der Person und des Eigenthums erblicken
könnte.

In England und Nordamerika hat das germanische Element den
entschiedenen Sieg davon getragen, am entschiedensten in dem letzteren,
wo in Form und Wesen die Souverainetät des Volks gegenüber der Regierung, und die Freiheit des Individuums gegenüber der Staatseinheit
ausgeprägt ist. In England hat die Form des Staates noch ein aristo-
kratisches Gepräge, aber wie gleichgültig die bloße äußere Form des
Staates sein kann, sieht man gerade hier. Der Adel ist durch Vermischung mit dem bürgerlichen Elemente und durch Denkungsart wesentlich in die Interessen der Gesammtbevölkerung aufgegangen, die Regierung ist lediglich als die Vollstreckerin des öffentlichen Willens von der in
unbeschränkter Presse und Volksversammlung und im Parlamente sich
aussprechenden Bevölkerung abhängig, die Rechtsgesetze und das Gerichts-
verfahren bethätigen die Freiheit und Sicherheit des Individuums, und
es bedarf nur noch der gesetzlichen Ausdehnung der Wahlberechtigung und
der factischen Zerstückelung des großen Grundbesitzes, welche beide durch
die immer mehr steigende Wohlhabenheit und Intelligenz der Bevölkerung
immer näher gerückt werden (siehe oben §. 16), und der letzte Rest des
romanischen Elements wird dort als beseitigt zu betrachten sein.

Ganz anders hat sich der Kampf in Frankreich gestaltet. Wenn
auch hier das romanische Element noch nicht in dem Maße zur völlig un-
bestritten oder mindestens äußerlich Allen erkennbaren Geltung gekommen sein mag, wie in Spanien und Portugal und wie selbst in Italien,
— das wohl zur Entwickelung seiner Nationalität und Einheit, schwerlich aber zur Entwickelung des freien Individuums nachhaltige Anstrengungen macht, — indem in Frankreich hie und da noch schwache
Anklänge, gewissermaßen Erinnerungen an den Sinn des deutschen Theils
seiner Bevölkerung vorkommen, so ist es doch schon seit der Niederdrückung
der Reformation, selbst in seinen Revolutionen, überall wesentlich absolutistisch gewesen. Die Reformation entzündete auch dort den Kampf
zwischen beiden Principien, aber die Absolutie war schon zu sehr gestärkt,
und ward eben durch die Reformation und deren im Calvinismus sich
ausprägende politische Richtung zum unzertrennlichen Bündnisse mit der
römischen Kirche und den katholischen Mächten veranlaßt, und nach den
Kämpfen des 16. und 17. Jahrhunderts sehen wir den Feudaladel völlig
zum Hofadel erniedrigt, das Feudalkönigthum in ein absolutes umge-
wandelt. Seit Ludwig XIV. spricht sich dies in der Maitressenherrschaft
und dem völlig centralisirten Staatsmechanismus aus. Das französische
Volk ist seitdem für nationalen Ruhm, aber nicht für innere Freiheit

begeistert gewesen. Der Individualismus des Amerikaners, Engländers und Deutschen setzt die Ungleichheit voraus, d. h. nicht die Ungleichheit im Rechte, aber die thatsächliche Ungleichheit, welche sich in der ungehinderten Entwickelung des Individuums von selbst erzeugt, und als Erzeugniß freier Thätigkeit, aber auch nur soweit, Geltung finden muß. Der Franzose dagegen, längst der absoluten Macht des Staates verfallen, betet diese und nur diese, als die Alles bestrahlende Sonne an; dieser Macht gegenüber sollen Alle gleich recht- und machtlos sein. In den Hugenotten, dann in den Jansenisten, Encyklopädisten, den Begünstigern der englischen und amerikanischen Verfassung und endlich in der Gironde schwächen sich die germanischen Elemente immer mehr und mehr ab und die Revolutionen endigen immer, selbst in der republikanischen Form des Jakobinismus mit dem Siege des Absolutismus, der ungetheilten Staatseinheit, welche eine freie Individualität im Mindesten nicht anerkennt. Vom Centrum aus ist seit Ludwig XIV. Alles regiert worden. Colbert, als er nach den die Absolutie endlich feststellenden Kriegen und nach dem mit der Absolutie und deren einlullenden Mitteln von selbst sich entwickelnden unmäßigen Luxus zur Erhaltung des Letzteren Geld gebrauchte, und einsah, daß man dazu auch der Industrie bedurfte, verfiel schon nicht mehr darauf, diese sich entwickeln zu lassen, sondern er organisirte sie von oben herab.

§. 27.

Fortsetzung. Das absolute Frankreich die Wiege für Communismus und Socialismus.

Frankreich gleicht bis zur Revolution lediglich einer Uhr, welche in Paris aufgezogen und von hier aus in allen Rädern bewegt wird. Von Selbständigkeit der Provinzen, der Communen, der Einzelnen keine Spur, und wie dies System, das die Menschen für den Krieg nur wie Zahlen, für die Staatskasse nur als Steuermittel betrachtet, nur durch solche Mittel aufrecht erhalten werden konnte, welche offenen oder geheimen Widerstand gegen solche Erniedrigung und Ausbeutung allein niederzuhalten im Stande sind, durch Erkaufung der Intelligenz, durch Betäubung der Gewissenhaften in ewig sich drängenden Festen und Schlemmereien, durch gänzliche Demoralisirung der ganzen Nation, so kann es in der That bei der Stärke des romanischen Elements in Frankreich und nach Jahrhunderte langer Erstickung jedes Keimes freier individueller Bestrebungen und Anschauungen nicht Wunder nehmen, wenn in der Revolution von 1789 das Streben der so zugerichteten, an die Staatsallmacht gewöhnten Masse ebenfalls ein absolutistisches sein mußte. Die Ausbeutung war damals endlich an ihr natürliches Ende angelangt, die Citrone gab keinen Saft mehr her, das Deficit war auf dem bisherigen Wege nicht mehr zu decken. Der Zustand war ein solcher, wie er schließlich bei jeder Absolutie — da sie die selbsteigene fruchtbringende Thätigkeit der Einzelnen verhindert und vernichtet hat — werden muß, wie er aber schlimmer auch bei keiner werden kann: der Hof mit seiner Maitressen- wirthschaft und seinem sardanapalischen Luxus und die Kriege hatten das Mark des Landes ausgesogen, die Schuldenlast war riesenhaft ange- wachsen. Die Sittenverderbniß hatte sich von oben bis in die untersten Schichten der Bevölkerung eingefressen. Niemand erwartete sein Heil von seinen eigenen Kräften und Anstrengungen, sondern vom Staate, die einzige Arbeit, die man als einträglich kannte, war Schmeichelei — wäh- rend Gesinnung und Ehrenhaftigkeit, wo sie sich noch finden mochten, mit der Bastille bestraft wurden —. Wer dem Hofe nahe stand, von ihm belohnt und gemästet ward, sah auf die Fernstehenden verächtlich herab, war aber für den Hof und seine Gehülfen zu allen Schandthaten bereit. Die Kirche war in allem Diesen die getreueste Verbündete, ja, wo möglich die Leiterin des Hofes, und auf den Gipfelpunkt der Unduldsamkeit und Heuchelei gestiegen. Justiz und Administration zu Allem fähig, nur nicht zu dem, was ihre Aufgabe war. Kirche und Adel verzehrten die Früchte des besten und des größten Theils der Ländereien und verkümmerten die übrige allein besteuerte Bevölkerung in den Früchten ihres Erwerbs. Das war der Zustand vor der Revolution. Was Wunder, wenn so das Volk Jahrhunderte lang gewöhnt ist, die Staatsmacht als die Quelle alles einträglichen Erwerbs anzusehen, wenn es diese Erwerbsart von oben und von der Kirche heilig gesprochen sieht, wenn es lange genug ausge- preßt und ausgesogen ist, was Wunder, daß es alsdann nicht blos nach Befreiung, sondern nach Selbstherrschaft, nach eben solcher Despotie als nach einer, ja der einzigen Erwerbsquelle trachtet!

Die Absolutie selbst hatte, auf jenem Punkte angelangt, alles Eigenthum in Frage gestellt. Selbst die aufgeklärtesten Geister, Rous- seau, Voltaire u. s. w., in solcher Schule erzogen, brachten es nicht mehr zu freieren Gedanken, als zu Ansprüchen an die Staatsgewalt. Die Staatsgewalt war auch für ihre Anschauungen bereits die Inhaberin aller Rechte, ihr gegenüber gab es kein selbständiges Privatrecht, höchstens moralische Ansprüche an die Früchte des Staatsguts. „Die Privaten, sagt Rousseau, haben durchaus kein Recht, das sie nicht erst vom Staat erhalten hätten." Die ganze Force selbst dieser hervorragenden Geister besteht darin, daß sie mit einer Nichts schonenden Satyre und mit einer allerdings bewundernswerthen Genialität die bisherigen Träger der abso- luten Gewalt brandmarkten und entheiligten. Die Absolutie hatte die Schranken der Sitte selbst hinweggerissen; kein Wunder, daß, nachdem die bisherigen Träger derselben, der Hof, der Adel, die Geistlichkeit, an das Ende ihrer „Verwaltung des allgemeinen Gutes" angelangt waren.

sie um so schonungsloser gebrandmarkt wurden; kein Wunder, daß, nachdem die bisherigen Träger der Absolutie die Achtung selbst des Heiligsten
ausgerottet, sie die Achtung ihrer Legitimität nicht mehr erwarten konnten;
kein Wunder, daß — nachdem jede Privatberechtigung für die ganze
Nation selbst in ihren geistreichsten Schriftstellern etwas Fremdes geworden war, nachdem man keine andere Möglichkeit des einträglichen Erwerbs
mehr kannte, als wenn man die, jede Privatberechtigung auffaugende
Staatsgewalt für sich gewann, oder an sich brachte — die bis
dahin von den Früchten der Staatsgewalt ausgeschlossene Nation,
der dritte und endlich auch der vierte Stand, sich der Staatsgewalt
selbst bemächtigen mußte, um seinerseits auch einmal zu deren Früchten
zu gelangen.

Es war sonach eine Nothwendigkeit, nicht allein daß das Königtthum abgeschafft, daß die Güter der Geistlichkeit und des Adels eingezogen, daß der Adel selbst und dessen Privilegien gestürzt, überhaupt alles
historische Recht vernichtet ward, — dies hätte nach den oben geschilderten
Vorgängen auch dann wohl nicht ausbleiben können, wenn man nur nach
einer gründlichen Befreiung des Individuums von der absoluten Gewalt
des Staates getrachtet hätte — sondern es konnte, da das französische
Volk den Staat und dessen Inhaber sich einmal nicht mehr anders denken
konnte als über dem Individuum stehend und dieses als solches gänzlich
vernichtend, auch nicht anders kommen, als daß der vierte Stand, die
bisher ausgesogene Masse des Volks, von dem Drucke der Großen befreit,
in den Formen der Pöbelherrschaft nun selbst solche absolute Gewalt über
Eigenthum, Leben und Tod ausübte.   Nicht Dies kann uns Wunder
nehmen, also namentlich nicht die Schreckensherrschaft, nicht die Concentrirung aller Macht in Paris und im Revolutions-Tribunal, im Wohlfahrts- und Sicherheits-Ausschusse, nicht die Wiederkehr der Absolutie
auch in dieser Form: nicht daß Robespierre (eigentlich Mirabeau) in den
„Menschenrechten“ das Eigenthum definirte, als „das Recht, das jeder
Bürger hat, nach seinem Belieben den i h m v o m G e s e t z e v e r b ü r gt e n A n t h e i l a n G ü t e r n z u g e n i e ß e n und darüber zu verfügen*)
und daß er also hierin und in vielen anderen Beziehungen sich vergebens
bemühte, sich den französisch absolutistischen, die Staatsgewalt als die
Verleiherin aller Rechte ansehenden Ideen zu entwinden, sondern das
bleibt uns vielmehr aus dem romanischen Charakter unerklärbar und
bildet den einzigen Anklang an das sonst aufgesogene germanische Element, daß das Robespierre'sche Regiment in den Menschenrechten über

---

*) Siehe Louis Blanc, Geschichte der 10 Jahre, Thl. IV. 2. Cap. p. 123 ff.,
der sich abmühet, diese principmäßig das Eigenthum auf den Staat zurückführende
Erklärung zu rechtfertigen.

haupt diejenigen Individualrechte, welche in der Nacht vom 4. August 1789 wahrscheinlich als unbewußte Consequenz der Aufhebung der Privilegien des Adels ꝛc. durch Proclamirung der Freizügigkeit, Gewerbefreiheit und der Parzellirbarkeit der Grundstücke entstanden waren, nicht durch Staatsanordnungen wieder in Frage stellte, ja daß sich diese drei auf freier Individualität beruhenden Rechte bis auf den heutigen Tag in Frankreich erhalten haben.   Wir können uns letzteres nicht anders erklären als dadurch, daß die französischen Regierungen alle nach der Reihe von der Unzuträglichkeit, ja finanziellen Unmöglichkeit der früheren Colbert'schen Beschränkungen praktisch überzeugt und zu Gewährung dieser, gewissermaßen als letzte Concession an den germanischen Theil der Bevölkerung entstandenen Rechte um der Erhöhung der Steuern willen veranlaßt worden sind.   Das Bestehen dieser Rechte trotz der absolutistischen, die Individualität vernichtenden Richtung jeder Regierung daselbst muß als ein um so schlagenderer Beweis von der die Steuerfähigkeit der Nation erhöhenden Wirkung dieser Rechte angesehen werden.   Und in der That sind sie das einzig Gesunde an ganz Frankreich, wodurch dies erhalten wird.

Frankreich ist von nun an von einer Verfassungsform in die andere übergegangen, und dies ist die ganz natürliche Folge davon, daß es den Staat und nicht die frei rastende individuelle Thätigkeit als die Quelle aller Güter ansieht, daß der Staat, der nur Form sein kann, ihm als das Wesen erscheint, das alle Einzelnen glücklich machen soll.   Die Form ohne den Inhalt der ungehemmt arbeitenden Einzelkräfte kann Nichts schaffen, es ist ganz gleichgültig, ob ein legitimer Herrscher oder ein Volkshaufe, oder ein Consul, oder ein König von den Capitalisten eingesetzt, oder ein Kaiser, von den Arbeitern gewählt, sich der Staatsallmacht bedient, wenn immer dieselbe Anschauung maßgebend ist, daß von der Staatsgewalt das Glück für die Gesammtheit und für die Einzelnen gemacht werden soll, es ist im Wesentlichen gleich, ob Colbert mit seinem Schutzzollsystem und mit seiner künstlichen Industrieschulung, oder die Bergpartei mit ihren Preisbestimmungen (Marat erklärte: der Staat hat Nichts gethan, wenn er nicht für die Dürftigen Alles gethan hat) und mit ihren Milliarden Assignaten, oder Napoleon I. mit seiner Continentalsperre, oder Louis Blanc mit seinen Nationalwerkstätten, oder Napoleon III. mit seiner indirecten und directen Begünstigung der Arbeiter gegen das Capital, Kornhandelbeeinflussungen u. s. w. den Verkehr reguliren und die Menschen glücklich machen wollen: die Idee von der Allmacht und Alleinmacht des Staates und die darin mit Nothwendigkeit ausgesprochene Nichtanerkennung eines, seine Berechtigung allein aus der schöpferischen Thätigkeit des Einzelnen entnehmenden, der Staatsgewalt heiligen Privateigenthums muß zuletzt immer vor einem unheilbaren Deficit — dem auch Louis nahe zu sein scheint — anlangen, und, was nun einleuchten wird, dem Socialismus und Communismus in seiner unverhülltesten Gestalt Thür und Thor öffnen*).

§. 28.

Fortsetzung. Schattirungen des Socialismus und Communismus in Frankreich und Deutschland.

Die Absolutie ist Socialismus und Communismus, angewandt auf das sociale Leben, sofern wir unter ersterem als dem allgemeinen Gattungsbegriff die künstliche Regelung der Verkehrsverhältnisse von Seiten der Staatsgewalt, und unter diesem, als der auf die höchste Spitze getriebenen Abart, die Verleugnung des Privateigenthums und Verwandlung desselben in bloßen Genuß am Staatseigenthum verstehen. Es kann sich auch bei dem Socialismus und Communismus, ebenso wie bei der Absolutie, nur um mehr oder weniger scharf ausgeprägte Gestaltungen handeln, indem selbstverständlich die allerdurchgreifendste Despotie nicht im Stande sein würde, factisch alles Privateigenthum in dem Sinne, wie wir es oben verstanden haben, zu verleugnen und unmöglich eine nur

---

*) Wie weit auch Louis Napoleon die Bevormundung treibt, dafür diene folgendes Beispiel. Eine uns von einem Mitgliede einer Liedertafel in Paris mitgetheilte lithographirte Auctorisation vom 16. Januar 1857 enthält zunächst das Comité, dann sämmtliche ordentliche und Ehren-Mitglieder, dann die Statuten und alsdann heißt es schließlich in wörtlicher Uebersetzung:

Auctorisation des Herrn Präfecten:

Anordnung vom 15. Januar 1857.

Der jetzige Herr Präfect der Polizei hat die Gesanggesellschaft Germania autorisirt, sich Montags und Donnerstags Abends 8 Uhr zu vereinigen in einem Locale der Straße des 4 Vents No. 6 im Hôtel des Americains unter nachfolgenden Bestimmungen: 1) ihre Statuten nicht zu ändern ohne Genehmigung des Herrn Präfecten; 2) die Zusammenkünfte spätestens 11 Uhr Abends zu beendigen; 3) sich mit politischen und religiösen Fragen in keiner Weise zu beschäftigen; 4) alle Jahre dem Herrn Präfecten die Liste der Mitglieder mit dem Berichte über ihre Beschäftigungen (compte des travaux) einzureichen.

Der Polizeicommissair:

(L. S.) gez. Charles Allard.

An Herrn Frech, Präsidenten der Gesellschaft.

Am 12. Februar 1857.

Wir Gustav Richebourg, Polizeicommissair der Section Bourg l'abbé, verkünden dem Herrn Frech Dr., wohnhaft Straße de lambuteau No. 17, die Bestimmung des Herrn Polizeipräfecten vom 11. Februar 1857, welche der Gesanggesellschaft Germania erlaubt, den Sitz ihrer Vereinigungen nach der Straße St. Denis No. 282 zu verlegen und dort ihre Versammlungen zu halten am Dienstag und Freitag jeder Woche Abends. Und damit genannte Gesellschaft sich nicht auf Unwissenheit berufe, haben wir an Herrn Frech, ihren Präsidenten, die gegenwärtige Verkündigung erlassen, nach welcher er sich zu richten hat.

Der Polizeicommissair:

(L. S.) gez. Richebourg.

künstliche Ordnung des Verkehrs und Gesellschaftslebens durchzusetzen.
Dieserhalb ist nur zu sagen: je absoluter ein Staat ist, je mehr der
Staatswille über den Privatwillen herrscht, je mehr also die Staatsregierung die freie selbständige Bethätigung der individuellen Kräfte, die
freie Gestaltung des Verkehrs, d. i. der Arbeit und deren Verwerthung
und des Genusses der Arbeitserzeugnisse durch Satzungen von oben herab
vernichtet, verhindert oder beschränkt, desto mehr ist Communismus und
Socialismus wirklich geworden. Der Gegensatz von Communismus und
Socialismus ist die in allen Sphären des Verkehrslebens hinsichtlich der
Arbeits- und Erwerbsbefugniß und hinsichtlich des Genusses der selbst-
erzeugten Genußmittel freigegebene Selbstbestimmung der Einzelnen,
Selbstthätigkeit und Selbstverantwortlichkeit, self-government, freie Concurrenz aller Kräfte, Unabhängigkeit des Verkehrslebens vom Staats-
regimente, — mithin die reinste vom Individualitätsprincip ausgehende
Demokratie.   Diejenige politische und sociale Richtung — in welcher
Staatsform sie sich auch ausprägen mag — welche die Selbstberechtigung
des Individuums, deren Anerkennung und Achtung verwirklichen will,
welche in dem Staate nur die Vermittlerin der Ordnung nach dem Willen
der Einzelnen sieht, der Einzelnen, welche eben aus Achtung vor dem Individuum die Mehrzahl der Individuen entscheiden lassen, in der Ueberzeugung, daß sich in dieser Mehrzahl auf die Dauer dasjenige höhere
Naturgesetz von selbst bewahrheitet und geltend macht, welches das Volks-
ganze zu einem höheren, sein eigenes Bestes befolgenden und findenden
Organismus macht — diese Richtung k a n n das Eigenthum und dessen
ungehemmten gesicherten Verkehr und Genuß g a r   n i c h t beeinträchtigen;
nur erst wenn diese rein individualistisch-demokratische Richtung machtlos
gemacht ist, kann — im Wege der Absolutie, d. i. ihres Gegensatzes
—Communismus und Socialismus Gestalt und Geltung gewinnen, und
leider haben diese von der Absolutie a n g e b l i c h so sehr gehaßten Aus-
geburten unter dem wärmenden und brütenden Flügel der Absolutie nur
zu sehr Gestalt gewonnen.

Die freien Verkehrsverhältnisse, durch Kampf der Gegensätze immerfort sich verjüngend, müssen, bis die Schwester der Demokratie, die Civilisation, immer mehr und mehr Terrain gewinnt und immer befriedigen-
dere Zustände verwirklicht, nothwendig scharfe Gegensätze hervorrufen.
Fleiß und Sparsamkeit erzeugen Reichthum, Faulheit und Unmäßigkeit
erzeugen Armuth. Wer die Berechtigung des durch Arbeit geschaffenen
Eigenthums anerkennt, muß die Uebertragung des Eigenthums durch
Tausch, ja durch Erbeseinsetzung u. s. w. anerkennen, und kann es nicht
verhindern, wenn auf die Nachkommen des Fleißigen Reichthum sich vererbt, auf die Nachkommen des Faulen Armuth. Talent benutzt den Reichthum, diese aufgesparte Arbeit, zu immer größerem Erwerb, zu immer gesteigerten Fähigkeiten, der Nachkomme des faulen Armen kommt vielleicht

durch eigene Faulheit im Verhältniß des fortschreitenden Reichen immer weiter zurück. Treten so diese Gegensätze schroff hervor, zuweilen so schroff, daß sie einerseits Mitleid, andererseits Neid zu erzeugen nicht umhinkönnen, und ist im Wege der ausgebildetsten Arbeitstheilung das Verkehrsleben auf eine nachgerade wunderbare Weise verschlungen und zusammengesetzt, sodaß der wahre Zusammenhang desselben und dessen Ursachen sich immermehr dem unausgebildeten Auge verhüllen und unkenntlich machen, wird wohl gar Mitleid und Neid mit schuld daran, daß dieser Zusammenhang immer mehr verkannt wird; dann fordert der Zurückgebliebene die Staatsgewalt auf, ihn zu beschützen und zu begünstigen, und diese fühlt sich wohl berufen, die Unterschiede — auszugleichen. Niemand kann dem Reichen nachweisen, daß er seinen Reichthum auf unerlaubte, oder besser gesagt, ungerechte Weise erworben, Niemandem weiset der Arme nach, daß Ungerechtigkeit an seiner Armuth schuld ist, und dennoch greift der Staat „ordnend", d. h. das Eigenthum antastend, ein, indem er hier dem Capital den Erwerb hindert, — sei es dem Geldcapital, oder dem Capital des Wissens und Könnens — dort den Armen schützt und zu fördern sucht — sei es den Geldarmen, oder den Armen an Wissen und Können. Ist einmal diese Bahn der sogenannten „Ordnung" eingeschlagen, ist einmal das Eigenthum in seiner Grundfeste angetastet und gemaßregelt, dann — zumal bei der Unmöglichkeit, vom grünen Tische die wunderbaren Wege des Verkehrs überall richtig zu verfolgen und einsichtig zu beurtheilen — ist die Bahn gebrochen, um nach Belieben und Gelüsten der ordnungsthätigen Regierung auch umgekehrt den Reichthum zu privilegiren und der Armuth auch den letzten Rest ihrer Fähigkeiten (Freizügigkeit, Gewerbefreiheit, Möglichkeit des Bodenerwerbs) zu rauben — um ihr, nun sie sich gar nicht mehr rühren kann und mag, als Vergütung im Wege des Almosens einen Brocken Brod oder Arbeit zu gewähren. Der erste, ehrliche Weg des unkundig Helfenwollens läßt sich für die Staatsgewalt als möglich denken, der letzte Weg der Privilegien und Monopole, wo wäre er, Dank dem mit der Eroberung begonnenen Wege der ordnenden Absolutie, wohl nicht betreten?

Diese künstliche Ordnung der Dinge von Seiten des Staates in der verschiedensten Weise bis zur gänzlichen Eigenthumsvernichtung ist nun das, was — die freie Selbstregelung des Verkehrs ausschließend — Socialismus und Communismus wollen. Nachdem gerade durch Privilegienwesen die Ungleichheit immer schroffer geworden, wollen sie diese Ungleichheit durch neue Privilegien und Eigenthumsantastungen beseitigen. Alle socialistischen Systeme gehen aus vom Mitleid mit dem Armen, vom Hasse gegen das Capital. Abschaffung der Civilisation und Zurückführung des Naturzustandes (Rousseau), Aufhebung des Erbrechts (St. Simonisten), Abschaffung aller Concurrenz und Vertheilung der Genüsse in kleinen Gesellschaften, die selbst ihr Land bauen, selbst alle ihre

Bedürfnißmittel in kasernenartigen Gebäuden, Phalansteren, verfertigen (Fourier), oder wenigstens Regelung der Industrie in Nationalwerkstätten von Seiten des Staats (Louis Blanc), Abschaffung des Capitalzinses durch Einrichtung einer Volksbank und Beschränkung des Grundeigenthums (Proudhon), Abschaffung alles Eigenthums und der Familie (Baboeuf, Cabet), das sind die bedeutendsten Systeme, welche unter den verschiedensten phantasiereichsten Modificationen und Ausschmückungen ihre Anhänger über ganz Frankreich finden, in Amerika, England und Deutschland aber so gut wie gar keine Anhänger gefunden haben, weil diese Theorieen nur bei einem absolutistisch denkenden Volke Eingang finden können. Bei uns sind nur Anklänge und Reigungen dafür in der Büreaukratie, der Handhabe eines absoluten Regiments, und den ganz unwissenden, der tieferen Einsicht in die Verkehrsverhältnisse unfähigen Leuten, oder endlich in den Denkfaulen und Ultraconservativen zu finden, welche nicht einsehen oder zugeben wollen, daß der noch aus dem Mittelalter in uns nachwirkende Romanismus, oder, wenn man das lieber will, der aus der Imperatoren- und rohen feudalen Ritterzeit verbliebene Rest von communistischen und socialistischen Einrichtungen durch völlige Freigebung des Individuums und Eigenthums beseitigt werden muß. — Wir haben absichtlich den französischen Absolutismus und namentlich denjenigen der Revolutionszeit auch deßhalb näher beleuchtet, weil bei uns die Partei der „Ordnung" mit einer vergleichsweisen Hinweisung auf die Auswüchse der französischen Revolution die deutsche Demokratie verunglimpft hat, und weil unwissende Leute sich so vielfach dadurch haben bethören lassen. Die Greuel der Robespierre'schen Machtvollkommenheit waren eben Ausflüsse des Absolutismus, und sie waren nichts Anderes, als was der Absolutismus vor und nach Robespierre gethan, und was die wahre Demokratie, die sich — im geraden Gegensatze zu Robespierre und dessen früheren und späteren Genossen — auf freier Entwickelung und Achtung des Individuums gründet, nie anders, als mit blutendem Herzen betrachtet hat.

Sind Expropriationen in einzelnen Fällen unvermeidlich, so sind sie selbst dann immer nur durch Einzelbeschlüsse der gegenwärtigen Gesetzgebung zu decretiren, sie haben aber auch so nur kann eine rechtliche Grundlage, wenn sie im Wege der allgemeinen Wahlberechtigung ihre Existenz auf den Willen der Mehrheit der Volksgenossen zurückführen können. Diese Mehrheit steht über dem einzelnen Individuum eben vermöge der Achtung vor dem Individuum, aber auch nur sie allein. Das Eigenthum und die Persönlichkeit sind das Heiligste im Volks- und Staatsleben, und nur diejenige Partei kann sich eine moralisch achtbare nennen, welche sie achtet.

Viertes Capitel.
Verwendung und Umlauf der Güter.

§. 29.
Von der Verwendung der Güter: Consumtion und Reproduction.

Nachdem wir in der Lehre vom Eigenthum die erzeugten Güter in dem Zustande ihrer Ruhe betrachtet haben, gewissermaßen auf dem Lager, auf welchem sie der Verfügung und Verwendung ihres Erzeugers oder dessen harren, der sie von dem Erzeuger erworben hat, und nachdem wir in dem nur noch dunkeln Gefühl von der mannigfaltigen Möglichkeit der Verfügung dem Erwerber derselben das unbedingte aus der Production selbst, als einem Schöpfungsacte, hervorgehende Recht freiester Verfügung zugesprochen, auch — das Lager gewissermaßen inventarisirend — eine Ueberschau über die als Güter in Betracht kommenden, körperlichen und unkörperlichen Dinge gehalten haben, wollen wir jetzt über die möglichen Verwendungen und deren Beziehung zur Wirthschaft, zum wirthschaftenden, sich an der Stufenleiter seiner Bedürfnisse fortentwickelnden, Menschen und Volke uns unterrichten.

Die directeste Verwendung eines Products ist dessen unmittelbare Consumtion, d. i. der Verbrauch. Vieles, das wir dem Naturfond durch unsere Arbeit abgewonnen, kehrt freilich unbenutzt in das Reich der Natur wieder zurück, geht verloren durch Unglücksfälle; es versteht sich aber von selbst, daß diese Verluste, gegen welche sich der Einzelne durch Assecuranz etwa sichern kann, welche aber für das Ganze immer ein positiver Werthuntergang sind, der Wirkung nach nicht denjenigen Fällen gleich zu achten sind, in welchen ein Werth seiner Bestimmung gemäß verbraucht wird. Zwar ist auch in letzterem Falle nicht immer der Verbrauch ein nützlicher, wenn nämlich das zu Grunde liegende Bedürfniß, oder dessen Maß etwa ein schädliches sein sollte; allein Letzteres kann im Allgemeinen nur als Ausnahme betrachtet werden, und, wie wir oben gesehen haben, sind die Bedürfnisse einer verschiedenen Beurtheilung nach den Standpunkten der einzelnen Menschen unterworfen, und es kann recht wohl ein Bedürfniß sehr begründet und natürlich sein, welches von einer großen Menge von Menschen als unnatürlich oder schädlich verworfen wird. Um die Begründetheit eines Bedürfnisses richtig zu beurtheilen, muß man in der heutigen, weit fortgeschrittenen Zeit einen durch Kenntniß des ganzen Lebens und durch vorurtheilsfreie, vielseitige Beobachtung geläuterten Standpunkt einnehmen.

7 *

Ist es aber für die Wohlfahrt des Ganzen nicht einerlei, wozu ein Werth, ein Gut verwandt wird, wenn es überhaupt nur verwandt wird, da es ja doch einmal durch den Verbrauch vernichtet wird? Keinesweges, es ist vielmehr eben darauf abgesehen, daß der consumirte Werth, wenn er auch in seiner bisherigen Gestalt, sei es im einmaligen sofortigen Verbrauche, oder im langsam und stufenweise sich vollziehenden Aufbrauche — vergleiche oben stehendes und umlaufendes Capital — vernichtet wird, dennoch in seiner Nützlichkeit und Wirksamkeit trotz seines scheinbaren Verschwindens erhalten bleibe. Wenn der Schmied eine Axt macht, so geht das Stück Rohstahl, welches er dazu verwendet, in seiner bisherigen Gestalt verloren, einzelne Bestandtheile werden sogar in Form von Spähnen weggeworfen, aber die Axt ist ein Werth, in welchen der Werth des Rohstahls übergegangen ist, und wenn sie nach langjährigem Gebrauch unbrauchbar geworden, consumirt ist, so ist ein Theil ihres Werths nach dem anderen in den Werth der mit ihr verrichteten Arbeiten übergegangen. Wenn ein Zugochse ausgedient hat und zum Fettmachen gemästet wird, so geht, nachdem er seine an den Acker abgegebenen Kräfte wiedergewinnt, das ihn nährende Korn in einen neuen Werth in Gestalt von Fleisch über, und wenn er dann geschlachtet und von Menschen verzehrt wird, so geht sein Fleisch und also das Korn in körperliche Bestandtheile der ihn verzehrenden Menschen über, und diese Menschen führen wieder die so durch Consumtion gewonnenen Kräfte durch körperliche Arbeiten in andere Werthe über, ja wenn sie etwa sich mit geistigen Arbeiten beschäftigen, so war doch die körperliche Nahrung auch für den Anwachs ihrer geistigen Fähigkeiten unentbehrlich.

Wir sehen also: die Kräfte, welche der Mensch bei Production eines Werthes opfert, kehren durch den Verbrauch der Werthe mit dem geeignet gemachten Naturfond wieder in ihn oder an ihn, d. h. in seine Kräfte und Fähigkeiten, oder in sein sonstiges Vermögen in Gestalt neuer Werthe zurück, der Mensch erhöhet oder kann durch Verzehren und Verbrauch seine Fähigkeiten und sein Vermögen erhöhen. In dieser Beziehung, d. h. wenn der Consum ein solcher ist, wie wir soeben vorausgesetzt haben, sagen wir: die Consumtion sei eine reproductive, eine wiedererzeugende. Untergang vermittelt auch hier, wie in der ganzen Naturschöpfung, das Werden, und gerade dadurch ist der Fortschritt zu höheren Stufen der Entwickelung ermöglicht, weil die äußere Welt und die Fähigkeiten des Menschen durch diese Fortentwickelung in den Stand gesetzt und darin erhalten wird, den erhöhten und veränderten Ansprüchen der fortschreitenden Zeit durch Zusammenwirken der früheren und der ferneren Arbeiten und Kräfte zu entsprechen, und weil so der Mensch durch immer größere Dienstbarmachung, Aneignung und Insichaufnahme der äußeren Welt zu immer höheren Ansprüchen und Schöpfungen befähigt wird. So producirt der Mensch consumirend und consumirt derselbe producirend, so daß Production und Consumtion, wenn wir sie auch verstandesmäßig als an sich verschiedene Thätigkeiten sondern, in der That nicht durchaus thatsächliche Gegensätze sind.

Ob die Consumtion eines Productes schädlich, oder ob sie reproductiv wirke, und in welchem Maße etwa das Eine oder das Andere der Fall sei, das ist oft schwierig zu bestimmen und abzumessen. Theils geht der Reproductionsproceß im Innern des Menschen vor, und richtet sich also nach dem individuellen Standpunkt des einzelnen Consumirenden, theils kann wenigstens, wenn es sich auch um die Umformung eines äußern Werthes in einen neuen, anderen handelt, dieselbe Umformung hier einem Bedürfnisse entsprechen, während sie dort mit einem solchen gar nicht zusammentrifft. Derselbe Genuß kann bei der einen Persönlichkeit schädlich oder nützlich wirken, welcher bei vielen oder allen übrigen Personen umgekehrt nützlich oder schädlich wirken mag. Während Fleisch im Allgemeinen eine dem Menschen höchst zuträgliche Nahrung ist, giebt es persönliche Zustände, welche es durchaus nicht vertragen können, und während heute und hier der Verbrauch eines Werthes durch eine gewisse Art der Umformung in einen anderen sehr einträglich und nützlich sein kann, würde zu einer anderen Zeit oder an einem anderen Ort dieselbe Art der Consumtion ganz unanwendbar sein. Man denke z. B. an die Proportionen, welche bei Verwendung des Geldes von jedem Geschäftsmanne beachtet werden müssen, wenn es sich um sein Anlagecapital gegenüber seinem Betriebscapital handelt, wenn es sich darum handelt, ob er mit Menschenkräften oder Maschinenkräften arbeiten will, wenn es sich z. B. bei einem Landmanne darum handelt, ob er sein Geld in Drainagen oder in Viehinventar stecken will ꝛc. ꝛc. Nur das einzelne Individuum wird deßhalb allein über seine Genüsse entscheiden können, sobald es zur Entwickelung eines selbständigen Seins gelangt ist, und nur der Privateigenthümer wird in jedem einzelnen Falle darüber entscheiden können, wie er die ihm gehörenden Werthe verwenden will und muß. Nur die Selbstbestimmung der einzelnen Persönlichkeiten nach den ihnen in jedem einzelnen Falle vorschwebenden Verhältnissen und Bestimmungsgründen kann möglicher Weise in den meisten Fällen das Richtige treffen, während eine Regelung und Anordnung von oben her, auch wenn sie in jedem einzelnen Falle die Verfügung sich vorbehielte, in schiefer Anschauung der Fähigkeiten der Person oder der anzustrebenden Zwecke ihr Ziel meistens verfehlen müßte, wenn sie aber gar den Consum im Allgemeinen und im Voraus regeln wollte, würde sie unfehlbar durchweg es dahin bringen, daß die allezeit sich verschieden gestaltenden, und daher sich in der verschiedensten Weise wechselseitig bedingenden und beeinflussenden Verhältnisse ganz außer Acht gelassen, und dem gewünschten ganz entgegengesetzte Resultate erzielt würden. Die producirten Werthe würden unproductiv verkommen, und die Productivkräfte würden nach einer verkehrten Richtung hin ge-

leitet, von der richtigen Benutzung aber abgeleitet werden, und werthlos verfaulen. Unter Colbert hat sich dies in Frankreich nach allen Richtungen hin gezeigt.

§. 30.

**Weiteres über die Verwendung der Güter: Umlauf der-
selben. Nothwendigkeit des freien Verkehrs, und natürliche Heilkraft desselben.**

In den seltensten Fällen wird ein Gut nach dessen Production ohne
Weiteres von dem Producenten consumirt, denn, wie wir schon früher zu
bemerken Gelegenheit hatten, ist bei der jetzt in der ganzen Welt voll-
zogenen Ausbildung der Arbeitstheilung, welche die Production selbst
eines und desselben Gutes oft in zahlreiche an ganz verschiedenen Orten
vorgehende Productionsacte vertheilt, und bei der Ausbildung des mit
dieser Arbeitstheilung zusammenhängenden Tauschverkehrs jeder Einzelne
veranlaßt, eine Branche von Befriedigungsmitteln über sein eigenes Bedürfniß hinaus zu produciren, um damit die Mittel zur Befriedigung auch
aller seiner übrigen Bedürfnisse reichlich eintauschen oder kaufen zu können.
So sind fast alle geschaffenen Werthe von vorne herein auf einen nachgerade
unabsehbaren Kreislauf angewiesen. Die Bewegungen der Werthe von den Er-
zeugern, durch oft zahlreiche Reproductionen hindurch bis zu den endlichen Ge-
und Verbrauchenden bilden ein sich über die ganze Erde erstreckendes Netz, dessen
sämmtliche einzelne Fäden, mit allen den zahllosen Knotenpunkten, in welchen die einzelnen Productionen, Reproductionen und reproductiven Consum-
tionen sich berühren, kein Sterblicher verfolgen kann. Dennoch lassen sich ewig
wiederkehrende Gesetze entdecken, wonach von den verschiedenen Bedürfnissen
der Menschen und von deren natürlichen (und unter Einfluß und respective Aneignung der verschiedenen Naturkräfte verschieden ausgebildeten)
Fähigkeiten ausgehend und bei den Bedürfnissen und Fähigkeiten Anderer
wiederanlangend dieser Umlauf der Güter sich vollzieht, d. h. sich zu vollziehen strebt, und zum Heile der von der Schöpfung so sinnig und wohl-
wollend bedachten Menschheit sich zu vollziehen strebt, so lange nicht die
Menschen in klügelnden Anordnungen, im falschen Verständnisse ihrer Interessen, der Schöpfung hindernd in den Weg treten.

Wir werden diese natürlichen Gesetze, welche der Volkswirthschaftslehre erst nach langer scharfer Beobachtung des gesammten Verkehrs und
erst nach dessen immer größerer Ausdehnung und Belebung klar geworden
sind, im Folgenden kennen lernen und werden dann später noch namentlich
bei den näheren Betrachtungen des Werthes, Preises, Geldes ihre innern
Gründe ermitteln. Zunächst werfen wir unsern Blick auf die Gestaltung
des Güterumlaufs. Wir machen vorerst noch ein Mal auf den eben ge-

wonnenen Standpunkt aufmerksam, wonach Production und Consumtion sich im Allgemeinen schwer trennen lassen, da jede Production mehr oder weniger eine Vernichtung der früheren Gestalt eines Gutes und jede Consumtion mehr oder weniger eine reproductive, wiedererzeugende Thätigkeit darstellt. Gerade weil wir auf die so sich ergebende Unmöglichkeit, Production und Consumtion im Allgemeinen zu scheiden, Gewicht legen müssen, weil für uns also das Interesse des Consumenten und Producenten im Allgemeinen sich als eins und dasselbe darstellt, können wir Ansprüche an den Umlauf der Güter im Interesse der Gesammtwirthschaft erheben, welche weder dem Interesse der sogenannten Producenten, noch dem der sogenannten Consumenten verletzend entgegentreten, weil wir das ganze Publicum in gleicher Weise in ewiger Wechselwirkung zugleich producirend und reproductiv consumirend erkennen. Daß die Productionen jedem Consumenten zu Gute kommen können, und daß jeder Producent durch die Möglichkeit des Consums zu produciren veranlaßt wird, und daß die Consumtion eine solche sei, welche möglichst den Gesammtgütervorrath eher vermehre als vermindere, das kann nur durch den Güterumlauf im Wege der Arbeitstheilung und des Tauschverkehrs vermittelt werden, und der zunächst der Consumtion dienende Umlauf ist somit als eine eigene Productionsgattung zu betrachten, die darin besteht, daß sie alle übrigen Productionen in ihrem letzten Ende vollendet. Man vergleiche das bereits in §. 18 am Ende über den Handel Gesagte.

Uebersieht man den Lagerraum eines Materialwaarenhändlers, eines Modehändlers, eines Eisen- und Kurzwaarenlagers, und erkundigt sich nach dem Ursprunge jedes Waarenstückes, so sind in einigen wenigen Lägern selbst einer kleinen Stadt schon die verschiedensten Gegenden der Erde vertreten; geht man in ein Local am Hafen in Hamburg, wo die Schiffscapitains und Matrosen verkehren, so hört man diese Leute von den entlegensten Orten der Welt sprechen, als wenn wir von Leipzig oder Berlin sprechen; setzt man sich in ein Eisenbahncoupé der Berlin-Hamburger Eisenbahn, oder anderer größerer Eisenbahnen, namentlich dritter Classe in der Sommerzeit, so kann man es erleben, daß man in einem Coupé mit sechs, acht Nationen zusammentrifft. Wie ganz anders ist das jetzt, als in den vorigen Jahrhunderten, wo Jeder sich in dem eng abgegrenzten Kreise weniger Meilen bewegte, und wie wenig kann es dem aufmerksamen Auge entgehen, daß diese Durchwachsenheit des ganzen Menschengeschlechts im Verkehrsleben, welche alle politischen und nationalen Schranken überspringt, von Jahr zu Jahr immer mehr sowohl an Ausdehnung als an innerer Verschlungenheit zunimmt. Nur ein blöder, erstgeborener Fideicommißbauer, oder ein kleiner Zunfthandwerker, der die Welt nicht wieder gesehen hat, seitdem er sein Felleisen etwa anno 30 zu Fuß durch Deutschland getragen hat, machen noch verwunderte Gesichter, wenn ihnen bereits in ihrer kleinen Landstadt die Industrieproducte aus den verschiedensten Gegenden präsentirt werden, und zweifeln an der Möglichkeit ihrer Echtheit. Diese leben noch mit ihren Anschauungen in der Zeitperiode, in welcher sie zuerst denken und beobachten gelernt. Die vorgegangenen Veränderungen werden ihnen in ihren engen Kreisen umsoweniger bemerkbar, wenn zufällig die sie berührenden Staatseinrichtungen mit der Zeit noch nicht fortgeschritten sind. Den Bauern hat sein Weg vielleicht nur zum Herrn Amtmann, den Zunftmeister der seinige nur zum Herrn Amtspatron geführt. Die Aufklärung, die er hier bekommen, ist eben die, über welche diese ihn nicht hinauswachsen lassen wollten, oder, selbst verbauert oder verspießbürgert, nicht hinausreichen lassen konnten in Anbetracht ihrer altfränkischen Gesetzesweisheit. — Das sind, wie gesagt, jetzt — freilich von manchen Regierungen noch gehätschelte — isolirte Zustände, die von den Eisenbahnen bald werden in den Grund gefahren werden. Die gedachte Umgestaltung der Verkehrsverhältnisse ist eine nothwendige Folge der bis in's Unermeßliche gesteigerten Arbeitstheilung, welche ihren Grund hat in der Verschiedenheit der von der Natur in den verschiedenen Gegenden und Ländern gespendeten Gaben und in der Verschiedenheit der darnach und nach ihrem geschichtlichen Entwickelungsgange ausgebildeten Bedürfnisse und Fähigkeiten der Menschen und Völker. Beides mußte den Tauschverkehr zu der jetzigen Höhe entwickeln, wie umgekehrt Beides durch den Tauschverkehr immer mehr gesteigert und zur Wirksamkeit gebracht wurde. Es ist natürlich, daß der Europäer sich seinen Zucker, Kaffee, Thee u. s. w. aus den heißen Ländern holt, wo die Sonne sie stark und kräftig und ohne viele Menschenarbeit, also billig, bereitet, und je mehr die Dampfkraft den Transport erleichtert, desto schwerer läßt es sich durchführen, dem Gesetz der Natur entgegen, die ausländischen Erzeugnisse ganz entbehren, oder sie durch einheimische, unter schwerer Arbeit und großen Kosten gewonnene Erzeugnisse ersetzen zu wollen *). Die höchste Wohlhabenheit jedes Volkes und jedes Menschen kann nur dadurch erzielt werden, daß jedes Product nur da und nur von Demjenigen erzeugt wird, wo und von welchem es am billigsten, leichtesten und besten erzeugt werden kann; das billigst, leichtest und bestproducirte Gut wird alsdann, wenn anders der natürliche Gang der Dinge nicht aus-

---

*) Denken wir daran, daß in Preußen die Runkelrübe nur 8 Procent, in Südamerika und Indien aber das Zuckerrohr einige 20 Procent Zuckerstoff besitzt, daß also in Preußen viel mehr Menschenarbeit und Land verbraucht wird, um dieselbe Quantität Zuckerstoff zu gewinnen, daß die Natur den preußischen Boden und das preußische Klima offensichtlich zu ganz anderen Producten eingerichtet hat, so kann man die Verkehrtheit nicht genug bewundern, welche die preußischen Grenzen gegen indischen Zucker durch Zölle absperrt, da es diesen viel billiger mit den Producten kaufen könnte, welche auf preußischem Boden naturgemäß und deßhalb reichlicher wachsen.

falsch verstandenem Interesse und zum eigenen Schaden Derjenigen, welche sich dagegen sperren, unterbrochen und gehemmt wird, mit einem anderen Gute vertauscht, welches an einem anderen Orte am leichtesten, billigsten und besten erzeugt ist. Die Güter gehen in diesem Tausche merkwürdige Wege. Es ist nicht nöthig, daß zwei Länder einfach gegenseitig ihre Producte austauschen müssen, wenn der Tauschverkehr sie verbindet, und wenn das eine die Producte des anderen haben will, sondern die Gegenleistung kann in Folge einer Kette von Tauschhändeln mit dem Producte eines dritten oder vierten Landes geschehen, ja ohne daß das eine und andere Land sich vielleicht dessen bewußt wird, mit welches Landes Gütern zuletzt es die Producte bezahlt, oder seine Producte bezahlt erhält. Dies sonderbare Resultat wird namentlich durch das Zwischentreten des Geldes, der Banknoten und noch mehr der Wechsel vermittelt. Schon im bloßen Tauschverkehr kann es ja kommen, daß, wenn China an England Thee verkauft, es vielleicht den Augenblick keine englische Waare dafür haben mag, oder daß der Engländer dafür eine englische Waare zu geben, nicht für vortheilhaft hält. Augenblicklich ist vielleicht in China besonderes Begehren nach französischem Wein. Dann wird England seine Producte, die vielleicht gerade in Frankreich gesucht sind, in Frankreich gegen Wein umsetzen, und mit diesem seinen Thee in China bezahlen. Wie in dieser Weise der Handel oft merkwürdige, krumme Wege geht, um den Verkehr auf eine möglichst nutzbringende Weise zu vermitteln und wie dadurch gerade dafür gesorgt wird, daß jedes Product seinen Absatz findet, und Production und Consumtion auf eine wunderbare Weise ausgeglichen werden, das sehen wir, wenn wir den Cours des Geldes, namentlich des Papiergeldes und der Wechsel und dessen Ursachen und Ausgleichungen betrachten. Wenn Jemand, also z. B. ein Pariser, irgendwo, also z. B. in London, eine Waare kauft, so muß er dafür ein anderes Product, oder nach eingetretenem Geldverkehr wollen wir sagen, Geld nach London schicken. Das von dort nach hier Gehen einer Waare setzt eine von hier nach dort gehende Zahlung voraus. Nun kauft ein anderes Londoner Haus aber auch umgekehrt von Paris wieder Waaren, und muß also Geld oder Geldeswerth nach Paris schicken. Das geht nun sehr gut; beide Geldsendungen von London nach Paris und von Paris nach London brauchen gar nicht vorgenommen zu werden, sondern der Pariser A., welcher in London an D. zahlen soll, geht zum Pariser B., welcher in London von C. empfangen soll, und ersucht denselben, ihm seine Forderung an C. in London gegen Zahlung oder in Gegenrechnung u. s. w. zu cediren, damit er damit seinen Gläubiger D. daselbst bezahle. Gut, sagt B., hier hast du einen Wechsel auf C., schicke den an D. und er wird darauf sofort Zahlung von C. bekommen. So ist das Hin- und Hersenden von Geld zwischen London und Paris unnöthig geworden, der Pariser Schuldner zahlt nun an den Pariser Gläubiger, und der Londoner Schuldner zahlt an den Londoner Gläubiger. Wenn nun aber von Londoner, oder wir wollen sagen von englischen Häusern im Ganzen eine Zeit lang mehr in Paris oder in Frankreich gekauft, als verkauft ist, so wird doch baares Geld wirklich von England nach Frankreich geschickt werden müssen? Wenn wir das Verhältniß dieser beiden Länder an sich betrachten, so wird im gegebenen Falle allerdings baares Geld von London nach Paris geschickt werden müssen, weil Letzteres im Ganzen überschüssig zu fordern hat, und wenn deßhalb Jemand in Paris einen Wechsel auf London hat, so kauft ihn dort für den Augenblick Niemand gern, weil ein wirklicher Geldtransport und Umstände damit verknüpft sind. Der Wechsel auf London wird deßhalb um die Transport- und etwaigen Assecuranzkosten sinken, es wird ein Agio darauf gelegt werden, und umgekehrt wird in London ein Wechsel auf Paris zur selben Zeit ebensoviel höher stehen, als sein Nominalwerth, weil durch ihn solche Transportkosten rc. einem dortigen Schuldner gespart werden können. Nun aber hat Paris vielleicht augenblicklich mehr von New-York gekauft, als dahin verkauft. Wechsel auf Paris stehen also in New-York schlecht, und Wechsel auf New-York sehr hoch in Paris. London hat nun nach New-York überschüssig verkauft, und Wechsel auf London stehen in New-York deßhalb hoch, Wechsel auf New-York stehen in London niedrig. Da diese nun in Paris sehr hoch stehen, London deren aber sehr viele und überschüssig hat, so zahlt London in Paris mit New-Yorker Papieren, und die Baarsendungen sind wieder vermieden. So gleichen sich die Course an den Börsen, wo Papiere aller Länder zusammenströmen, fort und fort aus, und nur die Papiere auf diejenigen Plätze bleiben zurück im Course, welche gegen alle übrigen Handelsplätze mehr ein-, als ausgeführt haben. Aber dann ist es ja wohl doch wahr, was das Merkantilsystem behauptet, daß nämlich Alles sich darnach beurtheilt, ob mehr ausgeführt als eingeführt sei, nach der Handelsbilanz? Wir werden später bei der Lehre vom Gelde noch des Genaueren sehen, daß jedes Land nur mit seinen Erzeugnissen kauft und kaufen kann, und daß dieserhalb Alles darauf hinausläuft, daß das Land möglichst viel Werthe producire, daß aber das Bestreben, Nichts einzuführen, nur bewirken kann, daß auch das Ausland immer mehr und mehr auch von uns zu kaufen aufhört, dadurch aber, wie überhaupt durch beeinträchtigte Anregung unsere Industrie erlahmt, und so die Ausfuhrfähigkeit am allerbesten niedergedrückt wird. Hier bemerken wir sogleich, daß, wenn nur der Verkehr frei und natürlich ist, indem jedes Land nur erzeugt, was es naturgemäß erzeugen muß, und am besten und meisten erzeugen kann, eben dieser freie und natürliche, die Production steigernde Verkehr sich am besten selbst hilft. Was wird nämlich geschehen, wenn z. B. Frankreich etwa wegen einer schlechten Weinernte mehr eingeführt als ausgeführt hat, und wenn deßhalb Wechsel auf Paris allenthalben schlechtstehen, sodaß sie etwa nicht mehr zu begeben sind? Sind etwa die Weinernten schlecht, weil die Volksthätigkeit eingeschlafen ist, oder ist etwa der aus-

gebliebene Artikel kein naturwüchsiger (wie in Preußen beim Runkelrüben-
zucker) und Ernte für Ernte wird schlecht, dann ist es mit der ganzen
Wirthschaft freilich zu Ende, dann liegt der Fehler aber in dem Einschlagen
einer falschen Bahn von Seiten der Industrie, welche nur in Folge künstlicher Maßregeln möglich ist.   Ist dagegen der ein Mal ausgebliebene
Artikel ein naturwüchsiger, wie dies bei dem französischen Wein der Fall
ist, weil das Klima und der Boden ihn begünstigt, dann gestaltet sich die
Sache nach den dem Verkehr innewohnenden natürlichen Gesetzen bald von
selbst zum Besseren.   Frankreich wird dann allerdings die Zahlungen an
das Ausland zunächst mit baarem Gelde machen müssen, und das baare
Geld wird in Folge dessen daselbst knapp und deßhalb gesucht und folglich
theuer werden, d. h. in Anleihen wird dafür ein hoher Zins und im
Kaufhandel wird dafür viel Waare gegeben werden.   Wird nun aber schon
der knappe Ausfall des vorigen Ernteertrags für die nächsten Ernten,
die um so viel gesuchter werden, einen erhöheten, das Deficit deckenden
Geldertrag in Aussicht stellen, so wird auch inzwischen schon der hohe
Zins in Frankreich die auswärtigen Capitalien dahin locken und die Billigkeit aller übrigen Waaren daselbst wird die Käufer von denjenigen
Plätzen heranziehen, an welchen die gleichen Waaren theurer sind.   Durch
das Angebot der Capitalien fällt alsbald wieder der Zins, durch die Nachfrage nach allen Waaren steigen diese wieder im Preise und durch der
letzteren, wie namentlich der nächsten Ernten erhöheten Erlös wird der
Vorrath und der Werth des Geldes wieder hergestellt, also Alles ausgeglichen. — Daß also ein Land überhaupt nur Waaren producirt, die
irgendwo in der Welt gebraucht werden können, darauf allein kommt es
an, und deßhalb ist die Hauptsache die, daß jedes Land nur diejenigen
Werthe producirt, von welchen es nach Klima, Bodenbeschaffenheit und
Fähigkeit der Bevölkerung am meisten und wohlfeilsten hervorbringen
kann.   Der freie Verkehr vermittelt alsdann von selbst die Absatzwege,
die sich oft gar nicht vorausbestimmen lassen, sowie die Ausgleichungen.

Wir sehen hier ein natürliches Gesetz sich bethätigen, das im Geld- und
Waarenverkehr gerade so sich geltend macht, als z. B. beim Wasser, welches
auch dahin abfließt, wo es niedriger steht, so lange es nicht durch Wehren und
Schleusen abgesperrt wird.   Die künstlichen Hemmnisse des Staats im Handel
und Verkehr gleichen diesen Wasserwehren und zugezogenen Schleusen; aber
der Unterschied ist nicht zu übersehen, daß es für den Stand der Verkehrsverhältnisse unendlich viel schwieriger ist, geschickter (ja unmöglich ist, ein ausreichend geschickter) Ingenieur zu sein, und Höhen und Tiefen zu messen, oder
gar im Voraus zu bestimmen, als beim Lauf der natürlichen Flüsse, daß
aber auch jedenfalls die Tendenz und der Wille darauf gerichtet sein muß,
die Niveauausgleichungen sich vollziehen, und möglichst rasch und leicht sich
vollziehen zu lassen, nicht aber darauf, dieselben zu verhindern und unmöglich zu machen. — Bei dem Verkehre der Völker unter einander ist es

leicht, das natürliche Streben desselben, sich selbst zu helfen, zu beobachten. Schwieriger ist es, dieses natürliche Streben des Verkehrs innerhalb der Grenzen eines Landes bezüglich der gegenseitigen Verhältnisse der verschiedenen Berufs- und Geschäftszweige wahrzunehmen, weil es für diese kleineren Verhältnisse theils an den Maßstäben und gewissermaßen Barometern fehlt, wie wir sie für den Völkerverkehr in den Börsen, Zeitungen u. f. w. haben, theils auch im kleineren Verkehr die verschiedensten kleinen Ursachen mitwirken und sich wechselweise beeinflussen, die dem menschlichen Auge zum Theil gar nicht bemerkbar werden, und die man deßhalb nur in ihren Wirkungen und auch da nur mit dem schärfsten Auge und nur theilweise, stets aber um so schwieriger wahrnehmen kann, je mehr bereits die Natürlichkeit des Verkehrs durch künstliche Anordnungen und Eingriffe, deren Einfluß oft viel weiter reicht, als man denkt, gestört ist. Daß aber auch hier Alles sich auszugleichen strebt und bei völlig unbehindertem Verkehrs- und Berufsleben sich wirklich in gesunder Weise ausgleicht, das müssen wir nicht allein schon nach den sich im Völkerverkehr offenbarenden, offensichtlich ein durchgreifendes Naturgesetz betätigenden, Ausgleichungen annehmen, sondern das zeigt auch die Vergleichung der blühenden Verkehrsverhältnisse und der Wohlhabenheit in denjenigen Ländern, wo das ganze Geschäftsleben sich selbst überlassen ist, im Vergleiche zu dem krüppelhaften Verkehr und dem siechen Volkszustande in denjenigen Ländern, wo die Geschäftsbranchen vielfältig von obenher durch künstliche Maßregeln geleitet sind; ja das sehen wir an dem Vorwärts- oder Rückwärtsschreiten desselben Landes, jenachdem es von den künstlichen Verordnungen befreit ist, oder darunter bevormundet wird.

§. 31.
Folgen des freien Umlaufs und Folgen des Verordnungssystems durch Beispiele erläutert.

Wir nehmen England zum Ausgangspunkt. Wir haben dasselbe bereits im §. 16 näher beleuchtet und gesehen, wie es in Wahrheit nicht allein im Ganzen, sondern in allen Theilen seiner Bevölkerung das mächtigste und wohlgestellteste Land Europa's ist, und daß diejenigen Vorurtheile, welche gegen die gleichmäßige Vertheilung der Güter dort noch theilweise bei uns bestehen, eben reine Vorurtheile sind, — theilweise böswillig von den Anhängern des Bevormundungswesens erzeugt, theilweise auch durch die englische freie Presse genährt, weil diese, wenn sie Alles in kräftigeren Zügen malen darf, und namentlich wenn sie Hungerjahre und Krisen zum Gegenstande ihrer Besprechungen macht, wirklich malt, natürlich ein ungleich nachtheiligeres Bild entwerfen muß, als unsere Presse, der man ein Schloß vor den Mund gelegt hat, theilweise aber auch aus Verwechselung mit den älteren irländischen, aus den gebundenen Ackerbauverhältnissen dort entsprungenen Zuständen hervorgegangen. Porter „progress" hat in rein wissenschaftlich statistischer Weise von dem blühenden Zustande Englands die schlagendsten Belege geliefert. Wir verweisen auf das von Dr. Engel darüber Gesagte, vergleiche oben §. 16. In Dr. Böhmert: „Freiheit der Arbeit" ist folgendes Schreiben von einem Demselben aus langjährigem Umgange als zuverlässig bekannten Geschäftsmanne der Fabrikstadt Longton in Staffordshire angeführt vom 28. Mai 1858, also aus einer Zeit gleich nach der großen Krisis, wo unfehlbar die Löhne ungünstig stehen mußten. Dasselbe lautet:

Longton, Staffordshire, 28. Mai 1858.

Schuhmachergesellen (Arbeiter) verdienen wöchentlich von 18 bis 24 Schill. (6 bis 8 Thlr. Pr. Crt.)

Schneidergesellen 20 Schill. (6 Thlr. 20 Sgr.)

Tischlergesellen von 20 bis 24 Schill. (6 Thlr. 20 Sgr. bis 8 Thlr.)

Porzellanarbeiter von 20 bis 22 Schill. (6 Thlr. 20 Sgr. bis 7 Thlr. 10 Sgr.)

Sattlergesellen 21 Sch. (7 Thlr.)

Tagelöhner auf dem Lande 12 bis 14 Schill. (4 Thlr. bis 4 Thlr. 20 Sgr.)

Tagelöhner in der Stadt von 14 bis 18 Schill. (4 Thlr. 20 Sgr. bis 6 Thlr.)

Maschinenarbeiter von 30 bis 40 Schill. (10 Thlr. bis 13 Thlr. 20 Sgr.)

Töpfer von 25 bis 30 Sch. (8 Thlr. 10 Sgr. bis 10 Thlr.)

Holzdreher 28 Sch. (9 Thlr. 10 Sgr.)

Porzellandreher 27 Sch. (9 Thlr.)

Steinkohlengrubenarbeiter verdienen täglich: von $3\frac{1}{2}$ bis 4 Sch. (1 Thlr. 5 Sgr. bis 1 Thlr. 10 Sgr.)

„Zur Erläuterung der obigen Zahlen bemerke ich, daß die angegebenen niedrigsten Löhne nur selten und an die schlechten Arbeiter bezahlt werden, daß der Durchschnittspreis zwischen den niedrigsten und den höchsten Löhnen daher eher zu niedrig als zu hoch ist. Anlangend die Kosten der Lebensweise so finde ich, daß respectable junge Leute wöchentlich 12 Schill. (4 Thlr.) für Logis, Beköstigung, Aufwartung u. s. w. geben, andere geben nur 7—10 Sch. (2 Thlr. 10 Sgr. bis 3 Thlr. 10 Sgr.)"

In England nun darf Jeder, selbst jeder Fremde, — und Niemand fragt ihn nach Paß oder Aufenthaltskarte, Heimaths- oder Gewerbeschein — überall, wo er will und wie und womit er will, sich ernähren (nur Schänklocale und Tabakshandel bedürfen einer Erlaubniß), und die Staats- und Polizeianordnungen beschränken sich auf das Allernothwendigste. Die letzte Schranke fiel auch in den sogenannten Corporationsstädten durch das englische Municipalitätsgesetz von 1835, wo es Art. 14 heißt:

„Nachdem in verschiedenen incorporirten Städten und Orten ein gewisses Herkommen geübt wurde und gewisse Statuten bestanden, daß Niemand, welcher nicht in Besitz der städtischen Freiheiten, oder Mitglied einer gewerblichen Zunft oder Gilde war, daselbst einen offenen Laden halten, oder irgend ein Gewerbe oder Handwerk treiben dürfe, so sollen von nun an alle dergleichen ausschließende Privilegien abgeschafft sein." — Die englischen Zölle sind hauptsächlich auf Zucker, Thee, Tabak, Sprit und Wein, d. i. auf Artikel gelegt, welche in England meist nicht erzeugt werden, sind also keine Schutzzölle, sondern rein zur Deckung der Ausgaben bestimmt.

Wir verweisen, wenn es noch irgend fraglich sein kann, ob nicht gerade die Lage Englands sich immer in dem Verhältnisse gehoben, als der Verkehr im Innern und namentlich auch nach Außen befreit worden ist, unter Anderem namentlich auf die große Rede, welche Sir Robert Peel am 6. Juli 1849 im Unterhause gegen den Antrag d'Israeli's auf Wiedereinführung von Schutzzöllen gehalten hat, und wo die Lage namentlich der Fabrik-Bevölkerung in Beihalt von schlagenden Zeugnissen und Documenten als in jeder Hinsicht seit Aufhebung der Kornzölle verbessert nachgewiesen ist. — Man sehe auch noch Rau „Grundsätze der Volkswirthschaftspolitik" 4. Aufl. §. 328. Not. c.

Betrachten wir ferner Amerika. Dieses wird natürlich noch mehr von den Rückschrittsmännern angefeindet und verleumdet als England, und in mancher Beziehung mag es und wird es noch genug Blößen zeigen, wie dies nicht zu verwundern ist, wenn man die Schlacken betrachtet, deren Europa sich dahin entledigt, und die natürlich erst allmählig sich niederschlagen können. Hier haben wir es allein mit Auffindung der Folgen seiner freien Verkehrseinrichtungen, seinem enormen Wachsthum und Wohlstande, oder umgekehrt mit den Ursachen des letzteren, den freien Einrichtungen zu thun.

Folgendes ist der Wachsthum Amerikas:

Die Bevölkerung derjenigen britischen Colonien, welche später die Vereinigten Staaten bildeten, ward 1680 auf 80,000, 1701 auf 260,000 und 1753 auf 1,051,000 angeschlagen. 1775 hatten die Vereinigten Staaten nach einer amtlichen Schätzung 2,383,300 Bevölk. Seit 1790 geschahen alle 10 Jahre wirkliche Aufnahmen:

Staaten und Territorien:	Bevölkerung:	Zunahme:	Procente:	Gebietsumfang Engl. □M.:
1790 (17)	3,929,328			
1800 (21)	5,306,032	1,375,000	35	1793: 805,461
1810 (25)	7,239,903	1,934,000	36½	1830: 2,150,000
1820 (27)	9,637,999	2,398,000	33	1840: 2,308,262
1830 (28)	12,856,407	3,218,000	33⅓	1850: 2,743,300
1840 (30)	17,100,572	4,244,000	32½	

Staaten und Territorien:	Bevölkerung:	Zunahme:	Procente:	Gebietsumfang Engl. $\square$M.:
1850 (36)	23,351,207	6,250,000	36	

1860 wahrscheinl. 31,000,000

Die Einwanderung von 1819—1855 in 36 Jahren 4,212,624

1856	224,498
1857	271,558
1858	123,126
	4,831,806

Zur Schuldgeschichte:

Nach dem Unabhängigkeitskriege Gesammtschuld 42,000,375 Doll. 1790: 79,124,464. 1812: 45,209,737. 1816: 127,334,934 (Folge des Kriegs mit England). 1830: 48,565,406. 1833: 4,774,334. 1834 war die Schuld getilgt, 1835 wurden Ueberschüsse an die Staaten vertheilt. Der Mexikanische Krieg und die Ländererwerbungen veranlaßten bedeutende Geldaufnahmen. Von sämmtlichen Indianerstämmen erkaufte die Union bis 1840 für 85,088,800 Doll. Land. Für Anlage von Canälen und Kunststraßen wurden 1824 20 Mill. Doll. bestimmt. — 1859 betrug die fundirte Schuld 194,528,345, die schwebende 57,121,636 Doll.

Der Schulfond der einzelnen Staaten 37,752,481 Doll. Die Zahl der öffentlichen Schulen betrug 1840: 50,624 und hat sich seitdem etwa verdoppelt. In Massachusets wurde 1845 bei 900,000 Einwohnern 1 Million Doll. für den Volksunterricht verwendet. (Danach müßte Bayern, welches nur 900,653 Gulden „für Erziehung und Bildung" aufführt, dafür 12 Millionen fl. verwenden.)

Zeitungen und Zeitschriften 1850: 2800, Zahl der jährlich verbreiteten Nummern 1828 etwa 60 Millionen. 1850: 422½ Mill.

Werth der Fabrikerzeugnisse 1810: 198½ Mill., 1850: 1020½ Mill., 1852: 1133 Mill.

Werth des gesammten Privateigenthums 1850 auf 6,010, 1856 auf 11,317 Mill. Doll. geschätzt.

Canäle 1851: 4000 Meilen. Kosten 90 Mill. Doll.

Eisenbahnen 1856: 23,242 engl. Meilen.

Zahl der Schiffe 1855 fast 30,000, Tonnengehalt:

freie Staaten	4,321,951
Sklavenstaaten	859,032
	5,180,983

Dampfschiffe circa 2400

Gesammthandel 1858/59

	Ausfuhr:	Einfuhr:
	356,789,462	338,768,130 Doll.

nach den viel zu niedrigen Declarationen.

Um die Mitte des vorigen Jahrhunderts betrug der gesammte auswärtige Handel von England, Frankreich und Rußland und den jetzigen Verein. Staaten nur 180,000,000 Doll. (Kolb's Statistik).

Das ist doch in Wahrheit ein Aufschwung, wie ihn die Welt noch niemals gesehen hat, und es ist das nach aller Kundigen Zeugnisse lediglich die Folge des freien Verkehrs. Die Spanier und Portugiesen haben sich in Amerika aus ihren großen Besitzungen verdrängen lassen, die Franzosen, von dem Colbert'schen System mit Anordnungen, Geld und Militärunterstützungen auf's Höchste ausgerüstet und bemuttert, sind wie weggefegt.

In Nordamerika hat der freie Verkehr sich selbst gehoben. Die Zollprincipien haben allerdings in Amerika gewechselt, wie sehr aber ein mäßiger Zoll jedesmal zur Erhöhung der Verkehrsverhältnisse dort beigetragen hat, zeigt folgende Zusammenstellung in Kolb:

Wirkung der verschiedenen Zölle:

| Periode | Tarif | Einfuhr | Ausfuhr | Total | pr. Kopf | Zolleinnahme |
		Mill. Doll.			Doll.	Mill.
1815—16	mäßig	147	82	229	25½	36
1816—33	hoch	83	72½	155½	13	21½
1833—42	theilweise mäßig	136	120	256	16	19
1842—46	hoch	106	111	217	12	19
1846—53	mäßig	190	180	370	17	38

Ein Bericht des Schatzsecretairs Alb. Gallatin von 1816 lautet dahin: „Nichts habe mehr in jeder Hinsicht die allgemeine Wohlfahrt in den Vereinigten Staaten gehoben, als das Fernhalten von den Grundsätzen der lokalen Einschränkungen und Monopolien, welche fortwährend den gesellschaftlichen Zustand anderer Länder verderben." — „Kein Gesetz, weder direct noch indirect, besteht hier, welches den Bürger auf eine und dieselbe Beschäftigung, oder auf einen und denselben Ort beschränkt, oder von irgend einem Zweige der Beschäftigung, den er für gut findet, ausschließt. Der Erwerbsfleiß ist in jeder Hinsicht frei und ungekettet. Alle Arten von Handel, Verkehr, Gewerben und Fabriken sind gleich offen für Alle, ohne daß eine regelmäßige Lehrzeit, Zulassung oder Erlaubniß verlangt wird. Daher ist das Emporblühen von Amerika nicht allein auf die Verbesserung der Landwirthschaft und auf die rasche Bildung von Ansiedelungen und neuen Staaten in den Wildnissen beschränkt geblieben, sondern die Bürger haben ihren Handel über die ganze Welt ausgebreitet, und betreiben sogar mit völligem Glück solche Geschäftszweige, für welche man bis jetzt Monopole für unumgänglich nothwendig erachtete."

Der Bericht des Schatzsecretairs Walker vom 9. December 1848 spricht zwar hauptsächlich vom Schutzzollsystem und dessen Nachtheilen, wirft aber ebenfalls helle Streiflichter auch auf die sonstigen Verkehrsverhältnisse, welchen Amerika seine Größe verdankt. Da heißt es: „Das Steigen unseres Handelsverkehrs während der beiden Jahre nach Erlaß des Tarifs von 1846 war so groß, daß unsere heimische Ausfuhr mit Ausschluß der Ausfuhr von baarem Gelde die Ausfuhren der beiden letzten Jahre vor 1846 um die bedeutende Summe von 80,605,181 Dollars überstieg." — — — — „Wollte jede Nation hohe Zolltarife annehmen, so würde das ein Krieg gegen die Arbeit aller Völker sein. Je productiver die Arbeit ist, desto rascher wird das Capital umgesetzt und der Tagelohn erhöhet; solche Tarife aber, welche eine jede Nation zwingen, einen Theil ihres Gewerbfleißes auf Gegenstände zu verwenden, welche billiger im Auslande zu verfertigen sind, und so den Austausch vermindern, zwingen die Arbeit der ganzen Welt in weniger einträgliche Quellen zu gehen, und vermindern in Folge davon sowohl die Producte der Arbeit, als den Tagelohn." „Wenn von den 1000 Millionen Einwohnern der Erde nur die Arbeit von 200 Millionen weniger einträglich gemacht wird und nur zum Belaufe von täglich einem Cent, so würde der jährliche Verlust 600 Millionen Dollars betragen. Gott hat dem Menschen in jedem Lande die Gelegenheit gegeben, seine Kräfte in passender Weise anzuwenden und Vortheil daraus zu ziehen, aber die Gesetze der Menschen treten dem hemmend entgegen, sie erheben sich gegen das Gebot, sie erhöhen unnütz seinen Schweiß und seine Mühe und rauben ihm die Zeit, die er zu seiner Bildung hätte anwenden können. . Diese Gesetze, die den Wohlstand der Nationen vermindern, rufen unter ihnen Zwietracht hervor, indem jede Nation der anderen den Krieg erklärt. Unter der Handelsfreiheit wird jedes Volk dem anderen nützen, ein jedes wird seinen Fleiß der Beschäftigung zuwenden, die für dasselbe am besten paßt, und so werden sich alle durch Austausch einander nützen. Die Frage des freien Handels ist die Petition der Arbeit, allenthalben auf die beste Weise angewandt zu werden, und so allenthalben den höchsten möglichen Gewinn zu gewähren. Der freie Handel sieht in allen Völkern Freunde, gleich in Rechten, und durch Interesse und Geschick mit einander verbunden. Richtig verstanden, ist in ihm vollkommene Einheit des Interesses zwischen Menschen und Menschen, zwischen Volk und Volk, zwischen Capital und Arbeit enthalten." — —

„Das Schutzzollsystem ist ein Krieg gegen das Eigenthum. Es macht den Versuch, Arbeit und Capital durch das Gesetz zu organisiren, indem es der einen Beschäftigung einen Gewinn zuweiset, den es einer anderen entzieht. Es verträgt sich nicht mit der Sicherheit von Capital und Arbeit, denn Capital ist nur die Anhäufung des Arbeitsgewinnes; was aber die Sicherheit und die Vortheile des Capitals zerstört, ist ein wirklicher Nachtheil für die Arbeit. Außer seinen nachtheiligen Folgen auf die Arbeit ist es eine willkürliche und despotische Gewalt, und würde das Volk an dessen Ausübung gewöhnt werden, indem es stets von der

Gesetzgebung Hülfe und Schutz verlangt, so würde das alljährlich im
Congreß in einen Kampf um die Vertheilung des Eigenthums, des Gewinnes und des Capitals unter der begünstigten Classe ausarten*).

Keine menschliche Gesetzgebung kann die Gesetze des Capitals und
des Arbeitslohnes verändern, nämlich, daß, je mehr das Capital sich
vergrößert, die Quelle, aus der aller Arbeitslohn bezahlt wird, um desto
größer die Nachfrage nach Arbeit und folglich desto höher der Lohn derselben sein wird. Capital und Arbeitslohn sind nur die Gewichte auf
den beiden entgegengesetzten Seiten der Wagschaale, die nach unabänderlichen Gesetzen sich auf und nieder bewegen, indem der Arbeitslohn steigt,
je mehr das Capital vermehrt wird, und fällt, je mehr dasselbe abnimmt.“

M. Wagener und C. Scherzer in ihren „Reisen in Nordamerika
1852 und 1853“: — „eine wohldisciplinirte bewaffnete Macht, eine
wohlorganisirte löbliche Polizei, eine scharfe Ueberwachung der Vereine,
der Presse, eine nothwendige Gewerbebeschränkung und eine Bevormundung der Gemeinden durch die Staatsbehörden, von alledem sieht man
in den Verein. Staaten das Gegentheil, und dennoch gedeihen und
wachsen sie. Die ganze ungeheure Bewegung dieser Republik in all ihren
industriellen und merkantilischen Unternehmungen stützt sich auf die unbe-
schränkteste Freiheit der Gewerbe und der Individuen. Nur aus dieser
Freiheit und dem Associationsgeiste, der gleichfalls unter einer Beaufsich-
tigung der Behörden leiden würde, zieht diese fortschreitende Bewegung
ihre Nahrung und Kraft.“

Man vergleiche ferner Julius Fröbel „die deutsche Auswanderung
und ihre culturhistorische Bedeutung.“ „Die Reduction des Regierens,
sagt Letzterer, auf sein Minimum, ist das Geheimniß der wachsenden Kraft
der Vereinigten Staaten“ — siehe Dr. Bröhmert a. a. O.

Frankreich war durch das Colbert'sche System zu der verzweif-
lungsvollen Lage gekommen, worin wir es vor der großen Revolution
antreffen. Manche sagen zwar, daran war nicht das Colbert'sche System
Schuld, sondern die Verschwendungen Ludwigs XIV. und seiner Nach-
folger. Das ist aber unwahr; das Colbert'sche System war eine Ermöglichung, eine fortwährende Erzeugung und Aufrechthaltung des Systems Ludwigs XIV., wenn es auch von diesem wieder geschürt wurde; es
war mit demselben zusammengehörig, ohne dasselbe hätte Ludwig nicht in
Anschauungen genährt werden können, wonach er sich selbst als den Ursprung alles Reichthums und Wohles ansah, und wonach „ein König

---

*) Wie lehrreich sind diese Worte, wenn wir bedenken, daß sie einestheils eine
getreue Schilderung europäischer Zustände enthalten, anderentheils diese dem
Amerikaner fremden und unbekannten Zustände Demselben schon im Gedanken ab-
scheulich erscheinen.

Almosen giebt, wenn er großen Aufwand macht" (eigene Worte des Königs). „Unter und nach Colbert übte der Staat, wie Dunoyer erzählt, in Hinsicht auf Fabrikindustrie unumschränkte, willkürliche Gewalt aus. Er verfügte ohne Bedenken über die Mittel der Fabrikanten, bestimmte, wer arbeiten dürfe, welche Artikel man anfertigen dürfe, welche Materialien dazu zu benutzen, welches Verfahren dabei zu befolgen, welche Form den Erzeugnissen zu geben sei u. s. w. Es genügte nicht, seine Sache gut zu machen, sie selbst besser zu machen, sie mußte regelrecht verfertigt sein. Ein Reglement von 1670 verfügte, alle Waaren, die den vorschriftsmäßigen Bestimmungen nicht entsprächen, zu confisciren und nebst den Namen der Verfertiger an den Pranger zu schlagen: letztere wurden bei wiederholtem Contraventionsfalle selbst an den Pranger gestellt. Es kam nicht darauf an, den Geschmack der Consumenten zu berücksichtigen, sondern den Vorschriften der Gesetze sich zu fügen. Unzählige Inspectoren, Commissare, Controleure, Wächter, waren zur Ausführung dieser Gesetze angestellt; man zerbrach Werkstätten, verbrannte nicht regelrechte Erzeugnisse, Verbesserungen wurden bestraft und die Urheber von Erfindungen mit Geldbuße belegt u. s. w. Als Ludwig XIV. die Colonnade des Louvre herstellen wollte, verbot er allen Privatleuten, ohne seine Erlaubniß Arbeiter zu beschäftigen, bei Strafe von 10,000 Livres, und den Arbeitern, für Privatpersonen zu arbeiten, bei Gefängnißstrafe für den ersten, und bei Galeerenstrafe für den zweiten Fall." (M. Wirth.) Daß diese Verordnungen gehandhabt und noch bis gegen die Revolution gehandhabt wurden, ist aus einem von dem Minister Roland an die Nationalversammlung gerichteten haarsträubenden Berichte zu ersehen, welcher bei M. Wirth, Grundzüge II. p. 13, abgedruckt ist.

Frankreich ist auch nach dem in allen Dingen der Musterstaat in Hinsicht auf Centralisation und Aufsaugung der individuellen Freiheit gewesen, und muß es deßhalb uns wundern, wenn es nicht allein, wie wir bereits erzählt haben, in der Nacht vom 4. August 1789 die Freizügigkeit, Gewerbefreiheit und Parzellirbarkeit alles Grund und Bodens verfügt hat, sondern diese Freiheit im Verkehr auch seitdem hat unangefochten bestehen lassen, und wir können uns, wie gesagt, diese dem ganzen Charakter dieses absolutistischen Volks widersprechende Erscheinung nicht anders erklären als dadurch, daß das Colbert'sche System sich dort bei allen Regierungen ein für alle Mal erfahrungsmäßig unmöglich gemacht hat. Frankreich war dadurch zu dem die Revolution erzeugenden Elende gekommen. Es verdankt heutigen Tages seine große, trotz dem fortwährenden Staatsdeficit sich erhebende fast unverwüstliche Steuerkraft allein der Nacht vom 4. August, namentlich der seitdem bestehenden Freizügigkeit, Gewerbefreiheit und der Zerstückelung des Grundeigenthums und dessen freier Versur.

Die Schweiz hat nur 2½ Millionen Einwohner, ist also etwa

vier Mal so groß als Mecklenburg. Sie ist von der Natur mit wenigem ergiebigen Boden versehen, liegt eingeschlossen von lauter Ländern mit Prohibitivzöllen, und entfernt von Einfuhr- und Ausfuhrhäfen, hat keine Steinkohlen, die Bevölkerung besteht aus verschiedenen Rationalitäten und ist durch die höchsten Gebirge getrennt, kurz, die Schweiz ist so wenig als möglich von der Natur und der Lage begünstigt. Dennoch ist sie vielleicht das allerindustriellste Land der Erde, sie concurrirt ohne Schiffe und Häfen in Ostindien, Amerika und Australien mit den mächtigsten Völkern, exportirt an Baumwollenwaaren, Uhren, Seidentüchern und Bändern, Strohgeflechten, Mousselinen, Stickereien jährlich für 5 Mill. Francs. Die Schulden betragen etwa 5 Mill. Franken bei etwa vierfachem Activvermögen, namentlich in ausstehenden Capitalien.

Die Ursachen sind unstreitig die Freiheit des Gewerbes und Handels (der Rob. Peel'sche Grundsatz: feindliche Tarife mit freier Einfuhr zu bekämpfen, — siehe die oben citirte Rede p. 110 — ist von ihr von jeher durchgeführt), ferner überhaupt die politische Freiheit und das selbständige Gemeindeleben.

Die Industrieausstellung in Bern 1857 wurde von dem Bundespräsidenten Stämpfli mit folgenden Worten eröffnet: „In unseren Verhältnissen zum Auslande wird die Ausstellung beitragen, die industrielle Bedeutsamkeit der Schweiz, welcher schon in den Weltausstellungen zu London und Paris alle Achtung zu Theil ward, noch mehr ans Licht zu setzen. Der Kampf zwischen den zwei folgereichen Principien: Freihandel und Schutzzoll nimmt unter den staatlichen und volkswirthschaftlichen Aufgaben der Gegenwart eine immer tiefergreifende Bedeutung ein, und die Schweiz ist das einzige Land, welches den Beweis aus dem Leben zu leisten im Stande ist, daß auch im Gebiete der Industrie und des Handels die Freiheit diejenige Mutter ist, unter welcher die Kinder am sichersten gedeihen. Die Schweiz ist das tiefste Binnenland des Continents; die Natur versagt ihr die Rohstoffe zu ihren wichtigsten Industriezweigen, welche sie aus entfernten Ländern herbeischaffen muß. Während sie allen Andern leichten Eintritt gewährt, hemmt die Industriepolitik sämmtlicher Nachbarstaaten den Absatz ihrer Waaren, so daß sie den Absatz ihrer Waaren größtentheils in fremden Welttheilen zu suchen hat, und doch vermag die Schweiz glückliche industrielle Resultate aufzuweisen, wie verhältnißmäßig kein anderes Land. — — —" Siehe Mehres bei Böhmert, und daselbst auch die schlagendsten Nachweise, wie auch in den übrigen europäischen Staaten je nach der Freiheit oder Unfreiheit Wohlstand und Civilisation sich günstig oder ungünstig gestaltet haben.

Preußen war bekanntlich 1806 auf dem Gipfelpunkt seines politischen und socialen Elends angelangt. Das Glück wollte es, daß sein damaliger Herrscher und seine damaligen Staatsbeamten, namentlich der

Minister Freiherr von Stein, von Ideen sich leiten ließen, welche allein frommen konnten. Das Gesetz vom 9. October 1807 hob alle Guts-unterthänigkeits- und Leibeigenschaftsverhältnisse, so wie alle bis dahin geltenden persönlichen Beschränkungen des Adels, Bürgers und Bauern in der Ergreifung von Gewerben und Erwerbung von Gütern auf, gestattete die freie Theilbarkeit und Veräußerlichkeit des allodialen Grundeigen-thums jeder Art, andererseits aber auch die Einziehung und Zusammen-schlagung von Bauergütern zur Bildung größerer Güter, ferner die Ver-erbpachtung einzelner Theile von Lehens- und Fideicommißbesitzungen, sowie die Aufhebung der Lehne, Familienstiftungen und Familienfidei-commisse durch Familienschlüsse. Gleicherweise wurde durch das Edict vom 21. November 1810 der Betrieb fast jedes Gewerbes lediglich von der Lösung eines Gewerbescheines, welcher für die ganze Monarchie und sowohl für das platte Land als für die Städte gültig war, abhängig. Die neue Städteordnung, Veränderung der Justiz und Verwaltung, des Zollwesens rc., Alles zielte auf freien, ungehemmten Verkehr ab.

Die Ministerial-Instruction der königl. Preuß. Regierung vom 26. December 1808 lautet: „Es ist dem Staate und seinen einzelnen Gliedern immer am zuträglichsten, die Gewerbe jedesmal ihrem natür-lichen Gange zu überlassen, d. h. keine derselben vorzugsweise durch be-sondere Unterstützungen zu begünstigen und zu heben, aber auch keine in ihrem Entstehen, ihrem Betriebe und Ausbreiten zu beschränken. Neben der Unbeschränktheit bei Erzeugung und Verfeinerung der Producte ist Leichtigkeit des Verkehrs und Freiheit des Handels, sowohl im Innern als mit dem Auslande, ein nothwendiges Erforderniß, wenn Industrie, Gewerbfleiß und Wohlstand gedeihen sollen, zugleich aber auch das natür-lichste, wirksamste und bleibendste Mittel, sie zu befördern. Es werden sich alsdann Gewerbe von selbst erzeugen, die mit Vortheil betrieben werden können, und dieses sind wieder diejenigen, welche dem jedesmali-gen Productionsstande des Landes und dem Culturstande der Nation am angemessensten sind. Es ist unrichtig, wenn man glaubt, es sei dem Staate vortheilhaft, Sachen dann noch selbst zu verfertigen, wenn man sie im Auslande wohlfeiler kaufen kann. Die Mehrkosten, welche ihm die eigene Verfertigung verursacht, sind rein verloren, und hätten, wären sie auf ein anderes Gewerbe angelegt, reichhaltigen Gewinn bringen können. Es ist eine schiefe Ansicht, man müsse in einem solchen Falle das Geld im Lande zu behalten suchen, und lieber nicht kaufen. Hat der Staat Producte, die er ablassen kann, so kann er sich auch Gold und Silber kaufen und es münzen lassen. Es ist nicht nöthig, den Handel zu begünstigen, er muß nur nicht erschwert werden. Der Regierungen Augenmerk muß dahin gehen, die Gewerbe- und Handelsfreiheit so viel als möglich zu befördern, und darauf Bedacht zu nehmen, daß die ver-

schiedenen Beschränkungen, denen sie noch unterworfen ist, abgeschafft
werden."

Nach diesen Grundsätzen, — welche im Gewerbewesen leider noch den
Beigeschmack damaliger finanzieller Noth im Concessionswesen erhielten —
ist Preußen dasjenige an Macht und Civilisation in Deutschland geworden, was es bis gegen die neuere Zeit fortschreitend immer mehr ward.
Die ersten Auctoritäten bezeugen es, daß Preußen solches Wachsthum
und seinen verhältnißmäßig großen Wohlstand jenem Minister von Stein
und dessen Einrichtungen verdankt. Man siehe hierüber Dr. Ad. Lette
„die Vertheilung des Grundeigenthums“, Berlin 1858, welcher die bei
den späteren Landtagsverhandlungen bei Gelegenheit der von der Rechten
immer wieder beabsichtigten Beschränkungen eingeholten Berichte und statistischen Erhebungen, namentlich bezüglich der Grundeigenthumsverhält-
nisse mit größester Kenntniß und Sorgfalt vergleicht; siehe ferner Dieterici
(Chef des statist. Bureau's) „der Wohlstand im preuß. Staate," Berlin
1846, welcher die wohlthätigen Folgen des freien Verkehrs Seite für
Seite nachweiset. Wir wollen hier nur anführen, daß von 1816 bis
1846 die Volkszahl von 11,033,305 auf 16,181,185 stieg, also sich
um 46% vermehrte, daß die Industrie sich über das ganze Land ausdehnte, so daß Preußen, wo es früher gekauft hatte, jetzt ein Ausfuhr-
land für die verschiedensten Industrieerzeugnisse wurde. 1806 kamen
unter dem Zunftregimente auf 1000 Meister 593 Gesellen und Lehrlinge,
1843, unter der Gewerbefreiheit, kamen auf 1000 Meister 772 Gesellen,
und die Ausfuhr von Fabrikaten, namentlich nach Zunftstaaten, mehrte
sich immer mehr und mehr. Bekanntlich nahm das Staatsschiff unter
dem Steuer des vorigen preußischen Königs in Folge von dessen Zunei-
gung zu mittelalterlichem Wesen (siehe Rau, Biographie A. v. Humboldt's) eine ganz andere Richtung an, und es konnte bei den sich darnach gestaltenden Tendenzen des immer mehr und mehr nach Einfluß
lechzenden Beamtenthums nicht fehlen, daß man den alten guten Grundsätzen v. Stein's immer mehr und mehr untreu ward. Am 1. Septbr.
1844 bekam zuerst der Zollverein durch Erhöhung der Eisenzölle eine
schutzöllnerische Richtung, und nachdem diese dem Fabrikwesen mehr und
mehr Begünstigungen zukommen ließ, konnte es nicht fehlen, daß auch
Handel und Gewerbe Schutz beanspruchten, und zwar um so mehr, als
Letzteres den Fortschritten gegenüber, welche in England die Wissenschaft
und Technik in der Industrie hervorgerufen hatten, flügellahm zu werden
anfing. Freilich gehört zu dem mächtigen Fluge, welchen die englische
Industrie genommen, eine ungehemmte, durch Beamteneingriffe und Verordnungen nicht behinderte Bewegung und diese — wollte man dem preußischen Unterthan schon längst nicht mehr zugestehen. So kam denn schon
am 17. Januar 1845 eine neue Gewerbeordnung, welche bereits in den
Innungen und den darin für Gesellen und Lehrlinge maßgeblich ge-

machten Rechten und Pflichten einen Einschnitt in die Gewerbefreiheit machte, der jedoch grundsätzlich und tiefeinschneidend erst durch die Gewerbeordnung vom 9. Februar 1849 mit ihren Gewerberäthen, Meisterprüfungen, Zwangsinnungen, Concessionen ꝛc. ward. Seitdem ist Preußen in Handel und Gewerbe entschieden gegen England und selbst gegen Frankreich neuerdings wieder mehr und mehr zurückgeblieben, und die Zukunft wird es lehren, welchen Nutzen es aus einer Industrie ziehen mag, welche — z. B. in der Runkelrübenzuckerfabrikation — weder auf Klima noch sonstige Landeseigenthümlichkeiten Rücksicht nimmt, und durch einen Zolltarif, welcher die wichtigsten Artikel, wie das Eisen, vertheuert, ohne Frage eine unnatürliche und gelähmte ist. Es wird darauf ankommen, daß das jetzige Regiment, bei verminderten Staatsbedürfnissen (Militärluxus) mit unbeirrlicher Festigkeit darauf hinziele, daß bei der nächsten Zollvereinsrevision eine wirkliche Reform vor sich gehe, welche eine die bisherige übergroße Belästigung des Geschäftsverkehrs beseitigende Vereinfachung der Controle ermöglicht, den Tarif aber hauptsächlich von allen schutzzöllnerischen Tendenzen sowohl bezüglich der Einfuhr als Ausfuhr reinigt und nicht minder die Abschaffung der Durchgangszölle vollendet (siehe den Artikel „der deutsche Zollverein" in der Zeitschrift „Unsere Tage", zweiter Band, 1860/61).

Werfen wir nun, im Uebrigen auf unsere geschichtlichen Hindeutungen im §. 3 zurückverweisend, zur Vergleichung mit den vorgeschrittenen höchst befriedigenden Verkehrsverhältnissen der obgenannten Länder unsern Blick auf solche Länder, in welchen der Verkehr von oben herab regulirt und, wie man sagt, „geordnet" ist.

Betrachten wir zuerst das Königreich Bayern. Dasselbe ist in Hinsicht auf die Verkehrs-, namentlich die Gewerbeverhältnisse in zwei Gebiete zu theilen, nämlich die Pfalz und das Königreich Bayern diesseits des Rheins, d. h. die sieben älteren Regierungsbezirke. In der Pfalz herrscht das französische Gewerbesystem, während in den sieben Provinzen wesentlich das System der Concessionen und der realen und radicirten Gewerbsberechtigungen gilt. — Hervorzuheben ist nun sogleich, daß bei der neuerdings allerseits für nothwendig erachteten Reform der Gewerbeverfassung die Pfalz mit ihrer Gewerbefreiheit gar nicht in Betracht genommen ist! Ein 1859 erschienener Gesetzentwurf nennt sich selbst nur einen solchen für das Königreich Bayern diesseits des Rheins. Dies spricht mehr wie alles Andere für den erfahrungsmäßig sich herausstellenden Segen des freien Verkehrs und gegen die Haltbarkeit der regiminellen Anordnungen. Der Bericht des volkswirthschaftlichen Ausschusses der deutschen Nationalversammlung bezeugt in Grundlage der zahlreich eingegangenen Petitionen, wie 1848 in der Pfalz nur eine Stimme für den freien Verkehr und gegen die Beschränkungen desselben war. Die Pfälzer drohten mit Abfall an Frankreich, wenn man ihnen die Gewerbefreiheit nehmen wolle. „Die Pfalz erfreue sich, hieß es, seit 57 Jahren derselben, ihr verdanke sie ihre Aufklärung, ihren Wohlstand und ihren sprüchwörtlich gewordenen heiteren Sinn, und alle seit 1806 eingewanderten Deutschen, namentlich auch die Bayern aus den jenseitigen Provinzen, befänden sich wohl dabei. Die Theilbarkeit des Grundbesitzes und die freie Arbeit sei die unerschöpfliche Quelle des Wohlstandes, wie überall, so namentlich in der Pfalz. Nur die freie Arbeit sichere vor dem Proletariat, sie begünstige die Begründung der Familie und den leichteren Erwerb des Eigenthums, sie befördere die Entwickelung der individuellen Fähigkeiten und schaffe das unschätzbare Selbstvertrauen des Mannes, aus dem die bürgerliche Selbständigkeit und die politische Reife hervorgehe; der Gewerbezwang sei die gehässige Monopolisirung des Capitals u. s. w." Am 14. Januar 1849 erklärte sich in Neustadt a. d. Haardt ein von 78 Vertretern pfälzischer Städte beschickter Gewerbecongreß nochmals für die Gewerbefreiheit und namentlich für Freizügigkeit, und zwar für die Gewährung dieser auch den Ländern gegenüber, in denen die Gewerbefreiheit nicht bestehe.

In den sieben Provinzen dagegen hat man immerfort regulirt und probirt, wie es am besten ginge, und eine Unzahl Hauptverordnungen von 1807, 11. 25, 34, 35, 42, 46, 50, 53 bethätigen die verschiedentlich bekundete Regierungsweisheit. Carl Brater (Blätter für administrative Praxis, Jahrgang 1856) sagt: „das Charakteristische der in den Gewerbegesetzen von respective 1825 und 1853, den eigentlichen Grundlagen der jetzigen Ordnung, sei ein Concessionswesen, wonach die Zulassung zum Gewerbsbetriebe von obrigkeitlichem Ermessen abhängig gemacht sei. Dieses System habe seine volle Entwickelung erlangt, wenn es den Behörden die unlösliche Aufgabe stelle, das Gleichgewicht zwischen Production und Consumtion aufrecht zu halten, und jedem Gewerbetreibenden ein seinen Unterhalt sicherndes Absatzminimum zu gewährleisten. Dies sei wirklich der in Art. 2. Abs. 2 ausgesprochene Grundgedanke des Gesetzes vom 11. September 1825."

Nach den vom Staatsministerium 1858 veranlaßten statistischen Erhebungen ist im Königreich Bayern mit Ausnahme der Pfalz die Zahl von 76,385 Gewerbsgerechtigkeiten in die betreffenden Kataster als reale und radicirte eingetragen. (Realgewerbe ist ein Gewerbebefugnisse enthaltendes dingliches Recht, welches einen Bestandtheil des Privatvermögens bildet und Gegenstand privatrechtlicher Veräußerung ist. Es kann verkauft, vertauscht, verschenkt, im Testamente hinterlassen, verpachtet werden, und erlangt Käufer u. s. w. den Besitz des Rechts (§. 81). Zum Eigenthumserwerb ist die Zustimmung der Gewerbspolizei nicht erforderlich, wohl aber zur Befugniß der Ausübung (§. 84). Siehe „Gewerbegesetzgebungen deutscher Staaten", Bremen, bei Schünemann, 1859.)

Wie stellt sich nun das Verhältniß des Verkehrs und Volkswohls zwischen dem Königreich Bayern diesseits des Rheins und der Pfalz?

Zunächst ist zu constatiren, daß die Absicht der regiminellen Bestimmungen in dem ersten: nämlich Garantie eines Absatzminimums durch Verminderung des Zudrangs, keinesweges erreicht ist, denn nach statistischen Erhebungen von 1840 kamen

je 100 Gewerbe in der Pfalz   auf 1787 Einw.

„   „   „   in dem übrigen Bayern „ 1660 „

Dabei hat nach Herrmann die gewerbtreibende Bevölkerung (incl. Gesellen und Lehrlinge) in ganz Bayern von 1840—1852 um 71,118 Individuen oder nahezu um 9 Proc. abgenommen und zwar ausschließlich in den sieben Kreisen. „Es sind seit 1840 bis 1852 im Ganzen 20,000 gewerbtreibende Familien mit den entsprechenden Arbeitern verschwunden, und statt ihrer Producte verbraucht die vermehrte Bevölkerung nun von Anderen herbeigeführte Waaren." Es ist dies eine Folge davon, daß die im Innern der Orte zunftmäßig und bureaukratisch geschützten, aber auch nicht minder bevormundeten und in freier Entwickelung gehemmten Handwerker (von denen man oft tüchtige neue Kräfte ferne hält) die Concurrenz von auswärts nicht zu bestehen vermögen, welche auswärtige Concurrenz man doch nicht abhalten kann, die vielmehr bei den allgemein erleichterten Verkehrsverhältnissen täglich gewaltiger wird. (Die vor allen durch Realrechte bevorzugten Meister in München hatten 1852 über 4000 Gesellen und Lehrburschen weniger als 12 Jahre vorher. So wird sich die Frage wegen Aufhebung der Realrechte freilich am Ende von selbst lösen. Kolb's Statistik.)

Nach dem Letzteren kamen auch auf je 100 Geburten uneheliche:

in den Jahren	in der Pfalz	in den anderen Kreisen
1817—25	9,22	20,57
1826—34	9,52	21,84
1835—42	8,33	23,47
1843—51	8,40	22,78

In München selbst waren oft mehr uneheliche als eheliche Geburten. Von 1000 unehelich Geborenen wurden (1835—51) durch nachfolgende Ehen legitimirt: in der Pfalz 297, in den anderen Kreisen nur 144.

Ehescheidungen kamen auf je 10,000 Ehen

	in der Pfalz:	in den anderen Kreisen:
von Katholiken	8	58½
von Protestanten	29	89½
von gemischter Confession	—	61

Verbrechen wurden in den sieben Jahren 1837/38 bis 1843/44 im Ganzen abgeurtheilt in:

Oberbaiern	3,487	Oberpfalz	1,499
Niederbaiern	1,798	Unterfranken	1,236
Oberfranken	1,636	Mittelfranken	1,212
Schwaben	1,557	Pfalz nur	528

Auf eine gleiche Einwohnerzahl kamen Verbrechen in:

Oberbaiern	566	Schwaben	315
Niederbaiern	378	Mittelfranken	263
Oberfranken	371	Unterfranken	237
Oberpfalz	364	Pfalz nur	100

Nach 1849 freilich anders, da wegen Hochverraths in einem Urtheil des pfälzischen Appellhofs von 1850 gegen 333 Personen Anklage auf Tod erkannte, und da bereits im October 1851 wegen des Aufstandes in der Pfalz 596 Personen, ungerechnet der Militärpersonen, abgeurtheilt waren.

Betrachten wir fernerhin **Mecklenburg***), in Hinsicht auf unsere Frage, betreffend den Güterumlauf, das seltsamste Land weit und breit.

Nachdem die mit dem Großherzoge von Schwerin vereinbarte constitutionelle Verfassung vom 10. October 1849 durch den Freienwalder Schiedsspruch unterm 12. September 1850 beseitigt ist, steht es wieder unter dem alten zwischen dem Herzoge mit Dero Ritter- und Landschaft getroffenen Landes-Grund-Gesetzlichen Erbvergleich von 1755, und damit, resp. darnach sind auch alle in der kurzen Zwischenzeit begonnenen oder beabsichtigten Reformen zurückgestellt. Es ist wieder die alte Landesvertretung in Gültigkeit, die darin besteht, daß sie keine Volksvertretung ist, und keine sein will.

Ein Theil des Landes, das großherzogliche Domanium, wird vom Landesherrn durch seine Kammer und seine in 45 Aemtern vertheilten Verwaltungsbeamten souverain regiert, und ist deßhalb die Regierung in ihren Maximen und Maßnahmen daselbst völlig unbehindert. — Die 44 auf dem Landtage repräsentirten Städte werden durch ihre Bürgermeister, die fast sämmtlich vom Landesherrn eingesetzt werden, und nach unten hin, wenn sie nach oben hin Alles gebührlich berücksichtigen, freie Hand und factisch an Wünsche ihrer untergebenen Stadtbewohner sich nicht zu kehren haben, wenn nicht vertreten, so doch figürlich dargestellt, damit in corpore auf dem Landtage die sogenannte Landschaft da ist. Den dritten Haupttheil des Landes bildet die sogenannte Ritterschaft d. h. 627 Eigenthümer von 813 theils Lehn- theils Allodial-Landgütern.

---

*) Wir werden dieses Land um so genauer in Augenschein nehmen, als gerade dieses am deutlichsten ein Bild davon zu geben im Stande ist, wie die Vermählung alter befestigter Zustände mit den neuen Verkehrsmitteln sich äußert; denn hier berührt sich das Mittelalter im Innern und die Neuzeit in der darauf einwirkenden Außenwelt am schroffsten. Dieserhalb müssen wir auch seine politischen Verhältnisse wenigstens kurz berühren.

Diese Ritter vertreten sich gleichfalls in corpore und haben es meist in ihrer Gewalt gehabt, dasjenige, was ihr sich an die Agriculturverhältnisse knüpfendes Interesse betrifft, zu dessen Bestem zu lenken.

Das ganze Land Mecklenburg-Schwerin hat 244 □Meilen und 542,148 Einwohner (nach der Zählung von 1858); davon hat das Domanium 105½ □Meilen mit 205,143 Einwohnern, das ritterschaftliche Gebiet 103½ □M. mit 136,405 Einw. und das städtische 27 □M. mit 192,553 Einw., wovon 14,156 auf die städtischen Besitzungen fallen. Außerdem giebt es noch 8 □M. Klostergüter mit 9047 Einw.

Gegen das Alter dieser politischen Einrichtung, wie gegen die, theils an sie geknüpften, theils von ihr festgehaltenen Grundsätze wird die orthodoxeste Partei der Ordnung Nichts einzuwenden haben; es sind hier alle die sogenannten Garantien der Ordnung und des Volkswohls theils gegeben, theils geschaffen: im Grund- und Bodenverhältnisse die größeste Gebundenheit, in den Handels- und Verkehrsverhältnissen die gewiß jeden Freund des Mittelalters befriedigendste alte Ordnung. „Mecklenburg, sagt Kolb, ist der einzige Staat in Deutschland, in welchem die französische Revolution fast keine socialen Aenderungen hervorgebracht hat."

Nur die Rittergüter — wenn wir von deren lehnrechtlichen Beschränkungen absehen — und ein Theil des eigentlichen Gebietes der Städte steht im Privateigenthum; alles Uebrige, das ganze Domanium, die Kloster- und Stadtgüter und Aecker, ruhen in todter Hand, jeder Eigenthumsversur entzogen. Die Rittergüter aber können auch nur theilweise veräußert werden, sofern bei Lehngütern der agnatische und landesherrliche und überhaupt der creditorische Consens erforderlich, ein großer, fort und fort sich mehrender Theil aber zu Familienfideicommissen erklärt, dann aber auch die Parzellirung der Güter dahin beschränkt ist, daß das Gut wenigstens zwei Hufen oder 1450 preuß. Morgen reinen Hofackers groß bleiben muß. Die Erbzinsstellen, Büdnereien und Häuslereien im Domanio und soweit erstere im Ritterschaftlichen vorhanden sind, können zwar veräußert werden unter Voraussetzung grundherrlicher Genehmigung, jedoch ist diese namentlich im Domanio nach den Verwaltungsgrundsätzen sehr unsicher, und dann ist das Recht an diesen Stellen auch kein Eigenthum, sondern erbliches Nutzungsrecht, dessen Beschränktheit den Nutzen einer Versur ausschließt, oder wenigstens wesentlich vermindert.

Das Domanium ist durch die Zeitverhältnisse, namentlich 1848, dahin gedrängt worden, die Zahl der kleinen Stellen zu vermehren, und gab es 1858 nur noch 251 große Pachtgüter, daneben aber 4160 kleine Zeitpachtbauern, 1268 Erbpachtbauern, 7218 Büdnereien, wo das eigene Haus auf fremdem, noch kleinerem Bodenareal steht, und 2259 Häuslereien mit kleinem Hof und Garten. — In der Ritterschaft dagegen ist, je einträglicher der Landbesitz geworden, der Bauer immer mehr und mehr abgeschlachtet, so daß gegen 12,000 Bauern des 17. Jahrhunderts jetzt nur noch 1200 Bauern und Erbpächter vorhanden sind. Hat auch die Regierung dem gänzlichen Abschlachten entgegenzutreten gesucht, so hat doch kein einziger Bauer die Sicherheit seiner Existenz gegenüber administrativen Regulirungen gehabt.

Die Gebundenheit der Rittergüter hängt übrigens auch mit der Landstandschaft zusammen, indem das Ritterthum selbst darnach strebt, die Zahl der Landtagsfähigen nicht zu vermehren, und höchstens einem Personenwechsel auf den Gütern nicht entgegen ist. Wie sehr die Regierung und auch die Anschauungen der Majorität des Ritterstandes einem Personenwechsel hinsichtlich der bäuerlichen Stellen entgegen ist, bezeugen wiederum die diesjährigen Landtagsverhandlungen, sowie die Thatsache, daß bei Regulirungen von ritterschaftlichen Bauerstellen neuerdings kein veräußerliches Erbpachtrecht mehr, sondern ein fideicommissarisches unveräußerliches Nutzungsrecht gegeben wird, damit, wie es heißt, „der alte einfache Bauernstand nicht durch sich ankaufende Inspectoren oder Holländer verdrängt werde," will sagen, damit nicht Intelligenz an die Stelle der Beschränktheit trete, sowie die Verordnung vom 25. Januar 1860 bezüglich der Intestaterbfolge in den bäuerlichen Erbpachtstellen im Domanio, welche Erstgeburtsrecht und Bevorzugung des männlichen Geschlechts sanctionirt.

Dem gegenüber betrachten wir nun die den Handel und Gewerbeverkehr betreffenden Bestimmungen und Gesetze.

Im Jahre 1755 war es gewiß eine richtige Anschauung, wenn in Ermangelung eines irgend erheblichen Verkehrs von und nach Außen die Nahrungsquellen als nur in dem engen Gebiete des Landes und hier selbst wiederum für Jeden in seinem nächsten Kreise fließend gedacht wurden. Je mehr Leute aus diesen Quellen schöpfend angenommen wurden, als desto eher versiegend mußte man sich diese Quellen denken; denn ein kleines abgeschlossenes Gebiet erzeugt, und muß erzeugen die Vorstellung der Ernährung aller durch den Grund und Boden, und dieser ist nur nach Maßgabe seines Umfangs erzeugungsfähig. Wenn nun bei der damals gegebenen Cultur des Bodens und bei der ebenfalls gegebenen Einrichtung und Vertheilung der Städte im Lande nach dieser Anschauung jede Stadt für ihre industriellen Leistungen lediglich von dem sie umgebenden Kreise des platten Landes ernährt wurde, so ist es natürlich, wenn wir im landesgrundgesetzlichen Erbvergleich, worin sich ja die Regierung, die Städte und die Ritterschaft ihre gegenseitigen Rechte und Privilegien stipulirten, finden, wie Handel und Gewerbe durchaus, soweit man nicht für augenblickliche Bedürfnisse in den allernothwendigsten Handtirungen eine Ausnahme gestatten mußte, allein in die Städte, die ja sonst gar Nichts hatten, verlegt wurden, und daß in den Städten Handel und Gewerbe sich wieder darüber vertragen mußten, in welcher Ausdehnung jedes

Gewerbe, und dieses dem Handel gegenüber, berechtigt und verpflichtet sein sollte, den Bedürfnissen der so eingebannten Landbevölkerung abzuhelfen, und dafür von dem daseienden, als in bestimmtem Umfange vorhanden gedachten, Brode sich zu ernähren. Damit waren demnach die strengen Zunfteinrichtungen von selbst vernothwendigt. Der vorhandene Gutsbesitzer, Pächter, Bauer, Tagelöhner thaten auf dem abgeschlossenen Areal — in dieser gleichsam Fourier'schen Phalanstere — ihre Pflicht und mit dem, was sie dem Grund und Boden abgewonnen, setzten sie den Städter in Thätigkeit und Nahrung, indem sie von diesem, und zwar von jedem nach Inhalt der Zunftregulative, ihren Bedarf an Industrieerzeugnissen einkauften, und wenn dann dem Größeren noch Etwas an Korn übrig blieb, nachdem Alle sich satt gegessen hatten, so wurde der Inspector nach Rostock oder Wismar, oder Boizenburg geschickt, um durch den heimischen Kaufmann nach Außen zu verkaufen.

Wo die physiokratische Anschauung in solchen gegebenen Verhältnissen, sowie in der ganz besonderen Tragfähigkeit des Grund und Bodens (dessen Ertrag dem Inlande bei dem damaligen Stande der Civilisation um so mehr genügte, als er damals der ganzen Bevölkerung so zu sagen ganz zu Gute kam,) so viel Anlaß und Nahrung findet wie in Mecklenburg, und wo die, die Landesgesetze größtentheils mitbestimmenden Factoren: Ritter- und Landschaft, in den vorgezeichneten Verhältnissen so viel Anlaß finden, Jeder vom Standpunkte seines Privilegiums aus an der alten Ordnung festzuhalten, da konnte es nicht anders kommen, als wie es gekommen ist, daß unter Festhaltung der gedachten Grundanschauungen und demgemäßen Grundmaximen ein der Neuzeit und dem neuzeitlichen Verkehr immer schroffer gegenübertretendes, auf künstliche Bewahrung des Alten gerichtetes Regulirungswesen fort und fort Alles nach der ebengedachten alten Anschauung gängelt und regulirt, und auch das ist natürlich, daß, wenn nun Handel und Verkehr mit dem Auslande, — da wir an der Meeresküste liegen, und da man hinsichtlich der Landstraßen und Chausseen dem Gespötte nicht immerfort ausgesetzt sein wollte, und selbst bis zur Erbauung einer Eisenbahn (letztere freilich in der constitutionellen Zwischenperiode creirt) vorgehen mußte, — doch nicht ganz ausgeschlossen bleiben konnte, ein unendlich großer Theil der Städter diese uns mit dem Auslande verknüpfenden Verkehrsmittel mit scheelen Augen ansieht, weil ihm auf denselben die ländliche Bevölkerung, die er noch immer mit dem ländlichen Ertrage als sich gehörig betrachtet, so zu sagen davonfliegt, indem sie sich von auswärts Industrieerzeugnisse holt oder schicken läßt. Der Mecklenburger sieht durchweg, selbst in den intelligentesten Kreisen und mit Ausnahme der kaum in Betracht kommenden volkswirthschaftlich Gebildeten, den Grund und Boden als das an, was die ganze Bevölkerung ernährt, und allein ernähren kann. Dadurch schleicht sich natürlich die Ansicht ein, daß wir des Auslandes gar nicht bedürfen, und dasselbe uns nur schade, — (der Rittergutsbesitzer selbst weiß das Gegentheil, aber auch nur für sich, sofern er an das Ausland verkauft und seine Bedürfnisse von dort befriedigt) — wenn es durch Ankauf der einheimischen Lebensmittel die letzteren vertheuere und dann noch dazu das Geld des Landmannes wieder mit ausländischen Waaren herausbole. Die Erscheinung blendet, daß n a ch der Concurrenz des Auslandes, s e i t Anlegung der Verkehrsmittel alle ländlichen Erzeugnisse immer theurer und theurer, und alle städtischen Erzeugnisse immer billiger werden. Dies allein sieht das uneingeweihte Auge; es verunglimpft deßhalb den Verkehr mit dem Auslande und die Mittel dazu, namentlich die Eisenbahnen, und schiebt diesen, die Nothwendigkeit des menschlichen Fortschrittes nach großen Erfindungen nicht begreifend oder begreifen wollend, alle Schuld zu, und folglich glaubt man, daß man durch regulirende, Alles möglichst auf das Alte zurückdrängende Maßregeln helfen müsse. Deßhalb die Erscheinung, daß man zunächst sein Augenmerk auf die Steuerverhältnisse geworfen hat, als wären sie das Wichtigste, um den bisher steuerfreien Gutsbesitzer zu zwingen, daß er im Inlande kaufe, und daß man dann auch endlich glücklich es zu einem separaten Mecklenburgischen Grenzzoll auf dem letzten Landtage gebracht hat*), und daß man darnach immer fort und fort es als das Wichtigste ansieht, Stadt und Land nach wie vor zu trennen, und Handel und Gewerbe durch Zunftrollen und Beschränkungen aller Art zu „fördern und sicher zu stellen."

Für Diejenigen, welche einen Begriff haben von Nationalökonomie und deren Erfahrungen, liegt das Irrthümliche auf flacher Hand. Selbst im Wege der Prohibitivzölle nach Innen und nach Außen, ja selbst im Wege directer Ausfuhr- und Einfuhrverbote würde es, zumal in Mecklenburg vermöge seiner Lage an der See, und nachdem selbst schon Eisenbahnen daselbst ihren Einfluß üben, vollkommen unmöglich sein, ausländische Industrieerzeugnisse abzuhalten, und einheimische Bodenerzeugnisse im Lande zu behalten. Dazu wären Ueberwachungsmaßregeln nothwendig, denen das kleine Land gar nicht gewachsen ist. Wenn man aber nicht beabsichtigt, oder nicht im Stande ist, Einfuhr und Ausfuhr

---

*) Die Rittergutsbesitzer konnten nicht umhin, zuletzt den Grenzzoll zu bewilligen, weil sie sonst den Zusammensturz der Verfassung fürchteten; ihrem Interesse ist derselbe schnurstracks entgegen, und wer den Gang der Bewegung in dieser Steuerfrage verfolgt hat, kann nicht verkennen, daß Diejenigen die Oberhand bekommen haben, welche mit der Verengerung des Marktes Schutz gegen das Ausland zu erreichen hofften. Die Ritterschaft ist in dieser Frage total düpirt; unter dem Vorwande, daß man den Handel durch Aufhebung der Binnenzölle befreien müsse, ist es auf Beschränkung des Verkehrs auf's Inland abgesehen.

total zu beschränken, so wird jedenfalls der Stand der Dinge folgender sein: die Bodenerzeugnisse werden begehrt sowohl im Auslande als im Inlande, für sie besteht also eine unbeschränkte doppelte Nachfrage, und die natürliche Folge davon ist selbstredend die, daß sie immer höher und höher im Preise steigen müssen; die einheimischen Industrieerzeugnisse werden dagegen höchstens im Lande und von diesem nur unter d e n Bedingungen d. h. wenn sie eben so gut und billig sind, als man sie von auswärts haben kann, begehrt. Wenn also die Bodenerzeugnisse sowohl von innen als von außen begehrt werden, die städtischen Industrieerzeugnisse dagegen nur im Inlande abgesetzt werden, und hier mit den ausländischen zu gleichen Bedingungen sich anbieten müssen, so ist nothwendig, daß, wie die Bodenerzeugnisse immer theurer, so die städtischen Industrieerzeugnisse immer billiger werden müssen.

Die Folge hiervon kann nun — so lange wir voraussetzen, daß der einheimische Gewerbtreibende nicht exportirt — nur die sein, daß, wenn der Gewerbtreibende für seine Lebensmittel immer mehr ausgeben muß, und dadurch sich an Capitalien, an Productivkräften immer mehr schwächt, er immer weniger im Stande sein wird, den immer billigeren ausländischen Waaren die Concurrenz zu machen, also auch immer geringeren Absatz finden, und also immer ärmer werden wird. Dies ist die nothwendige Folge des physiokratischen Systems, d. h. des Glaubens, daß ein Land nur von seinen Bodenfrüchten leben könne. Wenn der Landmann am meisten kaufen kann, so strömen nach dem Lande der ausgebildeten Agricultur auch immer die meisten und billigsten Waaren hin, die Bodenfrüchte müssen also da im Verhältniß zu den Gewerbserzeugnissen am theuersten und die Gewerbserzeugnisse gegenüber den Lebensmitteln am billigsten, die Gewerbslöhne am niedrigsten sein. Hat in diesem Lande die physiokratische Ansicht Alles geregelt, und haben sich die Gewerbe nicht durch besondere Energie einen auswärtigen Markt geschaffen, so muß also der Handwerker in den Ländern der Agricultur nothwendig zum Proletarier werden. Das ist das nothwendige Endziel eines heutzutage wesentlich auf Ackerbau sich beschränkenden Landes. Damit ist namentlich auch die gänzliche Fehlsamkeit der in Mecklenburg immer wiederkehrenden Ansicht und Rede nachgewiesen: wir sind ein ackerbauendes Land, und müssen deßhalb keine Industrie treiben. Das ist gedankenloses Geschwätz; die Industrie ist allenthalben unentbehrlich, und sie i ß allenthalben; will man denn von ihr verlangen, daß sie ein Sclave des einheimischen Ackerbaues sei? Sie muß sich gerade ihm gegenüber stark entwickeln, und hat dann allen übrigen auswärtigen Concurrenten die Nähe voraus. Die Maschinenarbeit ist gerade da anwendbar, wo Rohproducte und Capitalien sind, und Arbeitskräfte, die für deren Erzeugung und Verarbeitung verwendet werden, fehlen.

Wollte man nun das physiokratische System verlassen und die Freiheit der Ein = und Ausfuhr dem Landmann verkümmern, um das Merkantilsystem dafür einzuführen, indem man die ausländischen Waaren
durch Schutzzölle oder Bannrechte dem Landmanne abschnitte, so würde
einestheils der Landbau dadurch, wenn er in der Nähe nicht die besten
Ackergeräthe, Maschinen u. s. w. fände, oder sie mit zu hohen Preisen bezahlen müßte, verkümmert werden, und auch wohl in verkehrte Bahnen
gerathen, wie in Preußen durch die Runkelrübenzuckerfabrikation, anderentheils würde in Rückwirkung des geschwächten Ackerbaues, und in Ermangelung der Anregung gerade durch die Concurrenz mit dem fortschreitenden Auslande, die Industrie erlahmen, wie hierfür die Erfahrungen
hundertfach vorliegen.

Wie hat sich nun das Verhältniß in Mecklenburg gestaltet?

Wer nur die Güterzüge der Eisenbahn betrachtet und sieht, wie das
fette Vieh, das beste, das im Lande ist, sowie das Korn nach dem Auslande zuströmt, nachdem Aufkäufer das Land durchstreift, oder nachdem die
Gutsbesitzer die täglichen Course von Hamburg u. s. w. aufs vollständ-
lichste berechnet, durch auswärtige Commissionaire zugeschickt erhalten haben,
wer die Lebensmittelpreise bis zur Butter und den Eiern herab mit denen
der magersten Länder vergleicht, der wird die eine schlimme Seite, die
Seltenheit und Theuerung der Lebensmittel für den einheimischen Gewerbetreibenden und Kaufmann schon nicht verkennen. Hat nun dafür dem
Bewohner des platten Landes das Geld die Kasten gefüllt? Wer das
glauben wollte, der würde sich sehr irren. Allerdings sind die 627 Rittergutsbesitzer, den südamerikanischen Pflanzern gleich, emporgekommen, auch
wollen wir keineswegs die Bauern des Domanii und der Ritterschaft zumal nach den letzten gesegneten Jahren bedauern, obwohl auch sie schon
in mageren Jahren der Sorge genug haben, und Niemand denken darf,
daß sie für die Erziehung ihrer Kinder das Zeitentsprechende durchgängig
thun können; aber was sind diese Wenigen im Verhältniß zu den
136,000 Einwohnern der Ritterschaft und den 205,000 Einwohnern
des Domanii! Es wohnen im Ritterschaftlichen und im Domanio über
60,000 Tagelöhnerfamilien, wie wenig mit Grundbesitz als Eigenthümer
oder auch nur als Bauern daselbst leben, haben wir oben bemerkt. Das
ist doch wahrlich kläglich und bedauernswerth genug, wenn in so über-
wiegender Zahl die Menschen nicht aus der niedrigsten Stufe emporkommen können.

Aus dem oben von uns entwickelten Standpunkte des landesgrundgesetzlichen Erbvergleichs, von wo aus die ganze Nahrung vom Ackerbau
ausgehend gedacht ist, in welche sich nun die sämmtlichen Bewohner zu
theilen haben, im Zusammenhalte mit der Gebundenheit des ritterschaftlichen und der gänzlichen Ausschließung des Privateigenthums im doma-
nialen Gebiete, sowie weiter aus der Souverainetät des Fürsten im Domanio

und jedes einzelnen Gutsbesitzers im Gebiet seines Gutes hat sich ein im
Verhältniß zu der Fruchtbarkeit und der Lage des Landes und zum Wohlstande Einzelner unsägliches Gesammtelend entwickelt.

Der ritterschaftliche Gutsbesitzer hat die obrigkeitliche Gewalt und
Jurisdiction. Er hat aber zugleich, nachdem 1820 die Leibeigenschaft aufgehoben ward, die Pflicht der Armenversorgung seiner Angehörigen behalten,
dieselbe Verpflichtung hat jede Stadt und jedes Amt. Nach dem obigen
Standpunkte konnte es nicht anders sein, als daß jedes dieser vielen
kleinen Territorien sich vor der Aufnahme eines ihm noch nicht Angehörigen
auf das Aeußerste, und natürlich im Wesentlichen mit Erfolg, sträubte.
Grundbesitz zu erwerben war und ist nur Wenigen vergönnt, selbst wenn
sie nicht unbemittelt sind, für Unbemittelte ist er ohnedem nicht da,
und Letztere waren und sind, jemehr die fortgeschrittenen Verkehrsverhältnisse sich mit diesen Zuständen in Conflict setzten, gezwungen, sich in
ihrem Geburtsorte, in der Stadt etwa als Handwerker, auf dem Lande
als Tagelöhner niederzulassen, wenn nicht etwa das Schicksal es wollte
und will, daß sie durch Entfernung ihre Heimath verloren haben. Die
einzige Möglichkeit, in einem anderen, als dem Heimathsorte ausnahmsweise unterzukommen, bestand und besteht in dem Heirathen einer Hand-
werkerswittwe, Bauerswittwe 2c., wenn der junge Mann sich nicht etwa
besonderer Protection erfreut. Durch solche Einheirathen sind namentlich
Viele aus dem Domanio in die Stadt gekommen, in Hoffnung hierauf
haben aber auch Viele vom platten Lande ein Handwerk gelernt, die später
ihre Hoffnung nicht realisirt sahen, und auf's Land zu schrecklicher Existenz
zurückkehren mußten. Nach amtlichen Ermittelungen „im Jahre 1851
sollen in den vorausgehenden 10 Jahren nur circa 1100 Bewohner des
platten Landes als Gewerbtreibende in den Städten aufgenommen sein,
während 7038 desgleichen als Lehrburschen und Gesellen bei städtischen
Meistern ein- und ausgeschrieben sind, und sollen 1851 im Domanio allein
mehr als 1000 niederlassungsfähige Handwerker ohne Unterkommen gewesen sein." (M. Wiggers, Vorträge.)

Im Domanio und in der Ritterschaft hat sich aus diesen Verhältnissen eine schreckliche Abhängigkeit der Individuen entwickelt, und in den
Städten der starrste Zunftzwang und das engherzigste Concessionswesen.
Der Gutstagelöhner kann nirgends Aufnahme finden, weil mit der Aufnahme die Armenversorgungspflicht verbunden ist, sein Herr kann ihn aber
kündigen, und kann alsdann Arbeit von ihm verlangen (wenn er nicht
wegzieht), womit er sich die nothdürftigste Armenversorgung verdienen muß.
Das Domanium hat Regulative und Erbpacht- und Büdnerei-Contracte
ersonnen, welche darauf hinzielen, die Leute zu einem größeren Ertrage
aus ihren Stellen, zu einem ordentlichen Leben u. s. w. zu bringen, die in
ihrer Art dem Systeme Colbert's Nichts nachgeben, die in das innerste
Privatleben hineingreifen, — siehe Nizze, volkswirthschaftliche Zustände in

Mecklenburg 1861. IV. ein Domanialerb-Contract*). — In den Städten kommen alle Tage Zunftstreitigkeiten vor: heute klagt der Zinngießer, daß der Klempner ihm in seine Geschäftsbranche gekommen, morgen klagt der Stuhlmacher, daß der Sattler und Tapezier sich ein Sophagestell aus Berlin habe kommen lassen, übermorgen der Kupferschmied, daß ein Branntweinbrenner sich einen Destillirapparat von einem auswärtigen Kupferschmied zusammenstellen lasse ꝛc. (Alles Fälle aus eigenster kürzester Erinnerung), — und was ist die Folge davon? Ein sclavischer, in der Wirthschaft gänzlich zurückgebliebener Bauer, fauler Tagelöhner, ein Handwerker, der höchstens das Beste seines Geschäfts auswärts lernt, dem aber der freie zu einer kaufmännischen Unternehmung und Berechnung erforderliche Blick und Sinn mehr und mehr abhanden gekommen ist; auf dem Lande höchst mäßige Bauerwirthschaften und im Ganzen tiefes Elend, und in der Stadt — Hunger und Neid. Im Domanio ist man neuerdings, nachdem man eingesehen, daß bisher alles Reguliren der Armuth und den überschuldeten Armenkassen nicht abgeholfen hat, zu einer Decentralisation der Armenversorgung gelangt, gleichsam als wenn so ein Schimmer eines modernen Gedankens durch den Nebel geleuchtet, die man aber nur dahin auffaßt, daß jedes Dorf unter Leitung des Amtes (man vervielfältigt nur die Radien vom Centrum aus) seine Armen versorgen solle, bei den Berathungen hat man sich aber Folgendes nicht verhehlt: „daß alle (mit der Einführung verbundenen) Maßregeln nur Palliative sind, und an den Sitz des Uebels nicht hinanreichen. Die fast einzigen Erwerbsquellen der Domainen — der Ackerbau und die Forstarbeit — reichen nicht aus, um die ganze Classe der Lohnarbeiter in den großen Dorfschaften, innerhalb ihres natürlichen Arbeitskreises zu beschäftigen. Der Verdienst muß theilweise in großer Ferne mit monatelanger Trennung von der Familie, oder in anderen Landestheilen, mehr oder weniger auf Kosten der Heimath und ihrer Grundherrschaft gesucht werden." — „Das bloße Zulassen oder Fördern des Anbaues von Arbeiterwohnungen, ohne Erweiterung der Erwerbsquellen der Dorfschaften ist als eine wahre nachhaltige Hülfe nicht anzusehen, sondern ein bloßes Beschwichtigungsmittel zu der Folge, daß die Calamitäten alsbald in verstärktem Maße zurückkehren werden."

Dies Geständniß ist in allen seinen Theilen bezeichnend genug für die bestehenden „Calamitäten".

Nun wollen wir die allgemeinen Kennzeichen über die Zunahme oder Abnahme des Gesammtwohls in Mecklenburg reden lassen.

---

*) Wie weit aber solche Vielregiererei in Schematismus ausartet, beweist ein uns vorgelegener „Grundbrief für die Büdnerin — zu — — vom 28. Juni 1845, wo geschrieben steht §. 9:

„es wird ihr besonders zur Pflicht gemacht a, b, c—d: die Geschäfte eines Schulzen und Obmannes in geeigneten Vorkommenheiten auf Erfordern zu übernehmen."

Die Bevölkerung in Mecklenburg-Schwerin stellte sich:
im Jahre
1835 auf 466,540 Seelen.

1840 „ 494,530	Zunahme in 5 Jahren	6	%;	in 1 Jahre	1,2 %	.
1845 „ 516,079	„ „ „ „	4,36	„	„ „ „	0,88	„
1850 „ 536,724	„ „ „ „	4,	„	„ „ „	0,8	„
1855 „ 541,091	„ „ „ „	0,8	„	„ „ „	0,16	„
1856 „ 542,064	„	—		„ „ „	0,02	„
1857 „ 539,231	„	—	—	„ „ „	Abnahme.	
1858 „ 542,148	„	—	—	„ „ „	0,06%.	
1859 „ 541,395	„	—	—	„ „ „	Abnahme.	
1860 „ 546,603	„	—	—	„ „ „	0, 1%.	
1861 „ 548,449	„	—	—	„ „ „	0,04	„

Die Bevölkerung Mecklenburg's ist an und für sich im Verhältniß zu der Bodenbeschaffenheit ausnehmend dünn, wie folgende Vergleichung ergiebt:

Im Jahre 1860 kommen auf die deutsche Quadrat-Meile:

Großbritannien	5,019	Seelen.
Frankreich	3,745	„
Deutschland	3,905	„
Rein deutsche Staaten . .	3,964	„
Schweiz	3,501	„
Belgien	8,582	„
Europ. Rußland	622	„
Preußen	3,507	„
Oesterreich	2,931	„
Ganz Bayern	3,328	„
Pfalz	5,510	„
Sachsen	7,116	„
Rheinprovinz	6,381	„
Reg.-Bez. Düsseldorf . .	10,807	„
Kreis Elberfeld	28,160	„ (5½ □Mle.)
Reg.-Bez. Solingen, Lennep 2c.	13,000	„
Ostflandern	13,700	„
Grafschaft Lancaster . . .	16,140	„

(Kolb, Statistik.)

Dagegen hat Mecklenburg etwa 2,200 Seelen auf der □Mle.

Jeder wird hiernach die verhältnißmäßig dünne Bevölkerung desselben erkennen. Dennoch hat es in seiner Volksvermehrung nach obigen Daten in letzter Zeit bedeutend abgenommen. Man vergleiche nur die frühere Zunahme

1820.	1830.	1839.	1851.	1859.
393,326.	448,668.	504,156.	543,337.	541,395.

9*

Von 1849—1858 wurden in Mecklenburg geboren 182,438.
Es starben in derselben Zeit . . . . 116,064.

            Ueberschuß der Geburten: 66,374.

Um soviel hätte sich also die Bevölkerung mehren müssen, und sieht man also, wie Viele ihr Vaterland verlassen haben.

[Auch im Kurfürstenthum Hessen hat die Bevölkerung im Wachsthum nachgelassen:

1818.	1849.	1852.	1855.
567,866.	759,751.	755,350.	736,392.

Die Zählung nach den Normen des Zollvereins vom December 1858 hat nur noch 726,739 dort aufgewiesen. (Kolb.)]

Trauungen kamen in Mecklenburg im Jahre 1800 1 auf 88 Personen; dagegen:

1835.	1840.	1845.	1850.
1 auf 130 Personen;	1 auf 135,5;	1 auf 143;	1 auf 140,5;

1855.	1859.	1861.
1 auf 133,5;	1 auf 148;	1 auf 133,3.

bei den reichen Jahren ein trauriges Resultat. —

Geburten kamen

1835.	1840.	1845.	1850.	1855.
1 auf 27,5;	1 auf 28,9;	1 auf 28,5;	1 auf 29,1;	1 auf 30,6;

1859.	1861.
1 auf 29,5;	1 auf 30,5.

Uneheliche Geburten:

1795.	1820.	1830.	1835.	1840.	1845.
1 auf 17,6;	1 auf 10,8;	1 auf 9;	1 auf 7;	1 auf 6;	1 auf 4,7;

1850.	1855.	1859.	1861.
1 auf 3,8;	1 auf 4;	1 auf 3,8;	1 auf 4.

Im Jahre 1851 war in 260 Ortschaften $1/3$ der Geburten unehelich, in 209 Orten die Hälfte und mehr, und in 79 Orten kamen nur uneheliche Geburten vor.

Selbstmorde kamen 1811—20 auf 15,011 Seelen, 1821—30 auf 11,030, 1831—40 auf 9,028, 1841—50 auf 7,300, 1855 auf 6,184, 1859 auf 5,884.

Die Zahl der Kindestödtungen aus neuerer Zeit ist nicht bekannt, sie übersteigt aber nach den nach und nach in den Intelligenzblättern befindlichen Urtheilspublicationen allen Glauben.

Die Bildung anlangend, so konnten von den 1857 ausgehobenen 865 Recruten nur 430 Gedrucktes und blos 245 Geschriebenes lesen, dabei aber nur 136 ordentlich schreiben. (Kolb.)

Wir schließen hiermit unsere geschichtlich-statistischen Vergleichungen mit dem festen Vertrauen, daß der Leser aus denselben, sowie aus den eingeschalteten Beurtheilungen anerkannter Sachkenner und theilweise besonders gewiegter Staatsmänner, die Ueberzeugung nun auch praktisch gewonnen haben müsse,

daß der Verkehr, je freier er ist, immer auch desto reger, kräftiger und weniger empfindlich gegen Störungen ist, weil er in freier Entfaltung stets die natürlichen den Verhältnissen angemessensten Bahnen beschreitet, und schädliche Einflüsse stets selbst am besten zu beseitigen weiß,

daß aber überall, wo künstliche Staatsklügelei und Bevormundung sich vermißt, ihn leiten und reguliren zu wollen, wohl Einzelne auf kurze Zeit sich wohlbefinden können, die Mehrzahl aber und bald auch die Gesammtheit jedenfalls siech und leidend wird.

Es ist also das geschichtliche Resultat ganz dasselbe, als dasjenige, das wir aus der Natur des Menschen und des Volkes heraus von vorne herein für nothwendig erkennen mußten.

Wir hoffen nun, daß die letzten praktischen Vergleichungen nicht etwa den bloßen Glauben, sondern die klare Einsicht in die unendlich vielseitige Verschlungenheit des großen Weltverkehrs in dem Leser praktisch erzeugt haben werden, und daß derselbe sich nun dessen klar bewußt geworden sein müsse, daß der große Weltverkehr — wegen der Verschiedenheit der sich immer mehr ausbildenden menschlichen Bedürfnisse und wegen der bestehenden und immer mehr sich herausbildenden Verschiedenheit der Leistungsfähigkeit und Leistung der verschiedenen Länder und Weltgegenden, mit einem Worte wegen der immer mehr sich entwickelnden Arbeitstheilung — unabwendbar nothwendig immer mehr in einander greifen muß, daß er unvermeidlich Alles in seinen Strudel hineinreißt, und daß die menschliche Hand nachgerade zu schwach ist, um diesen Riesen zu bändigen. Der Leser wird aber auch nun, wenn er Dieses erkannt hat, darin mit uns übereinstimmen, daß es ein Glück ist, daß es endlich dahin gekommen, weil es einen Standpunkt anzeigt, wo die Menschheit anfängt, mit größeren Schritten ihrem Ziel, der Unterwerfung und Insichaufnahme der Natur, d. i. der höheren Civilisation und der Befreiung, zuzuschreiten, einen Standpunkt, von welchem aus das physiokratische und Merkantilsystem und jedes andere System klügelnder Staatsweisheit in seiner ganzen Engherzigkeit und den göttlichen Naturgesetzen widerstreitenden Einseitigkeit durchschaulich, und von dem alleingültigen und allein möglichen System der freien Selbstbestimmung des Menschen erdrückt wird.

Wenn wir uns in unserem Vertrauen zu der befestigten Ueberzeugung des Lesers nicht täuschen, so werden wir den hier verwendeten Raum in den folgenden Lehren, namentlich in der späteren genaueren Beleuchtung der freien Concurrenz im Gewerbeleben, welche eigentlich in dem Obigen schon ihr richtiges Licht empfängt, sparen und wiedergewinnen können, und um dieses Nutzens willen wollen wir noch eine uns wichtig erscheinende Beobachtung dem Leser nicht vorenthalten.

Dem Leser selbst ist es unfehlbar bei den obigen statistischen Notizen nicht entgangen, daß in den Zahlen offensichtlich eine gewisse Regelmäßigkeit waltet. Quetelet: De l'influence du libre arbitre de l'homme sur les faits sociaux (Einfluß der Willensfreiheit des Menschen auf sociale Handlungen), hat über diese Uebereinstimmung tiefe Forschungen angestellt. Derselbe beleuchtet die wiederkehrenden Verhältnisse bezüglich der Ehen. Der Heirathsact ist doch gewiß ein Act, bei welchem der freie Wille in directester Weise sich bethätigt. Dennoch beweisen die Civilstandsregister eines großen Landes wie Frankreich, ja eines kleineren, wie Belgien, ja einer einzelnen Provinz, in der Zahl der jährlichen Trauungen eine Stetigkeit und Gleichmäßigkeit, welche größer ist, als die der Todesfälle. Es zeigen sich dieselben Verhältnißzahlen immer wieder für die Heirathen zwischen Junggesellen und Mädchen, dann zwischen Junggesellen und Wittwen, sowie zwischen Wittwern und Wittwen. Es geht Alles so, als wenn sich von einem Ende des Landes zum anderen Alles alljährlich verständigte, dieselbe Zahl von Heirathen abzuschließen und selbige in gleichheitlicher Weise unter die verschiedenen Provinzen, unter Stadt und Land, unter Junggesellen, Mädchen, Wittwer und Wittwen zu vertheilen. Noch mehr, es könnte scheinen, als wenn eigene gesetzliche Anordnungen bestänben, welche für die verschiedenen Altersklassen je nur eine bestimmte Anzahl von Ehebündnissen bewilligten, eine solche Regelmäßigkeit herrscht in dieser Beziehung. Der weniger als 30 Jahre zählende junge Mann, der eine mehr als 60jährige Frau geheirathet, war doch sicherlich nicht durch ein Verhängniß, oder eine blinde Leidenschaft getrieben, er war im Falle, seinen freien Willen im vollsten Umfange anzuwenden, und dennoch kam er dahin, diesem anderen Budget, das nach den Gebräuchen und Bedürfnissen unsers Gesellschaftsorganismus geregelt ist, seinen Tribut zu entrichten, und diese budgetmäßigen Steuern werden mit größerer Regelmäßigkeit abgetragen, als jene, welche man an die Staatskasse zu leisten hat. — Mit den Verbrechen verhält es sich ebenso, und sie ziehen alljährlich die Strafen in den gleichen Verhältnissen nach sich. Dieselbe Gleichmäßigkeit läßt sich an den Selbstmorden beobachten, bei den Selbstverstümmelungen, um sich der Conscription zu entziehen, bei den Summen, welche in den Spielhäusern gesetzt werden (diese Thatsache hat uns ein Croupier Dobberan's aus seiner langjährigen Praxis ebenfalls mitgetheilt), ja sogar bei den der Post übergebenen ungenau und unrichtig adressirten, darum unbestellbaren Briefen. Mit einem Worte, es verläuft Alles so, als ob die verschiedenen Classen von Thatsachen rein physischen Ursachen unterlägen. Quetelet fragt nun: Muß man nun einer solchen Uebereinstimmung von Thatsachen gegenüber die menschliche Willensfreiheit unbedingt leugnen? Ich glaube nicht, sagt er, ich glaube nur, daß diese Willensfreiheit in ihrer Wirkung auf sehr enge Grenzen beschränkt ist, und bei den gesellschaftlichen Erscheinungen die Rolle einer zufälligen Ursache spielt. Sieht man danach ganz ab von den einzelnen Individuen, so ergiebt sich, daß die Wirkungen der zufälligen Ursachen sich neutralisiren, und wechselseitig in der Weise ausgleichen, daß nur noch die wahren Ursachen vorwalten, kraft deren die Gesellschaft besteht und sich erhält. (Kolb.)

Was versteht Quetelet unter den wahren Ursachen? Offenbar solche, wie wir sie oben betrachtet haben: das Bedürfniß, die Fähigkeit, es zu befriedigen, vermittelst der drei Arbeitsfactoren: Natur, Arbeit, Capital. Wie reiche und magere Ernten u. s. w. einwirken, sehen wir täglich *), ebenso wie wir die Ausgleichung in solchen mehr oder weniger auch von uns unabhängigen Dingen im Ganzen wahrnehmen. Wir machen noch als auf einen schlagenden Beweis von der Regelmäßigkeit der socialen Ereignisse auf diejenige Wahrscheinlichkeitsrechnung aufmerksam, welche die Assecuranzgesellschaften, die nicht auf Gegenseitigkeit beruhen, sondern feste Beiträge nehmen, mit so bewundernswerther Sicherheit leitet. Die Statistik feiert als unentbehrliche Grundlage dieser Berechnungen täglich ihre Triumphe.

---

*) Nach Engel, Zeitschrift des Königl. Preuß. statist. Büreaus, Jahrg. 1861. No. 10 ergab sich z. B. in Belgien:

Durchschnittspreis von 1 Hectolit. Weizen war:	es starben im Jahre:
1841 . . . Fr. 19.18	. . . 97,106
1842 . . . „ 21.75	. . . 102,068
1843 . . . „ 19.26	. . . 97,055
1844 . . . „ 17.36	. . . 94,011
1845 . . . „ 20.06	. . . 97,783
1846 . . . „ 21.53	. . . 107,835
1847 . . . „ 31.13	. . . 120,168
1848 . . . „ 17.37	. . . 108,402
1849 (Cholera) „ 17.04	. . . 121,462
1850 . . . „ 15.34	. . . 92,820
1851 . . . „ 16.89	. . . 94,699
1852 . . . „ 20.36	. . . 95,971
1853 . . . „ 25.14	. . . 100,333
1854 . . . „ 31.48	. . . 103,266
1855 . . . „ 32.92	. . . 112,716
1856 . . . „ 30.77	. . . 97,393
1857 . . . „ 22.97	. . . 103,458
1858 . . . „ 18.86	. . . 107,910
1859 . . . „ 18.53	. . . 114,350
1860 . . . „ 23.40	. . .

„Jede anomale Erhöhung des Getreidepreises ist sofort von einer höheren Sterblichkeit begleitet. Nicht selten wirft die Erhöhung ihre düsteren Schatten auch auf spätere Jahre. So mächtig der Getreidepreis auf diese sociale Erscheinung reagirt, ebenso mächtig reagirt er auf eine Menge anderer.“

Wir haben nun an unsere obigen Betrachtungen über den Umlauf der Güter in §. 30 noch Einiges anzufügen.

§. 32.
Die Hülfsmittel des Güterumlaufes.

Wir haben in dem Obigen an verschiedenen Beispielen gesehen, wie die Einzelwirthschaft producirend und consumirend auf ein ganz kleines Terrain ihrer Wirksamkeit, auf Bannmeilen, nach Anleitung der Staatsgesetze beschränkt, und allen Veränderungen der Zeit gegenüber zurückgedrängt sein kann, und wie umgekehrt die Einzelwirthschaft, die dann einen großartigen Maßstab annimmt, in allen Gegenden und mit allen Völkern der Welt producirend und consumirend in Wechselwirkung treten kann. Dies Terrain für die Wirksamkeit der Einzelwirthschaft, sowie für die der gesammten Wirthschaften eines Volkes, nennt man ihren Markt, sowohl für den Absatz, als für den Einkauf. Mecklenburg bot uns das Beispiel von auf das Engste zusammengeschrumpftem Absatzmarkte, respective Märkten, die ebenfalls nur kleine, aber viel ungünstiger gelegene Schweiz dagegen ein Beispiel, wie selbst ein kleines Ländchen einen Markt haben kann, wenig geringer als die Welt. Wir haben gesehen, wie es das Streben der jetzigen Zeit ist, die Schranken aller Märkte hinweg =, und alle Völker in den Strudel des Gesammtverkehrs hineinzureißen, wie die Civilisation hiezu unaufhaltsam und unwiderstehlich dränge, und wie dadurch umgekehrt die Civilisation wiederum geweckt werde. Wir haben, worin uns namentlich der Auszug aus dem Walker'schen Berichte — siehe Seite 113 — so trefflich unterstützt hat, nachgewiesen, wie durch die Ausdehnung aller Märkte zum Weltmarkt jede Erzeugung in die Branchen gelenkt wird, welche für sie am leichtesten und reichlichsten sind, und daß dadurch alle Waaren am billigsten und besten für Jeden geboten werden. Wir haben bereits auch oben bei der Beleuchtung der Arbeitstheilung, welche ja dem Tauschverkehr ebenso zum Grunde liegt, wie sie von ihm ermöglicht und in Stetigkeit erhalten wird, gesehen, wie die Ausdehnung des Verkehrs die Ausgleichungen zwischen Bedürfniß und Leistung stetig vermittelt, und der Leser wird deßhalb begreifen, wie und warum durch Erweiterung des Marktes die Gleichmäßigkeit und die Wahrheit und Angemessenheit der Preise vermittelt und gesichert wird.

Welche Mittel bedarf und hat nun aber der Verkehr für diese seine Verrichtungen? Auch nach dieser Richtung hin müssen wir uns unterrichten. Der Verkehr ist natürlich an Raum und Zeit gebunden und vollzieht sich in demselben. Soll derselbe sich erweitern, so kann er dies in doppelter Hinsicht; er kann längere Räume durchmessen, und er kann dieselben Räume in kürzerer Zeit und somit öfter durchmessen. Es ist sowohl eine Ausdehnung und Vergrößerung des Verkehrs, wenn wir unsere Producte nach weiteren Ländern, d. i. an ein größeres Publicum absetzen, oder unseren Bedarf weiter beziehen, als auch wenn wir unsere Producte, statt ein Mal, drei Mal respective absetzen oder beziehen können. In letzterem Falle produciren wir im Grunde genommen an ein drei Mal größeres Publicum, oder beziehen von einem drei Mal größeren. Darum ist auch die Verdichtung des Publicums auf demselben Raume eine Vergrößerung des Marktes, indem sie uns mehrere Räume mit undichterer Bevölkerung ersetzt, ja in Anbetracht, daß wir bei dichterer Bevölkerung kleinere Strecken zu durchmessen haben, und diese rascher, also zugleich in derselben Zeit mehrmal, durchmessen können, so ist eine Verdichtung der Bevölkerung sogar eine doppelte Ersetzung eines größeren Raumes mit gleicher Menschenzahl, und letzteres in noch höherem Maße, als nicht jedes Product, wie wir sehen werden, gleich transportabel ist. Wie wir nämlich einerseits die Zeit und den Raum bei dem Umlauf der Güter in Augenschein nehmen müssen, so müssen wir auch die Gegenstände hiefür in Betracht ziehen. Auch Grundstücke sind gewissermaßen transportabel, weil es in dieser Beziehung gleich ist, ob der Käufer zu dem Gute, oder das Gut zu ihm kommt. Sie sind es aber immer weniger, als leicht transportable Sachen, und in diesem Sinne wollen wir hier hervorheben, daß die Verdichtung der Bevölkerung für diese unbeweglichen Güter, sowie auch für die schwer transportablen, oft das einzige, immer aber das wirksamste Umlaufsmittel ist; denn je mehr Abnehmer in der Nähe dieser schwer transportablen Sachen sind, um so größer wird ihr Markt.

Wir sehen hier von vorne herein, wie wichtig die Vermehrung der Bevölkerung gerade da ist, wo es noch in jeder Beziehung an einem größeren Absatzmarkte fehlt, denn hier sind im Grunde genommen alle, auch die kleinsten, werthvollsten und anderwärts absetzbarsten Gegenstände der Verhältnisse halber untransportabel, und die Bevölkerungsvermehrung schafft ihnen am ehesten und leichtesten einen vergrößerten Markt, weil der Natur der Sache nach die Nähe immer den Vorzug vor der Ferne hat. Die Verdichtung der Bevölkerung bietet also alle nur möglichen Absatzvortheile; sie macht alle Gegenstände transportabel und macht von Zeit und Raum unabhängig, sie ermöglicht es also, daß jedes Product auf die leichteste Weise das sie begehrende Bedürfniß findet. Dadurch weckt sie aber wiederum und mehrt sie die Bedürfnisse, also den Absatz, und wenn sie nicht minder die Production in den Stand setzt, unabhängig von Zeit und Raum sich mit allem Nöthigen zu versehen — selbst mit den größesten geistigen Hülfsmitteln: Anregung, Bildung, Vorbildern — und dieserhalb besser und billiger zu produciren, und dadurch auch den Markt zu erweitern und den Gewinn und also die Capitalien zu vermehren, so sehen wir in der That, wie die Verdichtung der Bevölkerung, also namentlich der freie Zuzug fremder Arbeitskräfte, jeden einzelnen strebenden Producenten in sich immer steigerndem Maße bereichern muß. — Vorzug großer und in der Aufnahme liberaler Städte.

Gehen wir davon aus, daß die verschiedenen Producte eine **ver-schiedene Umlaufsfähigkeit** haben, indem sie theils mehr oder weniger fähig sind, einer größeren Menge von Menschen sich zugänglich zu machen (Kleinheit bei großem Werth, z. B. edles Metall bringt verhält-nißmäßig weniger Transportkosten, und ist an sich leichter zu transportiren, als andere Stoffe, werthvollere Fabrikate deßhalb leichter als größere, billigere Rohstoffe, Immobilien sind nur Anwesenden zugänglich, vergäng-liche Waaren, z. B. frisches Gebäck vertragen die Zeit des größeren Trans-portes nicht), theils aber auch mehr oder weniger fähig sind, ein sie be-gehrendes Bedürfniß aufzufinden (kostbare Edelsteine und Edelmetall-fabrikate haben nur einen kleinen Markt selbst auf der ganzen Welt, da nur die Reichsten sie kaufen, manche Dinge werden nur in manchen Gegen-den begehrt, z. B. Amulette), so müssen wir erkennen, daß die einen Güter (untransportable) mehr nach Mitteln Verlangen tragen, welche ihnen den Absatz in der Nähe ermöglichen (dichtere Bevölkerung und Freiheit des Verkehrs im Innern, also Freizügigkeit, freie Versur der Grundstücke, Parzellirbarkeit derselben, Freiheit zu Fabrikanlagen und überhaupt Ge-werbefreiheit), andere wieder vorzugsweise nach solchen Mitteln sich sehnen müssen, welche ihren Transport ermöglichen in gelegenere Gegenden, und zwar je nach ihrer Beschaffenheit, theils massenhaften und billigen Trans-port verlangen (Rohstoffe, billige Fabrikate), theils raschen Transport voraussetzen (vergängliche Sachen und Sachen, die einen schwankenden Werth oder Cours haben), theils einen regelmäßigen, stetigen Versand besonders beanspruchen (Zeitungen, Briefe). Damit haben wir aber als-dann, wenn wir nicht leugnen können, daß kaum ein irgend civilisirtes Land nicht von jeder Gattung von Producten erzeugt, oder nach ihnen umgekehrt Begehren trägt, die Nothwendigkeit, daß der Verkehr für **alle** diejenigen Umlaufsmittel sorgen muß, welchen je ein Land zugänglich ist, wenn er nicht zurückbleiben und Mangel erzeugen will: für Telegraphen und Eisenbahnen, Wege, Schifffahrt, wo sie irgend möglich, Posten, Zeitungen ꝛc., vor allen Dingen aber auch Freizügigkeit, Gewerbefreiheit, Gütertheilbarkeit und Freihandel, sowie gerechte, die freie Bewegung er-möglichende, rasch und gerecht gehandhabte Gesetze. Weil wir aber eben nicht verkennen können, daß dem Einen nicht blos an dem einen, dem Anderen blos an dem anderen Verkehrsmittel, sondern daß **ziemlich Allen an allen diesen Verkehrsmitteln gelegen sein muß**, so richten wir keineswegs — indem wir zufrieden sind, wenn der Staat etwaige Störungen von außen und innen beseitigt, und in dem letztgedachten Punkte seine Schuldigkeit thut — an den Staat die An-forderung, für alles Dieses zu sorgen (um so weniger, als derselbe niemals unterlassen wird, wenn er selbst Unternehmer für die Verkehrsmittel ist,

darin die freie Concurrenz mehr oder weniger zu drücken), sondern wir
sind fest überzeugt, daß die Geschäftswelt innen und außen diese
Circulationsmittel, sobald sie frei ist, und sobald sie den Eingriff des
Staates nicht mehr kennt und voraussetzt und nach den bisher gegebenen
Verhältnissen voraussetzen muß, am besten und ausreichlichsten herstellen
wird *).   Sollen von diesem die Geschäftswelt vor Monopolien und Un-
zuträglichkeiten aller Art sichernden Principe Ausnahmen gemacht werden,
so müssen sie auf demselben Wege geschehen, welchen wir in Hinsicht der
Expropriationen als den einzig zulässigen angesehen haben.

Mit der Herstellung von Circulations- und Communicationsmitteln
ändert sich jedes Mal die Gestaltung des gesammten Verkehrs.   Die
Entstehung eines jeden hat den wesentlichsten Einfluß auf denselben,
so daß man keinen größeren Fehler begehen kann, als an den Verkehr,
der Stück nach Stück befreit und belebt wird, denselben Maßstab an-
zulegen, als wie man ihn vor der Befreiung und Ausdehnung hatte.
Das Grundstück, welches vor der freien Versur, vor der Freizügigkeit,
vor den Eisenbahnen u. s. w. wenig Werth — wenig Productivität —
hat, bekommt nach diesen Einrichtungen einen großen Werth und von
dieser Werthserhöhung wird der Handwerker, Kaufmann u. s. w., dem
dadurch neue zahlungsfähige Bedürfnisse gegenübertreten, sofort mit betroffen, ohne daß er es vermuthete.   Zwar ist nicht zu leugnen, — wir
haben das oben rücksichtlich der Entwickelung der Maschinenthätigkeit und
namentlich bei Betrachtung der Baumwollenfabrication in England gesehen (Seite 48 f.) — daß allerdings eine jede bedeutende Neueinrichtung,
eben weil sie Veränderungen in dem gewohnten Gesammtbetriebe erzeugt
und erzeugen will, augenblickliche, theilweise, vielleicht weitreichende
Stockungen hervorbringt, allein diese Stockungen bestehen nur darin, daß,
und nur soweit, als die in ihren Leistungen zurückbleibenden, nun aber
überholten Productionen so thöricht sind, und etwa durch reactionaire oder
wenigstens überconservative Staatseinrichtungen und Parteibestrebungen
in der Thorheit erhalten und befestigt werden: bei ihren unvollkommneren
Leistungen beharren, und dennoch nach wie vor dieselben, oder wohl gar

---

*) Der Staat hat nicht einen Schilling mehr Mittel als die Geschäftswelt,
Letztere besorgt aber alle ihre Einrichtungen billiger und dem Bedürfnisse entsprechender. Letzteres ist allgemein anerkannt. Höchst beachtenswerth ist aber, was in dieser
Rücksicht J. B. Say bemerkt: „Die Centralisation der Verwaltungsbehörden steht
dem guten Zustande der Straßen in Frankreich am meisten im Wege. Je näher der
Ausbesserer der auszubessernden Straße gerückt ist, desto schneller erfolgt dieselbe;
bei Straßen ist aber eine kleine, rasch erfolgende Ausbesserung einer großen Ausbesserung, auf welche lange gewartet werden muß, und welche man nicht immer
erlangt, weil sie kostspielig geworden ist, sehr vorzuziehen. Die allgemeine Verwaltung und das königliche Corps des Genies der Brücken und Chausseen sind das
feindlichste Element für die Brücken und Chausseen.“

erhöhete Gegenleistungen beanspruchen und wohl gar ertrotzen zu wollen. Das muß nothwendig vergeblich sein, und kann nur zu ihrem Ruin und zur Verlängerung der Krisis führen. Sobald aber die betroffene Geschäfts- welt in die durch die Neueinrichtung geschaffene neue Bahn einlenkt und sie zu benutzen sucht, anstatt sie vernichten zu wollen, sobald ist auch die Krisis beendigt, und nur ein Uebergang zum Bessern gewesen. Je mehr die Circulationsmittel einschließlich der Bevölkerungsverdichtung, die sofort mit einem neuen Nahrungszweige zunehmen will, ihre Höhe erreicht haben, desto mehr erreichen die vorher untransportabelsten fast die Transport- fähigkeit der transportabelsten Gegenstände, und — wodurch ist das Geld das mächtige Betriebsmittel? Durch nichts Anderes, als durch seine Be- weglichkeit und nahe Beziehung zu allen Bedürfnissen. Hat ein anderes Gut dieselbe Bereitschaft für den Begehr, so ist dasselbe auch eben so mächtig, und daran sehen wir klar, wie sehr die Entfesselung des Verkehrs durch Gestattung jeder Güterverwerthung — einschließlich der Arbeits- fähigkeiten — und die Anbahnung der Umlaufsmittel eben dadurch, daß sie jedem Gut den Absatz ermöglichen, für das Wohl der Bevölkerung die unerläßlichste Grundbedingung sind.

Fünftes Capitel.
Untersuchung der inneren Gesetze des Verkehrs und der Selbstheilkraft desselben.

§. 33.
Der Werth.

Bei Betrachtung der Gütererzeugung und der Güterverwendung haben wir gesehen, wie die Einzelnwirthschaften der ganzen Erde im Wege der Arbeitstheilung und des Austausches der Producte sich immer näher treten, und wie gerade dadurch, durch die immer mehr sich steigernde Ver- schlungenheit des Verkehrs und durch die Ausdehnung der Märkte, welche jedes Volk und Jeden in jedem Volke gerade das erzeugen läßt, was von ihm am leichtesten, am besten und am billigsten erzeugt werden kann, die Wohlhabenheit Aller immer mehr und immer rascher und allgemeiner sich steigere. Wir haben dabei gesehen, wie der freie Verkehr die Wunden, welche er heute schlagen mag, immer morgen selbst wieder heilt, und wir haben an- gedeutet, daß wir in den nun folgenden Abhandlungen über Werth, Preis und Geld den Leser noch mehr davon überzeugen würden, daß diese Selbst- heilkraft des Verkehrs auf natürlichen Gesetzen beruhe.

Wir wollen unser Versprechen erfüllen, aber der Leser muß sich zuvor von gewissen falschen Vorstellungen und Anschauungen, welche man durch den Schein geblendet von Jugend auf einsaugt, trennen.

Wir wissen aus unsern früheren Betrachtungen bereits, daß der Mensch Nichts im eigentlichen Sinne des Wortes s c h a f f e n kann, daß er vielmehr alle Materialien zur Befriedigung seiner Bedürfnisse aus der Natur entlehnen muß. Die Natur aber birgt in ihrem Schooße Alles, dessen der Mensch irgendwie bedarf, sobald er an der Stufenleiter seiner Bedürfnisse zu denjenigen Kenntnissen und Fähigkeiten emporgestiegen ist, welche die Auffindung und die erforderliche Zersetzung oder Vereinigung der Naturstoffe und Naturkräfte in hinlänglichem Maße ermöglichen. Die Luft, das Feuer, das Wasser, die Erde mit allen ihren Bestandtheilen, das Sonnenlicht, die Wärme, die Schwerkraft, die Expansionskraft und Co-häsionskraft, die Electricität u. s. w. u. s. w., sie sind da und harren nur der menschlichen Benutzung, und sie sind, wie wir das schon früher bemerkt haben, für Alle und zwar für Alle gleichmäßig da. Sie sind Gemeingut für Jeden, der sie zu benutzen weiß und benutzen will, Niemand braucht für sie irgend Jemandem etwas zu bezahlen, weder früher noch jetzt, weder wenn sie noch in dem Schooße der Natur schlummern, noch wenn sie in denjenigen Dingen wirken, welche wir Producte der menschlichen Arbeit nennen. Dies gilt gleichmäßig von allen Stoffen und Kräften der Natur, wenn es auch der oberflächlichen Betrachtung vielfach — namentlich z. B. bei dem Grund und Boden — anders zu sein scheint, und wenn auch selbst der Einsichtige vermöge seiner früheren Gewöhnung an die falsche Scheinauf-fassung immer noch Neigung hat, in die letztere wieder zurückzuverfallen.

Die Stoffe und Kräfte der Natur sind aber nur nutzbar, d. h. sie lassen sich von demjenigen, welcher sie zur Befriedigung von Bedürfnissen benutzen will, nur vermittelst größerer oder geringerer Anstrengung der persönlichen Kräfte, welche vielfach erst dazu vorgebildet sein müssen, also vermittelst Arbeit und zumeist auch Capital dazu benutzen. Es fehlt zwischen den nutzbaren Stoffen und Kräften der Natur und dem ihrer be-gehrenden Bedürfniß an und für sich jegliche Verbindung: diese Ver-bindung herzustellen, dient die Arbeit, die gegenwärtige und die frühere, aufgesparte. Daraus ist ersichtlich, daß wir in jedem Producte nur die darin verwandte Arbeit bezahlen, denn die damit verknüpfte Naturkraft können wir mit unserer eigenen Arbeit, wenn wir ihrer nur fähig und willig sind, selbst aus dem Schooße der Natur herbeiziehen. Jene die Naturkraft zu unserem Bedürfniß heranziehende und zurichtende Arbeit leistet uns den Dienst, daß wir dadurch der selbsteigenen Mühe, der selbst-eigenen Hinwegräumung des zwischen der Naturkraft und unserem Be-dürfnisse bestehenden Hindernisses überhoben werden, und d i e s e, u n s e r e e i g e n e B e m ü h u n g u n s e r s p a r e n d e, D i e n s t l e i s t u n g i s t e s a l l e i n, w e l c h e w i r b e z a h l e n.

Ist nun ein Naturstoff oder eine Naturkraft, oder sind deren mehrere zusammen aus der unpersönlichen Natur durch persönliche Arbeit entnommen, oder richtiger entlehnt — denn die Natur nimmt ihrer Zeit Alles wieder zu sich — und für menschliche Bedürfnisse und deren unmittelbare Befriedigung geeignet gemacht, so bildet diese in der Zubereitung liegende Arbeit, diese dem menschlichen Bedürfnisse erwiesene D i e n s t l e i s t u n g, den Werth des Gutes insofern, als diese Dienstleistung, wenn sie Jemandem wirklich erwiesen oder abgetreten wird, durch eine andere ähnliche Dienstleistung vergolten zu werden verdient. W e r t h   i s t a l s o   d i e   F ä h i g k e i t   e i n e s   G u t e s,   v e r m ö g e   d e r   d a r i n v e r w a n d t e n,   z u r   B e f r i e d i g u n g   m e n s c h l i c h e r   B e d ü r f= n i s s e   d i e n s t l i c h e n   A r b e i t,   a n d e r e   d e r g l e i c h e n   A r b e i t e n e i n t a u s c h e n   z u   k ö n n e n.

Man spricht gewöhnlich von zweierlei Arten von Werthen, nämlich von Gebrauchs= und Tauschwerthen, und nennt Gebrauchswerth die Fähigkeit, das eigene Bedürfniß des Inhabers zu befriedigen, Tauschwerth die Fähigkeit, auch auf die Bedürfnisse Anderer übertragen und dafür durch andere Befriedigungsmittel vergolten werden zu können; allein im Grunde genommen giebt es nur eine Art von Werth; denn in dem Worte „Werth“ liegt immer die Vergleichung zweier Dienstleistungen bezüglich ihrer Fähigkeit, Bedürfnisse befriedigen zu können, und diese Vergleichung ist im Verstande dieselbe Manipulation, welche der Tausch im wirklichen Verkehr ist. Ja im gewissen Sinne vertauscht der Selbstgebrauchende den Werth im Gebrauche ebenfalls mit einem anderen Werthe. Wenn der Eigenthümer des Werthes denselben für sein eigenes Bedürfniß verwendet, so thut er dies deßhalb, weil er die Dienstleistungen Anderer, welche er dafür eintauschen könnte, selbst überbietet, und er vollzieht in seiner eigenen Wirthschaft den Tausch, vertauscht den Werth, indem er ihn selbst gebraucht, an sich selbst, weil er selbst seinem Urtheil oder seiner Neigung nach sich mehr dafür zu vergelten glaubt, als Andere ihm dafür vergelten wollen. Ge= oder verbraucht er den Werth producirend, so erwirbt er dafür das neugeschaffene, den alten Werth verschlingende Product, verbraucht er ihn consumirend, so wissen wir, daß die Consumtion ebenfalls der Regel nach eine wiedererzeugende, reproductive Wirkung hat. Ob im einzelnen Falle die Consumtion wirklich eine reproductive ist, darauf kommt es hier, wo es sich um den Begriff handelt, nicht an, nach seiner, des Selbstgebrauchenden Annahme ist der gewonnene Werth: die gewachsene Muskelkraft, der Rausch, die Lust, oder was wir nehmen wollen, das ihm liebste Aequivalent. Umgekehrt ist der Tausch auch nur ein Gebrauch des Werthes, nur daß die Umwandlung eine andere Erscheinung der Verwendung darbietet. Der Werth erhält im Selbstgebrauch einen Umlauf nur in der eigenen Wirthschaft des Eigenthümers, während er im Tausch den Umlauf von einer Wirthschaft in eine andere, oder mehrere andere vollzieht. Des äußeren Umlaufs fähig sind, d. h. Tauschwerth können haben, alle Güter, sobald ihr Erwerb eine nennenswerthe, übertragbare Arbeit voraussetzt, die eben ihren Werth ausmacht; des innern Umlaufs in derselben Wirthschaft fähig sind, d. h. Gebrauchswerth können haben, ebenfalls alle Güter mit alleiniger Ausnahme des Geldes, das, wie wir später sehen werden, als solches keinen Gebrauchswerth, sondern nur Tauschwerth hat, da es lediglich da ist, Tauschwerkzeug zu sein. Da heutigen Tages das ganze wirthschaftliche Leben auf Arbeitstheilung und Tauschverkehr beruht, und die Werthe, wenn sie in der eigenen Wirthschaft der Erzeuger verbraucht werden, eben das allgemeine Wirthschaftsgebiet nicht betreten, so verstehen wir in der Volkswirthschaft unter Werth immer nur den Tauschwerth, und wir können demgemäß den Begriff „Werth" richtig und, so weit eben erforderlich befunden, erschöpfend dahin bestimmen, daß wir sagen: er ist die Fähigkeit, oder das Maß der Fähigkeit, andere, außerhalb der Wirthschaft des Eigenthümers befindliche Producte oder Leistungen zu kaufen. Wenn wir aber eben gezeigt haben, daß in ihm nur die durch Arbeit erzeugte Dienstleistung sich darstellt, so können wir mit Adam Smith einfach sagen: der Werth, d. i. der Tauschwerth, ist gleich der Menge Arbeit, die er den Eigenthümer in den Stand setzt, zu kaufen, oder die er ihm zur Verfügung stellt. Letzteres muß aber richtig verstanden werden. Man darf unter der den Werth vergeltenden Arbeit ebensowenig die wirklich geleistete Arbeit verstehen, als unter der im Werth steckenden Arbeit die wirklich geleistete Arbeit verstanden werden darf. Vielmehr, — da die Arbeiten des Werthes und des Gegenwerthes nur als Dienstleistungen für die Befriedigung der beiderseitigen Bedürfnisse in Betracht kommen —, sind auf beiden Seiten nur die zu der fraglichen Bedürfnißbefriedigung sonst, ohne den fraglichen Werth, erforderlichen Arbeiten, nur diejenigen Arbeiten zu verstehen, welche dem Empfänger durch die Dienstleistung unter den gerade statthabenden Verhältnissen erspart werden, d. h. welche selbst zu verrichten, oder durch Andere, als die den fraglichen Tauschwerth Offerirenden, verrichten zu lassen, dem Empfänger unnöthig gemacht wird.

Einige Beispiele werden nun dem Leser das ganze Wesen des Tauschwerths noch verständlicher machen, und die alten tiefeingewurzelten Vorurtheile, als ob der Werth in den Naturstoffen oder Kräften, oder in der vertauschten Sache selbst, als solcher, oder in der wirklich bei der Erzeugung aufgewandten Arbeit läge, vollends beseitigen.

Wir bedürfen der Luft, um zu athmen, des Wassers, um unsern Durst zu löschen. Beide Stoffe sind in hinreichender Fülle vorhanden; die Luft umfließt uns überall auf der ganzen Erde, das Wasser bringt die Natur durch Verdunstung des Oceans durch die Wolken und deren Niederschlag in den Betten der Flüsse und Seen und in den Quellen der Erde zu uns. Wir sehen, diese Naturgaben sind, wenn wir sie aus der un-

mittelbaren Nähe schöpfen, umsonst für Alle. Aendern die Luft und das
Wasser ihre Natur, werden sie andere Substanzen, andere Dinge, wenn
wir, wie wir gemeiniglich sagen, unter besonderen Verhältnissen für sie
etwas bezahlen müssen? Der Taucher, wenn er am Meeresgrunde arbeiten
will, bedarf einer Luftpumpe und eines Menschen, welcher diese in Bewegung
setzt. Bezahlt er dem Mechanikus und dem Pumper die zugeführte Luft,
oder die an der Pumpe und mit derselben verwendete Arbeit? Doch gewiß
nur die letztere, die Luft ist und bleibt die reine unentgeltliche Naturgabe.
— Das Wasser, dessen ich bedarf, wollen wir uns nun einmal eine halbe
Meile, ein anderes Mal eine Meile, ein drittes Mal zwei Meilen weit
u. s. w. entfernt denken. Nun kostet mir das Herbeibringen (wenn wir
einmal von den Vorbereitungen, den Eimern ꝛc. absehen wollen) im ersten
Fall etwa zwei Stunden, im zweiten etwa vier, im dritten Falle etwa
acht Stunden Arbeit. Ich sage zu meinem Nachbar: Du mußt dir doch
auch Wasser holen, hole mir gleich meinen Bedarf mit. Er ist einver-
standen, wenn ich ihm diesen Dienst gebührend vergelte. Wir kommen
überein, daß ich dafür seinen Sohn im ersten Falle eine Stunde, im zweiten
Falle zwei, im dritten Falle vier Stunden, und so je nach der größeren
Entfernung und demnach größeren Schwierigkeit des Wasserholens immer
länger, unterrichte. Wird hier das Wasser bezahlt von der einen, und
der dem Jungen vorgetragene Lehrgegenstand von der anderen
Seite? Beide haben so wenig Aehnlichkeit mit einander wie die Bedürfnisse, die damit befriedigt werden sollen, und unmöglich könnte man also
für beide einen gemeinschaftlichen Maßstab finden, womit sie zum Zwecke
der Vereinbarung gemessen werden könnten. Aber die beiderseitigen Anstrengungen können so verglichen werden, daß man sagt: die eine ist der
andern werth, und wir sehen in der That, wie mit der auf der einen
Seite erforderlichen Krafterhöhung auch die Krafterhöhung auf der andern
Seite wachsen wird, wie die Arbeit des Unterrichtgebers in erhöhtem
Maße verlangt wird, wenn das Wasserholen sich erschwert. Beide Tauschenden sprechen in diesen Fällen bei ihrer Vereinbarung immer noch von
ihren Dienstleistungen und deren Größe.

Denken wir uns nun, der Junge sei allmählig meinem Unterricht
entwachsen, und ich komme nun mit dem Nachbar überein, daß ich ihm
für das Mitbringen des Wassers einen Groschen gebe. Nun heißt es:
seine Dienstleistung ist einen Groschen werth. Es ist immer noch
deutlich hervortretend, daß die Dienstleistung des Wasserholens und
nicht das Wasser bezahlt wird. Letzteres ist und bleibt unentgeltlich.
Auf der andern Seite aber wird schon ein Groschen, d. h. eine Sache
als Gegenleistung genannt, anstatt der Arbeit, die ihn erzeugte. Wenn
nun aber mein Nachbar anfängt, auch für Andere Wasser zu holen, und
nach und nach aus dem Wasserholen sein alleiniges Geschäft macht, so
verschwindet allmählig immer mehr die Dienstleistung unserer Wahr-

nehmung und Auffaffung, und wenn demnächst der Nachbar einen
Laden einrichtet, aus dem jeder Ortseinwohner sich seinen Wasserbedarf
holt, dann denkt man gar nicht mehr daran, daß man mit Arbeit
es auch anderweitig sich verschaffen möchte, man holt es sich Tag für Tag
von jenem Wasserhändler und sagt nun endlich: das Wasser kostet
pro Eimer einen Groschen. In der That ist aber so wenig das
Wasser mit dem Groschen, als der Groschen mit dem Wasser bezahlt.
Das Wasser ist umsonst nach wie vor und das Silber ebenfalls; in beiden
ist nur die durch Arbeit erzeugte Dienstleistung bezahlt.

Ja, wird nun vielleicht der Leser sagen: die Luft und das Wasser
kann jeder umsonst haben, wenn wir aber nun andere Dinge nehmen, die
wir niemals umsonst haben können, z. B. einen Rock u. s. w., dann bezahlen wir doch diese in der That und zwar auch die darin enthaltenen
Naturstoffe, z. B. die Wolle, den Flachs u. s. w.? Auch bei diesen sind
es lediglich Arbeiten, die bezahlt werden, und um Dies zu sehen,
müssen wir dergleichen zusammengesetzte Dinge nur in ihre einfachen Bestandtheile zerlegen und jeden Bestandtheil nach seinem Ursprung befragen.
Wir bezahlen für einen Rock z. B. 10 Thlr., drei rechnen wir dem
Schneider zu. Davon erhält dieser etwa einen für Arbeit, und zwei hat
er ausgelegt für Seide, Knöpfe, Futter ꝛc. Ebenso hat der Tuchhändler,
welcher 7 Thlr. bekommt, vielleicht einen Thaler für Arbeit und Capital,
oder, um rein aufzulösen, sagen wir, für gegenwärtige und vergangene
Arbeit erhalten. Betrachten wir nun die Auslagen des Kaufmanns und
Schneiders für die Materialien, so stoßen wir auf den Weber, Spinner,
Viehzüchter und Landmann, auf deren Hülfsarbeiter, welche die Fabrik,
die Werkstatt u. s. w. gebauet, welche den Boden berieselt u. s. w., wir
stoßen auch auf die Handelsstraßen, auf die Rechtssicherheit u. s. w., welche
ebenfalls ihr Theil abhaben wollen, und wirklich verdienen, da die Werthe
nur Werthe sind, wenn Bedürfnisse, welche dadurch befriedigt werden
sollen, also eine genugsame Menge von Consumenten, darnach verlangen.
Wenn wir in dieser Weise die Bestandtheile eines Werths bis ins Tau-
sendste und Abertausendste verfolgen, so stoßen wir immer zuletzt auf einfache, an unentgeltliche Naturstoffe verwandte Arbeiten, und kein Tau-
sendtheil oder Milliontheil eines Pfennigs bleibt übrig für die Bezahlung
irgendwelcher Mitwirkung der Natur. Diese Bezahlung wäre eine Bezahlung Gottes, und eine Unmöglichkeit. Selbst bei Ermittelung des
Werths des Grund und Bodens, oder der in und mit ihm erzeugten
Früchte finden wir keinen Deut, welcher auf das Conto der Natur käme;
es wäre das auch um so sonderbarer, da in der That die Erde noch nicht
einmal zum dritten Theil bewohnt, und nicht zum zehnten Theil cultivirt, also uncultivirtes Land noch genug umsonst zu haben ist. Aus
letzterem Grunde ist ja Derjenige, welcher sich ein Stück Land eintauscht,
immer im Stande, durch eigene Arbeit von dem noch unangeeigneten

Lande irgendwo sich, so viel er will, zu cultiviren, und vom Tausche ab=
sehend, wird er ja entschieden durch eigene Arbeit, und ohne Bezahlung
für Naturstoff und Naturkraft, dazu und zu dem Früchteertrag gelangen
können.   Bestreitet uns Jemand, daß noch unentgeltlich Grund und
Boden zu haben ist, so verweisen wir ihn auf die unbewohnten Steppen
Amerikas und Afrikas.   Wenn er uns aber sagt: nein, in Europa, und
gerade in Deutschland, und etwa gerade in Mecklenburg will ich das Land
haben, nun dann fragen wir ihn: warum das? und er wird uns auf
alle die Vortheile aufmerksam machen, welche das Grundstück hier vor ten
afrikanischen Steppen voraus hat dadurch, daß er die zu gewinnenden
Früchte zu hohem Preise absetzen, auf den vorhandenen Communications=
wegen transportiren, und den Ertrag ruhig und sicher genießen und vor=
theilhaft verwerthen kann, indem er wohl bald merkt, daß das Land ja
nur zum Zwecke des Fruchtertrages und dieser nur zum Zwecke der Be=
dürfnißbefriedigung in Betracht kommt, und zwar wesentlich auch der
Bedürfnißbefriedigung Anderer wegen, welche mit ihren verschiedensten
Producten unser Korn bezahlen.   Hat aber unser Zweifler erst Das zu=
gegeben, nun, dann muß er auch einräumen, daß alle die Arbeiten, welche
nothwendig waren, um alle die Consumenten um uns her zu häufen, und
dieselben in den Stand zu setzen, uns unser Korn mit anderen Gegen=
werthen abzukaufen, für den Werth unseres Grundstücks wesentlich in
Betracht kommen, und daß deren Gegenwerthe in der Höhe, wie sie für
unser Korn geleistet werden, eben den Werth unseres Grundstücks aus=
machen.   Es sind dies die Gegenwerthe, welche uns in den Stand setzen,
den Kornertrag zu erzielen und zu erhöhen; Spaten und Hacken und die
unsere Arme zum Graben ꝛc. befähigenden Speisen, und weiter diejenigen
Gegenwerthe, in Gestalt welcher wir unser Korn in den verschiedensten
Formen genießen: Kleidung, Wohnung, Handelsstraßen, Rechtssicherheit,
geistige Genüsse u. s. w. u. s. w.   Die Möglichkeit, solche Befriedigung
von dem Ertrage unseres Landes zu haben, macht den Morgen Landes
in dem bevölkerten, civilisirten Staate theuer, d. h. macht es, daß wir
die in dem Grundstücke und um dasselbe befindlichen Arbeitsanhäufungen
eines hohen Entgelts werth achten, und die Unmöglichkeit, solche Be=
friedigung mit dem Grundstücke in Afrika zu erlangen, macht es, daß
dort die Grundstücke umsonst zu haben sind, keinen Werth haben.

Nutzbar oder nützlich sind also die Stoffe und Kräfte der Natur,
aber sie haben an sich keinen Werth, sondern Werth hat nur die daran
haftende Arbeit.   Wer dies nun weiß, der wird sich nicht mehr dadurch
beirren lassen, daß in derselben Gegend ein fettes Land theuer, und ein
mageres billig bezahlt wird.   In dem fetten Lande — und es wäre
lächerlich, zu behaupten, daß ohne daran haftende Arbeit, von Natur
aller Boden gleich fett sei — sind mehr nützliche Stoffe und Kräfte, oder
dieselben sind nützlicher gemischt, und das hat die Folge, daß sich an ihm

die Arbeit leichter verwerthet, d. h. daß die Arbeit größere Dienste leistet. Immer ist es aber die Arbeit, welche den Werth erzeugt, und dies würde eben so wahr bleiben, wenn Gott alle Grundstücke unendlich viel fetter gemacht hätte, als sie sind, oder wenn er sie unendlich viel magerer gemacht hätte, als sie sind. Folglich ist es auch jetzt bei den mageren nicht wahrer, als bei den fetten. Auch die Sonne kocht im Süden stärker als im Norden, bezahlen wir deßhalb für ihre Strahlen irgend Jemandem etwas? Ebenso ist ein Gehirn fruchtbarer als das andere, würde man deßhalb sagen können, die Denkorgane in ihrer Natürlichkeit seien entgeltlich, d. h. ein kostender Factor der Production? Nicht mehr, als man das Glück, das dem einen die Arbeit mehr erleichtert als dem anderen, einen kostenden Factor nennen kann.

Wonach bemisset sich nun in den einzelnen Fällen der Werth der Güter, d. h. wonach bestimmt sich ihre Tauschkraft? Da nicht das Gut selbst, an sich, sondern nur die in ihm steckende Arbeit bezahlt wird, so werden wir so viel auch wohl schon sehen, daß der Werth in dem Gute nicht ein für alle Mal festsitze, denn es kann ja in demselben Gute bald viel, bald wenig Arbeit stecken bei derselben Güte. Auch das Maß der wirklich daran haftenden Arbeit entscheidet nicht über den Werth, wie wir ja täglich sehen. Der Goldgräber mag an dem ersten Tage seiner Arbeit, oder nach einem Jahre vergeblichen Grabens einen Klumpen Gold finden, das hat im einzelnen Falle auf den Werth keinen nothwendigen Einfluß, und wenn ich am Meeresstrande ganz zufällig durch ein glückliches Hinblicken auf den richtigen Fleck einen Diamant finde, so werde dennoch dafür einen hohen Preis erlangen. Wenn derjenige, welcher ihn zu acquiriren gedenkt, meinen Preis zu hoch findet, weil ich ihn leicht erworben habe, so erwiedere ich ihm, er möge sehen, ob er einen eben so glücklichen Moment eben so leicht treffen könne, und er muß mir eingestehen, daß er wahrscheinlich viel mehr Zeit gebrauchen würde, ihn zu finden, als er mir in der von ihm offerirten Gegenleistung angeboten hat. Will er mir meinen Preis nicht zahlen, so hoffe ich, ihn von einem Anderen zu erwerben. Der Diamant ist zwar in mancher Leute Augen, und auch in meinen Augen nicht viel Aufhebens werth, allein es giebt nun einmal Leute, die viel darum geben, und wollen sie ihn haben, so handelt es sich eben nur darum, ob sie ihn ohne mich billiger bekommen können. Können sie dieses nicht, und ist ihr Bedürfniß groß genug, daß es zuletzt doch lieber die von mir geforderte Gegenleistung opfert, als meinen Diamant, so wird der Erfolg zeigen, daß letzterer den Werth hat.

Der Werth eines Guts richtet sich einmal nach der Vielheit und Stärke der Bedürfnisse, die durch dasselbe befriedigt sein wollen, und also seine Entbehrung schmerzlich empfinden, und sodann zweitens nach der Vielheit der Möglichkeiten, diese Bedürfnisse auch anderweitig, ohne das

Gut, befriedigen zu können. Einmal ist also bestimmend die größere oder geringere Concurrenz der Bedürfnisse, und sodann die derselben gegenüberstehende größere oder geringere Concurrenz der Befriedigungsmittel. Das drückt man kurz aus: Angebot und Nachfrage bestimmen den Werth eines Guts, einer Dienstleistung. Wollen viele und dringende Bedürfnisse durch ein Gut befriedigt sein, und sind wenig gleiche, oder ähnliche Güter vorhanden, welche die Befriedigung mit übernehmen können, dann ist starke Nachfrage für das Gut da, es läßt sich suchen, und giebt sich nur der höchsten Gegenleistung hin. Sind aber die Bedürfnisse nach demselben gering an Zahl, oder an Kraft, ist wenig Nachfrage da, und sind viele Güter da, welche zu ihrer Befriedigung dienen, also viel Angebot, dann muß sein Eigenthümer unter Concurrenz aller übrigen Eigenthümer derselben, oder ähnlicher Güter, sich dem Bedürfnisse aufdrängen, und muß mit einem geringen Preise fürlieb nehmen.

Hieraus, daß nicht die innere Beschaffenheit des Guts und die Masse der daran wirklich verwandten Arbeit dessen Werth bestimmt, sondern die rein äußere Thatsache der Nachfrage im Verhältniß zum Angebot, folgt, daß ein Producent auf nichts Anderes zu sehen hat, als auf den Stand dieses untrüglichen Barometers, und daß er nothwendig weniger darauf bedacht sein muß, Angebot und Nachfrage zu gestalten, als vielmehr seine Production dem jedesmaligen Stande derselben gemäß einzurichten. Nur in einzelnen Fällen influirt die Speculation, und meist folgt einem etwanigen augenblicklichen Gelingen derselben ein Verlust bereitender Rückschlag.

Knüpfen wir an unsere Bemerkungen über die Unentgeltlichkeit der Stoffe und Kräfte der Natur wieder an, und erinnern wir uns dessen, was wir bereits mehrfach hervorgehoben, daß es dem Menschen vermöge der Wissenschaften immer mehr gelingt, die Natur dienstbar zu machen und mit arbeiten zu lassen, so wird es immer klarer, daß der Reichthum der Menschheit immer größer und die Arbeit verhältnißmäßig immer geringer wird. Wilde brauchen für jede Person fast eine Quadratmeile, um kärglich etwa von der Jagd leben zu können, während jetzt auf mancher Quadratmeile über 10,000 Menschen, ja in großen Städten eine noch viel größere Zahl unendlich viel wohler leben. Wie hart ist in der rückständigsten Periode überall die Arbeit, und wie karg ist ihr Erfolg gewesen? Mit wie wenig Arbeit schafft dagegen jetzt die künstliche Maschine in wenigen Stunden Befriedigung für die umfassendsten Bedürfnisse! Der wenig beschaffenden harten Leistung auf der einen Seite mußte in der rückständigen Zeit eine geringe, aber unter vielem Schweiße errungene Gegenleistung entsprechen. Geringe Nützlichkeiten hatten großen Werth. Es gab wenig Nützlichkeiten selbst für die, welche viel Werthe, d. h. viel persönliches Eigenthum hatten. Dagegen steckt in den jetzt erzeugten Gütern viel Mitwirkung der unentgeltlichen Natur und wenig

Arbeit, d. h. wenig entgeltliche Dienstleistung, wenig Werth. Das Reich
des Umsonst ist unendlich gewachsen, d. h. das Gemeingut der Natur ist
unendlich viel mehr allen Menschen zugänglich, das Reich der Werthe,
d. i. des kostenden Eigenthums, wird immer enger — der wirkliche Reichthum Aller nimmt zu, die Armuth nimmt immer mehr ab.

Nach diesen Erklärungen wird es unschädlich sein, wenn auch wir
im weiteren Verlaufe der Bequemlichkeit halber der gewöhnlichen Rede-
weise: „das Gut ist so viel werth“, oder „kostet so viel“, uns anschließen;
der Leser weiß einmal, daß dies nur bildlich gesagt ist, statt: die in dem
Gute, in der Sache verwandte Dienstleistung ist einer so großen Gegenleistung werth.

§. 34.
Der Preis.

Wenn Werth die Fähigkeit eines Guts, einer Dienstleistung ist,
andere Güter, andere Dienstleistungen einzutauschen, so ist Preis die
wirkliche Menge, die wirkliche Abmessung dieser Gegenleistung. Der
Werth besagt, wie viel Arbeit eingetauscht werden kann, oder muß; der
Preis besagt, wie viel Arbeit wirklich eingetauscht wird.

Wenn wir den Werth in Betracht nehmen, für welchen die
Gegenleistung als Preis ermittelt werden soll, so wissen wir aus unseren
Betrachtungen im vorigen Paragraphen, daß eigentlich in dem Gute nur die
Dienstleistung bezahlt wird, daß also eigentlich jeder Preis als Arbeitslohn
aufgefaßt werden müßte. Die tägliche Sprache aber, welche statt dessen
vom Werthe des Guts selbst spricht, benennt die Gegenleistung je nach
der Gestalt, worin die Dienstleistung äußerlich auftritt, und je nachdem
der Gegenstand, in welchem sie sich darstellt, mehr oder weniger vollständig
übertragen wird, verschieden: Kaufpreis, Pacht, Miethe, Zins, Rente,
und behält den Namen Lohn — Arbeitslohn, Dienstlohn — nur für die
Fälle, in welchen die Dienstleistung lediglich in Form von Handlungen
auftritt. — Betrachten wir die zu ermittelnde Gegenleistung, welche
für den Werth gegeben werden soll, so heißt diese Preis im engern Sinne
nur dann, wenn sie sich in Geld darstellt, in welchem Falle dann der
Werth gewöhnlich Waare genannt wird.

Letztere Darstellung und Abschätzung in Geld ist jetzt im ganzen
Verkehr durchgreifend geworden, weil hierdurch allein die für den Tauschverkehr erforderliche Bestimmtheit und allseitige Gleichheit der Vorstellung
gewonnen wird. Geld ist, wie wir später bei dessen Betrachtung sehen
werden, diejenige Waare, welche im Allgemeinen von allen die größeste
Circulationsfähigkeit hat, und dadurch und durch die sich daran knüpfenden Vortheile allgemein für geeignet geachtet ist, den nothwendigen Vermittler und Durchgangspunkt für alle Tauschgeschäfte zu bilden, der Art,

daß Jeder, welcher überflüssige Waaren hat, und vermittelst ihrer je nach Gelegenheit seine verschiedenen Bedürfnisse befriedigen muß, durch diese Eigenschaft und Mächtigkeit des Geldes in den Stand gesetzt ist, seine ihm für die Zukunft bevorstehenden Tauschgeschäfte bereits zur einen Hälfte, also gewissermaßen in blanco — d. i. bis auf die Benennung und Bedingungen des zweiten Tauschcontrahenten — dadurch abzuschließen, daß er sie einstweilen in Geld umsetzt, um dann später je nach Gelegenheit damit seinen weiteren Bedarf zu erlangen, d. i. um mit ihm die zweite Hälfte des Tauschgeschäfts nach beliebiger Richtung zu realisiren. Es hat gar keine weitere Bedeutung als: diese Vermittelung und diesen Durchgangspunkt für die sämmtlichen Gütertäusche zu bilden, letztere werden durch diese Vermittelung, welche sie in zwei Hälften, jedes Tauschgeschäft in zwei Kaufgeschäfte spaltet, so sehr von einander gerissen, daß sie im bunten Wirrwarr des Verkehrs als sich gänzlich fremd erscheinen, und daß der gewöhnliche Mann das blos vermittelnde Geld als Ausgangs- und Endpunkt betrachtet. Alle Güter erhalten durch das Geld in dieser Weise einen bestimmten gemeinsamen Maßstab für ihren auch ohne ihn schon vorhandenen, aber noch nicht gekannten Tauschwerth. (Wenn man zwei Dinge vergleichen will, muß man sie ja nothwendig mit einem dritten als ihrem Maßstab vergleichen.) Man sieht, wenn und soweit alle Tauschhändel in Form von Verkäufen nach gegenseitigem Dingen und Markten abgeschlossen und bekannt geworden sind — durch Börsenberichte ꝛc. — wie sich der Tauschwerth ihrer Quantitäten und Qualitäten gegenseitig zu einander verhält, wenn man ihre Preise auf ein Geld reducirt und mit einander vergleicht. Den Preis, welchen man so mit Rücksicht auf die Quantitäten und Qualitäten der Waaren oder Leistungen findet, nennt man, wenn er sich in häufigen solchen Tauschhändeln befestigt hat, den Marktpreis. — Der Preis einer einzigen Waare, d. h. wenn nur hinsichtlich dieser einen Waare Verkäufer und Käufer sich zu einem Geldpreise geeinigt hätten, würde uns noch kein Bewußtsein von dem Werthe der Gegenleistung geben; denn da die Anbietenden nur anbieten, um sie drängende Bedürfnisse anderer Art mit dem Erlös zu befriedigen, und da ferner die Nachfragenden, um kaufen zu können, nothwendig ihrerseits Dienstleistungen in Geld haben umsetzen müssen, so ist ersichtlich, daß ich vermittelst der Umsetzung in Geld auf die wirkliche Höhe der Gegenleistung, welche die fragliche Waare erzielt, erst schließen kann, wenn ich die Höhe der Dienstleistung kenne, mit welcher der jetzige Käufer das Geld eingetauscht hat, und derjenigen, welche der jetzige Verkäufer mit dem Gelde wieder als Käufer eintauschen wird. Wenn z. B. heute Schulze an Müller Korn verkauft, so ist diesem Handel bereits ein Handel vorausgegangen, in welchem Müller dasselbe Geld etwa von Krüger für Schuhe erhielt, und es wird ein Handel nachfolgen sollen, indem Schulze mit dem Gelde etwa Tuch zu einem Rocke kaufen will.   Die Schuhe, das Korn, das Tuch repräsentiren jedes eine Quantität Arbeit, und da diese drei Producenten es dem letzten Erfolge nach nicht auf die Geldstücke, die vielmehr immer von Einem zum Anderen wandern, sondern auf die Schuhe, das Korn und das Tuch des Anderen abgesehen haben, so ist der Preis der Schuhe eigentlich das Korn, und der Preis des Korns wieder das Tuch zum Rock.   Ob nun das Korn einen hohen Preis erhalten hat, das hängt also eigentlich davon ab, ob der Käufer Müller in seinen Schuhen eine große Dienstleistung hat opfern müssen, und ob Schulze ein werthvolles Stück Tuch wird bekommen können.

Dies, also die Größe der eingetauschten Dienstleistung entscheidet also eigentlich erst über die Höhe des Preises, und darnach kann allerdings die Geldsumme ohne Hinblick auf die Preise anderer Waaren nicht hoch und nicht niedrig genannt werden, sie bedeutet in einem Lande und zu einer Zeit vielleicht etwas ganz Anderes, als in dem anderen Lande und zwar zur anderen Zeit; allein da in demselben Gelde alle Werthe sich ausprägen, und die vielen Kaufhändel über alle Waaren in einem Lande und zu einer Zeit für alle mehr oder weniger feste Marktpreise geschaffen haben, so weiß ich schon an der Vielheit des Geldes, das Jemand als Verkäufer bekommt, also schon nach Vollendung der ersten Hälfte eines Tauschgeschäfts, so ziemlich, ob der erhaltene Preis ein hoher oder niedriger ist.   Ja, nachdem das Geld diese allgemeine Tauschkraft erhalten hat, giebt es richtiger die Preishöhe an, als jeder wirkliche Gebrauchswerth, weil der Verkäufer mit dem Empfange von Geld allein in die Möglichkeit gesetzt wird, jeden ihm beliebigen Gebrauchswerth sich zu verschaffen.   In Anbetracht der Vielseitigkeit seiner Bedürfnisse hat der Producent sich vermittelst seiner Production gerade diese allgemeine Möglichkeit vorerst verschaffen wollen; an einen bestimmten einzutauschenden Gebrauchswerth hat er wahrscheinlich von vorne herein gar nicht gedacht.

Der letztere Gesichtspunkt ist auch für die Preisbildung entscheidend. Im Grunde genommen nämlich ist der Gebrauchswerth eines Guts, einer Leistung, für den Verkäufer und für den Käufer allerdings entscheidend, ob Ersterer verkaufen oder leisten (im Wege des Selbstgebrauchs, oder des Tausches von dem Gute Gebrauch machen) und ob Letzterer kaufen, d. h. einen anderen Werth opfern will.   Es ergiebt sich hieraus, daß an und für sich allerdings der Gebrauchswerth für den Verkäufer das Mindeste ist, wofür dieser verkauft, und daß der Gebrauchswerth für den Käufer das Höchste ist, wozu dieser kauft.   Da aber in dem jetzigen Wirthschaftsleben Jeder im Wege der Arbeitstheilung überflüssig in einer Branche producirt, um durch Vermittelung des Geldes mit seinen Producten andere Producte zu erwerben, so fällt dieser Gesichtspunkt des eigenen Gebrauchswerths des Verkäufers praktisch so ziemlich ganz außer

Betracht, und es tritt statt dessen der Gesichtspunkt ein, daß der Verkäufer seine Productionskosten wieder und außerdem noch einen
Gewinn haben will, wie ihn sein und der Seinigen Lebensunterhalt nach
Sitte und Gebrauch mindestens erfordert. Für den Käufer aber, welcher
das Geld, womit er jetzt kaufen will, ebenfalls als berufsmäßiger Producent und Verkäufer zu dem Zwecke erworben hat, um zu der jetzt von
ihm zu kaufenden Waare zu gelangen, tritt wesentlich der Gesichtspunkt
der Anschaffungskosten ein, d. h. für ihn ist maßgebend, ob er
nicht etwa anderweitig billiger zu der Waare gelangen kann.

Untersuchen wir nun, wie sich die Sache gestaltet, wenn der Producent mit seiner Waare den Markt betritt, um seine Kosten wieder und
noch obendrein einen Gewinn zu erzielen. Er möchte den Gewinn natürlich möglichst erhöhen, und sucht also seinen Käufer möglichst in die Höhe
zu treiben; allein er wird hierin durch die Mitwirkung anderer Producenten behindert. Käufer möchte dagegen unsern Producenten möglichst hinabdrücken, allein er wird durch die Mitbewerbung anderer Consumenten behindert. In diesem Kampfe findet also der Verkäufer dadurch
eine Grenze, daß der Käufer niemals mehr giebt, als die Anschaffungskosten, wofür ihm die Waare anderweitig zu Gebote steht, und der Käufer
findet dadurch seine Grenze, daß Producent niemals billiger verkaufen
will, als wofür das Product herzustellen ist, und zwar so herzustellen ist,
daß die Erzeugung noch ihren Mann nährt.

Wie wird sich dies Auf- und Abdrängen des Preises durch die Concurrenz in der Nachfrage und in dem Angebot in der Praxis gestalten,
und welche Rückwirkung wird der steigende und sinkende Preis selbst wieder auf Angebot und Nachfrage ausüben?

Das Bedürfniß, die Nachfrage, ist mehr oder weniger gierig und
gebieterisch, je nachdem es sich auf nothwendige oder weniger nothwendige
Dinge richtet. Man unterscheidet im täglichen Leben nothwendige, An-
stands- und Luxusbedürfnisse, eine Unterscheidung, welche den Grad der
Unvermeidlichkeit nach der einen, und der Vermeidlichkeit nach der andern
Seite richtig bezeichnet, wenn man nur dabei zu bemerken nicht vergißt,
daß diese Begriffe rücksichtlich ihrer Anwendung auf verschiedene Zeiten
und Orte und auf verschiedene Gesellschaftskreise und Personen verschiedener Abgrenzung fähig und benöthigt sind. Dies beachtet, läßt sich
nicht verkennen, daß, je näher ein Bedürfniß der absoluten Nothwendigkeit ist, desto mehr es beim Mangel an Befriedigungsmitteln, ja bei der
Befürchtung eines solchen Mangels schon, geeignet ist, eine allseitige
fieberhafte Nachfrage hervorzurufen, und so die Preise rapide zu steigern
bis hoch über die Productionskosten hinaus. So sehen wir das Getreide, wenn dasselbe kurz vor der neuen Ernte knapp wird, oft mit jedem
ungünstigen Witterungstage plötzlich im Preise steigen. Auch das An-
stands- und Luxusbedürfniß kann unter gewissen Verhältnissen eine sehr

hitzige Concurrenz in der Nachfrage erzeugen, wie wir das z. B. häufig an dem rapiden Steigen des Pelzwerks bei plötzlich eintretender Kälte sehen; allein den ganz unerbittlichen Zwang des absolut nothwendigen Bedürfnisses können sie niemals, wenigstens nicht in den weitesten Gesellschaftskreisen, üben.   Stellen wir nun jedes einzelne Bedürfniß im Allgemeinen unter welche Classe wir wollen: das weniger gebieterische Bedürfniß tritt hinter dem nothwendigeren, wenigstens im Allgemeinen, zurück, sobald letzteres unbefriedigt bleiben soll.   Je weniger Getreide da ist, desto mehr muß der Wohnung, Kleidung, und noch mehr den reinen Annehmlichkeiten, Tabak, Bier, Wein ꝛc. abgebrochen werden.   Sobald es aber wieder reichlicher vorhanden ist, desto mehr dehnen sich auch sogleich die Anstands- und Luxusbedürfnisse wieder aus.   Für die Frage nach dem Vorhandensein der Befriedigungsmittel müssen wir freilich nicht blos an das natürliche Dasein derselben denken, sondern eben so sehr an deren Zugänglichkeit für alle Einzelnen, oder vielmehr umgekehrt: rücksichtlich der auf den Preis der Güter influirenden Bedürfnisse ist wohl zu merken, daß nur diejenigen Bedürfnisse in Betracht kommen, welche die fraglichen Güter kaufen können.   Kaufen können nun nur Diejenigen, welche durch ihre Production Geld erworben haben.   Dieserhalb wird die Ausdehnung eines Bedürfnisses nach einer Waare sich durchaus darnach richten, wie viel in den übrigen Gütern producirt ist.   Die Elasticität der Bedürfnisse, d. h. die Ausdehnbarkeit und Einschränkbarkeit derselben bezieht sich also nicht allein auf die natürliche Möglichkeit, sich in seinen Bedürfnissen einschränken und ausdehnen zu können, sondern auch auf die sociale und wirthschaftliche Möglichkeit oder Nothwendigkeit: dem Bedürfnisse durch productive Wiedervergeltung entsprechen zu können.   Wer wenig producirt, übt eine geringe Nachfrage aus, nimmt nur an der Nachfrage nach den allernothwendigsten Gütern und überhaupt im günstigsten Falle nur soweit Theil, als er von seiner Einnahme für jedes Gut, je nach dessen augenblicklichem Preise, etwas erübrigen und verwenden kann: er muß von der Nachfrage nach jedem Gute nothwendig zurücktreten, sobald er mit dem für dieses Gut ausgesetzten und im Hinblick auf noch nothwendigere Güter verwendbaren Gelde bis zu dessen Preise nicht mehr hinanreichen kann.   Darnach ist klar, daß wie die Menge der befriedigt seinwollenden actuellen Bedürfnisse den Preis steigert, nothwendig die Höhe des Preises die Kundschaft schmälern, und also selbst wieder Grund sein muß, daß der Preis wieder so weit sinke, daß wieder die nöthige Kundschaft vorhanden sei. — Wer dagegen viel producirt, kann allen Bedürfnissen die freieste Ausdehnung vergönnen. — Demnach ist die Nachfrage, d. h. die wirkliche, actuelle, solvente Nachfrage, welche allein auf das Steigen der Preise Einfluß hat, am ausgedehntesten in den Ländern, wo Jeder sich productiv regt und regen darf, und sie muß am schwächsten sein, wo die Production

behindert ist. In den productivsten Ländern werden selbst die Luxusbedürfnisse allgemein nothwendige, und in den am wenigsten productiven
Ländern wird die genugsame allseitige Befriedigung selbst der nothwendigsten Bedürfnisse als Luxus gelten. Demnach wird also in den productivsten Ländern, — so lange wir nur die Nachfrage betrachten — für jedes Product der höchste Preis erzielt werden; der
Preis hat hier in Folge der Nachfrage den höchsten Spielraum in
die Höhe, weil er durch die Production bezahlt wird.

Man kann mit J. B. Say diesen Einfluß der actuellen Bedürfnisse
auf den Preis und folglich hinwiederum des Preises auf die actuelle
Nachfrage durch eine Pyramide versinnlichen — Figur A B C — welche sich

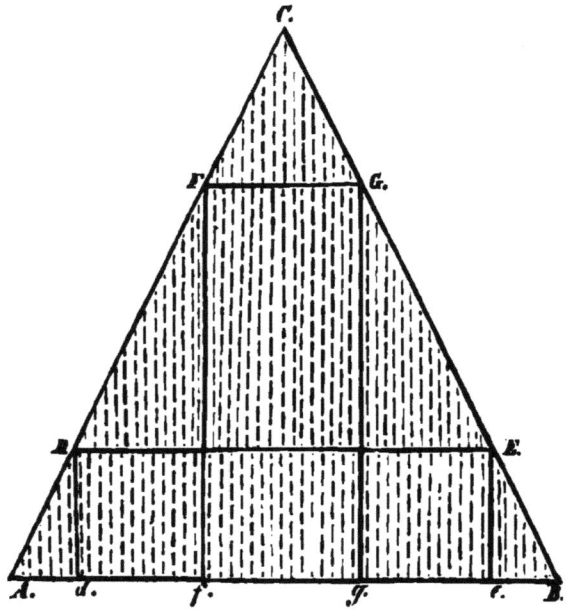

daburch bildet, daß man die Reicheren sich als höhere und die Aermeren
als niedrigere senkrechte Linien auf der Grundfläche — A B — denkt.
Querdurchschnitte, D E und F G — in dieser Pyramide bezeichnen die
höheren oder niedrigeren Preise, je nachdem sie mehr der Spitze oder der
Grundfläche zu sich nähern, und zeigen dann zugleich, ein wie großer
Theil der Bevölkerung bei der angenommenen Preishöhe ein Product
irgend einer Art kaufen kann, also eine schmälere oder breitere Kundschaft,
indem nur die Bevölkerung der Grundfläche dies kann, welche mit ihrem
für dieses Product erschwinglichen Vermögen bis zu dieser Höhe hinauf-

reicht, also welche innerhalb der senkrechten Linien sich befindet, welche von der Grundfläche aus auf die Endpunkte des Querdurchschnitts treffen, also z. B. zwischen D d und E e und zwischen F f und G g fallen. Bei höheren Preisen wird also die Kundschaft, die Nachfrage, schmäler, was den Preis wieder sinken macht, sobald mehr Güter der fraglichen Art da sind, als die Bewohner der Grundfläche f g oder d e brauchen, und bei niedrigeren Preisen wird die Nachfrage breiter, was den Preis wieder höher treibt, sobald die Nachfrage durch den fraglichen Gütervorrath nicht mehr befriedigt werden kann. Je reicher die Bevölkerung, desto höher, je ärmer dieselbe, desto niedriger denken wir uns die Pyramide.

Betrachten wir nun aber a u c h d a s A n g e b o t und d e s s e n Concurrenz, so werden wir rücksichtlich der Befriedigungsmittel dieselbe Elasticität bemerken, und sehen, daß in den productivsten Ländern die Preise auf der anderen Seite wiederum auch den größesten Spielraum in die Tiefe haben. Dies ist nothwendig, weil die Bedürfnißbefriedigungsmittel sich da auch wieder am stärksten auf den Markt drängen und mit einander concurriren, so daß das Bedürfniß die ausgedehnteste Möglichkeit der Anschaffung hat, und sodann hauptsächlich, weil da die Production in Folge ihrer Concurrenz am meisten genöthigt und angeregt wird, auf die billigste Productionsmethode zu sinnen, d. h. die Natur möglichst zur Mitwirkung heranzuziehen, und also mit möglichst wenig Capital und Arbeit möglichst viele Nützlichkeiten zu schaffen. Die Ausdehnung und Steigerung der Production schafft die vielen zahlungsfähigen Consumenten, aber sie schafft auch die vielen billig liefernden Producenten, und wie das Streben jedes Einzelnen aus Gewinnsucht d i e Branchen der Production sich aufsucht, wo zur Zeit mit möglichst wenig Arbeit und Capital der größeste Gewinn zu machen ist, so ist die Gewinnsucht aller übrigen Producenten auch wieder darauf gerichtet, an diesem Gewinn Theil zu nehmen, sich ebenfalls die billigere Methode anzueignen, und sie wenn möglich noch wieder zu übertreffen. Dadurch werden die billigsten Methoden allmählich immer mehr Gemeingut aller Producenten, folglich aber auch demnächst der Consumenten, deren anderweitige Anschaffungsmöglichkeit sich dadurch erweitert. Die Productionskosten sind und bleiben der Ausgangspunkt des Preises, aber sie werden selbst geringer, und demgemäß muß auch die Gegenleistung nach und nach geringer werden. Ist letztere aber auch geringer d. h. ihrem Betrage an Arbeit und Capital nach, also als Werth, so ist sie doch ebenfalls als Nützlichkeit größer geblieben, indem bei ihr derselbe Vorgang stattgefunden hat, dieselbe Verminderung von kostender Arbeit und Capital durch Erweiterung der unentgeltlichen Mitwirkung der Natur. — Betrachten wir z. B. die Vergeltung, welche ein Schneider für die Anfertigung eines Rockes früher bekam, als er Alles mit der Nadel eigenhändig arbeitete, und diejenige Vergeltung, welche er später bekommt, nachdem die Nähmaschine ihm hilft. Er konnte früher mit dem Erlöse eines Rockes, welcher ihm zwei Tage Arbeit kostete, vielleicht so viel Holz oder Torf kaufen, um einen Monat lang ein warmes Zimmer zu haben. Jetzt bringt er mit Hülfe der Nähmaschine den Rock in einem halben Tage fertig. Er wird nun, so lange nur er allein mit der Maschine arbeitet, den Preis nicht ermäßigen wollen, er wird in zwei Tagen vier Röcke machen und für jeden einen Monat Heizkraft haben wollen, und — zuerst auch bekommen. Bald aber fertigt er selbst zu viel für den zahlungsfähigen Bedarf, oder der Gewinn reizt auch die übrigen Schneider, sich ebenfalls eine Maschine anzuschaffen, und siehe da, je mehr er fertigt, oder je Mehre es ihm nachmachen, desto mehr Anschaffungsmöglichkeit hat der zahlungsfähige Consument, desto billiger wird derselbe folglich alsbald den Rock bekommen, und endlich wird der Rock wieder auf einen Monat Heizkraft hinabgesunken sein. Die Concurrenz verhindert die Schneider nach und nach immer mehr, sich die Mitwirkung der Natur bezahlen zu lassen, sie müssen deren Mitwirkung bald umsonst geben, wie sie ihnen umsonst dient, und der Consument, d. h. die Allgemeinheit, ist schließlich allein mit dem Fortschritt beglückt. — Allein mit dem Brennmaterial geht es ebenso. Früher konnte unser Schneider nur Holz und Torf brennen, die Communicationsmittel machten ihm nur die sehr begehrten Materialien der Nähe zugänglich. Bald aber brachte die Dampfkraft die Steinkohlen Englands zu ihm, und nachdem die ersten Minengräber oder Dampfschiffer durch ihren enormen Gewinn die Concurrenz geweckt, wurden auch sie bald genöthigt, die Mitwirkung der Natur sich immer weniger bezahlen zu lassen, oder richtiger gesagt, sie wurden mehr und mehr verhindert, ihre durch die Mitwirkung der Natur verringerte Arbeit sich gleich der früheren schweren bezahlen zu lassen, auch ihre Arbeit verlor zwar nicht an Nützlichkeit, aber an Werth. Wenn nun so auch die Steinkohlen ebenfalls immer billiger werden, wie die Röcke bei dem Schneider, so wird Letzterer wiederum auch bald mit dem Erlöse, zwar nicht aus einem Rocke, aber der zweitägigen Arbeit bis zu der viermonatlichen Heizkraft hinaufgelangen.

Jeder Vortheil, welchen einer der drei Factoren der Production, die Natur, die Arbeit und das Capital irgendwie gewähren mag, wird von dem einzelnen Producenten nach Möglichkeit zu monopolisiren gesucht, der Einzelne will sich durch seinen Vorsprung in der Naturbenutzung, in seiner Technik, in seinen Werkzeugen allein bereichern; aber wie er schon seine Preise nicht über die Nachfrage des kaufkräftigen Bedürfnisses hinaus steigern kann, ohne durch das Abfallen der Nachfragenden zur Preisermäßigung genöthigt zu werden, wie die Pyramide zeigt, so wird ihm weiterhin auch noch sein Vortheil durch die Concurrenz unter den Mitanbietenden entrissen, und der ganzen Gesellschaft zugänglich gemacht, und dies ist um so mehr der Fall, je mehr die menschliche Gesellschaft von der Wahrheit dieses Satzes überzeugt, nicht minder die geographischen und

nationalen, als die juristischen Schranken der Concurrenz niederreißt.
Hierdurch wird es immer mehr dahin gebracht, daß allen Consumenten
auf der ganzen Erde alle Befriedigungsmittel für möglichst geringe Arbeits-
vergeltung zugänglich werden, was selbstverständlich nur dadurch möglich
wird, daß jedes Product auf die günstigste Weise producirt wird, und
daß alsdann eben j e d e r Producent auf das Minimum der Arbeitsver-
geltung im Wege der den Fortschritt überall bis zu diesen günstigsten
Productionsweisen treibenden Concurrenz herabgedrückt wird. — Wenn
die Sonnenwärme in den Tropengegenden den größten Theil derjenigen
Arbeit übernimmt, welche bei uns die Zuckerfabrikation verlangt, so wird
im natürlichen Verkehr die Zuckerfabrikation sich dahin zurückziehen, aber
auch des massenhaften europäischen Verbrauchs halber in den Tropenländern sich dermaßen ausdehnen, daß alsbald kein Producent über den Betrag der den Zucker auf unsern Markt liefernden Arbeit hinaus bekommt,
vielmehr Jeder die Mitwirkung der Natur umsonst mit in den Kauf geben
muß. Den Verlust, welchen dadurch jeder Zuckerfabrikant unter den
Tropen erleidet, wird ihm aber bald die Concurrenz der Europäer in allen
denjenigen Productionen vergüten, wozu die nordische Natur wieder vorzugsweise mitwirkend gemacht werden kann, und so allgemein mitwirkend
gemacht werden wird, daß sie unvergolten mitgegeben werden muß. —
Wenn ferner die Mitwirkung des Capitals, z. B. die Anwendung einer
Maschine, einem Producenten besondere Vortheile verschafft, so werden
die Capitalien bald dieser ihnen besonderen Gewinn versprechenden Productionsgattung zuströmen, bis dem Einzelnen das Monopol entrissen
ist. — Endlich, wenn in einer Branche die gegenwärtige Arbeit durch
Jemand vervollkommnet und dadurch ergiebiger gemacht ist, so wird bald
die Nachahmung und damit die Entmonopolisirung eintreten.

Gerade aber durch diese stetigen Entmonopolisirungen bewirkt es die
Concurrenz, daß in keiner Branche der menschlichen Bethätigung eine
u n v e r h ä l t n i ß m ä ß i g e Entwerthung eintrete: sobald in irgend
einer Branche der Gewinn des Capitals oder der Gewinn der Arbeit in
Folge der Concurrenz so sehr herabgedrückt ist, daß dieselben sich in irgend
welchen anderen Branchen wieder besser verwerthen können, so wenden sich
diese und jene Concurrenten von den überfüllten Branchen wieder ab und
zu den für sie besseren hin, um wieder nach Möglichkeit hier monopolisiren zu können. Hierdurch wird es bewirkt, daß in der That die Concurrenz als Göttin der Gerechtigkeit jeder gegenwärtigen und vergangenen,
noch unvergolteten Arbeit ihren natürlichen Lohn, den natürlichen
Kostenpreis inclusive des erforderlichen Gewinnes zusichert, daß aber
auch dieser Gewinn, wenn er selbst im Vergleich zu früher verringert
aussehen sollte, in Folge der von Tage zu Tage ihm mehr innewohnenden Kaufkraft sich in der That immer mehr steigert. Selbstverständlich
wird die Concurrenz, wenn sie Jedem das ihm Gebührende in der That

garantirt, Niemandem irgend Etwas über seine Leistungsfähigkeit hinaus gewähren können, denn eine solche unverdiente Pension würde sie ja Anderen von ihrer Berechtigung entziehen müssen. Nur Diejenigen können dieserhalb zu der Concurrenz scheel sehen, welche bisher mit dem Schweiße Anderer pensionirt wurden; Diejenigen aber, mit deren Schweiße dies geschah, müssen diese unberechtigte Steuer für die Zukunft durch Proclamirung der freien Concurrenz verweigern, d. h. es zur Anerkennung bringen helfen, daß heutigen Tages an die Stelle des alten Ausbeutungssystems das System der freien Arbeit zu setzen sei. Statt dessen lediglich nach Befestigung des eigenen Monopols trachten, ist deßhalb verkehrt, weil das Alles auf eine Karte setzen heißt; sobald letzterenfalls über kurz oder lang doch das eigene Monopol entrissen werden dürfte (dieser einzige Trumpf), würde das Spiel unwiederbringlich total verloren sein.

Der Satz von Adam Smith, daß alle Preise nach den natürlichen, den Productionskosten, hin ihren Schwerpunkt haben, ist also richtig, weil Angebot und Nachfrage sich fort und fort im Wege der Concurrenz ausgleichen, unter ewiger Herabdrückung aller Monopolpreise auf den natürlichen Arbeitswerth. Alle Güter von gleichen Productionskosten müssen also fortwährend dahin streben, gleiche Preise zu haben. Die Concurrenz ist das Ausgleichungsgesetz, indem sie fort und fort in der großen Werkstatt der ganzen Welt, welche wir Verkehr nennen, alle Menschen, d. h. alle Capitalien und Arbeitskräfte dahin und in die Productionsbranchen zieht, wo für sie der größte Gewinn durch möglichste Erniedrigung der Kosten in Aussicht steht. Durch dieses ewige Hintreten der Arbeits- und Capitalkraft an den Platz der größtmöglichsten Verwerthung, und zwar immer von den Plätzen der größesten Ueberfüllung und deßhalb Entwerthung, löst die Concurrenz das große Problem, das der Socialismus und Communismus (dessen Kind die Bureaukratie war, ohne daß sie es wußte) im Wege der Regulirung und Enteignung schon deßhalb immer vergeblich zu lösen suchte, weil kein Sterblicher sich vermessen kann, alle Mittel und Wege des Verkehrs zu überschauen. Die Concurrenz löst das Problem ganz einfach durch das Gesetz der Preisbildung, indem sie durch die Höhe der Preise die überwiegende Nachfrage und durch Niedrigkeit der Preise das überwiegende Angebot constatirt, und Jedem dieselben als untrügliche Wegweiser für die Bethätigung seiner Leistungen vorhält, d. h. indem sie durch die Preishöhe Capital und Arbeitskraft anzieht, und durch Niedrigkeit der Preise dieselben abstößt. Wo sich das Capital hoch verwerthen kann, sieht es einfach an der Zinshöhe, wo sich die Arbeitskraft hoch verwerthen kann, sieht sie einfach an der Höhe des Arbeitslohns, und wo insbesondere ein Unternehmen, d. h. die Vereinigung von Capital und Arbeit zum Zwecke der Production sich verwerthen kann, sieht der Unternehmer an der Preishöhe des Guts in Vergleich zu den Productionskosten d. h. zu dem Capitalzinse und zum

Arbeitslohne. Er muß aber selbstverständlich wissen, in welchem Verhältnisse Capital und Arbeitslohn bei den Productionskosten vertreten
sind, um die letzteren nach der Preishöhe des Capitals, d. i. nach dem
Zinsfuße und nach der Höhe des Arbeitslohnes berechnen zu können. Das
Capital steht, wenn es reichlich vorhanden ist, niedrig im Preise, wenn
es selten ist, also wenig angeboten wird, ist der Zinsfuß hoch. Da nun,
wie wir wissen, mit dem Capital die Arbeit beschäftigt und gelohnt sein
will, und das Capital sich nur durch Arbeit verwerthen kann, so ist die
Arbeit gesucht bei reichlichem Capital, und sie muß feiern bei mangelndem
Capital. Zinsfuß und Arbeitslohn stehen also stets in umgekehrtem
Verhältnisse; ist der Zinsfuß hoch, so ist der Arbeitslohn niedrig, ist der
Zinsfuß niedrig, so ist der Arbeitslohn hoch. Bei wachsendem Capital,
also fallendem Zinsfuße, werden sich also die Unternehmer auf diejenigen
Productionszweige werfen, bei welchen das Capital die Hauptrolle spielt,
bei schwachem Capital, d. i. hohem Zins, also niedrigem Arbeitslohn,
rentiren sich diejenigen Industriezweige, in denen die Arbeit die Haupt-
rolle spielt. — In den capitalreichen Ländern werfen sich deßhalb die
Unternehmungen auf diejenigen Branchen, in denen das Capital die
Hauptrolle spielt, und suchen dabei die persönliche Arbeitskraft in dem
Maße zu umgehen, als dieselbe vermöge ihrer verhältnißmäßigen Seltenheit das Product vertheuern würde; wo dagegen die Arbeitskraft über-
wiegt, also der Lohn billig, das Capital theuer ist, sucht man diejenigen
Arbeitsbranchen auf, in denen das Capital Nebensache ist, und sucht das
Capital zu umgehen. So sehen wir England hauptsächlich mit Capital
arbeiten, und die Arbeitskräfte theils im Wege des Handels, theils durch
Maschinen umgehen. Wir sehen aber, da in diesem Wege das Capital
immer mehr anwächst, die Production immer massenhafter produciren,
und dieserhalb die Arbeitskraft, trotzdem, daß man sie hintansetzen möchte,
dennoch in immer erhöhetem Maße beschäftigt. Der hohe Lohn kann sich
dort theils in den Branchen, welche die Maschine nicht beherrschen kann,
und welche vermöge des Capitalreichthums, sei es der Maschinenfabrikation
vorarbeitend, oder nachhelfend, sei es unabhängig von derselben, ebenfalls überreichlich beschäftigt sind, theils in der Maschinenfabrikation
selbst, da diese in ihrer Massenhaftigkeit immer mehr Kräfte sucht, fort
und fort erhalten, ohne die Preise der einzelnen Waarenstücke wesentlich
zu steigern. Hier hat der Arbeiter den Vorzug, seine Bedürfnisse billig
befriedigen zu können, so weit sie nicht durch Transport vertheuert werden, und dennoch reichlichen Arbeitslohn zu erzielen. — In Holland
sehen wir wegen Reichthum an Capital und Mangels an Arbeitskräften
den Handel floriren. Andere Länder, welche zwar stehendes Capital in
Grund und Boden, aber wenig umlaufendes Capital und Arbeitskraft
haben, bereiten sich im Wege des Ackerbaues und der Viehzucht auf die
Zeit vor, wo sie mit den Ueberschüssen befähigt sein werden, bei verhält-

nißmäßig geringer Arbeiterzahl die Maschinenfabrikation zu cultiviren.
Wo die Arbeiterzahl über das Capital überwiegend ist, ist die Handarbeit,
welche wenig Rohmaterial erfordert, besonders ausgebildet. — So lange
der Verkehr frei und die Bevölkerung in den Fortschritten ihrer Intelligenz nicht gehemmt ist, bildet so jedes Land, dem Barometer der Preishöhe folgend, diejenigen Branchen aus, welche gerade ihm nach seinen
Verhältnissen am lucrativsten sind, und schreitet, indem so es den
höchsten Gewinn durch die billigste Productionsweise zu erzielen sucht,
am raschesten in seinem Reichthum fort. Der Enderfolg einer solchen
natürlichen Entwickelung kann kein anderer sein als der, daß alle Nützlichkeiten unter möglichster Heranziehung der unentgeltlichen Naturkräfte,
und unter möglichster Verminderung der Capital- und Arbeitsverwendung,
für alle Völker und alle Einzelnen in jedem Volke im Wege des Austausches durch immer geringere Gegenleistungen zu haben sind. Die
W e r t h e, nur die verwendete Arbeit und Capitalien umfassend, vermindern sich, die N ü t z l i c h k e i t e n aber, die unentgeltlichen Stoffe und
Kräfte der Natur mit umfassend, vermehren sich immer mehr.

Man hat in die Lehre von der natürlichen Preisbildung allerlei
detaillirtere Untersuchungen über die ausnahmsweise Gestaltung der Preise
in einzelnen Productionsbranchen eingemischt, z. B. untersucht, wie sich
die Preisbildung rücksichtlich der Rohproductenpreise, dann bezüglich der
Industrie und der einfachen Arbeit gestalte, indem man meinte verschiedene Gesetze wahrnehmen zu können, je nachdem sich eine Production unbeschränkt ausdehnen ließe, und die Güter also in ausreichender Menge
für den Begehr sich schaffen ließen, oder nicht. Allein solche Unterscheidungen nehmen Zustände zum Ausgangspunkte, welche schon nicht mehr
natürlich, vielmehr Folgen willkürlicher Eingriffe in die Gesetze der
natürlichen Arbeitsentwickelung und Capitalisirung sind, und sie können
— wenn ihre Betrachtung auch lehrreich für die Forschung ist — deßhalb
hier nur verwirren, während an der Hand obiger Darstellung die erforderlichen Anhaltspunkte für jede Beurtheilung im Wesentlichen gegeben sind.

Allerdings sehen wir, wie gegenüber den Fabrikaten noch immer
die Rohproducte: Getreide, Vieh, Holz 2c. unverhältnißmäßig hohe, ja
wachsende Preise haben, und zwar andauernd; allein gerade hier, wo die
Behauptung beschränkter Ausdehnbarkeit der Production hauptsächlich sich
geltend macht (und zu der Ausbildung communistischer Theorieen, welche
den ausschließlichen Besitz des Grund und Bodens, als angeblich bestehende privilegirte Ausbeutung der Natur verdammen, sowie zur Ausbildung socialistischer Theorieen, welche wegen dieses angeblich bestehenden und vom Staate geduldeten Privilegii den Schutz der nicht besitzenden
arbeitenden Classen verlangen, geführt hat). ist die beschränkte Ausdehnbarkeit eine reine Chimäre. Ganz ersichtlich hat hier vielmehr die noch

zurückgebliebene, und noch längere Zeit zurückbleibende Ausdehnung der Production ihren Grund lediglich und allein in der gehemmten Arbeit und Capitalisirung. Grund und Boden ist überreichlich für die ganze Menschheit noch für eine unabsehbare Zeit vorhanden; derselbe ist und wird aber noch zum bei weitem größesten Theil gar nicht, oder mangelhaft cultivirt, theils weil die künstlich aufgerichteten Handels- und Verkehrsschranken die Ausbeutung ganzer Strecken, oder den Absatz der auf denselben erzeugten Producte, verhindert haben, theils weil selbst da, wo die Rohproducte ganz in der Nähe überreichlich begehrt werden, dieselben Schranken wenigstens die intensive Bewirthschaftung verhindert — besonders Freizügigkeits- und Parcellirungsverbote — oder unnatürliche Bodenbenutzungen — Runkelrübenzuckerfabrikation in Preußen — statt der natürlichen klimatisch mehr begünstigten hervorgerufen haben, theils weil politische und religiöse Unfreiheit, welche die wirthschaftliche Entwickelung durch Niederdrückung der menschlichen Fähigkeiten überhaupt zurückhält, die Kenntniß der Bodenbewirthschaftung, sowie die energische Strebsamkeit und Thätigkeit ausschließt — Rußland, Polen, Ungarn ꝛc. — theils weil die Arbeit sogar direct verhindert wird, wie dies im ganzen katholischen Gebiete vermöge der unzähligen Feiertage in überschwenglichster Weise geschieht. — Der Grund und Boden ist unbeweglich, seine Früchte aber sind es nicht, und deren mangelhafte Erzielung durch die Rückständigkeit der an ihm hängenden Einrichtungen und Bevölkerungen wirft ihren düstern Schatten auf den ganzen Weltmarkt. — Jede Productionsbranche leidet unter der unnatürlichen Vertheuerung der Bodenerzeugnisse, sei es, daß die Rohproducte direct in die Fabrikate verwandt werden, sei es wenigstens, daß der vertheuerte Lebensunterhalt des Producenten diesen an der Billigkeit seiner Arbeit verhindert. — Auch in allen übrigen Productionsgattungen sind Abweichungen von den oben entwickelten natürlichen Preisbildungen immer nur Folgen künstlicher Hemmungen der Concurrenz, also Folgen künstlich geschaffener Unbeweglichkeit; denn im Wege der natürlichen Entwickelung ist die ewige Ausgleichung zwischen Bedürfniß und Befriedigungsmittel in fort und fort erhöhetem Maße der Art ermöglicht, daß die Launen der Natur mit immer geringer werdender Arbeit besiegt werden, und daß der Werth der Arbeit sich stets nach dem Grade richten muß, in welchem sie eine noch nothwendige Mühewaltung erspart. Je geringer diese Mühewaltungen und deren Ersatz in allen Productionsbranchen d. i. für Alle werden, desto harmonischer stimmt die ganze wirthschaftliche Gesellschaft in allen ihren zu einem organischen Ganzen wirkenden Gliedern zusammen; jedes Mitglied triumphirt, wenn dem monopolisirenden Einzelnen im Wege des allgemeinen Fortschritts sein Monopol zu Gunsten der Gesammtheit entrissen wird, und Der, welcher zu Gunsten der Tausende sein Monopol verlor, findet sich überreichlich dadurch entschädigt, daß auch ihm gegenüber andere Tausende ihres Monopols in demselben Wege der Concurrenz entäußert werden.

Die heutige Verkehrswelt, durch den gerade in jüngster Zeit im raschen Schritt immer mehr entfesselten Verkehr und dessen enttäuschende Resultate aufgeklärt, überzeugt sich von der vollen Wahrheit dieses Kernsatzes der ganzen Volkswirthschaftslehre immer mehr: die socialistischen und communistischen, oder, wenn wir lieber wollen, die bureaukratischen Einwirkungen des Staats und der Gemeinde auf den Verkehr, wie sie aus dem rohen Mittelalter zu uns gekommen, und von blinder Ausbeutungssucht selbst noch in den neueren Jahrhunderten geschaffen sind, die Heimathsgesetze, Zollschranken, Aus- und Einfuhrverbote, Zunftrechte, Bannrechte, Taxen u. s. w. u. s. w., sie fallen immer mehr und mehr, und machen der freien Concurrenz und deren Segnungen: allgemeiner Billigkeit aller Producte bei allgemein wachsender Kaufkraft, folglich einer allgemeinen Wohlhabenheit und Veredlung der Bedürfnisse und Genüsse immer mehr Platz.

§. 35.

Das Geld.

Der Mensch ist in solchen Verhältnissen am meisten zu Irrthümern geneigt, welche tagtäglich von Jugend auf und von Alters her auf Schritt und Tritt ihn begleiten. Die Täuschungen der jugendlichen Unreife oder der noch ungeläuterten Vorzeit beherrschen uns durch die Macht der Gewohnheit so sehr, daß wir selbst nach erlangter besserer Einsicht immer wieder in dieselben zurückverfallen. Nur Der sichert sich gegen solche, wenn wir so sagen dürfen, Gewohnheitstäuschungen des täglichen Lebens, welcher von dieser Wahrheit vielfältig erfahrungsmäßig überzeugt, Nichts für zu ausgemacht und einfach hält, um nicht stets bereit zu sein, ihm wiederholte ruhige und aufmerksame Prüfung zu widmen.

Welche Irrthümer herrschen über das Wesen und die Bedeutung des Geldes im gewöhnlichen Leben, und wie schwer ist es, in den Irrenden oft auch nur von der Möglichkeit ihres Irrthums die erste Ahnung zu erwecken. Wir haben Spanien unter Carl V. und Frankreich unter Ludwig XIV. an dem Irrthume verarmen sehen, daß Geld der Inbegriff aller Güter sei; dennoch weiset die Geschichte nach wie vor Blutströme nach, welche um der vermeinten Allmacht des Geldes willen geflossen sind, und das Merkantilsystem erstreckt seine Macht bis in die jetzige Zeit. Wir werden das mitleidige Lächeln vieler praktischer Leute erregen, wenn wir leugnen, allein, oder wesentlich sei Geld die Macht und der Reichthum der Nationen. Man sieht es von Jugend auf, wie Derjenige sich alle Genüsse des Lebens verschaffen kann, welcher im Besitz vielen Geldes ist; wir sehen, wie Nationen im Kriege obsiegen, weil sie mehr Soldaten und mehr Schiffe bezahlen können, als ihre Gegner, und Geld sollte nicht der Inbegriff alles Reichthums und aller Macht sein? Der Thaler, der heute aus meiner Tasche geht, hat nach einem Jahre vielleicht so viel Güter gekauft, als zur lebenslänglichen Befriedigung eines Menschen hinreichen, und er kauft vielleicht noch Hunderte von Jahren hindurch und hat schon hundert Jahre gekauft, Alles ist ihm zugänglich, und dennoch soll Geld-besitz nicht gleichbedeutend sein mit Reichthum und den alleinigen, wahren Reichthum bilden der Nationen, wie der Einzelnen?

Aber, wenn der Thaler mehr werth ist, als das Gut, was er kauft, warum geben wir ihn denn weg für das Gut? Warum kann ich heute mit **einem** Thaler einen Scheffel Getraide kaufen, und muß vielleicht nach einem Monate **zwei** dafür geben? Warum wirft der Schiffer willig die Säcke mit Geld in's Meer, wenn das Schiff leck geworden, und gäbe dieselben gerne für ein Brod, wenn die Rationen auf dem Wrack verzehrt sind? Heute, wo ich dieses schreibe, sind die Donau, die Weser, der Rhein, die Elbe angeschwollen über ihre Ufer getreten; meine Wohnung ist rings mit Wasser umgeben, dasselbe füllt bereits viele Wohnungen an, die ländliche Umgegend lebt in fieberhafter Angst, daß jeden Augenblick der immer mehr schwellende Strom über die Deiche treten, oder dieselben durchbrechen werde, und Alles außer ihrem Gelde, das sie mitnehmen können, zerstören werde, ihre Wohnungen, ihr Vieh, ihr Land. Wie viel Geld wäre es jetzt werth, wenn der Deich einen Fuß höher, oder wenn die Gefahr des Durchbruches beseitigt wäre? Können die Thaler den Hungernden sättigen, das Wasser bändigen, ja selbst in gewöhnlichen Zeiten, können sie Getraide wachsen machen, Zeug weben, Wohnungen bauen, geistige Bildung erzeugen? Man wird sagen: sie können sie kaufen. Ja bis auf den letzten Punkt freilich heute; wenn aber alle Menschen so denken wollen, wie dann? Man wird doch zugeben müssen, daß in dieser Röthigung, die Thaler weggeben zu müssen, der Beweis des höheren, oder wenigstens eben so hohen Werthes des zu kaufenden Guts liegt, denn wir kaufen doch nur, um unsere Lage zu verbessern. Umgekehrt: warum verkauft der Landmann sein Getraide, der Schuhmacher seine Stiefel u. s. w.? Um das Geld zu **haben**, das er dafür erhält? Gewiß nicht, sondern nur deßhalb, um mit dem Gelde zu denjenigen Gütern zu gelangen, welche ihm gerade nöthiger sind, als sein Getraide oder seine Schuhe. Hieraus sehen wir aber, daß das **Verkaufsgeschäft** nicht in sich selbst eine Bedeutung hat, sondern daß es diese nur hat, weil es die Hälfte eines **Tausch**geschäfts ist: die **erste** Hälfte der beiden Kaufge-schäfte, in welche jedes Tauschgeschäft nothwendig zerfallen muß — gleich viel ob das zweite Kaufgeschäft sogleich oder erst nach Jahren, ja selbst erst von den Erben oder Erbnehmern abgeschlossen wird — hat nur um des **zweiten** Kaufgeschäfts, in welchem der frühere Verkäufer wieder Käufer eines **wirklichen Bedürfnißbefriedigungs**mittels wird,

11*

irgend welche Bedeutung, und weil Dieses ist, so müssen wir sofort erkennen, daß das Geld, welches diese beiden Kaufgeschäfte
vermittelt, keine **selbständige Bedeutung** hat, sondern
nur eine vermittelnde Rolle spielt und spielen kann.
Das Geld ist nur der Diener, und oft, selbst im Einzelverkehr, vielmehr
aber noch im Verkehr der Nationen, ein sehr ungetreuer Diener der übrigen
Güter: es ist gewissermaßen die Drehscheibe, auf welche der
Producent den Ueberfluß seiner Güter legt, damit sie in ihrer umkreisen-
den Bewegung die ihm nöthigeren Befriedigungsmittel von Anderen, die
ihrer bedürfen, tauschweise an ihn zurückbringe.   Das ist die Bedeutung
des Geldes, und das ganz allein; denn einen Gebrauchswerth im engeren
Sinne hat das Geld als solches nicht weiter, als eben um diesen
Tausch zu vermitteln, wenn es auch aus Silber und Gold besteht, e s i s t
d a s s o n d e r b a r e G u t, w e l c h e s s e i n e G e b r a u c h s d i e n s t l i c h-
k e i t n u r i n d e m T a u s c h a c t b e t h ä t i g e n k a n n.   Das umform-
bare Silber und Gold, woraus das Geld besteht, ist allerdings ein Bestandtheil des Geldes, aber sofern und so lange es in ihm, als wirklichem,
nur tauschvermittelndem, Gelde, enthalten ist, oder richtiger, so lange es
seine Verkörperung und Form bilden soll und muß, ist es anderweitig
nicht zu gebrauchen, denn wenn es anderweitig gebraucht wird, zu Geräthen oder Schmucksachen, so hat man schon ein anderes Gut für Geld
eingetauscht.   D a ß d i e s e s Metall in andere werthvolle Formen und
Werthe übergehen kann, ist freilich mit Veranlassung und selbst mit
Grund seiner Tauschmittelfähigkeit, weil es den Werth des Dinges, das
wir Münze nennen, erhöhet und erhält, keinesweges aber hierfür wesentlich nothwendig, da bekanntlich die Tauschwerkzeuge, welche aus Papier
bestehen, ihren Tauschvermittelungsdienst ebenfalls versehen können.   Es
ist freilich wahr, daß das Papiergeld, wenn es auch kein Gold oder
Silber an sich hat, wie die Münze, doch der Regel nach — bis auf
die Fälle uneinlösbaren Papiergeldes mit Zwangscours — eine Anweisung auf Metallgeld ist, aber das Metall ist doch selbst bei der Münze
nicht das Wesen des Geldes, sondern nur die Sicherheitsleistung, gewissermaßen das Pfand für die Ermöglichung der zweiten Hälfte des
Tausches.   Wie oft sieht Jemand über die Mangelhaftigkeit eines Geld-
stückes hinweg, sich beruhigend damit, daß er es wohl wieder werde los
werden.   Das Gold oder Silber ist also bei dem Gelde zwar eine er-
wünschte und meist geforderte Sicherheit, aber wenigstens nicht allein
wesentlich, und sobald die Gold= oder Silbermünze eingeschmolzen wird,
um etwa einen anderen Gebrauchsgegenstand, einen Löffel 2c., daraus zu
machen, so ist es kein Geld mehr, und man kann diese Veränderung dann
so ansehen, als wenn für das Geld der Löffel gekauft wäre.
    Wenn aber das Gold oder Silber noch nicht das Geld macht, und
es auf dessen Gebrauchswerth, so lange von Geld die Rede ist, eigentlich

noch gar nicht ankommt, und wir auch täglich sehen, daß überall Papiergeld coursirt, dieses aber, wenn es auch eine Anweisung auf Münze der
maßgebenden Regel nach ist, doch immerhin das Angewiesene noch nicht
an sich hat, ja wenn es sogar uneinlösbares Papiergeld giebt, was ist
denn nun das, was jedem Gelde im Allgemeinen und dem einen
Gelde wie dem anderen wesentlich ist, und was folglich beim Gold-
gelde zu dem Golde und dem Gepräge oder der Form, und beim Silbergelde zu dem Silber und dessen Gepräge u. s. w., und beim Papiergelde
zu dem Papier und dessen Gepräge u. s. w. hinzukommen muß? Es muß
doch für jedes Geld etwas Gemeinschaftliches, seinen Geldcharakter Bilden-
des da sein. Das ist, wie wir bereits gesehen haben, sein so zu sagen
Tauschgebrauchswerth, da es seinen Gebrauchswerth lediglich in
seiner Tauschthätigkeit bethätigt. Ich habe 1000 Thlr., diese bilden
mein umlaufendes, mein Betriebscapital, oder sie sind zu meinem Unter-
halte: will ich sie in der einen oder andern Weise gebrauchen, so geschieht
dies nur durch Tausch. Oder eine Nation hat eine Geldmasse von
20,000,000 Thlr., womit in ihr die Täusche vermittelt werden. Hier
hat dieses Capital offenbar eine andere Stellung, es ist stehendes Capital,
denn es geht nicht in die neuen Werthe über, sondern ist offenbar ein
Instrument, was immerfort den innern Verkehr besorgt, und als solches
Instrument immer wieder reparirt wird; aber es kann auch hier seinen
Gebrauch nicht anders bethätigen, als indem es fortwährend in seinen
einzelnen Stücken die Täusche vollzieht. Was macht nun das Geld zum
Gelde? Dasjenige, was jedes Geld im Allgemeinen zum Gelde macht,
was das unerläßlich Nothwendige, aber auch das allein Nothwendige ist,
welchem daher in verschiedenster Form genügt werden kann, ist die allgemeine Werthanerkennung, und zwar die allgemeine Tauschwerth-
anerkennung in demjenigen Kreise, worin es eben als Geld auftreten
will oder soll, und für alle die Waaren, welche in diesem Tauschkreise
vertauschlich sind. Es ist nicht gebräuchlich, von einem Kaufwerthe besonders zu sprechen gegenüber dem Tauschwerthe, sonst würden wir dies
Wort für das Geld in Anspruch nehmen, und sagen, es hat keinen besonderen Gebrauchswerth und selbst keinen Tauschwerth, sondern nur
Kaufwerth, weil es nur die eine Hälfte des Tauschgeschäfts und zwar
die von Seiten des Käufers vermittelt, und würden wir dann Geld
auch nicht Waare nennen, sondern eben nur Preis. Wenn alsdann Geld
mit Geld vertauscht würde, so würde das Geld uns als aus seiner Geldeigenschaft heraustretend und in die Waareneigenschaft übertretend erscheinen. Allein es mag zu dieser neuen Worterfindung umsoweniger
Nöthigung vorliegen, als praktisch im Uebrigen das Geld doch immer
unter den Gesichtspunkt der Waaren fallen, mit ihnen den gleichen Regeln
unterworfen werden kann, und wollen wir deßhalb einfach sagen: Geld
ist diejenige Waare, welche **nur** von Seiten des Tausch-

werths in Betracht kommt und nur in diesem seinen Gebrauchswerth hat, indem sie gar keinen anderen hievon
getrennten Werth hat und haben kann, da sie nur zur
Tauschvermittelung existirt, welche aber (soweit als von seiner Geldeigenschaft die Rede ist, d. h. in dem fraglichen Kreise und in
Bezug auf die in demselben sich bewegenden Tauschgüter) anerkannten
Tauschwerth (Tauschwerth κατ' ἐξοχήν, in der Potenz, im Allgemeinen) hat. Die Sprache hat oft den einfach richtigen Ausdruck für einen
Begriff gefunden, ehe die Sprechenden die Richtigkeit der Ausdrucksweise
und die Gründe dafür sich klar zum Bewußtsein bringen können, und das
beweiset eben, daß im Volk, in der Nation, deren Gedankenhandwerkzeug
sie ist, mehr liegt, als in allen Einzelnen. Jede andere Waare hat
Tauschwerth, weil sie dem menschlichen Bedürfnisse dienstlich und übertragbar dienstlich ist, wir nennen sie deßhalb auch Werth; weil aber diese
Dienstlichkeit bei jeder Waare mehr oder weniger einseitig und beschränkt
in einer bestimmten Richtung der Consumtion (Kaffee, Thee, Gewürz)
oder der Production (Acker, Maschine) hervortritt, so tritt ihre Werth-
eigenschaft hinter ihrem speziellen Namen, welcher die Richtung ihres
Dienstes unterscheidbar machen soll, zurück, und man spricht diesen besonderen Namen aus, um die Richtung ihres Werths, für welchen sie
sich Geltung, das ist Anerkennung, verschaffen kann, anzudeuten. Beim
Kaffee denke ich an das aus ihm zu bereitende Getränk, und in diesem
einseitigen Gedanken an seine Consumtion ist sein Begriff erschöpft. Das
Geld dagegen hat keinen solchen einseitigen Werth für eine bestimmte
Consumtion oder Production, und kann also auch einen auf solcher einseitigen Werthrichtung beruhenden besonderen Namen nicht beanspruchen. Es hat auch nicht alle Werthrichtungen in sich, ist nicht aus
allen Werthen zusammengesetzt, sondern es gilt für jeden einzelnen Werth, findet die Anerkennung, daß es jedem Werthe gleich sein
kann, und die Geltung, das Gelten ist sein Wesen. Deßhalb
der Name Geld. Weil es nichts Selbständiges ist, sondern nur für
das dem Werthe nach gelten soll, was andere Güter werth sind, so
kann es nur andere Güter dem Werthe nach darstellen, vertreten.
In dieser Darstellungsfähigkeit, Fähigkeit zu vertreten, besteht sein Werth.
Um diese Geltung, diesen Werth beanspruchen zu können, muß das Geld
nothwendig zweierlei Eigenschaften in sich vereinen, die ihm das Zeug
dazu geben können; denn die Welt verlangt, wenn sie einem Dinge Werth
beilegen soll, Etwas, das der Geltung eine wirklich entsprechende Grundlage bietet, und dies muß etwas Faßbares, allgemein Werthgeschätztes
sein. Es genügt nicht, daß man ein beliebiges Ding in die Verkehrswelt
schickt, und zu ihm sagt: gelte, sondern diesem Imperativ muß die Anerkennung werden können. Beim Gold- und Silberwerthe ist nun dies
Faßbare, ihm den Geldwerth, die Anerkennung Verbürgende, der Ge-

brauchswerth des Goldes und Silbers, sofern dieser auch für den Fall etwaniger dereinstiger Nichtanerkennung der Geldeigenschaft in anderer Form Entschädigung bietet, und dann zweitens und außerdem ein äußeres Merkmal, welches dem Gelde vorerst wenigstens die allgemeine Anerkennung verheißt, und zwar jedem Geldstücke das ihm in's Besondere nach dem Gebrauchswerthe jener seiner Substanz zukommende Maß der Anerkennung, und dies ist ein glaubhaftes G e p r ä g e. Um den Werth dieses Gepräges, durch welches die Mühen und Kosten der jedesmaligen Werthermittelung der Substanz im Verkehr vermieden werden, und welches ihm erst die volle Tauschkraft giebt, kann die letztere geringer sein, als der Nominalwerth, weil der Werth des Gepräges die Ergänzung bildet. In dem Thaler steckt also einmal eine Quantität feinen Silbers und dann ein zweiter Werth, das Gepräge, d. h. die glaubhafte Verbürgung für die Quantität des feinen Silbers, welche es erst zum allgemeinen Werthmesser und Tauschmittel fähig macht, und also seinen Werth über den bloßen Silberwerth um ein Uebliches erhöhet. Das Gold und Silber ist nun offenbar ein Bestandtheil des Geldes und von dem Gepräge, solange die Münze als Geld dasteht, untrennbar. Die Münze, das Geldstück, ist somit ein Werth, theils reell (wegen der metallischen Grundlage), theils ireell (wegen des Gepräges, das ist Werthzeichens), und beide werden in der Anerkennung, in der Geltung, zu einem einzigen Werthe zusammengefaßt. Daß das Gepräge etwas Ideelles bezeichnet, ist gewiß nicht zu leugnen, weil alles Andere: Schönheit, Aehnlichkeit u. s. w. außer der Werth b e z e i c h n u n g ihm unwesentlich ist. Der Gesammtwerth, höher als jeder seiner beiden Bestandtheile für sich, beruhet nur in der Umwandelbarkeit in andere Güter, ist also nur ein von diesen abgeleiteter Werth, hat aber beim Gold- und Silbergelde eine reale Werthgrundlage in dem Metalle. Demnach haben unserer Ansicht nach Diejenigen Unrecht, welche das Geld schlechthin einen selbständigen materiellen Werth nennen und hiebei lediglich an den Gold- und Silberwerth denken, denn theils ist der Metallwerth der Regel nach geringer, als der Gesammtwerth, theils ist der letztere kein selbständiger Gebrauchswerth, sondern lediglich Tauschwerth, und in diesem Sinne nur den Werth der damit zu kaufenden Güter repräsentirend. Ebenso haben aber auch Diejenigen Unrecht, welche es lediglich ein Repräsentativzeichen nennen, für welches die Grundlage ganz gleichgültig sei, denn die wirkliche metallische Werthgrundlage ist deßhalb nicht zu übersehen, weil darin die Möglichkeit liegt, seinen Zweck in Wirklichkeit auch zu erreichen, d. h. zu gelten. Richtig ist aber, daß die Repräsentation der übrigen Güterwerthe sein alleiniger Zweck ist. Von der Barre an durch die geprägte Münze und die geringere Scheidemünze, dann weiter durch das bei der Staatskasse, oder bei der Bank einlösbare Papiergeld hindurch bis zu demjenigen Papiergelde hin, welches niemals von einer öffentlichen Kasse eingelöset werden soll, sondern ledig-

lich in dem vom Staate gegen die Privatpersonen geübten Zwange, es im
Verkehr als Zahlungsmittel annehmen zu müssen — östreichisches Zwangspapiergeld — getragen wird, ist immer sein Gesammtwerth der Nutzen,
daß es in einem mehr oder weniger ausgedehnten Verkehrskreise alle
übrigen Waaren eintauschen kann, und dieser anerkannte Werth ruht bei
der Barre am meisten auf der Realgrundlage, bei dem Zwangspapiergelde
am meisten auf conventioneller oder vom Staate erzeugter Idee der Gültigkeit.   Waare, Werth und Repräsentativzeichen sind übrigens keine
Gegensätze, weil auch das Repräsentativzeichen vermöge seines Werths,
und wenn auch nur abgeleiteten Werths, zur Waare wird. — Damit wird
der Begriff des Geldes völlig klar gemacht sein: es ist eine Waare ohne
eigenen Consumtions- und Productionswerth, die sich aber je nach
dem wirklichen Vorhandensein und dem Maße seiner Anerkennung d. i.
also seiner Geldeigenschaft, in jeden Consumtions- und Productionswerth
umwandeln kann, so lange und soweit letztere — und diese nothwendige Beschränkung ist wohl zu beachten — im Tauschverkehre
zu haben sind.   Durch die absolute Tauschfähigkeit im Bereich des
existirenden Tauschverkehrs wird ihre hohe Bedeutung bezeichnet, durch die
Entlehnung ihrer Bedeutung aber von solchem existirenden Tauschverkehr, also von der diesem zu Grunde liegenden Production wird ihre gänzliche Bedeutungslosigkeit an und für sich einleuchtend, welche in der Sage vom König Midas von Lydien sich ausspricht*) und welche, wie wir oben bereits ausgeführt haben, im Merkantilsystem und dessen geschichtlicher Nichtbewährung thatsächlich nachgewiesen ist**).

---

*) Diesem wurde von den Göttern sein Wunsch gewährt, daß Alles, was er
anrührte, sich in Gold verwandeln möge, bis er, da auch die Speisen sich so ver-
wandelten, dem Hungertode nahe war. — Die Bedeutung der Tauschfähigkeit wird
durch die Umkehrung der Midassage von einem italienischen Nationalökonomen
sinnbildlich dargestellt, welcher erzählt: Midas habe nachher gewünscht, Alles, was
er berühre, möge sich in Brod verwandeln.   Nun habe er Durst und Frost u. s. w.
gelitten.
**) Die Verkennung der Bedeutung des Geldes, wie sie im Merkantilsystem
sich zeigt, hat nicht allein die Nationen beschädigt, sondern sie macht sich in ganz
ähnlicher Weise auch im Privatverkehr und im Privatleben in höchst nachtheiliger
Weise geltend.   Auch der einzelne Geschäftsmann beschädigt sich, wenn er überall
mehr einnehmen, als ausgeben will und daher jeden Augenblick nur die Einnahme
im Auge hat, weil er den Besitz des Geldes über Alles schätzt: er kürzt durch die
ängstliche Vermeidung nothwendiger und nützlicher Verwendungen seine Einnahmen.
Aehnlicher Weise führt das Streben des Familienvaters, seinen Kindern vor allen
Dingen einen möglichst bedeutenden Geldreichthum zu hinterlassen, zum Geizen mit
den Erziehungskosten, welches schließlich dahin führt, daß der Ertrag der späteren
Leistungen derselben ungleich schwächer sein wird, als er geworden sein würde, wenn
denselben mit Hülfe des Geldes die möglichst hohe Summe von productiven Fähigkeiten angeeignet worden wäre.

Wenn die Nothwendigkeit der Arbeitstheilung und des Tauschverkehrs im Obigen schon vielfach nachgewiesen ist, und jedem denkenden
Menschen von selbst einleuchten muß, so ist es unnöthig, die Nothwendigkeit und die Nützlichkeit des Geldes im Einzelnen
hier noch weiter zu begründen; sie spricht sich in der Einseitigkeit des
Nutzens jedes anderen Gutes und in den Schwierigkeiten und der un-
möglichen Ausreichlichkeit des Realtausches vermöge der unvollkommenen
Theilbarkeit, Transportfähigkeit, Dauerhaftigkeit, gegenseitigen Werthabmessung aller anderen Güter aus.   Die Werthabmessung zwischen zwei
Gütern ist ohne ein Drittes, welches als Vergleichungsmaß dient, unmöglich (tertium comparationis), und wenn wir im bunten, über die
ganze Erde sich erstreckenden, Tauschverkehr sehen, daß je nach Lage der
Sache jedes Ding mit jedem anderen Dinge im Austausche zusammentreffen kann*), so ist das Zwischentreten einer und derselben Größe
als gemeinschaftlichen Werthmessers, als Generalnenners, für Alle nothwendig.   Ein solcher Generalnenner kann nur ein allgemein als Tauschwerth anerkannter und die gedachten Eigenschaften, beliebige Theilbarkeit,
möglichste Unveränderlichkeit im Werthe, Unnachahmlichkeit, Dauerhaftigkeit, möglichste Transportfähigkeit, allgemeine Beliebtheit, habender Werth
sein, welcher auf Grundlagen beruhet, welche ihm eben diesen Werth
geben können — Gold, Silber, Vertrauen zu der allgemeinen Anerkennung. —

Aus dieser Nothwendigkeit des Geldes zur Vermittelung des Tauschverkehrs ergiebt sich, daß, wenn ein Staat, oder eine Nation kein Gold-
und Silbergeld hat, oder haben will, auch jedes bloße Repräsentativzeichen
in ihr den Gelddienst versehen kann, sofern nur ihm die allgemeine Anerkennung garantirt wird.   So sehen wir denn auch die verschiedenen
Völker in verschiedenen Zeiten die verschiedensten Münzen gebrauchen,
deren Bestandtheile an sich oft keinen, oder geringen Werth haben, und
wir brauchen nur unsere Scheidemünze zu betrachten, um zu sehen, daß
innerer Werth nicht unumgänglich erforderlich ist.   Hierauf beruhet es,
daß es nicht allein Staats- oder Bank-Kassen-Anweisungen giebt, welche
ihren Werth von der Einlösbarkeit in den öffentlichen Kassen entnehmen,
sondern daß es sogar Staatspapiergeld gegeben hat und noch giebt, welches weder bei einer Kasse einlösbar war und ist, noch Zinsen trägt, und
wie sehr dies lediglich auf der bloßen Tauschmitteleigenschaft, blos darauf

---

*) Wenn man 100 Dinge vermittelst des Geldes tariren will, so braucht
man nur 100 Vergleichungen mit diesem anzustellen; will man sie ohne Geld
tariren, so muß man jedes mit jedem vergleichen, was 9,909 Vergleichungen nöthig
macht.   Wollte man sie wirklich beliebig mit einander vertauschen, so gäbe es unendlich viel mehr Vergleichungen, indem die werthvolleren reell getheilt werden
müßten, abgesehen, daß sie dadurch meist ihren Werth verlören.

seinen Werth gründet, daß mit Sicherheit dafür andere Güter zu haben sind, hat man daran gesehen, daß solche Papiere, nachdem sie durch überflüssige Vermehrung ihren Werth verloren hatten, durch Verminderung, also dadurch, daß man sie im Gütertausche weniger entbehren konnte, ihren vollen Werth wieder erlangten, und zwar lediglich durch freien Entschluß und Gebrauch des verkehrenden Publicums wieder erlangten. Dies war z. B. bei dem Papiergelde der englischen Bank im Anfange dieses Jahrhunderts der Fall, welches durch seine im Dienste des damals im Kriege mit Frankreich ausgesogenen englischen Staats über das Circulationsbedürfniß hinaus geschehene Vermehrung vom Werthe von 148 Gran auf 108 Gran Silber gefallen war, dann aber sofort wieder bis zu pari stieg, als man es verringerte, und in Ermangelung anderen Geldes sein Begehr stieg. — Wenn der Producent seine Producte los werden, und auch im kleinen Verkehr los werden will, was soll er dann anders machen, als im Nothfalle und im Vertrauen auf Wiederabsatz schlechtes Geld nehmen, um damit andere Güter wieder zu kaufen?

In keinem Lande beschränkt sich der Verkehr auf den Gütertausch lediglich im Inneren, sondern jede Nation bedarf nothwendig auch ausländischer Waaren. Für den Verkehr mit dem Auslande nun reicht ein Zwangspapiergeld eines Staates ohne Einlösbarkeit nicht aus, denn es liegt eben in dem Wesen des Geldes, daß man sich damit will nach allen Seiten hin bewegen können, und dieses wird durch ein Geld, das nur in e i n e m Lande gilt, nicht gewährt. Wegen dieser Unvollkommenheit wird ein Zwangspapiergeld gegenüber einem guten Gold- und Silbergelde nur von einem Staate ausgegeben werden, welcher kein anderes herzustellen vermag, umsomehr weil selbst im Innern der Zwang bei Krieg, Mißtrauen in die Dauer der Regierung, unkräftig werden kann, und dieserhalb ist denn das Zwangspapiergeld ohne willkürliche Einlösbarkeit überall auch bald im Preise gesunken. Die französischen Assignaten sanken bis auf Null. Anders ist es mit einem Papiergelde, welches bei der Staatskasse, oder mit guten Zahlungsmitteln versehenen Bankkassen jeden Augenblick einlösbar ist. Dies ist nur eine Anweisung auf Gold- und Silbergeld, und muß im Inlande mindestens dem letzteren insoweit gleich stehen, als es vermittelst der für die Einlösung gebotenen Garantieen mehr oder weniger Vertrauen findet, und es kann selbst höher stehen, als die gleiche Summe Metallgeldes, weil es durch größere Transportfähigkeit, raschere Zählbarkeit u. s. w. Vorzüge vor demselben haben kann, und zwar im Falle weitverbreiteten Vertrauens selbst im Auslande.

Wenn wir nun das Geld in dessen Gebrauche, d. h. in dem durch dasselbe vermittelten Tauschverkehr betrachten, und gesehen haben, daß der Tauschwerth einer Metallmünze durch ein bei ihrer Anfertigung dem Metallwerthe entsprechend gegebenes Gepräge bezeichnet wird, der Werth eines Papiergeldes aber in der Einlösbarkeit des im Gepräge angezeigten

Werthes besteht; dann ist ja wohl das Geld etwas in seinem Werthe Feststehendes, und die Preisveränderungen gehen ja wohl lediglich in den Gütern vor? Das ist keinesweges der Fall; aber bei Veränderungen der Preisverhältnisse unter den Gütern zum Gelde ist es sehr schwer, immer zu wissen, ob und wie weit die Veränderung in dem Gelde, oder in den Gütern vorgegangen ist. Das Geld, und namentlich das Metallgeld, welches für den Werth des Papiergeldes den Ausgangspunkt bildet, ist eine Waare, und deßhalb dem Steigen und Fallen ebenfalls unterworfen, und auch nach denselben Gesetzen unterworfen, wie die anderen Güter, nach den Regeln des Angebots und der Nachfrage, welche hier im Ganzen auch ebenso wie bei den übrigen Gütern sich gestalten. Auch hier wird die Nachfrage durch das Bedürfniß und das Zahlungsvermögen bedingt, d. h. durch das zahlungsfähige Bedürfniß, denn, wir haben das schon oft ausgesprochen, das Geld ist, wie jede andere Waare, nur dem zugänglich, und nur der hat Einfluß auf seinen Preis, welcher es mit einer Gegenleistung kaufen kann. Geldnachfrage setzt also Güterproduction voraus, und jemehr producirt wird, und jemehr in Folge dessen gegenseitiger Austausch der Güter stattfindet, desto mehr Begehr ist nach dem Gelde. Ebenso ist auch das Angebot des Geldes von der Masse der producirten Edelmetalle abhängig, und Angebot und Nachfrage bringen hier also auch ein Fallen und Steigen des Geldes hervor, welches ganz wie bei jeder anderen Waare nach den Productionskosten hin gravitirt. Es waltet hier auch das Gesetz, daß, je dehnbarer das Bedürfniß und die Befriedigungsmittel sind, desto mehr der Preis nach den billigsten Productionskosten hinneigt, und jeweniger dehnbar, desto mehr derselbe zu den höchsten Productionskosten hinansteigen möchte.

Nun liegt es an und für sich wohl zu Tage, daß ein absolutes Bedürfniß nach Geld kaum anzunehmen ist, denn es kann ja der Tauschverkehr möglicher Weise direct, ohne Vermittelung des Geldes vor sich gehen, und es kann, darin zeigt sich die Ausdehnbarkeit der Befriedigungsmittel, im Nothfall durch Stellvertreter ausgeholfen werden, welche sich schließlich gar nicht in Metallgeld auflösen, wie z. B. durch uneinlösbares Zwangspapiergeld. Fernerhin ist es auch bekannt und in aller Leute Munde, wie sehr in der neuesten Zeit namentlich die Geldproduction sich vermehrt hat, und deren Kosten sich vermindert haben.

Man schätzt die Ausbeute an Edelmetallen

um 1500 jährlich	1 Mill. Thlr.	um 1700 jährlich	30½ Mill. Thlr.
„ 1550 „	4 „	„ 1750 „	49 „ „
„ 1600 „	15 „	„ 1800 „	76 „ „
„ 1650 „	23½ „	„ 1850 „	177½ „ „

Die Gesammtproduction in diesen 3½ hundert Jahren in Millionen Preuß. Thlr.

	Gold	Silber	zusammen	
	3,821	7,925	11,746	
vorhanden war	80	200	280	aus dem Mittelalter
Total	3,901	8,125	12,026	
Werth	33%	67%		

1848 begann die Ausbeute in Californien,
1851 in Australien. Nach Levasseur die Ausbeute

1856 in Californien,	Australien	Rußland
2,508 Mill. Frcs.	1,695 Mill. Frcs.	635 Mill. Frcs.

Total 4,838 Mill. Frcs.

Von 1851 bis Ende 1857 sollen nach englischen Parlamentser=
mittelungen in Europa eingeführt sein für 130 Mill. Liv. Gold und für
29'870,000 £. Silber; aus Europa ausgeführt dagegen für 79'170,000
£. Edelmetalle, wovon 56'670,000 Silber nach Indien und China. Es
verblieben also in Europa mehr 80'700,000 £. oder 511 Mill. Thaler
in 7 Jahren. (Kolb, Statistik.)

Die Entleerung der Schatzkammern seit der vermehrten Sicherheit
und fruchtbaren Verwendung muß auch in Rechnung gebracht werden,
wiewohl der Abnutz des Geldes und dessen Verlust, sowie der gestiegene
Luxus in Geräthen, Kunst= und Schmucksachen nicht unerheblich sein mag.
Es kommt aber eine unermeßliche Vermehrung hinzu, wenn man die
Geldersatzmittel, nämlich das Papiergeld, die Banknoten und Wechsel
hinzurechnet, welche das Geld großentheils entbehrlich machen. — Das
müßte nun der Verkehr alles nicht allein in Thätigkeit setzen, sondern in
gleichem Maße zur Tauschvermittelung verlangen, wie früher die dagegen
unendlich kleinen Summen, wenn Angebot und Nachfrage in demselben
Verhältnisse geblieben sein sollte. Freilich ist der Verbrauch zu Geräthen
2c. weit größer, als Manche denken, z. B. in England soll sich die Masse
der gestempelten Silberwaaren von 1804 bis 1830 im Verhältniß von
1 zu 30 vermehrt haben, auch ist zu bedenken, daß die Bevölkerung sich
allenthalben außerordentlich vermehrt hat, namentlich seitdem die euro=
päische Civilisation ein Gebiet nach dem anderen zugänglich gemacht und
befruchtet hat; sodann ist überdies durch die unendlich vermehrte Pro=
ductionsfähigkeit aller Völker der innere und äußere Verkehr außerordent=
lich gewachsen und das Geld ist dabei um so thätiger geworden, je mehr
die Arbeitstheilung zugenommen und die frühere Naturalwirthschaft in
jeder Geschäftsbranche vom höchsten Beamten bis zum Arbeiter jeder Art
sich in Geldwirthschaft verwandelt hat. Im Jahre 1602 hatte die ganze
englische Kriegs= und Handelsmarine etwa 45,000 Tonnen Gehalt, d. i.
nicht die Hälfte von dem, was jetzt Bremen hat; jetzt hat England
5,500,000 Tonnen. Vor allen Dingen ist aber auch nicht außer Acht
zu lassen, daß, wenn das Geld sich im Werthe verringert durch seine

Menge, also alle Waaren dagegen theurer werden, auch um so viel mehr Geld zu denselben Käufen zugehören muß, als früher, was bei dem obgedachten Maßen nicht allein über die ganze Erde jetzt ausgedehnten Geldverkehr und bei der Steigerung der Bedürfnisse jedes Menschen eine sehr starke Gegenwirkung hervorbringen muß.   Dennoch nehmen Diejenigen, welche am wenigsten die Veränderung übertreiben möchten, eine Verminderung des Metallwerthes etwa von 3 oder 4 zu 1 seit der Entdeckung von Amerika an.

Es ist aber, wie gesagt, im Einzelnen oft schwer zu sagen, ob die Preisveränderung auf Seiten des Geldes, oder auf Seiten des Productes vor sich gegangen sei, und deßhalb ist die einfache Bemerkung, das Geld sei billiger geworden, nicht für alle Fälle ausreichend.   Wir haben es bereits bei Behandlung des Preises oben angeführt, daß jemehr die Cultur steige, und mit ihr die Capitalien, die Preise derjenigen Waaren, wobei die Capitalien eine wesentliche Rolle spielen, sinken, vorausgesetzt, daß die Production einer beliebigen Ausdehnung fähig sei, daß dies aber nicht der Fall sei, wenn die Production beschränkt sei, wie unter gegenwärtig noch obwaltenden Verhältnissen beim Landbau und bei allen mit diesem in unmittelbarer Verbindung stehenden Productionen.   Deßhalb sehen wir die Rohstoffe und Lebensmittel: Korn, Holz, Vieh, enorm im Preise gestiegen, während dagegen Gewerbserzeugnisse, namentlich wenn die Production durch Maschinen gesteigert werden kann, im Preise sinken, ein Verhältniß, weßhalb die rohproducirenden Völker und die industriellen am liebsten und besten im Handelsverkehr sich ergänzen.   Die meisten Birminghamer und Sheffielder Waaren sind seit 1815 um 50—80% im Preise gefallen, und man hält die englischen Waaren überhaupt seit der Maschinenfabrikation um circa 50% niedriger.

Das Sinken des Geldes im Preise hat natürlich ebensowohl seine Grenze, als das Sinken jeder anderen Waare, in den billigsten Productionskosten, denn unter diesen kann es nicht geliefert werden, weil die Arbeit und Capitalverwendung sonst in anderen Fächern mehr Gewinn bringen würde; ja der Durchschnittspreis muß auch die höchsten Productionskosten noch mit berücksichtigen, sofern die zu den höchsten Productionskosten producirten Metalle sofort unproducirbar werden, wenn sie die Kosten nicht mehr decken.   Ueberdies kann auch das Metallgeld nicht so billig werden, daß es für den Gebrauch zu untransportabel und unbequem werden würde, weil man dann wegen Verringerung seiner Zweckmäßigkeit ein anderes Geld einführen müßte.

Im Ganzen werden für jedes einzelne Volk, das ein abgeschlossenes Geldwesen hat, folgende Verhältnisse auf die Preishöhe des Geldes zu den übrigen Waaren von Einfluß sein, d. h. nach ihnen wird man bemessen können, ob das Angebot die Nachfrage, oder diese jenes übersteigen werde.   Den Bedarf an Geldmitteln kann man nach Sismondi so ausdrücken: „Die Summe der Umlaufsmittel im Staate muß gleich sein der Summe der Zahlungen, welche während eines gewissen Zeitraumes geleistet werden, dividirt mit der Anzahl der Male, wie oft in demselben jene durchschnittlich ihren Eigenthümer wechseln." Es ist ja an und für sich zu jedem Kaufgeschäfte Geld erforderlich, wenn aber auch zu 100 Käufen jedes Mal 1 Thlr. erforderlich ist, so kann immer ein und derselbe Thaler den Vermittler spielen. Deßhalb ist nicht allein die Vielheit der Täusche von Belang, sondern auch die Schnelligkeit, womit das Geld umläuft. Nicht minder kommt in Betracht, inwieweit das Geld durch die Geldersaßmittel überflüssig gemacht wird, denn unzählige Käufe können mit einem Papierthaler abgemacht werden, oder mit Wechseln und Anweisungen, ehe letztere einmal eine Silbermünze, auf die sie lauten, wirklich in Anspruch nehmen. In England, wo die Geschäftsleute nicht ihr Geld bei sich hinlegen, sondern den Banquiers hingeben, welche wiederum ihre Vorräthe einer Bank übergeben, gleichen die Forderungen sich in immer höheren Instanzen aus, und die letztübrigbleibenden Forderungen werden wieder noch zuletzt in dem Londoner Clearinghouse zu- und abgeschrieben. So wird dort der ganze größere Verkehr lediglich durch Anweisungen an die Banquiers abgemacht, und baares Geld nur im kleinen Verkehr gebraucht. Roscher nimmt an, daß nur $\frac{1}{10}$ der Geschäfte baar Geld erfordere. Wächst nun also auch allerdings mit der fortschreitenden Cultur und Rechtssicherheit und jemehr der Verkehr von allen Fesseln befreit wird, die Production, und also die Zahl der Käufe, indem das Geld überall fruchtbare Verwendung findet, so braucht doch auch alsdann Niemand es bei sich in Reserve hinzulegen, indem der gleichzeitig steigende Credit und die sich ausbildenden Credit- und Ersaßmittel ihm für den Gebrauchsfall zur Hand sind. Wenn der Credit und die Geldersaßmittel, das Staatspapiergeld, die Banknoten, die Wechsel und Anweisungen eine Menge Baarzahlungen unnöthig machen, indem sie durch Weiterbegebung viele Male zahlen, ohne eingelöst zu werden, so hat die vermehrte Production nicht nothwendig vermehrte Geldmittel in ihrem Gefolge.

Nach dem Ebengesagten ergiebt sich die Unrichtigkeit der bei Vielen herrschenden Anschauungsweise, welche selbst bei den besten Köpfen in früherer Zeit, als der Gesammtverkehr dem Auge des Einzelnen noch ganz verborgen, gäng und gäbe war, wonach nämlich das vorhandene Geld den vorhandenen übrigen Gütern an Werth gleich sein müsse. Man denke allein an den Werth des Grund und Bodens gegenüber dem des Geldes. In Frankreich, wo verhältnißmäßig viel mehr baares Geld im Umlauf ist, als in England, beträgt die Geldmenge nach Mich. Chevalier noch nicht vier Milliarden gegenüber einem Grundbesitz, welcher auf 33 bis 40 Milliarden berechnet wird, und zu Necker's Zeit betrug das Geld in Frankreich 2,200 Millionen Livres und der durchschnittliche Werth allein der Kornernte 1000 Mill.

Wenn nun aber je nach dem Umfange und der Lebendigkeit des Verkehrs eines Landes, und in Beihalt der Aushülfe durch Credit und Creditmittel, doch immer eine gewisse, wenn auch nicht in einer bestimmten genauen Zahl zum Bewußtsein zu bringende, Menge von Metallgeld nothwendig ist, indem ja selbst für die Einlösung der Ersatzmittel eine bestimmte Summe erforderlich ist, so ist nun die Frage, was ist die Folge, wenn zu viel, und was ist die Folge, wenn zu wenig Metallgeld in einem Lande nach dessen Bedürfnisse vorhanden ist. Es ist ja leicht begreiflich, daß, wenn das Geld eine Allgemeinbeliebtheit über die ganze Erde hat, wie keine andere Waare, und zu dem die größeste Transportfähigkeit und Umformbarkeit, es sich nothwendig die Plätze der Welt aufsuchen muß, welche es am höchsten schätzen, d. h. welche am meisten Waaren dafür geben, sofern, was wir immer voraussetzen, keine künstlichen Schranken gegen dieses Abfließen gezogen sind und — auf die Dauer schwer mit Wirksamkeit gezogen werden können. Durch dieses Abfließen gleicht sich der Geldwerth bis auf die Transportkosten und die etwa zu berechnende Assecuranzprämie für die Gefahr des Untergangs auf der ganzen zugänglichen Erde aus, so daß das Niveau dem des Wassers gleicht; nur daß bei den roheren Nationen, zumal wenn sie von den Ländern, welche das Metall aus erster Quelle beziehen, weit entfernt sind, und nur sehr schwer transportable Rohproducte wieder dagegen abgeben können, um so mehr eine gewisse Stagnation eintritt, als bei ihnen Rechtsunsicherheit ein mißtrauisches Verbergen und mangelhafter Verkehr eine Anhäufung bewirkt. Im Uebrigen vollzieht sich in jedem Augenblicke über den ganzen Erdkreis die Ausgleichung im natürlichen Wege von Angebot und Nachfrage, und zwar natürlich nicht plötzlich und über alle Artikel zugleich, sondern je nach dem Anwachsen, oder der Verminderung des Geldes nach und nach von einem Artikel zum anderen, von einem Kreise zum anderen. Die Vermehrung erzeugt eine vermehrte Nachfrage nach denjenigen Waaren, deren der Geldbesitzende zunächst bedarf, der neue Erwerber überträgt die Nachfrage wieder auf andere von ihm begehrte Waaren u. s. w. Die Waaren steigen also, Das bringt ein Ausweichen der Käufer nach Orten hin zu Wege, wo die Waaren billiger sind, das Geld geht also in's Ausland, wo der Preis der Waaren billiger, der Werth des Geldes höher ist, bis das Gleichgewicht wieder hergestellt ist. Würde der Werth des Geldes bis unter den Werth der Barre gesunken sein, so würde das sofort das Einschmelzen zur Folge haben, und die Barre als reines Gebrauchsmetall in den Handel gehen. Umgekehrt fallen die Waaren im Preise, wenn das Geld selten ist, und das zieht das Geld wieder vom Auslande herein, bis ebenfalls die Ausgleichung sich vollzogen hat. So kann man in der That sagen, daß, mit Ausnahme der geringen augenblicklichen Schwankungen, und mit Berücksichtigung des vermehrten, oder verringerten Baargeldbedarfs, der Gesammtwerth des im Lande befindlichen Geldes immer gleich ist der zum Austausch in jedem Augenblicke erforderlichen Summe, indem, wenn mehr Geld da ist, es vor seinem Abflusse verhältnißmäßig gesunken, wenn weniger da ist, es verhältnißmäßig gestiegen ist. Daraus ergiebt sich das Verkehrte der Ausdrucksweise der Leute in Zeiten von Verkehrs- stockungen: „das Geld sei knapp." Wenn ihnen Niemand ihre Waaren abkaufen will, oder sie können kein Geld geliehen bekommen, so fehlt es nicht grade an Geld, sondern dieses wendet sich nur in Folge von Con- juncturen von ihnen ab zu anderen Verwendungen, oder es wartet den Gang der Conjunctur ab.

Wenn die Vermehrung der Geldumlaufsmittel nun aber ihren Grund hat in Vermehrung des Papiergeldes, was geschieht dann? Gleichviel, ob Privatbanken, oder vom Staate garantirte Banken oder der Staat selbst es ausgegeben hat, d. h. ob die Bank oder die Staatsregierung damit ihre Lieferanten und Gläubiger bezahlt hat, sogleich von dem Momente an, wo es sich über den Bedarf häuft, und also im Lande nicht völlige Verwendung findet, wird es, da und sofern es auswärts nicht gleich dem Metallgelde geschätzt wird, im Werth gegen das Silbergeld zurücktreten. Sobald dies aber geschieht, wird das baare Geld in's Ausland gehen, und der Inhaber des Papiers wird es zur Bank oder zur Staatskasse tragen, um baar Geld dafür zu holen, bis so viel Papier wieder in die Staats- oder Bankkasse zurückgekehrt, also wieder aus dem Verkehr ver- schwunden ist, daß es wieder selten genug ist. Ist es aber nicht einlösbar, dann muß es immer gerade sovielmehr sinken, als es sich vermehrt, so daß die Gesammtsumme sich gleichbleibt, und der Werthverlust gegen Silber muß den Staat, oder die Bank nöthigen, es zu convertiren, oder aber offenen oder versteckten Banquerott zu machen.

Die allgemeine, allmählich sich vollziehende, Metallentwerthung kann nur für diejenigen Verhältnisse nachtheilig sein, welche sich über sehr lange Zeiträume erstrecken, der Staat macht in seinen etwa unverändert gebliebenen Steuer- und Zolltarifen Schaden, der Verpächter, der Beamte, Rentier u. s. w. leiden, im Uebrigen aber hat die Vermehrung des Metalls dann nur den Einfluß, daß Gold- und Silberluxus steigen, und die Münzen, oder deren Zahl bei verringertem Werthe sich vergrößern. Wenn aber die Geldwerthveränderung, wie es nur bei theilweise gehemmtem, und deßhalb in sich ungleichmäßigem Verkehre möglich ist, rasch und ungleich sich vollzieht, dann ändert sie plötzlich die Gütervertheilung, und kann für Viele sehr verderblich wirken. Gewöhnlich reizt sie dann die dadurch Gewinnenden zu fieberhaften Speculationen, und deren Ende können nur verkehrszerrüttende Krisen sein. Bei völlig freiem Verkehre gehen aber die Geldwerthausgleichungen um so unmerklicher vor sich, je ausgedehnter der freie Verkehr, das heißt: je größer das Becken ist, in welchem die Werthausgleichung stattfinden kann.

Drittes Buch.

Die Vertheilung der Güter im wirthschaftlichen Berufsleben.

Sechstes Capitel.
Die Einkommenzweige.

§. 36.
Das Einkommen.

Was in einer gewissen Zeitperiode an Gütern in unser Vermögen gelangt, das nennen wir unsere **Einnahme**: Jahreseinnahme, Wochen-, Tageseinnahme. Die Einnahme muß natürlich Dasjenige in sich fassen und wieder bringen, was an bereits vorhandenen Werthen, sachlichen oder persönlichen, bei der Production verwandt wurde, also das gesammte sogenannte **rohe Einkommen**, oder den sogenannten **Brutto-Ertrag**. Letztere beiden Ausdrücke sollte man in so allgemeiner Beziehung aber nicht gebrauchen, denn der Ausdruck Einkommen enthält eine Hindeutung auf den Nutzen für die **Person**, Ertrag eine Hindeutung auf die **Nützlichkeit** einer **Sache**, oder einer **Thätigkeit**. Von **Einkommen** redet man also richtig immer nur im Sinne des Ueberschusses über die Productionskosten hinaus, sofern derselbe dem Producenten zuwächst, d. i. also im Sinne des **reinen Einkommens**. Letzteres, der dem Producenten zuwachsende Ueberschuß, kann entweder zur Vermehrung des stehenden oder umlaufenden Capitals im Wege der Ersparung und Capitalisirung, oder aber zur Bestreitung der Lebensbedürfnisse verwandt werden. **Freies Einkommen** nennt man denjenigen Theil des reinen Einkommens, welcher nach Befriedigung der nothwendigen Bedürfnisse übrig ist, und also zu freien, höheren Bedürfnissen verwandt werden kann. Die Ausdrücke: **Auskommen**, **Wohlstand**, **Reichthum** in aufsteigender Linie und: **Auskommen**, **Verarmung** und **Armuth** sind an sich verständlich. Bei der Veränderlichkeit der Preis- und Productionsverhältnisse ist leicht ersichtlich, daß das bloße nothdürftige Auskommen nicht wohl fortdauernd im Stillstande gedacht werden kann, es muß ein Schwanken zur einen, oder anderen Seite stattfinden. Wenn nun nach dem Aufhören der Naturalwirthschaft, die ja jetzt einer Geldwirthschaft in allen Zweigen Platz gemacht hat, nachdem man jeden Werth in eine Geldsumme übersetzen kann, heutigen Tages eine genaue Berechnung durch die Buchführung ermöglicht ist, so ist in jeder Privatwirthschaft wohl Acht zu geben, nach welcher Seite der Stand

der Dinge in jedem Augenblicke sich neigt. Dies ist wichtig, da hievon
nicht allein die Preisberechnung der Producte abhängig ist (wenn diese zu
niedrig geschieht, so muß sie bei bester Thätigkeit, und wenn sie zu hoch
geschieht, so muß sie wegen Abnahme des Absatzes zurückbringen), sondern
weil nur eine oftmalige Inventarisirung und Bilance Klarheit darüber
verschaffen kann, wie viel dem Capital entzogen, und dem Lebensunterhalt zugewandt werden kann. Wie oft sieht man, namentlich beim kleinen Handwerkerstande, welchem die Buchführung mehr oder weniger noch
fremd ist, daß er zurückkommt, weil er allmählig sein Betriebscapital mit
verzehrt, ohne es zu merken, da er das reine Einkommen mangelhaft
gegenüber der Gesammteinnahme berechnet.

Betrachten wir nicht e i n e Wirthschaft allein, sondern deren viele
im Verhältnisse zu einander, so sehen wir, wie Dasjenige, was die eine
als Productionskosten berechnet, für die andere das reine Einkommen ist,
indem aus einer Einnahme mehre Einkommen sich bilden. Der Tischler-
meister muß zu Ende des Jahres den Gesammtwerth seiner Producte als
Einnahme in seinem Buche haben; das Holz aber und der Lohn, die er
bezahlt hat, sind für sein Einkommen als Productionskosten abzuziehen,
und deren Erträge stehen in den Büchern des Holzhändlers und der Forst-
verwaltung, nachdem auch diese wieder den Einkaufspreis, den Schlage-
lohn, Fuhrlohn ꝛc. abgezogen, sowie in denen des Forsttagelöhners, des
Fuhrmanns, des Tischlergesellen, als Einkommen. Das Einkommen
der Letzteren bildete das Betriebscapital des Ersteren.

Nehmen wir nun alle Wirthschaften eines Volks zusammen, und
werfen wir ihre Einnahmen in einen Topf, so haben wir die Gesammteinnahme des Volks, und aus diesem Topf holt sich nun jeder Einzelne
sein reines Einkommen heraus. Bleibt, wenn so alle reinen Einkommen
nach einander herausgenommen sind, in diesem Topfe Nichts mehr darin?
Manche haben dies verneint, meinen also, daß für eine ganze Nation die
Bruttoeinnahme und die Nettoeinnahme gleich sei. Allein es ist leicht
ersichtlich, daß dies falsch sei. Es sind in dem Topfe nämlich viele Capitalien mitenthalten, welche in früheren Jahren schon erspart wurden, mit
welchen die Nation im vorigen Jahre schon abschloß, und womit sie dieses
Jahr wieder betrat. „Das, was ein Volk im Jahr e r a r b e i t e t ,
das ist die Quelle, woraus es das Nöthige für die Lebensbedürfnisse und
Genüsse schöpft, die es jährlich zu befriedigen hat." Mit diesem klaren
Satze beginnt Adam Smith's großes Werk „über die Quellen des Volkswohlstandes." Der Gewinnst aller Arbeiten, sowohl der körperlichen als
der geistigen, und der Gewinnst der sämmtlichen Capitalien, als zweiten
Factors der Production, ist das Volkseinkommen, und die Quelle, woraus
Capital und Arbeit schöpfen, oder mit deren Hülfe sie produciren, ist ja,
wie wir wissen, die Natur außer uns und in uns. Die Capitalien sind
also nicht selbst zum Einkommen zu rechnen, sondern nur zu den Ein-

kommensquellen, und die Zinsen sind, wenn sie zum Einkommen des Gläubigers zuzurechnen sind, vom Einkommen des Schuldners wieder abzurechnen.

Die wichtigsten Seiten der richtigen Einkommenberechnung sind ein Mal, daß eine richtige Steuerauflage ohne dieselbe nicht gedacht werden kann, und dann, daß von ihr die Einsicht in die Gerechtigkeit des Verkehrs abhängt. Die Einkommensteuer ist die einzig gerechte Steuer und wo die directe Erhebung derselben nicht beliebt wird, müssen wenigstens die Auflagen dahin streben, daß sie nur die Einkommen treffen, und nicht die Einnahmen, also nicht die Productivkräfte mit, da sie letzteren Falles nicht allein ungerecht sind, sondern auch die Production und also die Steuerkraft im Ganzen beeinträchtigen (z. B. Besteuerung der eingehenden Rohstoffe). Auch bei directer Besteuerung würde die Mitbelastung des Capitals selbst sowohl Ungerechtigkeit, als Productionsschmälerung sein, wohl aber ist es gerecht, natürlich und erforderlich, das reine Einkommen progressiv zu besteuern: es liegt dies schon darin, daß bei gleicher Besteuerung der reinen Einkommen diejenigen, welche nur so eben zu leben haben von ihrem Einkommen, thatsächlich doch immer mehr oder weniger in ihrer Productivkraft gebrochen werden würden. Aber auch durch zu starke (geometrische 1, 2, 4, 8, 16) Steigerung würde das richtige Maß überschritten werden können, weil dadurch die Capitalbildung, der Sparsinn und die Productivität gestört werden würde. Der zweite oben beregte Punkt ist ebenfalls wichtig, weil allein bei richtiger Berechnung des Einkommens klar und ersichtlich wird, ob Jedem der ihm gebührende Theil seiner Dienstlichkeit wird, oder nicht. Wie kann Derjenige Lust und Liebe zur Arbeit haben, und sie auf den richtigen Punkt hinrichten, welcher immer glaubt, seiner Dienstlichkeit geschehe Unrecht, weil er falsche Begriffe über die Dienstlichkeiten und deren Verhältniß hat? Wir hören täglich den rohen Arbeiter klagen, daß von seinem Schweiße Andere leben, sowie wir täglich unverständige Capitalisten, Beamte u. s. w. die Ansicht hegen sehen, als wenn sie den Arbeitern zu leben gäben. Die Ersteren bedenken nicht, daß die Capitalien aufgesparte Arbeit sind, und daß sie eben unerläßlich und wesentlich der gegenwärtigen Arbeit vorgearbeitet haben müssen, wenn die letztere irgend welchen brauchbaren Erfolg haben soll, nicht minder, daß gerade die Capitalien die Veranlassung für die gegenwärtige Arbeit bieten. Die Letzteren aber bedenken nicht, daß die aufgesparte Arbeit ohne die gegenwärtige unfruchtbar dalliegen und verkommen würde. Ohne Zusammenwirken der drei Productionsfactoren: Naturfond, Capital und Arbeit, kommen streng genommen keine Producte zu Stande, wenn auch in einzelnen Fällen der eine oder andere Factor unscheinbar sich verbirgt, und der Verkehr sorgt im Wege des Angebots und der Nachfrage und zwar, wie wir wissen, unter Berücksichtigung der Productionskosten und

des Gebrauchswerths für den entsprechenden Lohn der Verwendung. Wir
werden dies bei genauerer Betrachtung der einzelnen Einkommensquellen
ersehen.

§. 37.

Die Grundrente.

Unter Grundrente oder Bodenrente wird verstanden eine Vergütung
für die Benutzung der ursprünglichen, im Grund und Boden enthaltenen
und mit ihm, als einem abgegrenzten Werthgegenstande, aneignungs-
fähigen unerschöpflichen Naturkräfte. Man sagt, schlechter Boden, oder
schlecht gelegener, bringe unter denselben Productionskosten viel weniger
Früchte, Kohle, Erz, Salz u. s. w. hervor, als guter oder gut gelegener,
die Producte beider gelten aber gleich viel. Wenn nun der schlechte oder
schlecht gelegene mit seinen höheren Productionskosten noch zum Markte
gelange, weil die Producte des guten denselben nicht ausreichlich versorgen können, so werfe der gute offenbar noch einen regelmäßigen Ueberschuß über die Arbeits- und Capitalverwendung nebst dem für den schlech-
tern Boden erzielten Gewinn ab. Diesen betrachtet man als Preis
für die in dem Boden befindlichen unerschöpflichen Naturkräfte. Die Grundrente beziehe der Eigenthümer, sagt man also,
als Aequivalent für diese Naturkräfte, in der Höhe der Differenz zwischen
den Productionskosten für ein Productionsquantum auf dem fraglichen
Grundstücke und den Productionskosten für dasselbe Productionsquantum
auf dem schlechtesten Grundstücke, welches noch mit Nutzen auszubeuten
sei. Der Preis eines Grundstücks richte sich nach der Höhe der Rente,
verglichen mit dem Zinse des Kaufcapitals. Falls der Zinsfuß falle, so
steige der Preis, steige der Zins, so falle der Preis, wenn die Rente
gleichbleibe; stehe der Zinsfuß still, so steige der Preis mit steigender und
falle mit fallender Rente. Dieser nach dem Nationalökonomen David
Ricardo, der ihn sehr speciell ausgeführt hat, das Ricardo'sche Gesetz
genannte Gedanke hat eine Zeit lang allgemeinen Anklang gefunden, in
neuerer Zeit aber verliert er immer mehr Anhänger. Es liegt in der
That in demselben keine nur für Grund und Boden anwendbare Wahrheit, und ein Grund, die Kräfte der Natur hier als selbständig
schöpferisch und entgeltlich anzusehen, liegt noch weniger vor.
Es ist der Grund und Boden allein nicht producirend, er enthält, wie
alles Andere in der Natur, nur den durch Arbeit und Capital
zu weckenden Keim zur Frucht, und wir haben ihn deßhalb oben
schon ein Mal als Schmelztiegel bezeichnet. Die Frucht ist das Erzeugniß
der Arbeit an und mit den Naturkräften, und daß die Arbeit auch anderswo als beim Boden, bald mehr bald weniger mit Erfolg gekrönt wird,
das bedarf gar keiner Auseinandersetzung — wir brauchen nur an Petri

Fischzug zu denken, an günstige Einkäufe auf Auctionen, an den Fund eines Diamanten — und nur das täuscht, daß man bei dem Grund und Boden die höhere oder geringere Fruchtbarkeit als etwas Bleibendes zu sehen gewohnt ist; allein dasselbe finden wir auch bei genialen Köpfen gegenüber dummen, und bei Grund und Boden kann es ebenfalls veränderlich sein. Zinck's Hotel in Hamburg, gegenüber der Börse, hat einen Ertrag auf wenigen Quadratruthen gleich dem größesten Landgute; würde die Börse verlegt, oder ein schlechter Wirth käme dahin, so wäre der Ertrag vielleicht sofort sehr geringe; eben so ist es mit einem Landgute: heute kann es durch Anlegung einer Eisenbahn ungemein im Ertrage steigen, morgen kann es durch einen Deichbruch total versanden, und unfruchtbar sein*). Gewöhnlich sind auch die Productionskosten für ein Güterquantum an- nähernd auf gutem und schlechtem Boden dieselben, indem in das bessere Grundstück der Regel nach ein entsprechender höherer Werth gesteckt ist. Dies würde man fast selbst bei eroberten und zu Lehen empfangenen Gütern sagen können, weil dem besseren Krieger und dem Vasallen, der wichtigere Kriegsdienste leistete, auch das bessere Ackerstück wird zugefallen sein. Heut zu Tage ist das cultivirteste Land gewöhnlich das beste und das höchst gekaufte.

Die Preise der Bodenfrüchte unterliegen denselben Regeln des An- gebots und der Nachfrage wie andere Producte, denn einestheils ist es allgemein, daß jedes Product dahin strebt, sich zu höchst möglichen Preisen zu verwerthen, anderntheils ist es allgemein, daß diese Neigung realisirt werden muß überall, wo der günstiger Producirende nicht hin- länglich den Markt versorgen kann, der ungünstiger Producirende also mit seinen höheren Productionskosten noch mit maßgebend wird, und wo zu gleicher Zeit das Bedürfniß so wenig einschränkbar ist, daß es gegen- über den höheren Preisen sich nicht zurückziehen kann. Wir sehen das- selbe bei allen persönlichen Leistungen, welche ebenfalls bei mangelhafter Concurrenz die Vortheile der Ueberlegenheit dem Bedürfnisse gegenüber möglichst geltend machen, und wo also der billigst Producirende sich die Preise des Höchstproducirenden zu Nutze zu machen strebt, und bei jeder Arbeit können wir so in der bessern Fähigkeit ein Voraus vor der schlech- teren erblicken. Auch ist die Zuhülfenahme der schlechteren Grundstücke gerade der Weg, auf welchem die Preisausgleichung sich vollziehen will, indem gerade der hohe Ertrag und dessen höherer Preis der besseren Grundstücke (NB.! dieser ist nicht, oder doch nicht allein F o l g e der mit

---

*) Durch den Deichbruch bei Artlenburg unweit Boitzenburg wurde 1855 eine große Ackerfläche mehrerer Dörfer mit 4—6 Fuß Elbsand überschwemmt, dessen Wegs schaffung pro Morgen von 120 □R. 50—60 Thlr. Kosten verursachte. Waren die in dem Acker befindlichen Bestandtheile unter dem Sande nicht noch dieselben wie vorher? Allerdings, aber es war der menschlichen Arbeit schwerer, sie in Thätig= keit und Ertragsfähigkeit zu bringen.

höheren Productionskosten auf den schlechteren Grundstücken geschehenen Ausbeute, sondern mehr noch Ursache, daß diese letzteren noch mit ausgebeutet werden) die Arbeit und die Capitalien auch zu der Ausbeutung der schlechteren hinzieht, welche durch zweckmäßige Verwendungen in der That dahin gelangen, den besseren im Ertrage sich immer mehr zu nähern, und welche sie drücken würden, wenn und sobald ihre Zahl und Ertragsfähigkeit sich hinlänglich steigern würde. Ist Letzteres vorerst noch nicht überall eingetreten — bei manchen Bodenerzeugnissen, z. B. Baumwolle, ist es in der That geschehen — so sind theils, wie bei dem Kornbau, die politischen und socialen Verhältnisse noch ausbeutungsfähiger fruchtbarer Länder — Rußland, Ungarn x. — daran Schuld, theils liegen die Hindernisse wohl noch in unseren mangelhaften Kenntnissen, welche noch nicht alle Fundgruben und besten Gewinnungsmethoden beherrschen.

Wir können für die besondere Behandlung der Bodenrente keinen Grund finden, sehen sie vielmehr ebensowohl als einen — mehr oder weniger begünstigten — Erfolg der Arbeit und Capitalverwendung an, und haben deßhalb auch oben bezüglich der Preisbildung Capital und Arbeit allein als für die Productionskosten in Betracht kommend behandelt. Daß bei fallendem Zins der Bodengewinn und der Preis für den Boden sich erhöhe, und umgekehrten Falls erniedrige, ist sehr natürlich, und den allgemeinen Gesetzen der Preisbildung entsprechend, gleichviel, ob die höhere Dienstlichkeit eines Grundstücks als Folge bloßer Naturwirkung, oder als Folge verwandter Capitalien angesehen werde.

Auf dem für unsern Zweck uns gegönnten Raume mußten wir von einer ausführlicheren Behandlung der Ricardo'schen Ansicht, — welche den Socialisten einen erwünschten Grund zum Angriffe eines angeblich ungerechten Eigenthums gab, und welche Anlaß zu besonderen Steuerbelastungen des Grundeigenthums gegeben — absehen. Sehr befriedigend ist dieser Gegenstand in den Grundzügen der Nationalökonomie von Max Wirth behandelt.

§. 38.

Arbeitslohn.

Die Arbeit tritt streng genommen niemals allein auf, sofern die Kraft, mit welcher der Mensch arbeitet, immer selbst auch, wie jeder andere Werth, ein Product aus dem Naturfond, aus Arbeit und Capital ist. Selbst die Arbeitskraft des einfachsten Tagelöhners ist so gebildet und zusammengesetzt. Die Quantität der drei Factoren zusammen ist aber bei den verschiedenen Arbeitern eine sehr verschiedene, wie auch die Summe der Verwendung von jedem einzelnen Factor zu dem Gesammtresultat bei verschiedenen Arbeitern sehr verschieden ist. Wenn wir ermitteln, wie viel mehr von dem einen oder dem anderen der beiden kostenden Factoren, Capital und Arbeit, bei dem einen Arbeiter zur Herstellung seiner Arbeitskräfte verwandt worden ist, als bei dem anderen Arbeiter, dann erhalten wir das Verhältniß der Productionskosten der beiderseitigen Arbeitskräfte, aber dieses auch nur bis zu dem jetzigen Augenblicke; denn es ist fortlaufend auch das nothwendige Maß von Verwendungen zur Erhaltung ihrer Arbeitskräfte verschieden. Zur Ausbildung des arbeitsfähigen Tagelöhners ist ein ausreichend gesunder Körper und nur das allergewöhnlichste Maß von geistigen, oder wir wollen uns noch umfassender ausdrücken, von Seelenkräften erforderlich. Ohne daß weitere Verwendungen auf Körper und Seele nothwendig erforderlich waren, als lediglich der nothdürftigste Unterhalt für das Leben, kann er etwa von seiner Confirmation an, oder vielleicht schon früher, oder bald darauf, seinen Unterhalt verdienen. Hat er etwa Schulunterricht genossen, ist seine körperliche Nahrung von Jugend auf eine bessere gewesen, und seine Kraftentwickelung und Anstelligkeit in Folge dessen eine erhöhete geworden, so unterscheidet er sich schon von dem ersteren, unter welchem wir uns die niedrigste Stufe vorstellten. Verfolgen wir nun aber die Verschiedenheit der Verwendungen zur Heranbildung aller der verschiedenen Arbeitskräfte, welche wir in den verschiedenen Berufsklassen, ja noch innerhalb der einzelnen Berufsthätigkeiten sich geltend machen sehen, wie verschieden stellt sich dann die Summe von Naturfond, Capital und Arbeit dar, welche nöthig war, um für die verschiedenen Fähigkeiten auszubilden. Der Naturfond ist unentgeltlich, aber er erheischt verschiedene Verwendungen je nach der Richtung seiner Ausbildung, wie er auch, was wir weiterhin als einflußreich auf den Lohn befinden werden, von Hause aus zu den verschiedenen Arbeitsbranchen verschieden construirt sein muß. Welch ein Unterschied ist schon bezüglich der Verwendungen zwischen dem Tagelöhner und dem Handwerker im Ganzen genommen, und wieder zwischen den verschiedenen Gewerken, z. B. zwischen einem gewöhnlichen Glaser und Seiler einerseits, und einem Goldschmied und Uhrmacher andrerseits, wie verschieden sind diese Verwendungen an Arbeit und Capital, wenn wir die verschiedenen Berufe durchgehen: des Kaufmanns, Landmanns, Fabrikanten, Gelehrten, Künstlers. Die Vorschule für Alle erheischt verschiedene Verwendungen, weiterhin aber auch die Instandsetzung für die Ausübung des Berufs, das Etablissement, und die fortdauernde Aufrechthaltung und zeitgemäße Vermehrung der Kräfte. — Es ist eine gewöhnliche Erscheinung, daß der Mann der einfachen Beschäftigung sich durchaus keine klare Vorstellung machen kann von den Schwierigkeiten und größeren Voraussetzungen der verwickelteren Beschäftigungen.

Der Mann der körperlichen Beschäftigungen hat von den Voraussetzungen der geistigen, und zumal der verschiedenen geistigen Beschäftigungen, ja selbst der Gelehrte hat vielfach von den Grundlagen der künstlerischen Leistungen, der Künstler hat von denjenigen des Gelehrten eine mangelhafte, zum Theil rohe Auffassung. Der Tagelöhner begreift es nicht oder nicht mit Klarheit, wie schwer und erschöpfend geistige Arbeiten sind, der Handwerker sieht es nicht völlig klar ein, daß die Lebensweise eines Gelehrten eine verfeinerte sein muß, wenn der Geist zu feinen Unterscheidungen und umfänglichen Anschauungen befähigt sein soll, der Gelehrte sieht es oft nicht mit völliger Klarheit ein, in welch anderen Regionen der Künstler leben muß, als er, und wie derselbe oft solcher Zerstreuungen bedarf, um sich in geistigem Schwung zu erhalten, deren Nothwendigkeit vielleicht an i h n nicht herantritt. Von dem fortdauernd erforderlichen Fleiße eines Advocaten, Arztes, Schriftstellers u. s. w., womit diese die immer und immer neuen Schöpfungen der Literatur, Gesetzgebung u. s. w. bewältigen müssen, wenn sie ihre Arbeitskraft erhalten und zeitgemäß gestalten wollen — in Stunden, welche sie ihrem Verdienste abbrechen müssen — von dem großen Fleiße eines Musikers, eines Sängers, eines Tänzers, und von deren Enthaltsamkeit, von den Opfern, welche der Kaufmann und überhaupt der größere, den Blicken Vieler ausgesetzte Geschäftsmann bringen muß, um sich den Ruf der Reellität zu erhalten u. s. w. u. s. w., davon haben Entferntstehende, wenn sie nicht ernstlich das Gesammtleben zu ihrem immerwährenden Studium machen, gar oft sehr mangelhafte Begriffe.

Dadurch entstehen gegenseitige Unterschätzungen und ungerechte Anklagen gegen den Verkehr, welche geeignet sind, zu socialistischen und communistischen Anschauungen zu verleiten. Wir können diese verschiedenen Eigenthümlichkeiten des Berufslebens nur andeuten, um den Leser zu genaueren selbsteigenen Betrachtungen anzuregen, damit er von der viel größeren Verschiedenheit der Productionskosten sich umfassende Vorstellungen mache, als wie solche auf den ersten Blick sichtbar wird.

Wir wissen nun bereits aus den Regeln über die Bildung des Preises, daß und wie die Productionskosten für die Höhe des Letzteren mit in Betracht kommen, indem um dieselben herum der Preis spielt. Dies gilt auch von dem Preise der Arbeit, d. i. von dem Lohn, und es gilt von diesem viel mehr, als es den Anschein hat, der Art, daß unter den Productionskosten, so lange nicht menschliche Verkehrsschranken Ausnahmen bewirken, Niemand auf die Dauer sich einem Berufe widmen kann. Von den dreierlei Capitalarten, welche wir unterscheiden können, dem unbeweglichen, dem beweglichen, wenn wir mit diesen beiden die Güter außer uns bezeichnen, und von dem Capital der Intelligenz und körperlichen Kraft, d. i. dem individuellen Capital, ist das Letztere dasjenige, womit vielleicht 90 Procent der Bevölkerung hauptsächlich ihren Unterhalt gewinnen, und von diesen hat nur ein geringer Theil soviel von den anderen beiden Capitalarten zuzusetzen, daß er auf die Dauer sich auf sie stützen könnte. Dieserhalb m u ß Jeder seine zuvorigen und seine fortlaufenden Productionskosten im Lohne seiner Arbeiten mindestens wiederfinden, ja er muß auch, je nachdem das Rifico seiner Capitaleinlage größer oder geringer war und fortlaufend ist, eine größere oder geringere Assecuranzprämie in seinem Lohne mit erhalten. Auch müssen sich ihre Productionskosten nicht allein verzinsen, sondern auch bis dahin amortisiren, d. h. tilgen, bis wohin nach einer allgemeinen ihrer Beschäftigung entsprechenden Durchschnittsrechnung ihre Arbeitskraft wahrscheinlich nur reichen wird. Der Tagelöhner, die meisten Handwerker bedürfen einer ihrem späteren Berufe angemessenen Ernährung und Erziehung etwa bis zum 14. Jahre. Von da an kann sich ersterer schon selbst erhalten, letzterer bedarf, wie von Anfang an besserer Bekleidung, Wohnung, Kost und Schule, so auch später noch mehr oder weniger eines Lehrgeldes, erforderlicher Bekleidung, auch wohl noch etwaiger Zuschüsse als Gesell und zum Meisterwerden, kann aber mit dem 25. Jahre sein selbständiges Brod essen, wenn er überall selbständig wird.

Nach bei unseren Gerichten und Verwaltungsbehörden maßgeblichen Erfahrungen braucht in Mecklenburg eine ländliche Tagelöhnerfamilie mit 2—3 Kindern:

	Kleine Scheffel.						
	Walzen.	Roggen.	Gerste.	Hafer.	Erbsen.	Thlr.	Schill.
1) Zu Brod	—	15	6	—	—		
2) zu feinem Mehl . . .	1	—	—	—	—		
3) zu Malz	—	—	4	—	—		
4) zu Grütze und Graupen	—	—	2	—	—		
5) zum Mästen für ein Schwein	—	—	3	—	2		
6) für 1 Scheffel Salz . .	—	—	—	—	—	1	—
7) für Gewürz	—	—	—	—	—	—	24
8) an Schuster	—	—	—	—	—	8	—
9) an Weber	—	—	—	—	—	2	—
10) für Zeug u. Schneiderlohn	—	—	—	—	—	8	—
11) Miethe für Haus u. Garten	—	—	—	—	—	4	42
12) Kopfgeld	—	—	—	—	—	2	—
13) Contribution	—	—	—	—	—	—	28
14) Hirtenlohn für eine Kuh	—	½	—	—	—	—	—
15) für 2 Kartoffelkaveln im Felde	—	—	—	—	—	2	—
16) für 1 Leinkavel im Felde	—	—	—	—	—	1	—
17) für 6 Mille Torf Stecherlohn à 10 Schill. . .	—	—	—	—	—	1	12
18) zum Mästen für 6 Gänse	—	—	—	3	—		
	1	15½	15	3	2	31	10

also circa 80 Thlr. Pr. Crt. in Geld und mit der Kuh und dem Schwein etwa 100—110 Thlr. Knechte oder Tagelöhner werden bei Schwängerungen gewöhnlich verurtheilt, die ersten beiden Jahre 16 Thlr. und

weiter bis zum vollendeten 14. Jahre des Kindes etwa 8—10 Thlr. zu
zahlen. Man kann also die Auslagen für einen Tagelöhner bis zu seiner
Selbsternährung inclusive Zinsen und unter Hinzurechnung der Gefahr
des Versterbens in der Kindheit, also der unnütz verausgabten Kosten,
wohl durchschnittlich auf etwa 200 Thlr. rechnen. Nehmen wir von dem
Standpunkte aus, daß er das 14. Jahr überschritten, seine mittlere
Lebensdauer mit dem 44. Jahre an, so müssen diese 200 Thlr. mit
Zinsen etwa in 30 Jahren amortisirt sein, und würde also sein jährlicher
Lohn, welchen er und seine Frau verdienen, zum Unterhalt seiner Familie
ausreichen und etwa einen jährlichen Ueberschuß von 10—12 Thlrn.
geben müssen.

Nun rechnen dieselben Behörden den Verdienst des ländlichen Tagelöhners folgendermaßen:

	Kleine Scheffel.						
	Waizen.	Roggen.	Gerste.	Hafer.	Erbsen.	Thlr.	Schill.
Vom 24. März bis 29. September sind 160 Arbeitstage. Für 18 Tage erhält der Mann 1 Schffl. Roggen, 1 Schffl. Gerste, 1 Thlr. Pr. Crt., beträgt	—	9	9	—	—	8	32
Vom 30. September bis zum 1. December sind 54 Arbeitstage, für 18 Tage erhält derselbe 1 Schffl. Roggen, 1 Schffl. Gerste und 42 Schill. Pr. Crt., beträgt . .	—	3 ·	3	—	—	2	30
Vom 1. December bis zum 24. März sind 16 Wochen, wo die Tagelöhner in der Scheuer sind und nach Verhältniß verdienen	3	4	5¼	7½	3	—	
Die Frau. Vom 24. März bis zum 29. September sind 160 Arbeitstage. Hiervon soll die Frau nur 136 Arbeitstage zu Hofe gehen, à Tag 5 Schill., macht . . .	—	—	—	—	—	14	8
Vom 30. September bis zum 24. März sind 144 Arbeitstage. Hiervon soll sie nur 100 Tage zu Hofe gehen, à Tag 4 Schill., macht	—	—	—	—	—	8	16
Summa	3	16	17¼	7½	3	33	38
ab obige Ausgaben	1	15½	15	3	2	31	10
bleibt Ueberschuß	2	½	2¼	4½	1	2	28

Ferner können die Tagelöhner auch noch jährlich 8—10 Gänse
verkaufen. In der Regel nehmen sie für Hühner und Eier soviel ein, daß

sie ihr Salz dafür kaufen. Wenn sie gute Wirthe sind, so können sie auch jährlich ein kleines Faselschwein verkaufen.

Hiernach*) kann man den jährlichen Ueberschuß auf höchstens 25—30 Thlr. rechnen und bleiben allerdings nur circa 15 Thlr. über das Minimum des jährlichen Lohnes übrig bei 2—3 Kindern, obwohl noch Nichts für Branntwein und Tabak gerechnet ist. Allerdings, wenn auch der Gutsherr für Doctor und Apotheker in gewöhnlichen Fällen sorgt, eine sehr geringe Assecuranzprämie für die Möglichkeit noch früheren Versterbens; aber wir sehen eben, daß es so ziemlich stimmt und werden bald erfahren, wie dies zugeht.

Ein Handwerker dagegen wird unserer Ansicht nach bis zu seinem Etablissement inclusive des letzteren und nach Abzug dessen, was er vorher verdient hat, durchschnittlich mindestens 1000 Thlr. gekostet haben. Diese müssen verzinst und amortisirt werden, und dazu muß sein Unterhalt für ihn und die Familie schon in ganz anderer Weise bestritten werden.

Ein Gelehrter ist schwerlich in Mecklenburg im Durchschnitt und zwar ein Theologe, welcher sofort nach absolvirtem, an sich billigerem Studium als Candidat seinen Unterhalt verdient, unter 2500 Thlr., ein Jurist und Mediciner bis zum ausreichlichen eigenen Lebensunterhalt unter 3500 Thlr. durchschnittlich durchzubringen. Diese Summe muß also verzinst und amortisirt werden, und zwar letzteres beim Juristen etwa vom 28.—30. Jahre an. Weiterhin aber muß auch der Unterhalt den Anforderungen entsprechen, welche nicht allein die Beschäftigung, sondern auch der Credit bei den letzteren Beiden erfordern, und es muß eine bedeutende Assecuranzprämie berechnet werden nach der Erfahrung, daß Viele, namentlich Juristen, entweder gar nicht durch das Examen kommen, oder niemals eine ausreichliche Praxis bekommen; endlich muß, wenn Letzteres auch der Fall ist, in Rechnung kommen nicht allein, daß ihre Arbeiten außerordentlich gemüthsafficirend und aufreibend sind, sondern auch, daß sie gegen andere Berufsklassen verhältnißmäßig nur kurze Zeit des Tages gewinnbringend arbeiten können, schon wegen der zu bewältigenden immerfort auftauchenden neuen Gesetze und daran, wie an den Fortschritt der Wissenschaft sich knüpfenden Literatur, nicht allein ihres Faches, sondern auch verwandter Fächer, — ganz abgesehen davon, daß sie sogar für Arme umsonst arbeiten müssen, und ihre Familie Niemand versorgt nach ihrem Tode, wie dies bei Beamten die Pension, bei Handwerkern, Kaufleuten, Landleuten die Möglichkeit der Fortsetzung des Geschäfts durch die Frau bewirkt.

---

*) Die Weide, der Torf u. s. w. selbst sind in der Ausgabe nicht berechnet, dafür ist aber auch die Höhe des Lohnes dem entsprechend niedriger, so daß das Verhältniß gleich bleibt, und also die Höhe des Ueberschusses dadurch nicht alterirt wird.

Wie verschieden müssen sich hiernach die Arbeitslöhne ihrem Minimum nach in Grundlage der Productionskosten gestalten!

Wir haben dies etwas ausführlicher ausgeführt, weil hier so unendlich viele Irrthümer zu berichtigen sind. Um nur eines der eclatantesten Beispiele noch zu nennen, sieht man nicht sonst vernünftig denkende Leute darüber sich verwundern, wenn Sängerinnen zum Theil höhere Gagen bekommen als Minister? Ist dies aber ernstlich zu bewundern, wenn man nicht etwa allein die allerdings auch für die Sängerin bedeutenden Productionskosten und Fleißaufwendungen, sondern auch die Gefahr bedenkt, durch Krankheit, durch einfache Erkältung, plötzlich ihre Stimme und mit ihr die ganzen Verwendungen zu verlieren?

Sind die Productionskosten die Grenze für den mindesten Arbeitslohn, so ist der Lohn seinem Minimum nach abhängig von den Ansichten, Sitten und Gewohnheiten, welche in einer Berufsklasse über die nothwendigen Bedürfnisse herrschen, und von der dauernden Gestaltung dieser Bedürfnisse. Dies aber ist, wenn wir wissen, daß das weitere Hinaufgehen des Lohnes von dem Verhältnisse zwischen Angebot und Nachfrage abhängt, äußerst wichtig; denn die Klassen der Arbeitenden, und namentlich von der untersten, in's Besondere sogenannten Arbeiterklasse gilt dies am mehrsten, haben es hiernach in ihrer Gewalt, mit ihren Sitten die Lohnhöhe ihrem Minimum nach zu bestimmen. Wenn nämlich der Arbeitslohn gestiegen ist, was ja, wie wir oben gesagt haben, immer in Folge wachsender Capitalien geschieht, so kommt es darauf an, ob die Arbeiter ihre Bedürfnisse vermehren werden oder nicht. Sie werden es unbedingt, und zwar nicht allein ihre leiblichen Bedürfnisse, sondern auch ihre Anstands- und Luxusbedürfnisse werden sie vermehren, und ein Bedürfniß der Capitalansammlung wird sich bei ihnen befestigen, wenn sie, was von der Culturstufe der Gesammtbevölkerung, von der freieren Gestaltung der staatlichen Einrichtungen und der darauf sich gründenden Achtung des Menschen abhängt, auf eine genug vorgeschrittene geistige und sittliche Bildungsstufe bereits gelangt sind. Alsdann werden sie nicht ihren Familienstand durch maßloses Kinderzeugen erweitern, um nicht hierdurch in dem ihnen alsdann werther erscheinenden Gute: der Sicherheit und Unabhängigkeit ihrer Zukunft und derjenigen der Ihrigen beeinträchtigt zu werden. Hierdurch beugen sie einer Ueberfüllung des Arbeiterstandes vor, und das erhält dauernd das Uebergewicht der Nachfrage über das Angebot und also die Höhe des Lohnes. So ist es in England geschehen, als in der Mitte des vorigen Jahrhunderts die Industrie daselbst sich mächtig hob, indem sich der Arbeiter an kräftige Nahrung, an Fleisch, Bier u. s. w. und selbst an feinere Genüsse, z. B. Thee, an bessere Kleidung und Wohnung, an Reinlichkeit, wie der enorme Seifenverbrauch in England beweist, gewöhnte. Ebenso späterhin in Schottland. Der andere Fall aber ist der, daß der Arbeiter auf dem Stand seiner Bedürfnisse in

Gefolge seiner Bildungsstufe stehen bleibt, und, auf Selbständigkeit, Achtung und Menschenwürdigkeit keinen Werth legend, in der Befriedigung des Geschlechtstriebes sich sorglos gehen läßt.   Dann wächst alsbald eine zahlreiche Arbeiterbevölkerung heran, und das Angebot drückt die Löhne hinab.   So ist es in Irland geschehen, als dieses, mit England vereinigt, einen größeren Spielraum für seine Nahrung erhielt, und gleichzeitig der Kartoffelbau sich ausbreitete.   In England ist die Bevölkerung von 1720—1821 wenig mehr als verdoppelt; in Irland ist sie von 1731—1821 von 2 bis auf fast 7 Millionen gestiegen.   Der mittlere Tagelohn galt in England 20—24 Pence, in Irland nur 5. (Roscher.)   In neuerer Zeit haben sich die irländischen Verhältnisse erheblich gebessert, nachdem in 8 Jahren bis 1855 2'449,802 Einwohner ausgewandert sein werden. (Kolb.)

In Mecklenburg haben wir das Einkommen eines ländlichen Tagelöhners angegeben.   In Brandenburg wird eine Tagelöhnerfamilie ebenfalls auf 100 Thlr., in Sachsen auf 90 Thlr. gerechnet.   In England soll ein Feldarbeiter im Durchschnitt jährlich 27 Pfd. Sterl. 17 Schill. 10 P., seine Frau und Kinder 13 Pfd. 19 Schill. 10 P., also zusammen 41 Pfd. 17 Schill. 8 P. verdienen. (Derselbe nach Porter.)   Der Engländer war frei, der Ire politisch, kirchlich und gesellschaftlich unterdrückt.   Die Vermehrung der Bedürfnisse zeigt sich uns hier von sehr heilsamen Folgen, und der Leser wird hiernach gewiß nicht in die Lamento's einstimmen, welche man von höher Gestellten so oft darüber hört, daß die unteren Klassen immer mehr Aufwand machen, um so weniger, als der vermehrte Consum der untersten, breitesten Volksbasis die Arbeitskraft und Production immer mehr steigert, da an sich schon der besser gelohnte und fortgeschrittene Arbeiter mehr leistet, dann aber auch seine Production ihre reproductive Wirkung in alle anderen Stände, namentlich den Mittelstand hinein, erstreckt.   Die englischen Unternehmer wissen es sehr wohl, daß höherer Lohn nicht nothwendig theurere Production in seinem Gefolge hat.   Es versteht sich übrigens von selbst, daß wir wegen dieser Wahrnehmung der guten Folgen der auf gesteigerten Bedürfnissen beruhenden Beschränkung der Bevölkerungsvermehrung nicht etwa Heirathserschwerungen das Wort reden, denn diese haben erstlich nicht den Erfolg der Populationsverminderung, da sie die unehelichen, wie nicht minder — die ehelichen Kinder mehren, und sodann müssen sie nothwendig, wie die Sittlichkeit in und außer den Familien, so auch die Strebsamkeit ersticken.   Auch handelt es sich hier nicht um eine Bevölkerungsverminderung oder Zurückhaltung der Bevölkerungsvermehrung überhaupt, sondern darum, daß dieselbe nicht in den unteren Schichten über den Fortschritt der Production hinaus auf Grund sie schwächender Bedürfnißverminderung wachse, weil hierdurch auch die Production sich vermindern muß.   Wir besprechen dies Thema später noch genauer.

Nur bei steigender Production und Capitalisirung st e i g t der Lohn, und darauf kommt es an, ob mit diesem S t e i g e n das Bedürfniß des Arbeiters gleichmäßig st e i g t, um die erreichte Lohnhöhe zu befestigen. Ist der Reichthum eines Landes schon nach Maß seiner Beschaffenheit und Einrichtungen nach Möglichkeit gestiegen, so ist, wenn das Bedürfniß nicht mitgestiegen ist, der Grund zur Entwerthung der Arbeit gelegt, die dann immer weiter fortschreitet. China ist schon seit Jahrhunderten auf dem Standpunkte, wie jetzt, auf welchem es früher alle übrigen Völker überragte. Steigen konnte die Cultur und der Wohlstand nicht mehr wegen seiner Einrichtungen, da es den Handel so sehr verachtete, daß es fremde Schiffe lange gar nicht, und später nur in einem oder zwei Häfen zuließ, und da die Arbeiter vor den Mandarinen weder Eigenthum noch Person sichern konnten. Deßhalb verfiel dort die Arbeitsbevölkerung immer mehr, jemehr sie sich mit thierischer Existenz begnügte und thierisch sich fortpflanzte. — Wo aber Priester, Beamte und Adel den Arbeiter nicht aus Wohl- oder Uebelwollen hemmen und zurückhalten, vielmehr der Verkehr mit freien, gebildeten Nationen seine versittlichenden Einflüsse übt, da ist auch nicht etwa allein das Aussterben der hungernden Bevölkerung, sondern das Auswandern der Auswanderungsfähigen, ja das Abfließen von einem Ort zum andern und der Uebergang in andere höhere Geschäftsbranchen Seitens der besseren Arbeiter, ein selbstheilendes Mittel, um das Angebot zu verringern, und den Lohn, wenn er zu sehr erniedrigt ist, wieder zu steigern. So werden wir unfehlbar die irische Bevölkerung, so sehr sie auch unter den obigen Verhältnissen heruntergekommen und verebiert ist, sich unter dem selbst unwillkürlichen Einflusse Englands immer mehr und mehr heben, und den Lohn sich erhöhen sehen. Eine unverkennbare Aenderung ist bereits auch durch Freigebung der Veräußerlichkeit des Bodens geschehen. Die Zahl der unterstützten Armen auf eine Woche des Jahres berechnet betrug:

1849: 620,747.   1852: 171,418.   1855: 86,819.   1858: 50,582.
1850: 307,970.   1853: 141,822.   1856: 73,083.
1851: 209,187.   1854: 106,802.   1857: 56,094.

Unverständig ist es, durch Maßregeln diesen Selbstheilungsproceß des Verkehrs zu hemmen oder zu unterbrechen. Das Uebel wird dadurch verewigt. Nur Freizügigkeit, Auswanderungsfähigkeit und, im Gebiet der Gewerbe, Gewerbefreiheit können ihn sicher und rasch sich vollenden machen, und selbst das Wohlwollen, die Mildthätigkeit und gesetzliche Armenunterstützung, und gerade diese am meisten, verewigen ihn. Denn was ist die nothwendige Folge davon? Die Energie des Handelns wird im Arbeiter gelähmt, er sieht die Unterstützung als Ergänzung seines Lohnes an, die ihm sicher ist, und verharrt in der Ruhe des Duldens, die Arbeitgeber sehen ebenfalls die Unterstützung als Theil des Lohnes

an, um welchen sie den Arbeitslohn dauernd drücken
können, und werden dadurch in den Stand gesetzt, so einen Theil des
Lohnes der übrigen wohlhabenden Bevölkerung und namentlich auch selbst
denjenigen schon mit aufzubürden, welche eben über die Armuth hinausreichen, und sich ihr eben entwinden wollen, durch das bleierne Gewicht
ihrer früheren, aber weniger strebenden Genossen indessen zurückgehalten
werden. Das Emporarbeiten aller Uebrigen ist aber für den Arbeiter die
größeste Hülfe, weil seine früheren Concurrenten im Angebot durch
Capitalansammlung die Production befördern, und nun unter der Zahl
der Nachfragenden concurriren, wodurch jede Aenderung zum Besseren
doppelt wirkt. — Daß ohne moralisches Aufraffen und Zusammennehmen
die verkommene, verdumpfte Bevölkerung nicht emporkommen kann, haben
wir bei Entwickelung der Natur des Menschen gesehen, ebenso, daß zu
dieser moralischen Kräftigung die Noth die beste Schule ist. Wen die
Noth nicht mehr stachelt, der ist bereits verfault, und Mildthätigkeit kann
ihm gewiß der Regel nach nicht nützen. Diese entzieht alsdann nur den
wirklich Strebenden die Mittel des Fortkommens, entmuthigt sie, und
macht auch sie mit dem Gedanken an die in Aussicht stehende Unterstützung
vertraut. Im völlig freien Verkehr, bei gänzlich fehlender Einmischung
wickeln sich Krisen am raschesten ab, und stellt sich der Lohn immer am
höchsten, weil am meisten Capital und dieses am raschesten und öftersten
verwandt wird. Der Amerikaner Carey veranschaulicht dies in nach-
stehender Tabelle, deren Grundgedanke gewiß richtig ist:

	Vereinigte Staaten.	Großbritannien.	Niederlande.	Frankreich.	China.	Ostindien.
Sicherheit von Person und Eigenthum	100	100	45	50	20	10
Persönliche Freiheit	100	70	65	40	0	0
Verkehrsfreiheit	80	50	60	30	0	0
Gewöhnung zur Industrie . . .	90	80	100	55	100	50
Capital	90	100	45	50	15	15
	460	400	315	225	135	75
Abzug an Steuern	20	100	50	50	6	10
Zur wirklichen Verfügung des Ar-beiters	440	300	265	175	129	65

In Bezug auf die verhältnißmäßige Höhe der Löhne gegen einander
machen sich folgende Bestimmungsgründe nach dem Wesen der Beschäftigungen selbst geltend, indem von ihnen das Angebot beeinflußt, und die
Möglichkeit der Steigerung über die Productionskosten bedingt wird.

Theils machen sich diese Gründe als Behinderungs- oder Beförderungsgründe für das Concurrirenwollen, theils für das Concurrirenkönnen geltend. Für die Concurrenz hindernd wirken ein: die Erforderlichkeit seltener Begabung oder zu erwerbender Befähigung. Nicht Jeder kann Opernsänger, Ballettänzer, Dichter, Jurist, Arzt, Musiker u. s. w. seiner Begabung nach werden, und nicht Jeder kann die Auslagen bestreiten, welche an Capital und Arbeit zur Erlernung vieler Geschäfte erforderlich sind. Ferner die Furcht vor Gefahr und die Abneigung gegen die Unannehmlichkeiten und Schwierigkeiten des Geschäfts oder Besorgniß vor dem Zurückbleiben hinter den gestellten Ansprüchen. Hierher gehört die Anrüchigkeit, welche z. B. höheren Ständen gegenüber, immer noch mit dem öffentlichen Auftreten als Schauspieler 2c. verbunden ist, die Gefahr des Dachdeckers, Verantwortlichkeit und Unruhe des Arztes 2c. Hierher gehört namentlich auch die Unsicherheit des Erwerbes, wenn derselbe auf besonderem Vertrauen, wie bei den Advocaten, Aerzten, Juwelieren 2c. beruht, ferner der Widerwille gegen das Tödten, wie beim Scharfrichter und Schlächter, gegen die stete Bereitschaft und Unterwürfigkeit, wie bei dem Barbier, Abneigung gegen die Schwierigkeiten und Gesundheitsbenachtheiligungen, wie beim Torfstechen, Mähen 2c.

Befördernd wirken dagegen die mit dem Geschäfte verbundene Ehre: Theologen, Beamte und überhaupt Gelehrte, sowie die Annehmlichkeiten des Geschäfts: Jagd, Fischerei 2c.

Die Grenze für beliebige Erhöhung des Lohnes zieht natürlich der Gebrauchswerth für den Empfänger der Arbeitsleistung. Monopole, Privilegien und Beschränkungen wirken je nach den Umständen nach beiden Seiten hin, indem sie für denselben, dem sie unter günstigen Verhältnissen ersprießlich sein können, auch wieder, sofern sie ihn an sein Geschäft festbannen, unter ungünstigen Verhältnissen äußerst drückend wirken können.

§. 39.

Capitalzins.

Auch bei diesem Gegenstande unserer Besprechung stoßen wir auf eine Menge Irrthümer und Vorurtheile des gewöhnlichen Lebens und der Gesetzgebungen, welche ihren Ursprung haben in der rein äußerlichen Betrachtung der bloßen Erscheinungsform der Dinge ohne tiefere Ergründung des Wesens. Wir müssen, um uns in diesen Verblendungen nicht fangen zu lassen, oder um uns ihnen zu klaren Vorstellungen zu entwinden, unsere ganze Denkkraft zusammennehmen und jedenfalls das als Leitfaden festhalten, was wir in dem Bisherigen über die Capitaleigenschaft der Güter, d. i. über deren Productivität und Zweckbestimmung zur Production, ja was wir selbst über die reproductive Kraft der Güter im Consum (wo sie also nicht eigentlich als Capitalien, d. h. als Productivkräfte in Betracht kommen) gesagt haben, und müssen damit in unseren Gedanken nochmals das wiederholt vergleichen, was wir dagegen über die wahre Bedeutung des Geldes gesagt haben. Nur die außer dem Gelde vorhandenen eigentlichen Gebrauchsgüter haben einen eigenen, selbständigen Gebrauchswerth und die Vermittelung des Geldes dient nur dazu, die Werthe abzumessen und wie wir uns ausdrückten, als Drehscheibe deren Umtausch zu vermitteln. Der eigene Gebrauchswerth geht dem Gelde ganz ab, es sättigt, es kleidet, es schützt uns nicht vor Frost und Hitze u. s. w., aber weil nirgends von einem anderen Werthe die Rede ist, ohne daß derselbe zuvor in Geld abgemessen wäre, nirgend zwei Werthe mit einander in Verbindung und Austausch treten, anders, als wenn sie zuvor so zu sagen sich in die Geldform gehüllt, dessen Kleid angezogen hätten (da sie in der That beide ja erst Kaufpreis werden müssen), so erscheint jeder Gebrauchswerth, jedes Gut im Tauschverkehr als das Unbeachtlichere, Geld aber und wieder Geld und immer Geld als der Inbegriff aller Werthe. Es ist dies ähnlich so, als im Staatsleben: nicht diejenigen erscheinen heutigen Tages als Grundlagen, als Träger des Staates, welche die Steuern und Abgaben ermöglichen und erzeugen, sondern diejenigen, welche den gefüllten Steuerkassen ihre Verwendung geben. Wie das productive Gut ist, aber nicht gilt, als in Gestalt des Geldes, so ist auch der Bürger und Bauer, aber Geltung haben zumeist nur die Beamten. Die Beamten sind unter den Menschen, was das Geld unter den Gütern. Alle rohen, oberflächlichen Naturen katzenbuckeln vor dem Gelde, obwohl es nichts ist, aber gilt, wie vor den Beamten, die (in Betracht der directen Mittelerzeugung) nichts sind, aber Alles gelten. Deßhalb denkt die Welt heutigen Tages, wenn von Capital die Rede ist, an Geldcapital, und nicht an die eigentlichen Capitale, die Güterwerthe, die dahinter stecken, und vermöge welcher und um derentwillen allein die Geldcapitalien (welche eigentlich diesen Namen nur von den Gütern geborgt haben) Werth haben und in Betracht kommen können.

Wir haben bereits mehr Bewußtsein und Durchblick in den wahren Zusammenhang der Dinge. Uns ist das Geld nur der Vermittler, sprechen wir seinen Namen aus, und legen wir ihm den Beinamen Capital bei, so thun wir dies nur, um an die damit zu erwerbenden Güter, an die wirklichen Productionsmittel als den wahren bedeutungsvollen Hintergrund zu denken. Geldcapital ist uns lediglich Repräsentant des Gütercapitals, seine Vermittlung dient uns nur zur Besitzvermittelung hinsichtlich der productiven Güter, ist nur die Brücke zu diesen, welche uns die Verfügung über diese nach allen Richtungen hin verschafft.

Durch diese unser Auge verschärfende Brille betrachten wir nun den Productionsgang der heutigen Zeit, welcher, wie wir wissen, zwar immer noch durch Zusammenwirken von Natur, Arbeit und Capital, aber fast ausschließlich im Wege der Arbeitstheilung und des Tausch- oder richtiger jetzt Kaufverkehrs vor sich geht. In ganz frühen Zeiten war der Factor Capital wenig vertreten, die Natur lag ihrer Benutzung harrend da, aber man kannte ihre Kräfte wenig, und konnte sie wenig ausbeuten. Arbeit, mühselige Arbeit, war fast der alleinige Werkmeister, aber seine Schöpfungen waren kärglich, man hatte Gelegenheit und Nothwendigkeit zum Arbeiten genug, aber der stärkste Schweiß brachte in Ermangelung einer kräftigen Mithülfe der noch unbekannten und undienstlichen Naturkraft wenig Erfolg. Anders jetzt: die Natur ist unserem Dienst überall unterwürfig, aber sie ist, wir haben das bei der sogenannten Grundrente gesehen, großentheils im Dienste des Capitals, das sich gewissermaßen an sie angehängt hat. Unentgeltlich ist die Natur noch immer, und ergiebiger wie jemals, falls sie unter Mithülfe des Capitals ausgebeutet wird; aber eben weil dies ist, weil sie ohne Mithülfe des Capitals (d. h. also nicht sowohl des Geld- als des Gütercapitals, des Geldcapitals nur insofern, als es zu jenem verhilft) der schweißtriefendsten Arbeit einen ebenso erbärmlichen Ertrag geben würde, wie in der ältesten Vorzeit, mit welchem jetzt Niemand zufrieden sein würde, so sehen wir sie fast nicht anders mehr, als unter den kostspieligen Capitalmitteln wirken. Das Capital spielt also heutigen Tages die Hauptrolle: ist viel von ihm einer auch nur geringen Arbeit behülflich, so wird mit vollen Eimern aus der Natur geschöpft. Das ist gewiß kein Unglück, sondern das ist die Stufe, welche uns der rohen Arbeit, welche sich früher den ganzen Tag um eines uns jetzt erbärmlich erscheinenden Ertrages willen abplacken mußte, ohne für höhere Zwecke Zeit zu erübrigen, mehr und mehr ganz überhebt. Die Stellung des Aermsten bei weniger Arbeit als früher, ist dadurch doch besser geworden, als sie vordem war; aber ein Unglück liegt darin, daß staatliche Schranken die Möglichkeit, materiell oder geistig zu capitalisiren, Vielen abschneiden, und daß staatliche Einrichtungen einer solchen Capitalisirung direct und indirect zum Theil noch entgegenwirken.

Capital, die zur Weiterproduction angesammelte Arbeit, ist also der mächtigste Factor der Erzeugung geworden. Wer im Besitze dessen ist, der ist bei geringer Arbeit eines Gewinnes sicher. Während die Arbeit allein der Natur nur winzige Werthe abringen kann, ist sie, unterstützt von früherer Arbeit, von Vorarbeit, im Stande, mit Leichtigkeit einen erheblichen Ertrag zu erzielen. Das Capital, die Vorarbeit, kürzt den langen Weg zum Ziele ab, setzt uns in den Stand, ihn meist schon zurückgelegt zu haben, ein kleiner Stoß einer gegenwärtigen Arbeit, und wir sind da.

Das ist die Bedeutung des Capitals. Der Sattler, welcher einen Sattel machen will, hat nicht erst nöthig, eine Weide zuzurichten, Rindvieh darauf heranzubilden und zu nähren, die Haut desselben zu gerben, wozu wieder viele Baulichkeiten und Einrichtungen erforderlich wären, sondern er giebt Resultate seiner früheren Arbeit hin, und tauscht dafür das ge-

gerbte Leder ein, oder, nach Eintritt unserer Geldwirthschaft, er setzt die Resultate seiner Arbeit in Geld um, und kauft mit dem Gelde das fertige Leder vom Gerber, welcher die rohe Haut vom Landmann in ähnlicher Weise (etwa noch durch Vermittelung von Kaufmann und Schlächter) gekauft hat. Wenige Arbeit ist nur noch an der gegerbten Haut erforderlich mit Zwirn, Nadeln, Messern u. s. w., welche der Sattler alle in demselben Wege erworben hat.

Der Landmann, von welchem das Rind war, hatte die Weide wahrscheinlich von Jemand des Gewinnes halber gepachtet, welcher dieselbe mit gegenwärtiger und früherer Arbeit zur dienstbaren Weide gemacht. Er gab an Letzteren dafür, daß dieser sie entbehrte, d. h. daraus direct keinen Nutzen ziehen wollte, sondern diese Nutzenziehung ihm überließ, eine Pacht, sei es in natürlichen Früchten derselben, etwa in Heu, oder in Repräsentanten solcher Früchte, in Geldstücken. Der Gerber würde sich ebenfalls erst ein Haus und vielfache Vorrichtungen zum Gerben haben bauen müssen; er konnte aber eins gemiethet erhalten, und zahlte ebenfalls dafür eine Geldsumme. Bei der Arbeit helfen ihm Gesellen, und er zahlt ihnen für diese Arbeit, d. h. dafür, daß sie dieselbe für sich zu anderweitigen eigenen Zwecken entbehrten, und ihm liehen, Lohn. Der Sattler endlich hat vielleicht von den Arbeitsersparungen noch nicht soviel in Geld umgesetzt, als für das Leder erforderlich ist; er geht zu einem Freunde und leiht von dem das erforderliche Geld. Letzterer hätte es, wie man sagt, selbst mit Gewinn gebrauchen können — man sollte aber eigentlich nicht so sagen, denn Geld läßt sich nicht im gewöhnlichen Verstande gebrauchen, sondern nur durch Kauf in einen Gebrauchswerth verwandeln — er hätte etwa ein Ackerstück damit pachten, und darauf in seinen Mußestunden Gemüse bauen können. Der Sattler überredet ihn, seine Mußestunden anderweitig, wenn auch weniger gewinnreich zu verwenden, und entschädigt ihn durch Zinsen, welche auf 5 Procent, d. h. fünf vom Hundert für's Jahr festgestellt werden. Da haben wir denn die verschiedenen Formen für die Gegenleistung gegenüber — nicht einer Sache selbst zu Eigenthum, sondern — einer nutzenbringenden Gebrauchsüberlassung: Pacht, Miethe, Lohn, Zins. Bei allen ist der Grund für die Gegenleistung derselbe: man bezahlt damit die Mitwirkung des Capitals, nicht das Capital selbst, sondern nur den Gebrauch; denn die Weide, das Gerberhaus, werden in natura nach Ablauf der bedungenen Zeit wieder zurückerstattet, bei der Arbeit des Gesellen ist die Sache so, daß der Geselle eigentlich sich die Arbeit an dem Rohstoffe des Meisters geleistet hat, und daß er nach vorher dieserhalb geschlossenem Contract die durch die Arbeit geschaffene Werthserhöhung an dem Rohstoffe an den Meister verkauft hat, oder man kann auch sagen, daß er dem Meister den Gebrauch seiner Arbeitskraft für die Zeit überlassen hat, der Meister giebt ihm die Arbeitskraft nach der Zeit zurück, ebenfalls in natura nebst Vergütung für

den derzeitigen Nutzungswerth. Bei Sachen, bei welchen, wie das römische
Recht sagt, das Individuum, die Species, von keiner besonderen Be-
deutung ist, weil alle Species derselben Gattung für den gewöhnlichen
Gebrauch gleich, und deßhalb genugsam durch bloße Abschätzung nach der
Quantität, nach Maß, Zahl und Gewicht bestimmbar sind, also z. B. bei
Geld, Getraide, vielen Flüssigkeiten und Metallen ꝛc., ist es völlig gleichgültig, ob dieselben Stücke wieder zurückgegeben werden, oder andere derselben Art. Es ist gleich, ob ich gerade die empfangenen 100 Preuß.
Thalerstücke oder andere 100 Preuß. Thaler zurückgebe. Aus diesem
Grunde und weil diese sogenannten fungiblen, d. h. vertretbaren Sachen
ihren Nutzen nicht anders bewähren können, als wenn sie verzehrt oder,
wie das Geld, durch Tausch verbraucht werden, geht bei Geldanleihen,
weil die Summe die Hauptsache wird, das Eigenthum der Geldstücke an
den Leihempfänger über, während bei Pacht, Miethe, Lohnarbeit die Sache
und die Kraft im Eigenthum des Vermiethers und Verleihers bleibt. Es
ist dieser Eigenthumsübergang aber unwesentlich für das Zinsgeschäft, und
darf nicht dazu verleiten, die Sache so anzusehen, als ob die 5 Procent
Zinsen bei Geld für die Eigenthumsüberlassung gegeben werden; es wird
damit immer nur die Gebrauchsüberlassung, der Fruchtgenuß bezahlt, und
dieser wird bei allen diesen genannten Geschäften in der gleichen Weise
vergütet.

Wird es nun verboten, über einen gewissen Betrag an Pacht oder
Miethe oder Lohn zu nehmen? (Lohntaxen giebt es allerdings seltsamer
Weise noch, z. B. bei den Maurern und Zimmerleuten, bei Musikern, Advocaten ꝛc. vermöge der Zunftschranken und Privilegien, allein sie sind nur
noch seltene Ausnahmen.) Wie kommt es denn, daß die Gesetzgebungen
von Bestimmungen über Zinswucher wimmeln? Das kommt daher, daß
dasjenige, was uns jetzt völlig klar ist, in alten Zeiten den aufgeklärtesten
Leuten völlig dunkel und unbegreiflich war. Im alten Griechenland waren
Zinsen bei den Philosophen, z. B. Aristoteles, verhaßt. In Rom ward
als höchstes Zinsmaß erst 12 Procent, von Justinian 6 Procent, für's Jahr
festgestellt, und der höhere Zins regelmäßig verboten. Das kanonische Recht
(die katholische Kirche) verbot die Zinsen ganz, indem die Kirchenväter
dieselben als ein Ernten ohne Säen ansahen. Ein Kirchenconcilium in
England setzte fest, daß Zinsnehmen als ein Verkaufen der Zeit anzusehen
sei, Zeit aber sei ein von Gott gegebenes Gemeingut und könne also nicht
verkauft werden. Später machten gewisse verdeckte Formen der Zinsen-
nahme von der Strafe der Ketzerei frei. Luther, Melanchthon, Dante,
Shakespeare verdammten das Zinsennehmen. Luther sagt in seinen Tisch-
gesprächen: „Austauschen und beim Austausch Gewinnen ist kein Werk
der Liebe, sondern Stehlen. Jeder Wucherer ist ein Dieb, der den Galgen
verdient hat. Ich nenne Wucherer, die gegen 5 oder 6 Procent verleihen.“
Calvin dagegen hatte merkwürdig klare Anschauungen darüber. Er sagte:

„Wer einem Darleihenden ein Capital abverlangt, will sich dessen wahrscheinlich als Productionsmittel bedienen. Der Zins entsteht daher nicht
vom Geld selbst, sondern von dessen Verwendung." Bekannt ist, daß bis
in die neueste Zeit die Gesetze den Wucher bestrafen, welcher angenommen
wird bei mehr als 6 Procent, und daß 5 Procent meist nur klagbar sind.
Bekannt ist aber auch nicht allein, daß in Rom 40 und 50 Procent häufig
waren, sondern daß im Mittelalter noch mehr genommen wurde, und daß
namentlich schlaue Juden, damals Schatzkammerknechte der Fürsten genannt,
und Italiener (Lombarden), welche damals die Geldhändler waren, dem
Dinge in Form eines Scheinverkaufs, eines Nebengeschenkes, oder unter
Erdichtung und Einschreibung höherer Summen in den Wechsel, oder
die Obligation, immer ein unschuldiges Kleid anzuziehen wußten und
noch wissen, daß dieses Kleid selbst aber auch immer noch wieder besonders bezahlt werden muß. In Mecklenburg, wenn wir dieses speciell
näher kennen, und in anderen Ländern wird es nicht anders sein — der
Berliner Publicist bezeugt das häufig genug — ist heutigen Tages der
Wucher sehr arg, und gerade durch die Wuchergesetze erzeugt. Mir sind
Fälle bekannt, wo über 200 Procent Zinsen bei sicherster Pfandbestellung
genommen sind; Fälle von ganz argen Gefällen für Provisionen, Prolongationen, Reisekosten zc. zc. sind mir genugsam bekannt geworden. Je
ärger die Strafen sind und je infamirender, desto weniger fühlt sich aber
Jemand veranlaßt, die Familien der Wucherer durch Verlautbarung elend
zu machen. Vorzugsweise werden gute Staatseinrichtungen: Hypotheken-
buchführung, Kassenberechnung und Verwaltung zc. von Subalternbeamten
zum Wucher oder zur Provisionenmacherei benutzt. Den durch das Hypothekenbuch ersichtlichen Gläubigern wird zur Kündigung gerathen zum
Zwecke sicherer Unterbringung. Alsdann wird den bedrängten Schuldnern
mit freundlicher Miene gegen 2 Procent Provision und mancherlei anderweitige Vergütung anderes Geld wieder angeschafft. Das Geld, das A.
dem B. kündigen muß, wird benutzt, um den D., welchem C. Geld kündigen
muß, wieder damit gegen 2 Procent zu versorgen, und das dem D. ge-
kündigte Geld stopft dann wieder das Loch bei B. zu, und so in langer
Kette. Das läßt sich schwer durch Gesetze verbieten, es geschieht unter den
Augen der Beamten, aber es geschähe nicht, wenn die Wuchergesetze nicht
wären. Wir haben die Gründe schon früher nachgewiesen und haben angedeutet, daß bei jetzigen Communicationsmitteln in einem Jahre für
viele Geschäfte ein viel öfterer Capitalumsatz möglich ist, als früher.
Hieraus, sowie aus der Verschiedenheit des Umsatzes verschiedener Geschäftsbranchen leuchtet ein, daß es ungereimt ist, den Zinsfuß auf die
Dauer eines Jahres gesetzlich im Allgemeinen festsetzen zu wollen. Wir
fügen hier noch hinzu, daß das Geld anständiger Leute durch die Zins-
beschränkungen in das Ausland wandert, oder daß dadurch der Spaarsinn
im Keime erstickt wird. Dadurch wird selbstverständlich das Geld rarer

und theurer und die unanständigen Blutsauger haben ihre Opfer erst recht sicher.

Es ist dies ein Capitel, welches außerordentlich lehrreich ist. Man sieht, wenn man in heute aufgeklärter Zeit, die Ansichten der klügsten Leute früherer Zeit: Luther's, Shakespeare's 2c. — und das waren wirklich kluge Leute für ihre Zeit — nur als rohe Barbarei und dicken Unverstand auffassen kann, was es dann erst recht mit den Anordnungen der Staatsmänner und Beamten auf sich haben mag, die nur zu häufig Nichts weniger, als große Lichter für ihre Zeit sind, und die deßhalb natürlich noch viel geneigter sind, ihr Bischen Klugheit anzubringen, als jene im Ganzen für Freiheit und Aufklärung interessirte Männer es waren. In denjenigen Staaten, wo die Fortschrittspartei in neuerer Zeit mehr oder weniger zur Geltung gekommen ist, sind trotz der Widerstrebungen der Ordnungspartei die Wuchergesetze theils schon aufgehoben, theils der Aufhebung nahe.

Schon oben bei der Lehre von der Preisbestimmung haben wir gesehen, wie in jeder Werthvermehrung in Folge einer Production der Capitalzins und der Arbeitslohn (und der Unternehmergewinn, welchen wir als Arbeitsgewinn, — die Arbeit in ihrer weitesten Bedeutung verstanden —, aufgefaßt haben) zu berechnen ist. Es ist gleichgültig für diese Ermittelung, ob Jemand mit eigenem Capitale und eigenen Kräften, oder mit fremdem Capitale und fremden Kräften arbeitet; denn immer muß er den Arbeitslohn und den Capitalzins — wie jeder dieser beiden Productionsfactoren sich stellen würde, wenn er mit fremdem Capital und fremden Arbeitskräften arbeiten würde — gesondert berechnen. Dies geschieht nur zu häufig nicht, und häufig ist auch diese Berechnung sehr schwierig, weil der Zins, d. i. der Benutzungspreis des Capitals auch bei der Anleihe fast niemals rein auftritt, sondern sich mit Arbeitsvergütung vermischt, und weil, wie wir bei dem Arbeitslohn gesehen, auch die Arbeitskraft stets mehr oder weniger Capital in sich begreift. Der reine Zins, dessen Höhe man erst nach einer größeren Zahl gleichzeitiger Anleihen bestimmen kann, ist die Gegenleistung für den Gebrauch, wie diese sich bei völlig sicher und mühelos verliehenen Capitalien stellt. In den meisten Fällen ist in dem sogenannten Zins eine Prämie mitenthalten für die Gefahr des Verlustes, sowie für die größere oder geringere Mühewaltung bei Einhebung der Zinsen, unpünktliches Eingehen derselben — oder bei Rückerhebung des Capitals — Nöthigung zur Klage u. s. w. — Das Risico gestaltet sich theils nach der Beschaffenheit und Stellung der Person des Anleihenden und dessen Vermögensgrundlage, theils nach der größeren oder geringeren Sicherheit des Gebrauchszweckes, theils nach der günstigeren oder ungünstigeren Gestaltung der öffentlichen Zustände, namentlich nach der Justizverfassung. Gute Hypothekengesetze, welche jedes Privilegium für gewisse Forderungen abgestreift haben, und vollen Einblick in die Verschuldung eines Grundstücks gewähren, sowie rasches, unparteiisches Gerichts- und namentlich Executionsverfahren, fördern Real- und Personalcredit. Dasselbe thun aber auch die Schwunghaftigkeit des mit dem geliehenen Capital zu betreibenden Geschäfts und die Geschäftskunde des Schuldners und prompte geschäftsmännische Gewohnheit in Rückzahlung des Capitals und Entrichtung der Zinsen. Letztere — Geschäftskunde und Pünktlichkeit — beeinflussen namentlich die Mühelosigkeit und Kostenlosigkeit der gläubigerischen Verwaltung des Capitals. Wenn dagegen die Justiz sich noch in altfränkischen, schwerfälligen Formen bewegt, wenn der Richterstand theils nicht unabhängig ist — (Patrimonialgerichte) — theils nicht unparteiisch ist — (wo bei Besetzung der Richterstellen Connexionen, etwa Vorzug adeliger Geburt u. s. w. vorwalten, wo Oeffentlichkeit und Mündlichkeit ausgeschlossen ist, Justiz und Verwaltung noch ungetrennt ist, für Adel, Beamte und Gelehrte ꝛc. ein anderer Gerichtsstand besteht, als für den gewöhnlichen Mann, politische Gesinnungen der Advocaten ins Gewicht fallen ꝛc.) — wenn seltsame auf Lebens- und Verkehrs-Unkenntniß beruhende Auffassungen aus der alten in die neue Zeit hineinragen — (z. B. Richtersatz der vollen gehabten Klagekosten, sterile Anschauungen bezüglich des Beweises bei Liquidationen ꝛc. —), so leidet der Credit des ganzen Landes und im Zins wird eine höhere Sicherheitsprämie mitbezahlt; wenn Verkehrshemmungen dem Producenten die Möglichkeit zu produciren oder des Absatzes schmälern, ferner wenn, wie wir das oben schon bezüglich der Zunfthandwerker angeführt haben, das Gefühl der Gedecktheit, welches an jedes Privilegium und an jeden Schutz sich knüpft, den geschäftsmännischen Sinn, Thätigkeit, Spaartrieb und Pünktlichkeit, sowie auch den klaren Einblick in die größeren Verkehrsverhältnisse abhanden kommen läßt — (Unkenntniß der Bedeutung eines streng einzuhaltenden Stichtages) — dann liegt in's Besondere einem Stande oder den Einzelnen eine Prämie für Risico, mögliche Kosten und Mühe ob. Angebot und Nachfrage werden so zu Ungunsten des Anleiheempfängers beeinträchtigt; die Unsicherheit, der Schlendrian, die Verkehrsschranken erhöhen, indem sie den Zins um eine nothwendige Prämie für Risico und Mühwaltung vermehren, die Productionskosten und verkleinern also den Gewinn sowohl des Capitals als der Arbeit, und stehen der Vermehrung der Capitalien, also der Arbeitsverwendung im Wege.

Wo diese Risico- und Verwaltungsprämie sich nicht geltend macht, wird die Höhe des Zinsfußes, d. h. der Procent-Satz, vom Hundert für's Jahr berechnet, wie bei jeder Waare durch Angebot und Nachfrage nach Verhältniß der Capitalmenge und des zahlungsfähigen Bedürfnisses regulirt, und eine Folge hiervon ist namentlich auch, da die Ausgleichungen des Zinsfußes, wie bei jedem anderen Preise, erfolgen, daß innerhalb desselben volkswirthschaftlichen Gebietes der reine

Zinsfuß bei allen Geschäftsbranchen gleich hoch ist. Die Capitalien werden da am meisten verlangt, wo der höchste Gewinn sich durch das Capital erzielen läßt. Hier stehen anfangs die Zinsen am höchsten, sobald das Capital aber diesem Zuge in Masse folgt, fällt der Zins und es muß zu anderen Geschäftsbranchen zurückströmen.

Ueber die Einflüsse des Zinsfußes auf die Production und auf die Preise der Waaren und Arbeitskräfte haben wir bereits bei Besprechung der Preisberechnung gesprochen. Steigt der Zins, so muß entweder die Waare im Preise steigen, zu deren Production das Capital thätig war, oder es muß der Arbeitslohn (und der Unternehmergewinn) fallen; fällt der Zins, so sinkt entweder der Preis der Waare, oder Arbeitslohn und Unternehmergewinn steigen. So stellt sich die Sache für den Arbeiter und Unternehmer immer am günstigsten bei Vermehrung der Capitalien, am ungünstigsten bei Abnahme der Capitalien. Fällt nämlich der Zins, so ermöglicht sich entweder ein höherer Arbeitsgewinn bei gleichen Waarenpreisen, oder, wenn die Waare fällt, so überträgt sich dies bei der Allgemeinheit des Grundes auch auf die übrigen Waaren, und der Unternehmer und Arbeiter haben dann also wenigstens den Vortheil, daß ihr Consum, die Unterhaltung des Lebens und also auch der Production eine billigere wird. Beides ist bei verminderten Capitalien umgekehrt. Die Capitalien drücken also nicht, sondern heben den Arbeiterstand, und ihre Vermehrung führt zur gleichmäßigeren Vertheilung des Reichthums. Wie sehr dies auch der gewöhnlichen Anschauung des täglichen Lebens widerspricht, so einfach und klar ist es doch, wenn man die wahre Bedeutung der Dinge kennt. Je größer die Mitwirkung der Capitalien, desto mehr wird producirt und desto mehr neue Nutzbarkeiten werden gewonnen. Jedes einzelne Capital muß sich aber, je mehr Capitalien vorhanden sind, und sich also anbieten, mit kleinerem Gewinn begnügen in jedem einzelnen Falle, der Antheil an dem Gewinne wird also für die Arbeit — denn andere Factoren, als Capital und Arbeit giebt es nicht — in jedem Falle größer, die Capitalien strömen also ihre befruchtende Kraft, obwohl sie selbst gewinnen (Harmonie der Interessen), dem größeren Theile nach auf das Gebiet der Arbeit, auf den Arbeiter über. Der Arbeiter wird ebenfalls immer mehr und mehr Capitalist, der Reichthum verallgemeinert sich. Siehe die statistischen Nachweise über England oben. Bastiat sagt: „In dem Maße, in welchem die Capitalien wachsen, vermehrt sich der absolute Antheil der Capitalisten an den Gesammtproducten, und ihr verhältnißmäßiger Antheil vermindert sich; die Arbeiter dagegen sehen ihren Antheil in beiden Richtungen hin sich vermehren, sie erhalten einen verhältnißmäßig größeren Antheil an einer absolut größeren Productensumme. Umgekehrt ist es bei Abnahme der Capitalien." Wenn z. B. die Gesammtproduction von 1000 auf 2000, 3000, 4000 wächst, und mit ihr das Capital mit größeren Summen betheiligt ist, so fällt doch in demselben Verhältnisse der Capitalgewinn; der Antheil des Productionsgewinnes, den das Capital vorwegnimmt, wird von 50 Proc. auf 40, 35, 30 sinken; der Antheil der Arbeit dagegen wird sich von 50 auf 60, 65, 70 Procent erhöhen. Es sei, wenn wir von gleicher Betheiligung beider Factoren ausgehen, zuerst:

das Gesammtproduct,	Antheil des Capitals,	Antheil der Arbeit,
1000	500	500
so wird sein bei 2000	800	1200
„ „ „ „ 3000	1050	1950
„ „ „ „ 4000	1200	2800

Haben wir gesagt, daß der Zinsfuß im Ganzen für alle Productionsbranchen desselben Landes gleiche Höhe habe, oder sich wenigstens fortwährend zu gleicher Höhe ausgleiche, so ist das vollkommen richtig, und wenn wir den Zinsfuß für die besten Hypotheken niedriger sehen, als für schlechte, bei bloß persönlichem Credit ihn höher sehen, als bei demjenigen, welcher durch gute Hypothek oder gutes Unterpfand gedeckt ist, so ist es nicht der Zins, welcher ungleiche Höhe hat, sondern die Prämie für das Risico ist eine geringere oder größere, und sehen wir bei dauernd fundirten Capitalien ebenfalls den Zins niedriger, als bei kurzen Anleihen, so liegt der Grund in der geringeren oder größeren Mühwaltung, welche der Gläubiger von der Verwaltung, Unterbringung und Erhebung seines Capitals hat, und welche er sich bezahlen läßt oder üblich ihm bezahlt wird, ohne daß er vielleicht daran besonders denkt. — Es geht aus diesen Betrachtungen hervor, daß sowohl der reine Zins mit der immer mehr wachsenden und Capital erübrigenden Production — wenn dieselbe nicht gehemmt wird, — als auch die Prämie für Risico und Mühwaltung mit der sich immer mehr entwickelnden Rechtssicherheit und Geschäftsroutine, wenn beide nicht durch Privilegienwesen und Bevormundung zurückgehalten werden — also daß überhaupt die Kosten des Capitalgebrauchs immer geringer werden, je mehr der Verkehr frei wird und die Civilisation sich entwickelt. Während in Spanien der Zins noch 8 Procent steht, beträgt er in Deutschland 5 Procent, in England nur 3 Procent und in Holland etwa 2½ Procent. Alle Erscheinungen werden sich nach diesen Hauptzügen und nach dem, was wir über die Bildung des Preises oben gesagt haben, beurtheilen lassen.

Siebentes Capitel.

Praktische Gestaltung der Einkommenzweige.

§. 40.

Das Unternehmen und der Unternehmerlohn.

Wir haben oben der Arbeitstheilung eine eigene Abhandlung gewidmet und deren Vortheile eingehend beleuchtet und haben am Schlusse
sodann nur angedeutet, daß die getheilte Arbeit selbstverständlich, um
ihrem Zwecke, soweit dieser gemeinschaftlich sei, zu entsprechen, wiederum
ihre Vereinigung finden müsse. Wir fügten hinzu, daß die vollendetste
Form der Arbeitstheilung und Vereinigung sich in den Fabriken fände,
welche gerade durch sie ihre große Wirksamkeit und ihre großen Vortheile
erzielen. Was sich von der Production in dieser Rücksicht sagen läßt, das
gilt in ähnlicher Weise auch von der Consumtion. Man kann nicht verkennen, daß auch in der richtigen Theilung und Vereinigung des Gebrauchs
überaus große Vortheile liegen, denen der Arbeitstheilung gerade so ähnlich, als die Consumtion in ihrer reproductiven Wirkung auch als Production, und deßhalb die Gebrauchstheilung und Vereinigung auch gewissermaßen als Arbeitstheilung und Vereinigung aufgefaßt werden
kann. Bei uns, zumal in kleineren Oertern, wird ein geschlachteter Ochse
Pfund für Pfund für denselben Preis verkauft, oder höchstens die Kluft
und der Mürbebraten, oder ein oder das andere Stück als besondere
Sorte theurer verkauft; in England dagegen wird der ganze Ochse in
sehr viele verschiedene Sorten zerlegt, je nach ihrer Güte werden die
einzelnen Stücke theurer oder billiger verkauft. Der Schlächter kann
durch diese Gebrauchstheilung den Reichen besonders gutes, den Armen besonders billiges Fleisch liefern, und kann überdies dadurch die Brauchbarkeit einzelner Theile, z. B. der Knochen, erhöhen. Er ermöglicht dadurch größeren Absatz und vielleicht auch größeren Gewinn bei größerer
Zufriedenheit seiner Kunden. Was würde man sagen, wenn auch die
Rindshaut mit verschnitten, d. h. nicht als eigener besonderer Gebrauchsgegenstand benutzt und bezahlt würde?! Umgekehrt vermittelt der Schlächter auch eine Gebrauchsvereinigung, indem er das Publikum zum gemeinschaftlichen Verbrauche des Ochsen heranzieht, und hierdurch es ermöglicht,
daß Jeder viel öfter und billiger Fleisch essen kann, als wenn er für sich
allein schlachten müßte. Die Vortheile der Theilung und Vereinigung der
Arbeit und des Gebrauchs werden in vielen Fällen auf den ersten Blick
sichtbar, sodaß mancher Leser vielleicht sagen wird: warum werden uns
so gewöhnliche Dinge aufgetischt? Allein es kommt darauf an, an den

völlig klaren Erscheinungen das Princip zu erkennen, und durch dasselbe
darauf aufmerksam zu werden, ob man nicht auch in solchen Verhältnissen
davon Anwendung machen kann, in welchen man bisher an dasselbe und
an dessen Durchführbarkeit noch wenig gedacht hat.   Es beruhen auf den
Principien der Arbeitstheilung und Vereinigung — Fabriken — und der
Gebrauchstheilung (Schlageintheilung in der Landwirthschaft, Grob- und
Feinweberei 2c.) und Vereinigung (Eisenbahnen, Posten, Hôtels 2c.) die
wichtigsten Einrichtungen und Geschäftszweige, und manches Geschäft geht
unter, weil es sie nicht gebührend berücksichtigt.   Wie wenig der kleine
Geschäftsmann häufig noch jetzt die Vortheile der Arbeitstheilung beachtet,
haben wir oben schon gesehen, wie wenig der Vortheil der Arbeitsver-
einigung beachtet wird, sehen wir täglich bei der schroffen Scheidung der
Gewerke, welche durch Zunftgesetze verhindert werden, gehörig in einander
zu greifen, und wie wenig die Wichtigkeit des Princips der Gebrauchstheilung noch häufig von maßgebenden Personen geahnt wird, sehen wir
z. B. an den Fleisch- und Brodtagen, an den Arbeitertagen u. s. w., wie
wir die Wichtigkeit der Gebrauchsvereinigung, aber auch die Schwierigkeit,
sich ihres Einflusses in jedem Falle klar bewußt zu sein, und den Grad
ihres Einflusses zu berechnen, daran deutlich erkennbar machen können,
wenn wir daran erinnern, wie viel mehr bekanntlich an Briefporto ein-
genommen wird, nachdem man durch Herabsetzung des Tarifs die all-
gemeinste Benutzung der Posten zur Briefversendung herbeigeführt hat.
Der Gedanke an die Erhöhung der Einnahme durch Portoermäßigung
konnte nur in einem Kopfe entstehen, welcher die klarste Einsicht in den
Nutzen der Gebrauchsvereinigung hatte, und sicher wäre derselbe, wenn er
diesen Gedanken nicht zuerst in dem verkehrsintelligenten England vor-
gebracht hätte, sondern bei uns, als ein sehr schlechter Rechner verlacht,
und mag auch in England von Vielen als solcher angesehen sein.   Im
Zollsystem ist Nichts wichtiger, als die Berücksichtigung der Thatsache, daß
ein niedriger Tarif den höchsten Ertrag liefert, wenn die Höhe desselben
irgendwie den Gebrauch des besteuerten Artikels beeinträchtigen würde.
Vergleiche oben die Pyramide bei der Lehre vom Preise und die statistischen
Notizen über Amerika — §. 31.

Der gesammte Tauschverkehr beruht auf diesen Principien, und wie
nun heutigen Tages jede Production, — da ihre Nützlichkeit und folglich
ihre Einträglichkeit von ihrem genauen Zusammentreffen mit den augenblicklichen und augenblicklich genügend vorhandenen Bedürfnissen abhängt,
— nur nach Gestaltung und nach Maßgabe der Principien und der Richtung des Tauschverkehrs gedeihen kann, und krüppelhaft wird, wenn sie
dieselben nicht genau kennt und beachtet; so ist einleuchtend, daß jedes
Geschäft von der richtigen Anwendung der Principien der Arbeitstheilung
und Vereinigung und der Gebrauchstheilung und Vereinigung in seinem
Erfolge abhängen muß, und daß es nur zurückspielen und unter-

geben kann, wenn es dieselben und das Getriebe des Tauschverkehrs nicht
kennt, oder beachtet.

Heutigen Tages ist also noch etwas ganz Anderes zum Gedeihen
eines Geschäfts erforderlich, als die bloße Geschicklichkeit in der Arbeit
und als Fleiß und Sparsamkeit, und wenn wir nun überdies nicht vergessen, eine wie große Rolle das Capital und dessen Heranziehung zur
Arbeitskraft in dem heutigen Verkehr spielt, so werden wir uns nicht
darüber wundern können, wenn wir sehen, daß zum Gedeihen eines Geschäfts, da mit dem immer mehr sich ausbildenden Tauschverkehr schon
auch das Arbeiten auf Bestellung immer mehr der Nothwendigkeit, auf
Lager zu arbeiten, Platz macht, namentlich auch die Fähigkeit erfordert
wird, einmal das nöthige Capital herbeizuschaffen, dann aber auch mit
demselben den Gesetzen des Tauschverkehrs gemäß zu verfahren.

Jedes Geschäft, sei es welches es wolle, greift also jetzt mehr oder
weniger in das kaufmännische über, und das um so mehr, als keinem
Arbeiter jetzt mehr, wie früher, ein Kreis von Bestellern und Abnehmern
sicher ist, und sein kann, weil jeder Consument dem immer gebiete-
rischer auftretenden Gebote Folge leistet, und bei der großen Ausbildung
der Communication Folge leisten kann, da zu beziehen, wo er die Waare
und die Arbeit am billigsten und besten beziehen kann.

Das kleine, gänzlich unkaufmännische Geschäft, in welchem der
Arbeiter selbst die Rohwaare in kleinen Quantitäten bezieht, bereitet und
zu den verschiedensten, nach bisherigen Begriffen in sein Fach einschlagen-
den, Gebrauchsgegenständen verarbeitet, sich Kundschaft sucht, und sie
bald gehäuft, bald gar nicht, bald für diesen Gegenstand, bald für jenen
findet, kann unmöglich mit demjenigen concurriren, welches mit
mehrern Gesellen und unter den Vortheilen größeren Capitals, größerer
Arbeits- und Gebrauchstheilung und Vereinigung arbeitet, zumal wenn
auch die Einsicht in die Triebfedern des Tauschverkehrs dem Leiter des
ersteren nothwendig mehr und mehr unbekannt bleiben muß, wenn
seine technische Arbeit ihn übervoll beschäftigt. Schon die gewöhnlichsten
Dinge kommen verhältnißmäßig zu theuer auf den Preis seiner Waaren.
Er muß für ein Product fast dasselbe an Wohnungsmiethe, Feuerung,
Licht verbrauchen, was der Andere, der mit sechs Gesellen arbeitet, davon
für sechs dergleichen Producte gebraucht; er muß für jeden Gegenstand
vielleicht besonders einkaufen, wie es eben im Kleinen im Laden zu haben
ist; er muß alle Branchen von Thätigkeiten so gut verstehen, wie des
Anderen einzelne Gesellen die einzelne, wozu sie besonders eingeübt sind,
verstehen, er soll dabei für Absatz sorgen u. s. w. Das ist eine reine
Unmöglichkeit, und er würde, wenn er in dem Eigensinne seiner beschränkten Anschauungen von den Verkehrsverhältnissen beharren wollte,
oder in den Nachtheilen seiner Stellung verharren müßte, zuletzt, jemehr
der Verkehr immer größere Dimensionen annimmt, das Mitleid Derjeni-

gen ansprechen müssen, welche er verhindern wollte, bei seinem Concurrenten arbeiten zu lassen. Viele Arbeiten wird er gänzlich ablehnen müssen, weil er sie allein nicht fertig bringen, oder ihre Materialien nicht herbeischaffen kann, oder weil er hinter ihren Methoden gänzlich zurückbleiben muß.

Wird nun aber ein Dritter sich neben diesen Beiden hinsetzen, welcher das Geschäft noch mehr fabrikmäßig betreibt, welcher etwa nicht gelernt hat, die zum Fache gehörenden Arbeiten technisch selbst verrichten zu können, sondern nur, sie und die vortheilhaftesten Methoden beurtheilen zu können, welcher gelernt hat, die Arbeiter nach dem Bedürfniß des Geschäfts herbeizuschaffen, und auf den richtigen Fleck zu stellen, welcher genau berechnen kann, weil er gerade darauf sich eingeübt und dafür Erfahrungen gesammelt hat, wie viel er für jedes Arbeitsstück an Lohn bezahlen kann und muß, welcher gelernt hat, die Rohmaterialien aus den besten Quellen zu beziehen, und welcher den Tauschverkehr, das vorhandene und sich bildende Bedürfniß, die vorhandenen und sich anderswo bildenden Befriedigungsmittel bis ins Kleinste mit seinem geübten Auge verfolgen kann, und welcher es deßhalb versteht, großen Absatz aufzufinden und nöthigenfalls zu wecken, welcher endlich entweder das erforderliche Capital im ausreichlichsten Maße hat, oder es billig herbeizuschaffen weiß; dann kann auch der Meister mit seinen sechs Gesellen gegen Diesen nicht aufkommen, der Alles soviel billiger und besser liefern kann.

Ein solcher Geschäftsmann nun, welcher überhaupt auf eigene Rechnung und Gefahr Arbeit und Capital zu einer Production vereinigt, heißt **Unternehmer**. Zwar auch der Meister, welcher allein, ohne Gesellen, oder mit Gesellen arbeitet, der Bauer, welcher allein, mit, oder ohne Knecht und Tagelöhner seinen Acker bestellt, der Kaufmann, welcher ohne, oder mit Gehülfen oder Lehrlingen einen Handel betreibt, ist Unternehmer, weil er immer den Gewinn und Verlust für sich macht, und dazu Arbeit und Capital vereinigt; aber man spricht gewöhnlich nur von einem Unternehmen, wenn man bezeichnen will, daß noch etwas Anderes als die Arbeit im engeren Sinne, als die blos ausführende, technische, im Arbeitslohn sich ausprägende Arbeit, und noch etwas Anderes, als die blos in dem Capitalzins sich ausdrückende Mitwirkung des Capitals in dem Geschäfte auf eigene Rechnung steckt, und an den Tag tritt, nämlich diejenige Thätigkeit, welche eben das möglichst vortheilhafte Zusammenwirken beider Factoren, sowie die Heranziehung auch des Naturfactors für beide bewirkt, und da diese Vereinigungsthätigkeit sich nur findet, wo der Arbeiter mit fremdem Capital, oder der Capitalist mit fremden Arbeitskräften, oder gar ein Dritter mit fremdem Capital und fremden Arbeitskräften producirt, so spricht man auch nur in den letzteren Fällen von Unternehmungen, und der Unternehmergewinn stellt sich ganz rein immer nur in dem

allerletztgedachten Falle dar. Hier kann der Unternehmer klar sehen und
sagen, das kosten mir die Arbeiter, das kostet mir das Capital, das ist
mein Unternehmergewinn. Der Unternehmergewinn ist also das Resultat
der Speculation, der Organisation, der fortdauernden Be-
aufsichtigung und Leitung. Es ist eine gewöhnliche Erscheinung,
daß von rohen Arbeitern die Höhe der Dienstleistung des Unternehmers
unterschätzt wird, sie sehen um so mehr seine Arbeit als unbedeutend und
meist, wenn der Unternehmer mit eigenem Capital arbeitet, als bloßen
Capitalgewinn an, je weniger sie von dieser Arbeit einen Begriff haben,
je weniger sie also selbst zu derselben im Stande sein würden. Von
seinen durchwachten Nächten, wenn sie ohne Verantwortlichkeit, ohne
Gefahr für Gut und Ehre schlafen, haben sie keine Ahnung.

Der Unternehmergewinn besteht in dem Ueberschusse über gewöhnlichen Arbeitslohn und Capitalzins, und ist also nicht, wie bei diesen,
das Resultat einer Contractsberedung, sondern des Erfolgs der Leistungen.
Die größesten Unternehmereigenschaften sichern den größesten Erfolg,
dieselben sind demnach in der Regel auch nur nach diesem meßbar. Salamanca wurde der reichste Mann aus Nichts, verlor sein Vermögen in den
politischen Wirren Spaniens und wurde wieder unermeßlich reich. Talent,
sowohl geistiges, als gesellschaftliches, sowie Kenntnisse und moralische
Eigenschaften, welche theils zu einer großen Uebersicht des Geschäftslebens, feinen Beobachtung der Menschen und praktischen Ausführung
befähigen, Vertrauen und Achtung beim Publikum und bei den Arbeitern
erwecken, liberaler, von Geiz und Verschwendung gleich entfernter Sinn,
Geistesgegenwart, Thätigkeit, Ausdauer u. s. w. bilden die zum Unternehmer erforderlichen Eigenschaften, und je seltener sie sich für ein Unternehmen vereint finden, und je mehr Gefahren und Schwierigkeiten in
einem Unternehmen zu überwinden sind, und dadurch überwunden werden,
desto größerer Gewinn wird dadurch erreicht werden.

„Geld kann man noch alle Tage auf der Straße finden," mit diesen
Worten wird richtig und treffend die Ergiebigkeit guter Unternehmereigenschaften bezeichnet, und damit wird zugleich angedeutet, daß nicht
von der Größe des Capitals, das man selbst besitzt, allein die Größe des
Gewinnes abhängt, eben so wenig, wie von der Größe der einseitigen
technischen Geschicklichkeit. Man sieht aber hier auch wieder deutlich, daß
nicht Geld das eigentliche, erzeugende Capital ist, sondern daß die Productivität in der Verwendbarkeit der gebrauchswerthen Producte und in
der Fähigkeit zur Verwendung, in der körperlichen und vor Allem in der
geistigen Arbeitskraft beruhet. Man kann einen noch so geldreichen
jungen Menschen heutigen Tages in's Leben stellen, und, statt sein Gut
zu vermehren, wird er es vielleicht bald, weil es nicht in sich nutzbar ist,
sondern erst von den übrigen Gütern und Dienstlichkeiten, die es eintauschen muß, seinen Nutzen empfängt, durch falsche Richtung des

Tausches, ohne viel Genuß zerstreuen; dagegen war einem Salamanca zu jeder Zeit ein großer Reichthum gewiß.

Jedermann wird nach diesen Betrachtungen erkennen, wie wichtig für den Verkehr eines Landes, ja einer Gegend und eines Orts der Besitz tüchtiger Unternehmer ist. Diese bilden sofort einen Mittelpunkt, um welchen sich ein reges, alle Geschäftsgebiete belebendes Treiben entwickelt. Jeder wird aber auch sofort erkennen, daß tüchtige Unternehmer nicht hinter dem Ofen und nicht in dem schläfrigen Hergange eines nach Großvaterweise dahinschleichenden Zunft- und Monopol-Geschäftsverkehrs sich bilden, und erklärlich wird es hiernach sein, wenn englische Nationalökonomen das Gedeihen der englischen Industrie den tüchtigen, im freien Leben getummelten Unternehmern zuschreiben, unter deren Leitung jeder Arbeiter an seinem Platze sei und Alles ineinandergreife. Wo dies der Fall ist, wird auch der rohe Arbeiter nicht den vielfach noch bei uns heimischen Gedanken hegen, die Leitung eines Geschäfts, welche nicht mit dem „Selbstanfassen" oder „Selbstanfassenkönnen" sich vereinige, sei keine Arbeit, sondern der Arbeiter wird alsdann erkennen, daß der Unternehmer seine Zeit besser nutzen kann, als in den rohen Arbeitshandtirungen.

Jedes größere Geschäft muß einen (oder mehrere associirte) Unternehmer haben, der sich nur mit der Leitung befaßt. Die Praxis hat Dies, namentlich bei Handwerkerassociationen in Frankreich nach 1848 bewiesen, da immer die Arbeitstheilung litt, wenn nicht eine von aller technischen Mitarbeit befreite Leitung da war. Daß der Unternehmer zugleich Capitalist sei, kann dagegen nicht stören, weil die Capitalverwaltung ihm zur Leitung des Geschäfts Zeit genug übrig läßt, und so sehen wir denn auch der Capitalisten immer mehr sich zu Unternehmern gestalten. Letzteres ist nothwendig, je mehr die Capitalien wachsen, und folglich sich schwerer zu einem höheren Zinsfuße unterbringen lassen. Dies und die höhere Achtung, welche mit fortschreitender Zeit die Arbeit, zumal die immer mehr geistige Befähigung erheischende, genießt, läßt die bloßen, in früherer Zeit zahlreicheren, Rentiers zu thätigen Geschäftsunternehmern werden. Dadurch aber wird das Streben der Zeit, mit der Ausdehnung des Verkehrs Schritt haltend, immer mehr auch allen einzelnen Geschäften größere Dimensionen zu geben, begünstigt, das Fabrikwesen gegenüber dem kleinen Handwerk befördert, und hierdurch wird in Anbetracht der Vortheile, welche das Fabrikwesen vor dem kleinen Handwerk voraus hat, das Handwerk, mag es wollen oder nicht, genöthigt, ebenfalls andere Bahnen einzuschlagen, und auf Mittel zu sinnen, welche ihm das Einschlagen dieser neuen Bahnen ermöglichen. Eine kurze, das Ebenangedeutete ergänzende Betrachtung und Vergleichung des Groß- und Kleinbetriebs mag uns dies noch mehr verdeutlichen.

§. 41.

Fabrikwesen, Handwerk und Hausindustrie.

Roscher, welcher durch seine reichen Materialiensammlungen und durch seine speciellen Untersuchungen so hohe Verdienste um die National-ökonomie sich erwirbt, hat in seinen jüngst erschienenen „Ansichten der Volkswirthschaft" auch diesen Gegenstand außerordentlich gründlich behandelt und ihn sehr bereichert, und dürfen wir seine Forschungen deß-halb nicht unbenutzt lassen.

Die Grenzen zwischen Fabrikwesen und Handwerk sind unmöglich scharf zu ziehen, die Handwerker selbst pflegen deßhalb bei größerer Aus-dehnung ihres Geschäfts sich vielfach Fabrikanten zu nennen. Als Haupt-unterscheidungsmerkmale kann man folgende betrachten:

Der Handwerker arbeitet meist mit Handwerkszeug (siehe oben S. 43) im Kleinen, und zwar entweder auf Bestellung, oder doch nur so auf Lager, um an den Consumenten direct und im Kleinen zu verkaufen. Die persönliche, technische Arbeit herrscht vor, und der Meister, oder Unternehmer, betreibt dieselbe in Gemeinschaft mit den Gesellen, dasselbe Werkzeug, wie sie, gebrauchend, und die Oberleitung ist deßhalb nur ein mehr oder weniger geringer Theil seiner Thätigkeit. Mit der beschränkten, auf kleinere Kreise angewiesenen Wirksamkeit hängt es zusammen, daß das Handwerk sich im Mittelpunkte einer ländlichen Bevölkerung in den Städten ausbildete, hier sich durch Privilegien und Bannrechte einen Ab-satzkreis zu sichern suchte, und daß die sociale Stellung und Geltung, sowie die Bildung eine niedrige und beschränkte blieb.

Der Fabrikant dagegen arbeitet für einen möglichst ausgedehnten Kreis auf Vorrath und im Großen. Seine Arbeitskraft sind nicht (ihm gleiche) Gesellen, sondern umsomehr unter ihm stehende Arbeiter, je mehr diese sich mit der blos körperlichen Arbeit beschäftigen, und je mehr er durch Anstellung, Planentwerfung, Berechnung und Leitung mit dem Geiste und Willen arbeitet. So viel wie möglich läßt er die rohe Arbeit von Maschinen verrichten. Je größer die Ausdehnung der Fabrik, je mehr Capital- und Arbeitsverwendung sie erheischt, ein je größeres Ab-satzgebiet sie zu beherrschen sucht, desto höhere geistige Fähigkeiten und desto freierer Gebrauch derselben sind erforderlich, desto weniger ist Orts-beschränkung und zunftmäßiges Erlernen, und folglich eine zunftmäßige Stellung und Beschränkung bei Errichtung und Leitung der Fabrik mög-lich, und daher sehen wir den Fabrikbetrieb weder auf die Städte be-schränkt, noch anders, als von bloßer Concession abhängig, und sehen wir den Fabrikanten eine ungleich höhere, geachtetere Stellung ein-nehmen.

Sonderbar, daß die Handwerker trotz alledem, und obwohl sie dem Fabrikanten seine größere Freiheit und geachtetere Stellung nicht nehmen können, weil sie ein natürlicher Auswuchs der größeren Absatzverhältnisse ist, sich dem für sie, oder richtiger wider sie allein noch bestehenden Zwange durch Gewerbefreiheit nicht entzogen sehen wollen. Die größeren Verhältnisse der Fabriken, gegenüber dem Handwerke, bedingen theils größere Ansprüche an den Fabrikanten, theils gewähren sie natürlich alsdann, wenn den größeren Anforderungen genügt ist, dem entsprechende bedeutende Vortheile.

Zunächst ist, wie aus dem Vorhergesagten leicht ersichtlich, für den Fabrikanten eine der Größe des Geschäfts und der Tragweite der Beziehungen desselben entsprechende höhere Bildung des Geistes und selbst des Charakters erforderlich. Es kann nur unverständige Beschränktheit dies verkennen, oder Eigensinn dies leugnen. Wenn auch die Berechnung eines Franzosen, Godard, übertrieben sein mag, daß von 100 angefangenen Unternehmungen 20 zu Grunde gehen, ehe sie irgend Wurzel gefaßt, 50—60 kürzere oder längere Zeit in beständiger Gefahr des Unterganges vegetiren, und höchstens 10 zu bedeutender, oft nicht einmal dauernder Blüthe kommen, so wird jeder einigermaßen im größeren Geschäftsleben bekannte Beobachter zugeben, daß regelmäßig nur sehr tüchtige, gewiegte Unternehmer gedeihen, und diese weniger auf Grund ihrer Capitalien, als auf Grund ihrer Tüchtigkeit, namentlich ihrer Geschäftskenntniß, ihrer Thätigkeit, ihrer Umsicht und Aufmerksamkeit auf die kleinsten Details, nicht weniger aber auch ihrer zur Klugheitsregel gewordenen Reellität. Letztere ist zu jedem Geschäfte um so nothwendiger, je mehr es hervorragt und der öffentlichen Beurtheilung ausgesetzt ist, während Verstöße gegen dieselbe beim kleinen Handwerker weniger bemerkt, und eher verziehen werden. Deßhalb ist Reellität in der That auch in den Trägern größerer Geschäfte mehr zu finden, als in kleinen Winkelgeschäften, denn es gehört schon ein höherer geschäftlicher Bildungsgrad dazu, um nicht allein aus Antrieb des inneren Gewissens, sondern a u c h a u s K l u g h e i t reell zu sein.

Mit der größeren Bildung und den größeren Kenntnissen sind nun aber zwei besonders wesentliche Vortheile verknüpft, nämlich zunächst größere Verbindungen, welche sowohl den Zugang zu den Capitalien, als die besten Bezugsquellen eröffnen, und sodann die frühzeitige Kenntniß von den Entdeckungen und besseren Methoden der Wissenschaft und der Technik, sowie ingleichem von dem Stande der Bedürfnisse und der Befriedigungsmittel. Hierdurch vor Allem muß der Fabrikant vor dem Handwerker gewinnen, da letzterer mit seiner technischen Ausführung im dunklen Winkel beschäftigt, entweder an Capital oder an Absatz Mangel hat, und die besseren Methoden erst kennen lernt, wenn sie Gemeingut der ganzen Welt geworden sind, niemals auch so freien, weitreichenden Blick haben kann, um Bedürfniß und Uebersättigung weit genug voraussehen zu können.

An jene Vorzüge knüpfen sich nun aber eine Menge anderer. Die
großen Capitalien ermöglichen jene großen Einrichtungen mit vielen
Arbeitern und Maschinen. Daran reihen sich die Vortheile der Arbeitstheilung, die Möglichkeit, den Stoff selbst in den Abfällen auszunutzen,
die Möglichkeit, Experimente zu machen, Conjuncturen im Ein- und Verkauf zu benutzen. Auf diesen Grund hin wird ein größerer Absatz ermöglicht, und dieser ermächtigt sowohl zu billigeren Preisen, als er durch
die letzteren wiederum genährt wird. Alles Dieses führt sowohl bei der
jetzigen Entwickelung der Communicationsmittel, des Handels und namentlich des Mäklergeschäfts, ein ewiges gleichmäßiges Zu- und Abfließen
einerseits der Rohmaterialien, andererseits der Fabrikate herbei, indem
die Zwischenhändler für eine wohlgeordnete Fabrik in beiden Richtungen
aus eigenem Antriebe, aus Speculation, für Zu- und Abfluß sorgen,
ohne daß der Fabrikant, der einmal darin sitzt, sich dieserhalb gar viel zu
rühren braucht. Man denke, in welchem Maße sich diese Vorzüge bei
guter Leitung einer Fabrik geltend machen müssen von der Ausdehnung
der Porterfabrik von Barcley, Parkins u. Co. in London, welche
120 Fässer besitzt, welche zum Theil 453,600 Preuß. Quart groß sind,
bei Dampfmaschinenkraft noch 600 Menschen in und außer dem Hause,
und 150 Pferde für die Bierfuhren beschäftigt, und welche schon 1835
für 10 Millionen Thaler Bier jährlich verkauft haben soll.

Wir haben schon oben zwar nicht geleugnet, daß das Fabrikwesen
theilweise zu Uebervölkerungen und zu großer Abhängigkeit der Arbeiter
und selbst zu einseitiger unnatürlicher Ausbildung der Kinder führen
kann, aber auch gesehen, daß die Sache so schlimm nicht ist, wie sie aus-
sieht und gar zum Theil gemacht wird, daß vielmehr bei einer der jetzigen
nur annäherungsweise gleichen Ausdehnung der Industrie, wenn sie ohne
Maschinen und Fabriken betrieben werden sollte, die Einseitigkeit, Abhängigkeit und namentlich die Armuth unendlich viel größer sein würde,
weil eben bei gleicher Arbeit unendlich viel weniger, und weniger billige,
und allgemein brauchbare Producte erzeugt werden könnten, weil ferner
ohne dieselben viel weniger hohe Löhne gegeben werden könnten, da diese
immer nur von dem Arbeitsgewinnst erschwungen werden können, und
wir haben es deßhalb als eine unter den Statistikern unbestrittene Thatsache hingestellt, daß die Maschinen und die Fabriken gerade die Menschheit von der rohen thierischen, und selbst der Thiere theilweise noch un-
würdigen Arbeit befreien. (Man denke an eine Hafenreinigung durch
einen Dampfbagger und an eine solche, welche mit Karrenschieben ausgeführt werden sollte, und man denke an so hundert und aber hundert Arbeiten, welche man jetzt erst bei höherer Civilisation für möglich und nöthig
hält.) Mit der Unabhängigkeit und guten Stellung des Zunftgesellen,
was es damit für eine Bewandtniß hat, das haben die eigenen Berichte
der Gesellen schon bei dem Frankfurter Parlamente klar gestellt, und wir

brauchen nur den Blick auf die Landstraßen zu werfen, um die Gesellen arbeitslos selbst neben den Eisenbahnen nebenher hinken zu sehen, wir brauchen nur in die Töpfe unserer kleinen Handwerker zu sehen, und wir finden ein zwar vielleicht nicht so rasch übersichtliches Bild, wie bei den Fabriken, zu welchen die Aermsten, Ausgehungertsten kommen, um Arbeit zu erhalten, welche das Handwerk nicht mehr für sie hat, und wo sie der großen Ansammlung der Arbeiter halber sichtbarer sind, aber wir finden ein reichlich so trauriges Bild. Die Traurigkeit ist aber in beiden Fällen ein Rest hinter der fortschreitenden Zeit zurückgebliebener, die Bildung herabdrückender Einrichtungen. Das Fabrikwesen ermöglicht wegen der billigeren und vermehrten Production höhere Löhne, und giebt sie, wie wir oben nachgewiesen haben, und zugleich gewähren die billigeren Fabrikpreise die Möglichkeit billigeren, also besseren Lebens. Dann aber führt das Fabrikwesen wenigstens nicht das Cölibat, d. h. die Nothwendigkeit, sich nicht verheirathen zu können, mit sich, den Mangel an Heimath und Niederlassungsrecht — siehe oben Mecklenburg — und es gewährt wenigstens den Geschickteren die Möglichkeit, vom Handwerksgesellen höher und höher bis zum Fabrikanten aufzusteigen, wie England — Arkwright — dies in zahllosen Fällen zeigt. Wo sehen wir dagegen bei unsern Zimmer- und Maurermeistern die Gesellen in irgend erheblicher Zahl jemals zum Meisterrecht gelangen? Müssen diese nicht fort und fort ihrem Meister contribuiren?

Zur großartigeren Entwickelung von Fabriken in einem Lande bildet dessen höhere volkswirthschaftliche Entwickelung die Voraussetzung. Die Voraussetzungen der Maschinenthätigkeit und Arbeitstheilung, also die erforderliche Ansammlung von Capitalien und ein industrieller, den Fortschritten der Wissenschaft und Technik zugänglicher Sinn, sowie ein zum Absatze gelegenes und durch Communicationsmittel geschaffenes Gebiet. Wo diese Voraussetzungen vorhanden sind, also Unternehmer, Capitalisten und Absatzgelegenheit, da möchten wir unbedingt annehmen, daß — bei vernünftigen, zur Aufnahme von Arbeitskräften geneigten Verwaltungsgrundsätzen — eine geeignetere Arbeiterbevölkerung und selbst ein Stamm von Technikern sich bald bilden werde, und von der Fabrikation unentbehrlicher Güter mit Landeserzeugnissen und für die nächste Umgebung beginnend, nach und nach im Wege der natürlichen Entwickelung der Uebergang zur Fabrikation mit ausländischen Rohproducten und von Luxusartikeln für immer größeren Markt von selbst sich bilden werde. Selbst Unternehmer und Techniker dürften bei Aufnahmeerleichterung bald sich finden. Wir haben eine Eisengießerei täglich vor Augen, und wir sehen an dieser täglich die Möglichkeit klar vor uns, in Mecklenburg den Grund zur Fabrikation zu legen. Die krüppelhafte Entwickelung der Tuchfabriken in Malchow und Plau beweiset Nichts weiter, als daß sogenannte patriotische Unterstützungen und Subventionen von Seiten des

Staats die Entwickelung der Unternehmereigenschaften im Keime ersticken, und daß der ihnen zu Grunde liegende Gedanke: die Rohwolle verarbeiten zu wollen, um die Tuche nicht vom Auslande zu kaufen, ein von Hause aus verkehrter, zu falschen Maßnahmen führender ist. Daß man die Arbeit selbst verrichten will, die man zur Zeit vom Auslande billiger beziehen kann, führt dahin, Unternehmer in dieser Richtung mit Gewalt, so zu sagen züchten, und durch Leute, die der Sache gar nicht gewachsen sind, Geschäfte machen zu wollen; die freie Speculation und Inangriffnahme von Seiten klarsichtiger Unternehmer muß aber immer der Ausgangspunkt sein; Letztere müssen aus eigenem Antriebe den Angriff machen, und für dessen Durchführung ihre Haut zu Markte tragen.

Wenn wir die Tendenz der heutigen Zeit hervorgehoben haben, mit der Ausdehnung des Verkehrs auch die Geschäfte zu erweitern, und zur Fabrikation zu entwickeln, so ist diese Tendenz allerdings im Allgemeinen und insoweit nicht zu verkennen, daß jedes Geschäft heutzutage die Verwendung größeren Capitals und größerer Intelligenz erfordert, auch jedes Geschäft dahin strebt, die Kräfte völlig auszunutzen, und nöthigenfalls deßhalb dieselben auf ein größeres Gebiet auszudehnen. Allein man darf wiederum auch nicht verkennen, daß die Richtung der Zeit wesentlich auf Arbeitstheilung abzielt, wodurch möglichste Concentrirung aller Kräfte des Einzelnen auf einen Punkt, auf eine Arbeitsbranche geboten wird, daß überhaupt die Vergrößerung oft den Verhältnissen nach nur eine intensive, d. h. in sich verstärkte sein kann, und endlich, daß nicht in allen Geschäftsbranchen dem örtlichen oder zeitlichen Bedürfnisse voraus, und also nicht überall auf Lager und Engrosbetrieb gearbeitet werden kann. So ermöglicht die Concentrirung der Geschäfte auf eine Branche das Nebeneinanderbestehen vieler Geschäfte, das beschränkte Maß von Grund und Boden bringt mit sich den intensiven Betrieb des Ackerbaues, d. h. die möglichste Ausnutzung kleiner Grundstücke durch Anwendung größerer Capital- und Arbeitsmittel, und vor allen Dingen schließt das Zersplittern vieler Bedürfnisse je nach den örtlichen oder zeitlichen Voraussetzungen derselben, und nach der individuell verschiedenen Geschmacks- und Gebrauchsrichtung, vielfach den Uebergang zur Fabrik völlig aus. Letzteres kann denjenigen zur Beruhigung dienen, welche glauben, bald werde es gar kein Handwerk mehr geben. So werden die selbständigen Handwerker fortbestehen in den Gewerben, deren Producte vielfachen Reparaturen ausgesetzt sind, indem in diesen der reparirende Handwerker, wenn er irgend mit fortschreitet, auch für den Neuverkauf den Vorzug behält (Uhrmacher, Büchsenschäfter, Schuhmacher, Schneider), ferner diejenigen, deren Producte dem Orte der Verwendung erst angepaßt werden müssen, oder deren örtliche Anbringung eine größere Arbeit erfordert (Glaser, Ofensetzer, Schlosser, Bauhandwerker, wiederum Schneider und Schuhmacher u. s. w.), oder die nur an den speciellen Gebrauchsgegenständen verrichtet werden können (Stubenmaler, Anstreicher, Schornsteinfeger), sodann, welche rein persönliche Dienste leisten (Friseure, Barbiere), ferner, deren Producte schnell verbraucht werden müssen, wenigstens an kleineren Orten (Schlächter, Bäcker). Diese ziehen von den Fabriken selbst aber häufig den größesten directen Nutzen, z. B. Schlosser, welche Fabrikschlösser mit wenig Mühe umarbeiten, und für völlig eigene Arbeit ausgeben.

In den Ländern mit ausgedehntestem Fabrikbetrieb hat sich denn auch in diesen, von demselben nicht berührten Gewerben eine große Zahl von reinen Handwerkern erhalten, und ist deren Zahl und deren Wohlstand um so mehr gewachsen, als nothwendig die Industrieblüthe nicht allein auf den Geschäftssinn, sondern auch auf das Absatzgebiet auf das günstigste einwirken mußte. So sind in Sachsen, neben 135,000 selbstthätigen Personen in den Fabriken, in den rein handwerksmäßigen Gewerben, welche sich mit Herstellung von Nahrungsmitteln, Kleidung, Herstellung und Ausstattung von Wohnungen beschäftigen, 228,326 Personen beschäftigt. In Belgien sind 296,379 Handwerker der besagten Branchen neben 336,447 Fabrikarbeitern. In England gab es auf circa 1 Million Fabrikarbeiter jedes Geschlechts und Alters im J. 1841 nur an Schustern, Schneidern, Fleischern, Bäckern, Maurern, Dachdeckern, Steinmetzen und Pflasterern, Zimmerleuten, Tischlern, Tapezierern, Radmachern, Drechslern, Glasern, Schlossern, Schmieden, Uhrmachern, Mühlenbauern und Müllern 1,047,077 und zwar lediglich an derartig beschäftigten Männern. (Roscher a. a. O.) Dies ist gewiß ein ganz anderes Verhältniß, als die Meisten sich denken, und, um es richtig zu verstehen, muß man nicht vergessen, daß die Fabrikation sich über ein Gebiet erstreckt, das größtentheils vom Handwerk gar nicht bebauet werden kann, und niemals bebauet war.

Einer besonderen Beachtung bedarf die von dem eigentlich gelernten und berufsmäßigen Handwerk ebensowohl, als von dem Fabrikbetriebe verschiedene Hausindustrie, welche für den Handel arbeitet, und vielfach nur von kleinen Leuten zur Ausfüllung der Mußestunden, vielfach aber auch als Haupterwerb getrieben wird. Sie ist in letzterer Weise besonders in recht armen Gegenden, z. B. in Schlesien und dem Obererzgebirge zu Hause und ihr Elend wird von Unkundigen gewöhnlich den Maschinen und Fabriken zur Last gelegt, während umgekehrt gerade das Nichtvorhandensein dieser, oder die Abneigung dieser Leute gegen Maschinen und Fabriken an dem Elend schuld sind, und das Aufkommen von Maschinen und Fabriken und die Vereinigung großer Capitalien mit der Arbeitskraft dieser Leute für letztere die einzige Rettung sein kann. Die räumliche Verbreitung dieser Leute verhindert die Arbeitstheilung und ihr Capitalmangel (Mangel an Rohstoff, an Werkzeugen und an Unterhalt) nöthigt sie zu feiern, wenn sie sich nicht den Bedingungen fügen, welche haufirende Händler, welche sie mit Stoff und oft mit Werkzeug versehen, und die fertigen Waaren abholen, ihnen machen. Diese Händler können sich jederzeit bei mangelndem Bedarf unbeschadet zurückziehen, während die Fabriken durch die Zinsen ihres stehenden Capitals genöthigt sind, auch in schlechten Zeiten fortzuarbeiten. In solchen Branchen, welche fabrik= mäßige Anfertigung mit Maschinen nicht zulassen, weil für sie ein zu ge= ringer Absatzmarkt ist, z. B. in kostbaren Luxusgegenständen, oder worin eine vielfache Unterbrechung und veränderte Richtung der Thätigkeit sich vernothwendigt (Strumpfwirkerei, Uhr = und Gewehrfabrikation, feinen Metallarbeiten, feiner Strohwaarenfabrikation), da ist die Hausindustrie, oder, wie Roscher sie nennt, Manufactur, ein namentlich als Ergän= zungsbetrieb lohnendes Geschäft, wie das in Sachsen, Belgien, Frank= reich und in der Schweiz bezüglich der genannten Artikel sich zeigt.

§. 42.

Der Credit, das Papier= und Bankwesen.

Der Credit ist das Einräumen des Verfügungsrechts über einen Werth im Vertrauen (credere, glauben) auf die Rückleistung eines gleichen, oder entsprechenden Gegenwerths. Die gewöhnliche, oder uns am meisten interessirende Entstehungsweise eines Credits ist ein Vertrag, in Folge dessen ein Werth von dem einen Contrahenten (creditor, Gläu= biger) an den anderen (debitor, Schuldner) gelangt, wofür ein ande= rer gleicher oder entsprechender Gegenwerth später zurückgegeben werden soll. Wenn Einer dem Anderen etwas zur Aufbewahrung hingiebt (De= positum) oder ein Landgut oder ein Wohnhaus ꝛc. verpachtet, oder ver= miethet, oder wenn ein Schuldner seinem Gläubiger zur Sicherheit ein Pfand giebt, dann bleibt der Deponent, Verpächter, Vermiether, Pfand= geber, immer noch Eigenthümer der hingegebenen Sache, und hat und behält immer noch sein Klagerecht zur Aufrechthaltung solchen Eigenthums gegen Jedermann, der es verletzt. Der Deponent, Verpächter, Ver= miether, Pfandgeber, ist rücksichtlich dieser Sache, an welcher er nur Gebrauch oder Besitz einräumt, nicht Gläubiger in unserem Sinne, denn sie gehört ihm noch. Aber der Verpächter und Vermiether creditiren den zeitlichen Gebrauchswerth in Gestalt des später zu zahlenden Pachtschil= lings. Der Verkäufer aber, Geldverleiher ꝛc. dulden es, daß Käufer, Schuldner u. s. w. den gekauften Gegenstand, die geliehene Geldsumme umgestalten, weiter übertragen u. s. w., geben also ihr Recht an dieser Sache oder Summe ganz auf, indem sie das Vertrauen der Rückleistung eines anderen Werths, einer gleichen anderen Summe u. s. w. haben. Sie haben lediglich eine persönliche Klage gegen ihren Schuldner, daß er rückleiste, nicht die dingliche, d. h. auf die Sache gerichtete Klage mehr, auf den übertragenen speciellen Gegenstand. — Durch das Credi=

tiren wird der Schuldner zu beliebiger Verwendung des erhaltenen Werths ermächtigt, er kann also damit productiv verfahren, es ist eine wirkliche Capitalübertragung vorhanden, die Uebertragung des Verfügungsrechts. Dieses Anvertrauen heißt Creditiren, Creditgewähren; Credithaben ist die Fähigkeit, fremde Capitalien gegen eine zukünftige Gegenleistung anvertrauet zu erhalten, Vertrauen in der Geschäftswelt besitzen.

Von der Macht des Capitals, als Productionsfactors, wie wir sie oben dargelegt, ausgegangen, wird Jeder die Wichtigkeit des Credits begreifen. Bisher haben wir von allen Gütern das Geld als dasjenige kennen gelernt, welches die bereiteste Verwendbarkeit und deßhalb die größeste Mächtigkeit hatte. Das Geld selbst hatte keinen selbständigen Werth, sondern nur einen von den übrigen Gütern, die es repräsentirte und zur Verfügung stellte, entlehnten Werth. Wir steigen im Institut des Credits noch eine Stufe höher, indem wir in ihm ein noch bereiteres Gut (d. h. für den, welcher es besitzt) erblicken, denn der Credit beherrscht nicht allein die Bewegung der übrigen Güter, wie das Geld, sondern er beherrscht auch die Bewegung des Geldes selbst. Wir können sagen, er beherrscht nicht allein, wie das Geld, die Gegenwart, sondern auch die Zukunft; denn selbst das Geld, wenn es seinen Einfluß über die Grenzen der Gegenwart hinaus erstrecken will, muß sich erst von dem Credit einen Paß in die Zukunft ausstellen lassen. Der Credit ist also das wichtigste Transportmittel der Güter über den Raum, indem er den Uebergang der Güter von einer Wirthschaft in die andere vermittelt, über die Zeit, indem er mir ein Gut, das ich ohne ihn erst in Zukunft, wo ich zur Gegenleistung fähig und bereit bin, erwerben könnte, in der Gegenwart verschafft, es also gleichsam aus der Zukunft in die Gegenwart ziehend, indem er meine Gegenleistung aus der Gegenwart in die Zukunft versetzt. Das wirkliche Geld, dieses bereiteste aller Güter, ist also im Verhältniß zu ihm träge zu nennen, denn es ist noch eine körperliche Substanz, während der Credit ohne Körperlichkeit, eine bloße Idee ist. Diese Idee ist nicht allein kein selbständiger Werth, das hat sie mit dem Gelde gemein, sondern sie ist nicht einmal ein selbständiges Ding, sie hängt sich den übrigen Werthen an, ist gewissermaßen deren Athem und Leben. Der Credit capitalisirt die Dinge, macht sie zu anerkannten Werthen, die körperlichen, wie die unkörperlichsten Kräfte. Dadurch wird theils die Macht des Geldes und Guts erhöhet, denn der Capitalist findet durch den von ihm geübten Credit in jedem Augenblick fruchttragende Verwendung für sein Capital, theils wird der Arbeitskraft dadurch eine vom Gelde unabhängigere Geltung und Productivität verliehen, indem sich das Angebot der Capitalien vergrößert und über Zeit und Raum verallgemeinert.

Aus dieser Charakteristik des Credits, die nur so abstract ausgedrückt werden konnte, weil der Credit ein abstracter (von der Materie getrennter) reiner Begriff ist, wird man begreifen, daß der Credit, das Vertrauen zur künftigen verheißungsmäßigen Leistung, etwas nur Freiwilliges sein kann, ein Ausfluß des freien Willens des Creditirenden, welcher ganz allein von dem Eindruck abhängig ist, welchen die Vermögensverhältnisse und die persönlichen Eigenschaften des Debitors bedingen. Der Glaube an das Leisten-Wollen, -Können und (schlimmsten Falles) -Müssen des Debitors begründet ihn. „Wie der Glaube des Gläubigen, sagt Schäffle sehr gut, sowohl Aberglaube als Unglaube werden kann, so kann das Vertrauen des Gläubigers Leichtsinn oder Schwarzsichtigkeit werden, mit dem Erfolge des Schwindels und der Panik." Wir wollen hinzufügen, wie die Strahlen der Sonne wohlthätig die Entfaltung der Natur hervorrufen, aber auch versengen und verdorren können, wie der Regen alle Triebkräfte befruchtet, aber auch die Ströme in den engen Betten schwellend, verheerend über die Saaten fluthen kann, wie der Wind dem Schiffer, wenn seine Segel schlaff darniederhängen, ein Retter in der Noth sein kann, aber auch, Masten und Steuer zertrümmernd, seine Existenz vernichtet; so kann der Credit ein Segen und ein Fluch sein. Soll deßhalb, weil die Sonne versengen, der Regen ertränken, der Wind zertrümmern kann, Sonne, Regen und Wind nicht sein, oder könnte und sollte besser die Schöpfung ihre Wirksamkeit nur nützlich haben gestalten müssen, oder kann und soll eine über den Einzelnen sich stellende Macht — das Staatsgesetz — angeben, wann und wie man sich der Kräfte der Sonne, des Regens und des Windes bedienen, sich ihnen aussetzen soll und darf, und wann und wie man ihnen ausweichen oder vorbeugen soll? Der Credit kann mißbraucht, und leichtsinnig gegeben werden, zum Schaden des Creditors und des Debitors: liegt darin ein Grund, das Creditiren und das Creditnehmen von Staatswegen zu verhindern, oder zu beschränken? Warum sperrt der Staat nicht zu Zeiten, wo die Ost- und Weststürme in Aussicht stehen, den Schiffern das Meer ab? Weil das als eine grenzenlos unerlaubte Beschränkung angesehen werden würde, und weil es eine Thorheit wäre, da der Schiffer sich besser auf die Winde versteht, als der Staat. Ebenso ist es aber auch mit dem Geschäftsverkehr und mit dem Geben und Nehmen von Credit, auch da ist eine Beschränkung — abgesehen von Denjenigen, welchen das jugendliche Alter noch nicht die Reife gegeben — unerlaubt und thöricht, weil der Geschäftsmann im Einzelfalle eine bessere Beurtheilung haben muß, als der Staat im Allgemeinen und im Voraus. Auch bei dem Credit wird oft erst ersichtlich, ob er in einen sicheren Hafen führen wird, wenn der Geschäftsmann sich damit auf der hohen See des Verkehrs befindet, und ebenso wie die Stürme den Schiffer zur Vorsicht mahnen, und zum fortwährenden Auslugen nöthigen, so daß, ja wir wollen sagen, damit er ein geschickter Schiffer und Steuermann wird, eben so mahnen die möglichen Unfälle beim Creditnehmen und -Geben den Geschäftsmann zum steten

Ausschauen nach den Wolken und Brisen am Himmel des Geschäftslebens, und machen ihn zum guten zuverlässigen Geschäftsmanne.

Mit diesen Grundanschauungen wollen wir die Bedingungen und
die verschiedenen Gestaltungen des Credits näher betrachten.

Das Vermögen, der Wille und der rechtliche Zwang
zum Heimzahlen bilden die Grundbedingungen für den Credit. Diese
dreifache Voraussetzung erfordert die freie Verfügung über Productivkräfte
und producirte Werthe, also ein Fortgeschrittensein der Verkehrswelt zu
denjenigen, oder wenigstens annäherungsweise zu denjenigen Zuständen,
welche wir in der Lehre und geschichtlichen Entwickelung des Eigenthums
als das Ziel einer jeden Volksentwickelung hingestellt haben, d. i. zur
Entwickelung des freien Privateigenthums und der freien Persönlichkeit.
In dieser Entwickelung allein kann sich eine allgemeine hohe Productivität, eine hohe Werthansammlung einerseits, sowie eine allgemeine Einsicht in die Erforderlichkeit der bürgerlichen Tugend des strengen und
pünktlichen Worthaltens, und eine aus der allgemeinen Achtung des Privateigenthums, der Arbeit und des Vertrauens fließende unerbittliche,
keine Rücksicht auf persönliche Stellung nehmende strenge Justiz wirklich
entwickeln und realisiren. In dieser Entwickelung allein kann also allgemeines Vertrauen herrschen, und verhältnißmäßiger Seltenheit von
Täuschungen sicher sein. Wie in solcher freiester Entwickelung des Verkehrs und aller Productivkräfte der Credit am höchsten entwickelt ist, so
genießt wiederum derjenige des höchsten persönlichen Credits, welcher
als mit der allgemeinen wirthschaftlichen Entwickelung am meisten fortgeschritten geachtet wird, d. h. welcher dafür gilt, daß er nicht nur von der
Nothwendigkeit des Worthaltens durchdrungen ist, und also das Vertrauen auf das Pünktlichste rechtfertigen will, sondern auch dafür, daß
er hinlängliche Productivkraft und damit sich verbindende, nicht durch
Unerfahrenheit und Mangel an Uebersicht etwa leicht gestörte, sondern alle
möglichen Zufälligkeiten im Voraus berücksichtigende Berechnung hat, daß
er auch wirklich wird heimzahlen können. Eine solche Persönlichkeit,
welche bekannterweise nach heutigem Gebrauch der großen kaufmännischen
Welt, lieber die größten Opfer bringt, als hinter ihrem Versprechen
zurückbleibt, genießt oft ungemessenen rein persönlichen Credits,
d. h. der Gläubiger creditirt ihr auf das Wort, oder gegen bloßen Schuld-
schein, oder gegen Wechsel, wo letzteres einmal die gebräuchliche Form
ist. Hat der Gläubiger zu dem Schuldner weniger Zutrauen, so verlangt er Sicherheit, entweder durch anderweitige persönliche Mitverhaf-
tung, durch Bürgschaft, oder er verlangt Realsicherheit (gewährt Real-
credit) durch Pfandbestellung, indem er sich bewegliche Sachen einhändigen,
oder unbewegliche als Hypothek bestellen läßt. Das Hypothekenwesen
hat neuerdings überall eine außerordentliche Ausbildung erhalten und
dient namentlich dazu, die Schwächung des Betriebscapitals durch das

Anlagecapital zu vermindern, indem letzteres, das stehende Capital:
Acker, Häuser, Maschinen rc. bis zu einem großen Theil des Werths auf
längere Zeit gewährten Anleihen als Sicherheit dient, und dienen kann,
wenn die Hypothekengesetze der hypothekarischen Verschreibung den absoluten Vorzug vor allen anderen Forderungen gewähren, und diesen Vorzug mit Sicherheit dadurch erkennbar machen, daß sie die Einsicht in das
Hypothekenbuch gestatten, auch im Hypothekenschein, welcher dem Gläubiger als Beweis eingehändigt wird, die das Hypothekenpfand betreffenden
Belastungen und Verschuldungen klar und übersichtlich offenlegen (Publi-
cität) und wenn sie so für jedes specielle, zu verpfändende Object ein
eigenes Folium im Hypothekenbuch anlegen und besondere solche Scheine
ertheilen (Specialität), und wenn endlich das Gesetz das Gerichtsver-
fahren über eine Hypothekenklage, namentlich die Execution in das
Grundstück nach Möglichkeit vereinfacht und abkürzt. Vielfach haben sich
mehre Grundstücke zu einem Hypothekenverein associirt, so daß alle für
eins und eins für alle mit verhaftet sind, um ihren, bis zu einer Tag-
summe alsdann gestatteten Credit zu heben. — Faustpfandbestellungen
sind immer eine mangelhafte, selbst dem Creditor Mühe, Risico und
oft Kosten verursachende Sicherheitsleistung, welche mit hohen Zinsen
vergütet werden muß, wie wir dies namentlich auch in den Leihhäusern
für kleine Leute sehen.

Laufende Geschäfte werden gewöhnlich in den Geschäftsbüchern notirt,
und zu gewissen Zeiten durch Zahlung, oder durch gegenseitige Ausgleichung erledigt. Wird eine Handschrift für eine Anleihe, oder sonstige
Leistung gegeben, so geschieht dies in Form eines Schuldscheins, einer
Obligation, welche nach römischem Rechte den rechtlichen Grund der Ver-
schuldung anführen muß, oder es geschieht in Form einer Anweisung,
Assignation, d. h. eines Auftrages an den Gläubiger, Assignatar, eine
Summe im Auftrage des Ausstellers, Assignanten, von dem Angewiese-
nen, Assignaten, zu erheben, womit sich dann ein Auftrag an den Letzte-
ren verknüpft, die Zahlung zu leisten; oder es geschieht in Form eines
Wechsels, worin der Aussteller (Trassant) unter Gebrauch des Wortes
„Wechsel" einer dritten Person, oder sich selbst (Bezogenen, Trassaten,
Acceptanten) den Auftrag giebt, zu einer bestimmten Zeit dem Gläubiger
(Remittenten) oder an dessen Ordre eine bestimmte Summe zu bezahlen.
Der Wechsel — und das wird mit dem Gebrauch dieses Wortes in der
Urkunde dem Aussteller und Acceptanten zum Bewußtsein gebracht — ge-
währt die schleunigste unbedingteste Rechtshülfe, und zwar nicht allein
gegen das Vermögen, sondern auch, was sonst im gewöhnlichen Leben
nicht mehr — abgesehen von Handelsstädten — üblich ist, gegen die
Person des Schuldners, der Art, daß diese im Zahlungsmangel in das
Schuldgefängniß kommt. Zugleich aber wird auch durch die entweder
sogleich gemachte Hinzufügung „oder Ordre", oder durch die Befugniß

des Gläubigers, den Wechsel zu begeben (zu indossiren oder giriren), indem dieser dann auf den Rücken des Wechsels (in dorso) schreibt: für mich an die und die Person, die ihn dann weiter begeben kann (girum heißt Kreislauf), das Papier fast zu einem auf den Inhaber, au porteur, lautenden Papiergelde. Der Wechsel wird in dieser Weise oft mit einer langen Reihe Indossamenten oder Giros versehen, die sich oft auf ein daran geheftetes Blatt, oder mehre dergleichen (Allongen) erstrecken, und welche auch den Namen des Indossatars noch zur späteren Ausfüllung leer lassen können (Blanco-Indossament), so daß der Wechsel, da der letzte Inhaber in Ermangelung der Zahlung Seitens des Bezogenen sich an den Aussteller und an Jeden der Indossanten halten kann, in der That — abgesehen von allerdings vorgekommenen Wechselreitereien, womit sich zahlungsunfähige Personen oft gegenseitig hinzufristen gesucht haben — dem Gelde gleich wird, wenn irgend gute Häuser darauf stehen. In England und Amerika werden bei Weitem die meisten Zahlungen, ja fast alle erheblichen durch Wechsel geleistet, und wenn der Banquier Lloyd in London einen Wechsel mit 120 Indossamenten gehabt haben soll, so beweiset das, eine wie große Ersparung von baarem Gelde für die Verkehrswelt damit erreicht wird. 1847 ist es berechnet worden, daß die derzeit in Großbritannien umlaufenden Wechsel 116 Millionen Pfd. St., also etwa 770 Millionen Thaler betrugen, welche, wenn jedes Papier vor seiner einmaligen Auszahlung etwa 10 Mal indossirt wäre, 1000 Millionen Pfund Sterl. vertreten hätten.

Wir haben schon oben bei Besprechung des Güterumlaufs auseinandergesetzt, daß und weßhalb die Wechsel — abgesehen von dem Glauben an die mehr oder weniger sichere Einlösbarkeit derselben — einen von Angebot und Nachfrage auf Grund der Fracht- und Assecuranzkosten, welche die Metallsendung verursachen würde, abhängigen schwankenden Werth (Cours) haben. Ein weiterer Umstand, welcher auf ihren Werth Einfluß hat, ist die Länge der Zeit bis zur Fälligkeit derselben, wie wir das auch schon bei Erwähnung des Disconto, d. h. der für diesen Zeitraum zu berechnenden, beim Verkauf also abzuziehenden, Zinsen, berührt haben. Auch dadurch kann der Werth des Wechsels fallen oder steigen, daß der Preis des Geldes auf Grund von Edelmetallzufuhren an dem Orte, wohin der Wechsel lautet, gegenüber dem Wohnorte des Inhabers höher oder niedriger im Werthe steht. Wenn nach England viel Edelmetall von Californien gekommen ist, so fällt es im Preise und sucht dann nach dem Auslande Abfluß, Wechsel nach dem Auslande stehen dann schlecht. Ist aber in England viel Nachfrage nach Edelmetall, so steigen die Wechsel auf das Ausland, weil sie das nun werthvolle Geld heranziehen.

Die Ausbildung des Geld- und Creditverkehrs hat einen eigenen Handelszweig ins Leben gerufen, welcher mit dieser Waare handelt, indem er Geld und Werthpapiere ansammelt, um sie wieder mit Gewinn abzugeben. Das ist das Bankwesen. Im Mittelalter waren es die Juden und Italiener, Lombarden, welche auf offenem Markte, oder in der Nähe von Kirchen 2c. ihr Geld in Wechselbuden, auf Bänken, zum Wechseln und zum Verleihen gegen Pfänder feil hielten. (Bankerott, soviel wie Bankbruch.) Mit der Ausbildung des Credits befaßten sie sich bald auch mit Creditpapieren. Die Arbeitstheilung beherrscht jetzt auch diesen Verkehrszweig. Das unwillkürliche Ineinandergreifen der einzelnen Branchen indessen, und der Umstand, daß die meisten Banken, d. h. Bankgeschäftsunternehmungen, Bankanstalten, vom Staate privilegirt und controlirt sind, sind die Ursache, daß sich manche Banken mit allen Arten von Bankgeschäften befassen. Die ältesten Banken sind die Leihbanken, Depositen- und Girobanken und die Discontobanken. Die Leihbanken, Leihanstalten oder -Häuser leihen auf Faustpfand (Lombard), also gegen Niederlegung von Pretiosen, oder Werthpapieren, oder sonstigen Werthsachen, gegen Zins. Aehnlich sind die Hypothekenbanken, welche ebenfalls gegen Zins den Besitzern liegender Gründe Anleihen gegen Hypothekbestellung in solchen Grundstücken leihen. Letzterer Credit ist für kaufmännische Banken wegen des längeren Bedürfnisses von Hypothekschuldnern mit den sonstigen Bankgeschäften nicht vereinbar, weil der Bankier sein Geld immer muß flüssig machen können. Die Depositen- oder Girobanken — entstanden meist wegen der Verschlechterungen des Geldes und wegen der Unsicherheit der Privataufbewahrung — sind Kassiere des Kaufmanns an dem Orte ihres Bestehens. Sie nehmen Geld und Geldwerth, namentlich auch Edelmetall in Barren gegen eine geringe Vergütung in sichere Aufbewahrung und eröffnen dafür dem Einleger ein Folium im Buche. Der Inhaber ertheilt nun auf dies Folium Anweisung für seinen Gläubiger, in Folge dessen die Bank die angewiesene Summe dem Einen ab- und dem Anderen zuschreibt. Die Hamburger Bank von 1609 ist die einzige noch als reine Girobank bestehende. Sie rechnet nach einem nur in der Idee bestehenden d. h. nicht ausgeprägten Gelde, nach Mark Banco, zu ungefähr 15 Silbrgr. Pr. Crt. (die feine Mark zu 27 Mark 12 Schill. oder 444 Schill. Banco berechnet). Man hört viele Leute sagen, dies seien die einzigen soliden Banken, allein dies ist eine auf Unkunde beruhende Behauptung, denn theils wollen diese Banken gar nicht die Zwecke der eigentlichen Creditbanken verfolgen, da sie vielmehr nur auf das örtliche Bedürfniß und Erleichterung im Zahlen berechnet sind, und hier allerdings der Abnutzung des Geldes und vielen Umständen und Zeitverlusten vorbeugen, anderntheils aber beweiset der Untergang aller reinen Girobanken außer der Hamburger, daß sie den Bedürfnissen nicht genügten — auch neben der Hamburger Bank haben sich in Hamburg jetzt wirkliche Creditbanken etablirt —, endlich beweiset namentlich der Untergang der Amsterdamer Bank von 1609, welche der

Hamburger zum Muster diente, daß auch sie keine volle Sicherheit gewähren. Auch sie beanspruchen Credit in der Beziehung, daß sie die Barren rc. wirklich aufbewahren, und dieses Vertrauen hatte die Amsterdamer Bank 1794 getäuscht, indem sie dem Staate und der ostindischen Compagnie ohne Vorwissen der Interessenten 10½ Millionen Gulden geliehen hatte. Von Credit und von voller Sicherheit in einem Athem sprechen, verträgt sich nicht. Die Discontobanken kaufen Wechsel, Staatspapiere und sonstige Werthpapiere gegen Abzug des zeitgemäßen Zinssatzes für den Zeitraum bis zur Fälligkeit, übrigens zum Courswerth. Dies Geschäft ist für den Verkehr äußerst wichtig, für die Banken aber auch das gefährlichste. Die Banken müssen außerordentlich aufmerksam sein auf die Sicherheit der im Wechsel oder sonstigen Papier verhafteten Personen, und sie verlangen deßhalb mindestens zwei gute Giro's oder zwei Wechselbürgen, die ihnen als gut bekannt sind. Dann aber ist vor allen Dingen auch erforderlich, daß das Papier nicht zu lange Zeit zu laufen hat, weil letzteren Falles bei eintretender Geldnoth die Bank sich nicht sofort in Zahlungsbereitschaft halten kann. Der Discontosatz bestimmt sich nach den Geldmarktverhältnissen, und wird stets veröffentlicht, und derselbe ist für Geschäftsleute immer beachtlich, weil er eben anzeigt, ob Geld stark gesucht oder angeboten wird.

Die Zettelbanken haben auf den Verkehr den mächtigsten Einfluß geübt, und sie sind es, über welche die Meinungen bezüglich ihrer Heilsamkeit oder Schädlichkeit, sowie bezüglich ihrer Einrichtung am meisten auseinander gehen. Sie sind in der Regel zugleich Disconto - und Leihbanken, aber das Besondere bei ihnen ist das, daß sie nicht baares Geld bei ihrem Wechseldiscontiren und Ertheilung von Darlehnen ausgeben, sondern ihre eigenen auf den Inhaber lautenden Schuldscheine, deren Betrag sie jeden Augenblick mit Geld Demjenigen auszahlen, welcher sie ihnen dieserhalb zurückbringt. Damit das Publikum diese Banknoten ebensogern, wie baares Geld annehme, d. h. damit Derjenige, welcher sie auf seinen Wechsel, oder als Anleihe von der Bank empfängt, im Verkehr damit nicht sitzen bleibe, und genöthigt werde, sie der Bank sofort zur Wiedereinlösung zurückzubringen, muß die Bank alle die Vorsicht und Geschäftseinsicht in ihrem ganzen Geschäftsverfahren obwalten lassen, welche in großen und schwierigen Unternehmungen die Grundbedingungen eines unbedingten öffentlichen Credits sind.

Man spricht, anstatt mit dieser Hinweisung auf die Nothwendigkeit der Geschäftstüchtigkeit sich genügen zu lassen, gerne von der Nothwendigkeit, die Banken durch den Staat in ihrer Geschäftsweise streng zu zügeln, und namentlich von der Nothwendigkeit, sie in der Ausgabe ihrer Roten nach dem Verhältnisse ihres Grundcapitals zu beschränken, und pflegt alsdann ½ oder ⅓ der Rotenausgabe als hinlängliches Stammcapital anzusehen. Ja, nachdem man gesehen, wie selbst bei solchen Be-

ſchränkungen dennoch in ſolchen Zeiten, wo Jeder in fieberhafter Angſt
die Noten zur Einlöſung zur Bank brachte, in ſogenannten Kriſen, die
Banken ihre Zahlungen einſtellen mußten, dringt man, ſtatt über die
wahren Urſachen nachzudenken, auf immer ſchärfere geſetzliche Einmiſchung
und Beſchränkung, in dem Wahn, als wenn der Staat Alles am beſten
wiſſen, und Alles am beſten machen könnte: man verwechſelt auch hier
die äußere Erſcheinung der Krankheit mit ihrem Weſen und mit ihrer
Urſache, und kann dadurch nur das Uebel vergrößern. Allerdings tritt,
wenn eine Zettelbank ihre Zahlungen einſtellen muß, dieſe Inſolvenz
natürlich in der Form auf, daß ſie die maſſenhaft zurückſtrömenden Noten
für den Augenblick nicht einlöſen kann. Nun heißt es: da ſind ſo viele
Noten bei der Bank zurückgekommen, daß ſie ſie nicht hat einlöſen können,
und ein oberflächliches Urtheil, das ſich mit dieſer Erſcheinung genug ſein
läßt, entſcheidet dann kurzweg: die Bank hatte zu wenig Stammcapital,
und hatte zu viele Noten ausgegeben, ſonſt wäre ſie an ſait geblieben.
Aber es iſt unrichtig, zu glauben, daß die innere Grundurſache dieſes
Mißverhältniſſes gerade immer eine zu geringe Fundation d. h. ein zu ge-
ringes Stammcapital, und eine für daſſelbe zu große Notenausgabe ſei,
daß alſo dem Eintritt dadurch vorgebeugt werde, wenn der Staat darauf
achte und halte, daß jede Bank die Notenausgabe nach dem Verhältniß
ihres Grundfonds beſchränke. Eine Bank kann nämlich es ebenſowohl
erleben, daß ihre Noten mit einem Male plötzlich zurückſtrömen, und daß
ſie gerade in einem Momente die Zahlung einſtellen muß, wo das Publikum der Rückzahlung am benöthigtſten iſt, ohne daß ſie etwa das Doppelte ihres Stammcapitals an Noten ausgegeben, und daß ſie die Hälfte
des Notenbetrages vorräthig hat, kann ſie alſo dann auch nicht retten.
Die Urſache von dem plötzlichen Zurückſtrömen kann nämlich auch in anderen Dingen, als in dem eigenen Verfahren der Bank liegen, welche
anderweitig eine Panik im Publikum, d. h. eine fieberhafte Angſt vor
Geldverluſt erzeugen, und die beſtfundirte Bank kann dann an einer verhältnißmäßig geringen Zahl ausgegebener und zurückſtrömender Noten
ſtürzen. Ebenſo und noch vielmehr kann das eigene Verfahren der Bank
ſelbſt in ihren übrigen Geſchäftszweigen ſelbſt bei geringer Notenausgabe
und großem Grundvermögen den Sturz verurſachen, ohne daß es einer
allgemeinen Panik bedarf, wenn die Bank überhaupt durch ungeſchäfts-
männiſches Verfahren ſich in große Verluſte gebracht, oder auch ihre
Mittel verkehrt angewandt hat. In England ſind durch die Bankacte
vom 19. Juli 1846 (Peel's Acte) feſte Geſetze geſchaffen, wonach ſowohl
die Bank von England, als auch die vielen Privatbanken ihre Notenausgabe nach ihrem Stammcapital beſchränken müſſen, und welche auch in
manchen anderen Beziehungen vor Ueberſchreitungen bewahren ſollen, aber
gerade in den Kriſen von 1847 und 1857 zeigten ſich dieſe Geſetze als
durchaus unpraktikabel, und mußten ſie ſuſpendirt werden. Der Bedarf

an Noten war zur Zeit der Erlassung des Gesetzes auf den damaligen Notenbedarf für die Geschäftsverhältnisse Englands auf etwa 31 Mill. Pfd. Sterl. berechnet. Inzwischen war die Ausfuhr Englands von 58 Millionen auf 130 Millionen gestiegen, womit eine entsprechende Vergrößerung des inneren Verkehrs verbunden ist. Wenn nun durch irgend welche Veranlassung plötzlich eine große Verminderung der sonstigen Circulationsmittel erfolgt, das Geld plötzlich knapp wird, so entsteht in Folge des plötzlichen Mangels mit einem Male Furcht und Schrecken, und Jeder hält sein Geld noch mehr an. Könnten die Banken diesem Bedürfniß nach ihrer Einsicht in die Verkehrsverhältnisse folgen, so würden sie gerade durch rechtzeitige Vermehrung der Noten, die sie dann später nach Bedürfniß wieder einziehen, dem Schrecken und dem Ausbruch der Krisis vorbeugen können. Es ist mit solchen Beschränkungen, wie Max Wirth sagt, gerade so, als wenn man einem General vor der Festung durch feste Instructionen die Hände binden wollte. Man hat die Unzweckmäßigkeit solcher Beschränkungen auch bereits in England sowohl, wie in der Wissenschaft durch gründliche Nachforschungen über die Ursachen der Krisen und der Bankbrüche eingesehen und gefunden, daß der Grund davon, sofern er überhaupt in den Banken selbst zu suchen ist, in deren ganzem vom Staat unmöglich zu regulirenden geschäftsmännischen Verhalten liegt. Das Bankwesen ist so gut ein kaufmännischer Betrieb, als jeder andere, und jede Einseitigkeit und Unvorsichtigkeit muß sich strafen. Es kommt weniger darauf an, wie viele Noten im Verhältnisse zur Fundation der Bank, als wie viele Noten im Verhältnisse zum Bedürfnisse der Geschäftswelt nach Circulationsmitteln ausgegeben sind, und wie und an wen sie ausgegeben sind. Sowohl das augenblickliche Bedürfniß der Geschäftswelt aber, als die zweckmäßige Ausgabe der Noten kann nur eine tüchtige Bankdirection beurtheilen, nicht der Staat, am wenigsten Letzterer im Voraus. Der Geldbedarf in dem Geschäftskreise, welchen die Noten einer Bank beherrschen, ist immer ein bestimmter, wenn man ihn auch nicht der Zahl nach berechnen kann: es ist diejenige Geldsumme, welche im Stande ist, nach der herrschenden Zahlungsweise (je nachdem dieselbe vorherrschend baar, oder durch Wechsel, oder durch Banken ꝛc. geschieht) und nach der herrschenden Umsatzlebhaftigkeit, den Geschäftsbetrieb dieses Geschäftskreises vermitteln, d. h. die Stoffe zur Verarbeitung, die Arbeitswerkzeuge und die Arbeit austauschen zu können. Ist mehr Geld da, so fällt es und sucht nach Außen Abfluß. Wird das Geld durch Banknoten ersetzt, so kann dieses, ohne zu fallen, und also an die Bank zurückzukehren, sich nicht über den Baargeldbedarf vermehren, denn nach dem Auslande kann es dem baaren Gelde gleich nicht, wenigstens nicht in beachtlichem Betrage, und am wenigsten sobald es mißbräuchlich vermehrt wäre, weil die Banknoten leicht begreiflich selbst den weltreichenden Credit von Papiergeld solider Staaten nicht haben können.

So viel Banken als also auch da sein mögen, so können sie doch nicht über den Bedarf emittiren, weil die Noten von selbst zurückkämen, und zwar sobald das Publikum von der Ueberzahl Wind bekäme, in immer vermehrter Zahl, und weil sie, um sie einlösen zu können, eine gleich große Masse edles Metall unbenutzt, also zinsenlos liegen haben müßten, oder, wenn sie dies nicht hätten, es gerade in der Zeit der Noth um so viel theurer kaufen müßten, ja um so theurer auch, als ihre Noten das baare Geld nach außen gedrängt hätten. Die Banken würden also bei unverhältnißmäßiger Notenausgabe nicht allein die gewöhnlichen Kosten für Buchhalter, Miethe ꝛc., sondern auch die für die verhältnißmäßig sich steigernden Geldmittel vermehren und — durch solche übertriebene Notenemission keinen Vortheil haben. Das muß und wird sich jeder Bankier selbst sagen, und Gewinnsucht durch vermehrte Notenemission wird also selten eintreten, wenn der Staat sich auch gar nicht um sie kümmert.

Wie geschieht nun aber die Notenemission? Durch Wechseldiscontiren, oder durch Anleihen auf Pfand oder Hypothek. Haben wir nun eben gesehen, daß nur so viel Geld in einem Kreise nöthig ist, als zum Umtrieb des Gewerbebetriebes daselbst, dieses Wort im weitesten Sinne verstanden, erforderlich ist, so ist klar, daß hierzu niemals die ganzen Betriebscapitalien der Geschäftsleute gehören, sondern nur derjenige Theil, welchen sie in Geld vorräthig halten müßten, um vorkommende Zahlungen damit zu leisten. Gesetzt nun, eine Bank hält diesen Grundsatz fest, giebt also jedem Geschäftsmann unter Erfordern auch der sonst nothwendigen Sicherheiten durch ihre Noten nie mehr Credit, so wird sie niemals mehr Noten ausgeben, als erforderlich sind, um das sonst nothwendige baare Geld zu ersetzen, und für die Note, die der Geschäftsmann erhalten hat, etwa gegen seinen Wechsel, wird der Betrag nebst den Zinsen zur Zeit der Fälligkeit jedes Mal wieder in der Kasse sein. „Die Bestände der Bank gleichen alsdann, sagt Adam Smith, einem Wasserbehälter, von welchem auf der einen Seite ein starker Strom ausgeht, während auf der anderen Seite ein eben so starker Strom ihn wieder füllt, so daß der Behälter ohne weitere Anstrengung und Sorge, immer gleich oder beinahe gleich voll bleibt. Das Ergänzen der Bestände einer solchen Bank verursacht deßhalb wenig oder gar keine Kosten." Ob eine große Fundation vorhanden ist, ist also unter der Voraussetzung einer so tüchtigen, den Verkehr und die Personalien genau kennenden Leitung gleichgültig. Der Unternehmer kann hier so gut, als in jeder anderen Geschäftsbranche, das Capital beherrschen.

Wenn dagegen eine Bank schlechte Wechsel discontirt, etwa eine beginnende Wechselreiterei gar nicht bemerkt, oder zu Prolongationen zu geneigt ist, oder auf lange Fristen wegleiht, wenn sie sich, was die Hauptklippe für so unendlich viele Banken gewesen ist, sich herbeiläßt, d e r S t a a t s r e g i e r u n g , etwa für Privilegien, Vorschüsse

über Vorschüsse zu machen, oder endlich wenn sie zu kleine Noten
ausgiebt, welche in die Hände kleiner, geschäftsunkundiger und deßhalb
zum panischen Schrecken leicht fortzureißender Leute kommen, dann wird
sie trotz allen Stammcapitals und trotz aller Statuten und Staatsreglements sich festreiten. Diejenigen Leute, welche immer und in allen Dingen
nach Staatsaufsicht und Staatsschutz wimmern, bedenken immer Das nicht,
daß die Staatsregierungen sich nicht immer auf die etwa (meist nur scheinbar) heilsame Hülfe beschränken, sondern überall geneigt sind, wenn auch
aus größtem Wohlwollen in die Region der schädlichen Maßregeln über-
zugreifen, ja daß in dem Gebiete der sonst etwa heilsamen Hülfe nur zu
häufig die Lebensunkenntniß, die Dünkelhaftigkeit, die Privatneigung oder
Abneigung, und wie alle die Menschlichkeiten heißen, die dem ausführen-
den Beamten so vielfach einwohnen, Alles verdirbt. Hier in diesem Gebiete beweiset die Geschichte, daß die Einmischung der Regierungen immer
dahin geführt hat, daß die Banken mit einem Privilegium nach dem anderen versehen sind, dafür aber den Regierungen Anleihen machen, oder
Schulden abnehmen mußten.

Die meisten Banken sind bisher privilegirte, oder wenigstens mit
Staatsreglements versehene, concessionirte, gewesen, namentlich bis in die
neueste Zeit auch die amerikanischen. Sie alle haben aber das nicht zu
leisten vermocht, wie die freiesten, die schottischen, und sehr natürlich,
weil letzteren gegenüber das Publikum zur Vorsicht genöthigt ist, wodurch
allein es diejenigen wirthschaftlichen Eigenschaften erlangen und sich erhalten kann, welche für jeden Credit unumgänglich nothwendig sind. Die
schottischen Banken haben auf das Geschäftsleben in Schottland den heil-
samsten Einfluß gehabt. Wer ihren Credit beansprucht, muß Bürgen,
mindestens zwei, stellen, und über ihn sowohl, als über diese zieht die
Bank vor der Annahme genaue Erkundigungen ein. Dann eröffnet sie
dem tauglich Befundenen ein Folium bis zu einer gewissen Summe, und
nimmt Anweisungen darauf an. Der Folienbesitzer kann alsdann auch
in kleinen Beträgen das wieder einzahlen, was er entbehren kann, und
sonst müßig liegen lassen müßte, und für den Ueberschuß werden ihm Zinsen
gut geschrieben, wie er solche auch für seine Schuld zahlen muß. Dem
kleinen Geschäftsmanne wird dadurch, wenn er ordentlich ist, ein Betrieb
über sein baares Vermögen hinaus ermöglicht, dem Sparsamen wird der
Erwerb eines Capitals erleichtert, und dadurch werden dieselben ordentlich,
betriebsam und sparsam. Für die Auszahlungen auf die Anweisungen
sowie für Wechsel, welche auf sie von ihren Kunden gezogen werden, berechnen sie keine Provision, während sie für Depositen und Guthaben Tag
für Tag Zinsen gewähren. Dadurch sammeln sie alle Geschäftsersparnisse
im Kleinen an, um den Benöthigten davon wieder zuzutheilen, sie machen
das theure und wegen des Abnutzes theuer zu erhaltende Metallgeld überflüssig, und ersparen den Geschäftsleuten Zeit, Mühe und Kosten. Wenn

troh dieſer jetzt überall — und ſchon von dem alten Adam Smith vor hundert Jahren — anerkannten Vorzüge dieſer ſchottiſchen freien Banken, dieſelben noch nicht überall Nachahmung gefunden, ſo beruht das eben in dem Intereſſe der Regierungen an den bisherigen privilegirten Banken in England, Frankreich, Oeſtreich und Deutſchland. In England iſt man auf dem Wege, ſie einzuführen.

§. 43.
Die Bevölkerung, die Bildung und der Luxus.

Für die Frage nach der Vertheilung der producirten Güter iſt die=jenige nach der Zahl der Bevölkerung von der höchſten Wichtigkeit. Dieſes jedoch nicht in dem Sinne Derjenigen, welche die Nahrungsmittel als nur in einer beſtimmt gegebenen Menge vorhanden betrachten, und von dieſem Standpunkt aus kein größeres Schreckgeſpenſt kennen, als Uebervölkerung, kein größeres Glück, als dünne Bevölkerung: — Auswanderungsbeför=derung, verbotene Niederlaſſung, Heirathserſchwerung ꝛc. — ſiehe das über Mecklenburg in §. 31 Geſagte. — Wir haben uns oben bei der Behandlung des Arbeitslohns ſchon dagegen verwahrt, daß unſere War=nung vor Uebervölkerung durch Vertbierung uns nicht dahin ausgelegt werde, als redeten wir einer dünnen Bevölkerung das Wort. Wir wün=ſchen — ſiehe §. 32 — eine nach dem Stande der Production möglichſt dichte Bevölkerung, und wiſſen, daß das gebührende, menſchenwürdige Wachſen der Bedürfniſſe, ein gewiſſer Luxus, gegen eine unverhältniß=mäßige Zunahme ſichere. Eine durch Sinken der Bedürfniſſe entſtandene Uebervölkerung wird immer elender machen, je unproductiver das Volk durch ſie in ſich werden muß; ganz anders iſt es aber bei einer unter ſtetem Wachſen der Bedürfniſſe dichter gewordenen Bevölkerung. Dieſe verzehrt nicht allein die bisher vorhandenen Producte, ſondern vermehrt ſie auch entſprechend, weil der Menſch eine zu Allem geſchickte Productiv=kraft iſt. Steigerung der Bedürfniſſe und Bildung erhöhen durchaus nicht allein den Conſum, ſondern ſie ſind ein weſentlicher Hebel für die Pro=duction, ſie multipliciren dieſe ſowohl vermöge der ſich durch ſie ſteigernden Productionsluſt, als vermöge der durch ſie wachſenden Productions=fähigkeit.

Viele meinen zwar, die Vermehrung der Production werde niemals der Vermehrung der Menſchen und Bedürfniſſe, damit Schritt haltend, entſprechen. Der Engländer Malthus hat 1798 ein berühmtes Buch „Prinzipien der Bevölkerung“ geſchrieben, worin er den Grundſatz auf=ſtellt: die Menſchen ſtrebten dahin, in geometriſcher Pro=portion (1. 2. 4. 8. ꝛc.), die Lebensmittel dagegen nur, in arithmetiſcher Proportion (1. 2. 3. 4. ꝛc.) ſich zu vermeh=ren, und worin derſelbe, hiervon ausgehend, zu der Behauptung gelangt, es liege in den natürlichen Einrichtungen begründet, daß an der Tafel, worauf die Lebensmittel aufgetragen wären, nicht für Jeden Platz sei.

Diese Ansicht ist aber völlig irrig. Es zeugen allerdings an sich betrachtet drei Söhne eines Vaters, wenn jeder drei Kinder zeugt, neun Kinder, und diese, wenn sie Jedes drei zeugen, 27; allein das ist eine leere, von allen Gesetzen der Natur absehende Rechnung. Die Wahrheit ist, daß die Vermehrung der Menschen mit der Production und diese mit jener in engster, untrennbarster Verbindung steht, indem, je mehr producirt wird, desto mehr Menschen auch geboren und erhalten werden, und je mehr Menschen geboren und erhalten werden, desto mehr auch producirt wird. Wir erinnern beispielsweise nur an die Uebereinstimmung zwischen den Ernteeträgen und den Sterbefällen — siehe oben §. 31 zu Ende —; eben so auffällig zeigt sich der Zusammenhang der Nahrung mit den Lebenskräften rücksichtlich der Geburten, ja selbst bei den Rekrutirungen, indem die entsprechenden guten Erntejahre kräftige, die schlechten schwache Rekruten aufweisen u. f. w. Dies Gesetz, daß jede Vertheuerung der Lebensmittel eine größere Sterblichkeit und respective eine Abschwächung der Lebenskräfte in denjenigen Lebenskreisen zur Folge hat, welche dadurch genöthigt werden, unterhalb der zum Lebenskräfteersatz mindestens gehörenden Nahrungsmittel herabzugehen, ist zu deutlich erkennbar in den Zahlen der Statistik, als daß es verkannt werden könnte. Dies Gesetz aber erklärt die an sich jetzt unleugbare Thatsache, daß die Menschen und warum sie sich nicht geometrisch progressiv vermehrt haben. Was wir von Irland angeführt haben, daß dort die Menschheit sich über die Production hinaus vermehrt hat, weil sie ihre Bedürfnisse zu sehr eingeschränkt hat, scheint den Satz: „je mehr Menschen geboren werden, desto mehr wird auch producirt," zu widerlegen, denn die Productionskraft mußte sich nothwendig mit der sich dort immer mehr mit ihrer Ausdehnung verthierenden Bevölkerung abschwächen. Allein hier war es eben die Verminderung der Bedürfnisse, welche den Einschnitt in die Regel verursachte, diese Verminderung der Bedürfnisse aber war durch die angegebenen besonderen Ursachen bewirkt, und werden wir einer zweiten solchen Erscheinung kaum ein zweites Mal in heutiger Zeit wiederbegegnen. Solche Ausnahmen können eine Regel nicht umstoßen, die Isolirtheit derselben muß letztere vielmehr befestigen. Ueberdies aber ist ja auch der Heilungsprozeß daselbst im besten Wirken begriffen; hätte er sich nicht im Wege der Auswanderung zu vollziehen angefangen, so würde die Sichel des Todes für die Ausgleichung um so unerbittlicher gesorgt haben, je länger die letztere verschoben war. Was nun die angeführte Thatsache anbelangt, daß die Menschen sich durchaus nicht progressiv vermehrt haben, so ergiebt sich dieselbe wohl genugsam aus nachstehenden Zahlen, bei welchen man immerhin die anfangs große Zunahme nach den Kriegen in Rechnung stellen mag. Die Vermehrung betrug nach Prozenten der Bevölkerung in:

Frankreich		England	Preußen	
1821—30	6,89	15,89	1831—39	14,49
1831—40	5,07	14,27	40—46	7,93
1841—50	4,49	13,00	47—52	5,10
1851—56	0,72		52—55	1,57
			55—58	3,12

Dasjenige, was wir bereits früher über die Verbesserung der Lage der Menschen gesagt haben, hat nun wohl bereits den Leser überzeugt, daß die Menschheit sich ohne Frage in der That troz Malthus bedeutend wohler befindet, wie früher, obwohl die Menschenzahl gestiegen ist. Die Nahrung, Kleidung, Wohnung, die Behandlung der Menschen, die Schulbildung, die Lebensdauer, die Sittlichkeit, Alles ist ohne Frage im Ganzen und für Alle besser geworden. Wenn die soviel verschriene Schreckgestalt des Pauperismus Wahrheit wäre, dann müßte die Menschheit eine kürzere Lebensdauer haben, sie hat aber durch alle Klassen eine bedeutend erhöhete, großentheils verdoppelte Lebensdauer. Von Malthus' Annahme findet sich also Nichts bestätigt. Es leben in keinem Lande mehr Menschen, als daselbst nach den in diesem Lande heimischen Bedürfnissen derselben leben und sich ernähren können, und wie wir das schon in der Lehre vom Arbeitslohne berührt haben — die Quantität und Qualität der Bedürfnisse reguliren der Art den Fortschritt der Bevölkerung, daß an eine Uebervölkerung gar nicht zu denken ist, so lange die Bedürfnisse nur ihre freie Entwickelung haben. Solche Zurückhaltung des Bedürfnisses, wie in China und in Irland, ist mitten in der heutigen civilisirten Welt nicht anders denkbar, als in Folge durch die weltliche oder geistliche Macht geschehener Verthierung, und in Gefolge künstlicher Abschneidung der Productionsquellen, oder Verkehrsadern, wie wir das in China bezüglich des Hasses gegen den Handel, in Irland bezüglich des gebundenen Grundbesitzes gesehen haben. Wo solche Niederdrückung der Bedürfnisse nicht stattfindet, entwickeln sich diese letzteren naturgemäß von selbst. Wenn das Bedürfniß sich steigert in der arbeitenden Klasse, dann tritt Das durchaus nicht ein, was Malthus voraussetzt: daß nur die Geschlechtsfortpflanzung ein Genuß sei, die Production aber nur Mühsal, vielmehr ist das wachsende Bedürfniß die Ursache, daß die Kindererzeugung großen Theils als Sorge und Ungenuß erzeugend, — weil die Möglichkeit zum sorgenfreien, unabhängigen, veredelten Leben vernichtend — sich darstellt, und es erklärt sich hieraus die Erscheinung, daß die Bevölkerung in der That mit ihren Ansprüchen Schritt hält. Je höher die Bildung steigt, desto sichtbarer diese Erscheinung, und sehen wir denn auch in den gebildetsten Schichten jetzt die spätesten Ehen geschlossen: die Furcht vor Mangel mit Frau und Kind ist zu groß. Wir sehen jetzt bei höherer Bildung jedes Glied der Bevölkerung und Alle zusammen in sich **productiver** werden, indem sie immer mehr im Wege befreiter Arbeit den Factor „Natur" ausbeuten, und durch Zuhülfenahme der natürlichen Kräfte in den Maschinen, in den Transportmitteln ꝛc. Capitalien sammeln, mit deren Hülfe sie einer immer größeren Menschenzahl den Lebensunterhalt verschaffen können, — und dennoch sehen wir die Menschen in Begründung der Ehe stets vorsichtiger werden, und ihre Zahl in höchst gemessenem Schritte sich erweitern. Sie trauen gewissermaßen ihren durch die neuen Erfindungen vermehrten Kräften noch nicht, und — namentlich auch die Behörden wollen immer noch nicht daran glauben, daß jeder Mensch jetzt eine um so größere Vermehrung der Productivkräfte ist, als er seine Arme weit mehr jetzt als früher durch Maschinen verstärken kann; andererseits aber ist auch das Bedürfnißmaß in allen Ständen so sehr gewachsen, daß mit der bloßen Existenzmöglichkeit jetzt Niemand mehr sich befriedigt findet. So lange letztere Tendenz vorwaltet, ist an Uebervölkerung gar nicht zu denken. Die Entwickelung der Menschen heutigen Tages, die Höhe ihrer jetzigen Bildungsstufe schließt jede Malthus'sche Befürchtung aus. Männer und Weiber, die zu leicht mit der Vermehrung der Menschen umgehen, werden durch Andere, desto Aengstlichere reichlich wieder aufgewogen, und bedarf es daher irgend welcher Behinderung von Niederlassungen, Heirathen ꝛc. im Mindesten nicht, umsoweniger, als diese Behinderungen den natürlichen Strom des Angebots und der Nachfrage unterbrechen, also Stockungen hervorbringen, und die Productivität in der Wurzel beschädigen.

Haben wir nun aber gesehen, daß die Steigerung der Bedürfnisse eine sehr heilsame Wirkung auf die materielle und geistige Entwickelung der Bevölkerung ausübt, so ist die Richtung des Bedürfnisses hierfür nicht weniger von Einfluß, indem von dieser namentlich die Bewahrung und Steigerung der Productivität abhängt. Wie letztere mit einem sich aus einer wirklichen, inneren Seelenbildung entwickelnden, edleren Luxus sich nur steigern kann, so würde sie mit einem hohlen, albernen Luxus, der sich auf kostspieliges Sichhervorthun, auf Exclusivität, richtet. und im Grunde genommen nur scheinbar eine Steigerung, in Wirklichkeit eine Abschwächung der Gesammtbedürfnisse ist, allmählig zu Grunde gehen. Die wirkliche, wahre Bildung ist immer auf das Wahre, Gute und Schöne, und also auch auf das wirklich Nützliche gerichtet, und diese Richtung bringt es nothwendig mit sich, daß sich alle wirklich Gebildeten in ihr vereinigen, und gerade in ihrer gemeinsamen Uebung dieses Luxus die Bewährung seiner Berechtigung, deren Bewußtsein wiederum den Genuß erhöhet, finden. Folglich wird der Luxus eines seiner natürlichen Bildung nachgehenden Volks immer mehr und mehr ein gemeinschaftlicher. Diese Gemeinschaftlichkeit der Genüsse mäßigt die Genüsse und den Consum an

Genußmitteln in den höheren, etwa zu Extravaganzen geneigten Classen, und erhöhet diejenigen der niederen. Das führt von selbst zu einer gleichmäßigen Vertheilung der Genüsse und der Güter insoweit, als die Productivität jedes Einzelnen sich in den Stand setzt, davon zu erwerben. Dieses „insoweit" enthält eine geringe Beschränkung des Gedankens, wenn Arbeit das Princip der Gesellschaft ist, wie sie dies heutiges Tages bei jedem civilisirten, nicht von oben herab mißleiteten Volke nur sein kann. Die Mißleitung wird schon immer schwerer, jemehr die unteren Classen die Nichtarbeitenden in ihrer wahren Bedeutung, d. h. Nichtbedeutung, erkennen und verachten lernen. Es ist nicht möglich, daß durch den Geschmack und den Willen des Volks selbst eine solche Vertheilung der Bevölkerungs-Classen eintreten kann, wie sie in Spanien unter Philipp III. bestand, unter welchem es 988 Nonnenklöster und 32,000 Bettelmönche gab. Es läßt sich allerdings nicht leugnen, daß wir noch in allen Ländern mehr oder weniger — Dank des Beginnens der Staaten nicht mit der Arbeit, sondern mit der Eroberung und deren Consequenzen — einen übergroßen Luxus an nicht producirenden, aber das beste Fett der Production in unproductivem Luxus abschöpfenden Menschen besitzen, es zehren allerdings noch die aus den besten Kräften gebildeten stehenden Heere und die in Ueberzahl noch vorhandenen, sich und Anderen nur im Wege stehenden, Beamten großentheils den besten Theil der Erzeugnisse der arbeitenden Bevölkerung auf, und lähmen überdies noch durch ihre unkundige und verkehrte Einmischung vielfach die Production; ohne zu produciren. Es sind ungeheure Massen von Producten, welche diese Soldaten und überflüssigen Beamten und ihre Familien aufzehren, weit größer als deren Gehalt und die Pensionen ihrer Wittwen; denn es ist eine nicht blos in Rußland vorkommende Erscheinung, daß die Handwerker und Kaufleute durch deren Rechnungen, für die sie, ohne sich anderweitig zu schaden, nicht den Credit versagen konnten, einen Strich machen müssen. Ja noch mehr, es zehren das Heer und die zuviel regierenden Beamten nicht allein direct durch ihren nicht von ihnen ersetzten Consum, und vermindern nicht allein durch ihre falschen Eingriffe die Productivität der übrigen Bevölkerung, sondern sie schaden letzterer auch überdies durch ihre zu bösem Beispiel gereichende Lebensweise. Es kann dies kaum anders sein: so lange sie noch nicht von dem Princip der freien Arbeit, und damit von der Schädlichkeit ihrer eigenen Zuvielregiererei durchdrungen sind, ist dies ein Beweis, daß sie in ihren Anschauungen nicht mit fortgegangen sind. Während in der übrigen Bevölkerung die Nützlichkeit und Productivität der Lebenseinrichtungen immer mehr maßgebend zu werden strebt, bleibt nach wie vor, was entschieden ein Zurückbleiben in der wahren Bildung bezeichnet, die Tendenz des Militair- und Beamtenstandes auf dem Standpunkte des Mittelalters stehen, oder sie ist bereits diejenige einer sinkenden Culturepoche geworden, indem er nicht den inneren Werth eines Genusses, sondern den Glanz, die Auszeichnung, das exclusive Wesen liebt, und es kann nicht fehlen, daß diese im Beamten- und uniformirten Soldatenstande wurzelnde und wuchernde Giftpflanze: die eitle, thörichte Glanzsucht, der Größenwahn, auf den gesunden Sinn der übrigen Bevölkerung ansteckend und nachtheilig zurückwirkt, ja, was sich weiterhin ebenfalls nicht verkennen läßt: die vom Größenwahn gebotene falsche Ausbildung der Beamtenkinder, welche nur auf Bewahrung eines falschen vornehmen Scheins berechnet zu sein pflegt, fördert eine Menge untauglicher, aber anspruchsvoller, protectionsbedürftiger Menschen in die Welt. (Man sehe nur, wie regelmäßig die jungen Beamtensöhne, welche sich dem Landbau oder Handelsstande zc. gewidmet haben, unthätig den Eltern auf der Tasche liegen, bis für sie Stellen ausfindig gemacht sind, welche sie Besseren entziehen.) Abgesehen aber von diesem unnütz zehrenden, und die übrige Bevölkerung in der Entwickelung benachtheiligenden und zurückdrängenden Theil der Bevölkerung, für dessen Abminderung unfehlbar die immer mehr sich Bahn brechende Anerkennung des Princips der freien Arbeit und der auf dessen Grundlage immer gesunder werdende Verkehr mehr und mehr sorgen wird, läßt sich die immer gesundere Entwickelung, und der die Productivität immer mehr fördernde Charakter des Luxus nicht verkennen. Wir empfehlen in dieser Rücksicht dem Leser die Culturgeschichte von Joh. Scherr, welche in höchst interessanten Nachweisungen folgenden Fortschritt in Kurzem ergiebt: In alten Zeiten ist immer die Glanzsucht vorherrschend, und äußert sich dieselbe in den Formen der Herrschaft und der Ueberfülle: zahlreiche Diener- und Gefolgeschaften und mit massenhafter Consumtion verbundene Gastmähler. Allerdings ist dieser Prunk derzeit auch allein ausführbar, weil die Früchte des im Besitz Weniger befindlichen Bodens, und der Besitz der an denselben gefesselten Menschen, den Großen im Wege der derzeit vorherrschenden Gewalt allein zu Gebote stehen, Industrie, Kunst und Handel aber noch in den Windeln liegen. Die Ueberbleibsel aus der Ritterzeit bezeugen diese Richtung der äußeren Prachtliebe noch jetzt genugsam: die großen Prunksäle der Ritterburgen bei der Kleinheit und Dürftigkeit ihrer Privatgemächer, Prunkkleider mit Pausen und Federn bei mangelnden Hemden u. s. w. — Beim Erwachen der Industrie und des Handels zeigt sich das Hervorthun in dem Zurschautragen sehr kostbarer Erzeugnisse des Aus- und Inlandes. Auf den wirklichen Nutzen, sowie auf wahre Schönheit und Annehmlichkeit wird auch da noch wenig gegeben. Sobald aber die Bildung steigt, tritt die Prunklust hinter dem Nutzen und der Annehmlichkeit, Reinlichkeit, Gefälligkeit u. s. w. zurück, und die Mode verallgemeinert sich, theils vermöge der sich mehr aufklärenden und verbreitenden Bildung, theils vermöge des Gesetzes der Preisbildung, indem die Vervielfältigung eines Dinges dessen Kosten herabdrückt, und dieserhalb seine Zugänglichkeit für eine größere Zahl ermöglicht. Sobald dies Princip einmal wirksam wird, muß es selbstverständ-

lich als Ursache und Wirkung zugleich sich selbst fördern. Wir sehen die
Tourniere den Volksfesten (Königschüssen rc.), die Minnesänger den Thea-
tern, die Prachtkleider den in sich eleganten, geschmackvollen, zweckmäßigen
und billigen Kleidern weichen: der Treffenhut und Treffenrock weichen dem
schwarzen Cylinder und Frack, an die Stelle enger verschnörkelter Wohnungen, Kutschen, Sänften, treten räumliche und luftige Häuser und
Wagen für Alle (Droschken), statt silberner Schüsseln Porzellangeschirr,
an die Stelle der Perrücken und Zöpfe die bequeme, aber reinliche Frisur,
an die Stelle der Schleppkleider und Schnabelschuhe tritt der elegante
Schnitt und die Reinlichkeit des alltäglichen Kleides und Stiefels. Man
erkennt heutigen Tages den gebildeten Mann an seiner einfachen Gediegen-
heit, die nur sich selbst genügen, nicht aber scheinen und prunken will.
Dieser sich weiter und weiter ausdehnende Luxus ist productiv: er erhöht
das wahre Bedürfniß und damit das Streben und die Arbeitskraft, und
wie er durch das Wachsen der Capitalien im Wege der vermehrten Production — Maschinen, Communicationsmittel — wächst, so wächst auch
die Production und die Capitalansammlung, sowohl in erhöhetem Maße,
als auch in erweitertem Umfange, und wie die enge Verbindung der
Menschen aller Länder im Weltverkehr ihn nährt, so wird dieselbe wiederum
auch durch ihn, durch die erweiterten Ansprüche der Menschen immer nothwendiger: Handels- und Erwerbsschranken fallen durch ihn immer mehr
im Kleinen, wie im Großen. — Das ist der Segen des wahren Luxus,
des reproductiven Consums über die Nothdurft hinausgehender Genußmittel.

Nach dem, was wir über die Nothwendigkeit gesteigerter und veredel-
ter Bedürfnisse als Hebel der Production einerseits, und über die nothwendige Richtung dieser Bedürfnisse und des darauf beruhenden Luxus
andererseits gesagt haben, wird der Leser zwei Irrthümer bei einigem Nachdenken nun selbst vermeiden und widerlegen können, und wir brauchen sie
nur eben hin zu berühren. Der eine dieser Irrthümer ist der, als wenn
geistige und moralische Genüsse, wie sie die Wissenschaften und Künste uns
erzeugen, überflüssig wären. Wir haben diese Anschauung schon oben bei
Erörterung der Productivität der Arbeiten beseitigt, und der Leser wird,
nachdem wir ihm das ganze Verkehrsleben aufgerollt haben, die ungemeine
Steigerung der materiell producirenden Kräfte durch Erweckung der Intelligenz, des Geschmackes, ja des bloßen Strebens schon nach dem über
die Nothdurft Hinausgehenden, nicht verkennen. Der zweite Irrthum ist
der, als wenn die Richtung des Consums und die Kosten desselben ganz
gleichgültig seien, indem man sich mit dem Gedanken tröstet: „der Luxus
bringt Geld unter die Leute." Diese Ansicht hängt mit der merkantilischen
falschen Ansicht vom Gelde zusammen. Täglich hören wir die Leute es
verdammen, wenn ein Geizhals als Rentier seine jährlich eingehenden
Zinsen nicht wieder verzehrend unter die Leute bringt, und täglich hören

wir, wie z. B. die Schaugepränge an den Höfen als Leute ernährend belobt werden, wenngleich d. h. selbst soweit dieselben nur, dem Kriege gleich, zerstörend wirken. Der Geizhals als Rentier producirt selbst mit seiner Arbeit Nichts, sondern nur sein Capital hilft in anderer Leute Händen produciren, welche ihm Zinsen für dessen Gebrauch vergüten, und naturgemäß vergüten müssen. Sein einziger persönlicher Vorzug ist also, wenn er von der Gesammtproduction so wenig wie möglich gebraucht, denn sein Gebrauch ist, da er in ihm keine producirenden Kräfte erhält und reproducirt, rein zerstörend, es wirkt seine Verzehrung von Lebensmitteln, wie sein Verbrauch von Röcken, von Tapeten ꝛc. als reine Vernichtung, welche vertheuernd und für Andere entziehend wirken muß. Ebenso ist es mit demjenigen Luxus, welcher über die erforderliche Erhaltung und Erzeugung der heilsamen Thätigkeit einer Regierung hinausgeht. Ein großer Schwarm von nichtsthuenden, d. h. für das Volkswohl nicht nützlichen Hoffschranzen, ein großes, als Spielzeug dienendes, Heer u. s. w. vernichtet nur unproductiv Nützlichkeiten, und wenn in fortwährenden Schlemmereien und Festlichkeiten, ohne daß diese etwa zur Repräsentation nöthig sind, die Erzeugnisse des Landes verbraucht werden, so ist dies lediglich eine Entziehung der Genußmittel für Andere im Betrage der dafür verwandten Contributionen. Wenn ein Feuerwerk 50,000 Thaler kostet und dasselbe ist nicht Mittel zu einem in sich nützlichen Zweck, so sind für 50,000 Thaler Stoffe: Salpeter, Schwefel ꝛc. rein vernichtet, und das heißt so viel, als die Arbeit des Salpeter- und Schwefelgewinnes, oder diejenige Arbeit, mit deren Producten diese Substanzen gekauft sind, war verschwendet, sie hätte nützlicher verwandt werden können, die Arbeiter zehrten ihre verbrauchten Lebensmittel ohne Nutzen auf, und so bis an das Ende fort. Ob das Pulver im Auslande gekauft war, in welchem Falle das Ausland das Geld, d. h. die Arbeitsproducte, womit dieses gekauft war, bekam, und das Pulver verlor, d. h. diejenigen Kräfte verlor, womit dies gewonnen war, oder ob das Pulver im Inlande gekauft ward, in welchem Falle das Inland das Geld behielt, aber den Werth des Pulvers, d. h. die auf die Gewinnung desselben verwandte Arbeit und Productionskosten, verlor, das ist völlig gleichgültig.

§. 44.

Absatzkrisen.

Jedermann kennt aus eigenster Anschauung, wenn er Auge und Ohr für die Ereignisse der Zeit hat, die furchtbare Absatzkrisis des Jahres 1857, und wird sich erinnern, daß dieselbe in einer allgemeinen Unverkäuflichkeit aller Handelswaaren und in höchster Verzweiflung aller Derer sich äußerte, welche zahlen sollten, und ihrerseits von ihren Schuldnern nicht bedient wurden. Die ganze Verkehrswelt war davon ergriffen, weil natürlich —

und gerade bei dieser Gelegenheit bekam man hiervon ein deutliches Bild
— alle Geschäftsleute der Welt heutigen Tages, wie ein Netz durch ihre
wechselseitigen Geschäftsbeziehungen mit einander verbunden sind. In den
großen Handelsörtern, welche die Verbindungen vermitteln, in Hamburg
z. B. war eine fieberhafte Angst, ein Haus nach dem andern stellte seine
Zahlungen ein, und selbst die reichsten Häuser sah man insolvent und
creditlos, da Niemand wissen konnte, wie weit ihre Verluste bei ihren un-
übersehbar weiten Handelsverbindungen reichen könnten. Solche Krisen
hat es in alten Zeiten natürlich nicht geben können, weil erst seit neuerer
Zeit die Verkehrschranken, welche früher die kleinen abgeschlossenen Geschäftsgebiete umgaben, durch die Vervollkommnung der Transportmittel
gefallen sind, und weil erst mit der hieran sich knüpfenden Ausbildung des
Credits eine so weite Verzweigung der Geschäftsbeziehungen eintreten,
und der Handel seine jetzige Ausdehnung und jetzige Gestalt annehmen
men konnte. Stockungen im Absatz und im Erwerb, und oft viel an-
haltendere und lähmendere, auch die ganze Existenz Vieler vernichtendere,
hat es indessen in den kleinen Gebieten auch früher schon gegeben, miß-
rathene Ernten waren viel häufiger, und in Ermangelung von Verkehrsmitteln (Transport- und Creditmitteln und Handelskenntnissen) viel fol-
genschwerer, Kriege waren häufiger und langdauernder, indem sie in jahre-
lange Belagerungen, oder stetig sich wiederholende, Alles zerstörende Streif-
züge übergingen, Gewalt und Vernichtung gegen den schwachen friedlichen
Producenten, Finsterniß und Aberglaube, religiöser Fanatismus und daran
sich knüpfender dauernder Druck, oder Vertreibung ganzer Familien u. s. w.
u. s. w. erzeugten viel mehr Jammer und Elend noch und Verkehrsstörun-
gen, als wir jetzt kennen. Wir begreifen nicht, wie man dem gegenüber
die heutigen Handelskrisen als eine „Schattenseite der höheren Cultur"
auffassen kann, da sie offenbar insofern als eine Lichtseite derselben erscheinen, als die früheren zahlreichen und langdauernden, man kann fast
sagen, ewig sich aneinanderreihenden Calamitäten, welche bis in's tiefste
Mark der leidenden Bevölkerung griffen, in ihnen sich so zu sagen auf den
ganzen Erdkörper vertheilt und dadurch zu bald vorübergehenden kurzen
Zuckungen abgeschwächt haben. Treten jetzt zwar diese Krisen in den Gebieten des Handels auf, und nehmen sie die Gestalt von Creditlähmungen
an, weßhalb sie auch gewöhnlich als „Handelskrisen" bezeichnet werden,
so dünkt uns doch, daß man sich auf einem unrichtigen Wege befindet,
wenn man glaubt, das Institut des Handels, oder des Credits veranlaßte
sie. Uebernimmt jetzt der Handel den Vertrieb aller Producte, um ihnen
den höchstmöglichen Werth zu geben, und um den Bedürfnissen auf die
beste und billigste Weise zu ihrer Befriedigung zu verhelfen, und bedient
sich der Handel und muß sich derselbe jetzt des Geldes und, schon bei dessen
Verschiedenheit und Beschwerlichkeit, des Credits mit seinen verschiedenen
Mitteln, Staats- und Bank-Papieren und Privatwechseln bedienen, so ist

es natürlich und selbstverständlich, daß die uralte Krankheit der Verkehrs-
lähmung jetzt in dem Handelsbetriebe und in dem Geld- und Creditwesen
zur Erscheinung gelangt, und über das ganze Handelsgebiet je nach
ihrer mehr oder minder starken Veranlassung mehr oder weniger weit sich
erstreckt. Hebt man sie als isolirte Krankheiten der neueren Zeit hervor,
und als Auswüchse des Handels und Credits, so kommt uns das gerade
so vor, als wenn man einem Boten davon die Schuld beimessen will, daß
er auf eine Bestellung eine grobe Antwort zurückbringt, oder daß er durch
Ueberschwemmungen, Raubanfall oder dergleichen zurückgehalten, die Rück-
antwort zu spät überbringt. Dafür daß es noch grobe Leute giebt, daß
die Wege unpassirbar oder gefährlich werden, kann der Bote nicht, und
ebensowenig kann der Handel oder Credit dafür, wenn in Gebieten, die
er nicht beherrschen kann — Mißernten, Krieg, staatlichen Einrichtungen
— sich ungeahnte Hemmnisse aufthürmen, und wenn und soweit in dem
Handel und Credit im Einzelnen wirklich hie und da Mängel sichtbar
werden, z. B. in Form falscher, oder fieberhafter Speculationen, so mag
man immerhin diese zur künftigen besseren Vermeidung notiren, bleibt
man aber bei diesen Notirungen stehen, und untersucht nicht genauer,
worin die eigentlichen Ursachen bestehen, so nährt man nur in dem Un-
verständigen das so schon bestehende Mißtrauen und den Haß gegen diejenigen Institute, welche sich — Handel und Credit — auf dem Wege befinden,
gerade der Krankheit immer mehr abzuhelfen, und weckt diejenigen Institute — staatliche Verkehrshemmnisse — zu immer neuem Leben, welche
eben der letzte Grund der Krankheit sind, und an deren Beseitigung arbeitend Handel und Credit sich natürlich noch vielfach den Kopf zerschellen
müssen. Vielmehr kommt es darauf an, diese civilisirenden und befruch-
tenden Institute, als welche wir den Handel und dessen hauptsächlichstes
Handwerkszeug, den Credit, kennen gelernt haben, selbst in ihren Irrthümern nachsichtig zu beurtheilen, wie es derjenige thut, welcher praktisch
weiß, daß man klüger vom Rathhause kommt als hinaufgeht, und deutlich
zu erkennen und erkennbar zu machen, wie auch die Ausschreitungen
des Verkehrs selbst da, wo sie den eröffneten Verkehrsfreiheiten zu
entspringen scheinen, dem letzten Grunde nach meist nicht diesen, sondern
den **bisherigen Hemmungen** ihr Dasein verdanken. Wenn heute
dem Verkehr ein ganz neues Gebiet, etwa durch eine neue Erfindung, oder
ein ganzer Markt, der früher verschlossen war, etwa durch Hinwegfall von
Zollschranken, geöffnet wird, und es werfen sich in den verschiedensten Gegenden Leute auf die Ausbeutung dieses Gebiets oder auf die Versorgung
dieses Marktes, die selbstverständlich nicht vorher wissen können, wie viele
Andere Solches gleichzeitig mit ihnen thun, dann ist doch offensichtlich
nicht die Erfindung, oder die Freigebung des Marktes die Schuld und
letzte Ursache der nun erfolgenden einseitigen Production, oder Speculation, sondern die letzte Ursache und die Schuld hievon ist unverkennbar

die zuvorige Verschlossenheit dieses Gebietes oder Marktes; denn ohne dieselbe wäre die Plötzlichkeit und Ueberfülle jetzt nicht entstanden,
sondern der Verkehr hätte dies Gebiet und diesen Markt im Wege seiner
allgemeinen allmäligen Entwickelung so gleichmäßig und in den festen
Bahnen ausgebeutet und versorgt, wie dies auf den übrigen länger bekannten und länger befreiten Gebieten der Fall ist. Ferner z. B. bei dem
Kornhandel; die Dürre und Nässe, Fruchtbarkeit und Unfruchtbarkeit vertheilt sich augenscheinlich periodenweise über die verschiedenen Erdgegenden,
und wenn eine Gegend augenblicklich durch Nässe rc. unfruchtbar ist, um
für die Zukunft einen reichlicheren Ertrag vorzubereiten, so liefert dagegen
eine andere Gegend desto mehr, oder würde desto mehr liefern, wenn sie
nicht im Anbau durch menschliche Hemmungen verhindert wäre, — Unci-
vilisation, Druck und deßhalb Mangel an Arbeitsmitteln in vielen fruchtbaren Gegenden. — Ist dies nicht die letzte Ursache davon, daß es noch
bald reiche bald arme Ernten im Ganzen giebt, und ist es nun nicht
jene Zurückhaltung allgemeiner Bodencultur, welche dieserhalb die Geschäftswelt zwingt, für die Zeit großen Bedarfs aufzuspeichern und noch
immer und immer aufzuspeichern in der Erwartung, daß der Bedarf noch
größer werde? Ist es nicht die nach Gewinn trachtende Natur des Menschen,
welche allein die Ausbeutung der Natur anbahnt? will und kann man sie
nun schmähen, wenn sie da im Einzelfalle einmal unbequem und nachtheilig wirkt, oder sich selbst beschädigt, wo die Hemmungen der Production
und des Absatzes die Handels- und Creditwege verwirren, und dunkle
Speculationen erzeugen und nähren? Nicht das ist unpraktisch, daß man
zeigt, wie sich die Verhältnisse gestalten können und gestalten werden, wenn
man sie sich im ungehemmten Gange der Dinge natürlich entwickeln läßt,
denn die Menschen kommen dadurch weiter, daß sie dies erkennen, und die
Entwickelung ferner nicht stören, selbst auf Kosten augenblicklicher Ruhe;
sondern das ist unpraktisch, daß man gegen solche Entwickelungsmöglich-
keit aus den zur Zeit bestehenden Mängeln Einwürfe macht, und
nicht die Frage aufwirft, ob und wie weit die Sache sich von selbst ganz
anders gestalten müsse und werde von der Zeit an, wo die Mängel beseitigt
sind, und demgemäß aufhören, ihre Einflüsse zu üben. Wenn man dies
gehörig erwägt, dann ist die Lehre von den Absatzwegen, welche J. B. Say
gegeben hat, als ein Meisterwerk anzuerkennen und nicht unpraktisch, sondern höchst praktisch, weil sie das wahre innere Wesen der Dinge erkennen
läßt, und alle die Einwürfe, welche dagegen gemacht sind — vergleiche
z. B. Roscher „Ansichten" — fallen, unseres Bedünkens, wie Spreu dagegen hinweg. Say nimmt nicht die äußeren Erscheinungen der Krisen
zum Ausgangspunkt seiner Forschungen, sondern die Natur des Verkehrs,
und diese kann allein, unserer Meinung nach, den richtigen Schlüssel zur
Beurtheilung jener geben.

    Die Erscheinungen der Krisen treten allerdings als Disharmonien zwischen Angebot und Nachfrage, d. h. zwischen Production und Consumtion auf, und zwar der Art, daß nicht etwa stets und überall die Nachfrage, das Bedürfniß, unbefriedigt erscheint, sondern auch so und meistens, oder wenigstens für die Meisten so, daß das Bedürfniß, die Nachfrage, die Consumtion, hinter der Production zurückbleibt, daß also die Production ihre Waaren nicht an den Mann bringen kann. Die ganze Krisis nimmt in der Handelswelt letzteren Falles das Ansehen mehr oder weniger allgemeiner Ueberproduction an. Der Preis der Waaren fällt, und es verringert sich also der Unternehmergewinn, ja es tritt sogar ein Capitalverlust ein, die Production stockt, der Arbeitslohn fällt, oder die Arbeit feiert ganz. Alle so Verlierenden müssen sich auf das Nothwendigste einschränken, der Handel stockt, und überträgt die Unthätigkeit und Absatzlosigkeit auf alle anderen Geschäftsbranchen. Die Capitalisten halten ihre Gelder an, oder geben sie nur an die möglichste Sicherheit zu höchsten Zinsen ab, Forderungen werden überall nach Möglichkeit zu verwirklichen gesucht. Die völlige Creditlosigkeit einerseits, und die mangelnde Zahlungsfähigkeit andererseits, bringen ein Geschäft nach dem anderen zum Fall. — Der Ausgangspunkt, die letzte Veranlassung solcher Krisen sind in der Regel Ereignisse, welche auf die gewöhnliche Ordnung des Verkehrs erschütternd wirken, oftmals aber auch die Vorstellung der Geschäftswelt, oder eines Theils derselben, daß solche Ereignisse bevorstehen. Mißernten, Krieg, Revolutionen, Epidemien, plötzliche massenhafte Unternehmungen, wie Eisenbahnen, wichtige Erfindungen ꝛc. erzeugen entweder die Nothwendigkeit äußerster Einschränkung der Bedürfnisse, oder sie haben eine plötzlich veränderte Verwendung der Capitalien zur Folge, und wenn sie, oder ihre große Tragweite auch nur von tonangebenden Geschäftsmännern vermuthet werden, so können dergleichen Vermuthungen den wirklich erfolgenden Ereignissen völlig gleich wirken. Einzelnen Unternehmungen wird nun wenig Gewinn zugemuthet, anderen desto mehr. Auf die letzteren wirft sich ein Capital nach dem anderen, eine Arbeitskraft nach der anderen, die Production oder der Handel, und meist beide gleichzeitig, häufen Waare auf Waare in einer und derselben Branche, indem Niemand weiß, oder beachtet, daß gleich ihm auch die übrige Geschäftswelt auf diesen Zweig sich geworfen, und umsomehr wird die Ueberproduction nach dieser einen Richtung hin gesteigert, je mehr auch die consumirende Welt von dem Glauben späterer Theurung angesteckt ist, und letzteren durch ihr Kaufen zu hohen Preisen nährt. Nun tritt durch irgend ein Ereigniß eine Enttäuschung ein, der Glaube wirft sich nach der entgegengesetzten Seite, die Nachfrage läßt nach; die Producenten und der speculirende Handel mögen noch nicht an einen dauernden Umschwung glauben, statt zu ermäßigten Preisen wegzuschlagen, warten sie auf günstigere Conjuncturen, und wo die Baarmittel ein solches Abwarten nicht gestatten, strengen sie ihren Credit auf das Aeußerste an. Wechsel über

Wechsel circuliren, die Banken müssen, wie sehr sie auch den Discont er-höhen, ihre Baarvorräthe leeren, Noten emittiren 2c. Die Kette der For-derungen und Verbindlichkeiten ist nun aber so sehr verflochten, daß der Creditgeber nur mit äußerster Vorsicht und Kenntniß der Verhältnisse sicher gehen kann, und sobald sonst creditwürdige Häuser sich so sehr ver-speculirt haben, daß sie ihre Verluste nicht ertragen können, dann muß sich das Unglück von ihnen auf Andere und auf die Banken mit übertragen, deren Fall oder Zahlungseinstellung nun plötzlich ein allgemeines Stürzen im Gefolge hat. —

Daß die starke Notenemission der Banken und deren an sich zu ge-ringer Fond nicht die Veranlassung der Krisen ist, oder sein muß, haben wir oben erwähnt; die Untersuchungen über die Notenemissionen zur Zeit der Krisen, deren eine der bedeutendsten das vorige Jahrhundert be-schloß, und deren dieses Jahrhundert mehr oder weniger ausgedehnte eine große Zahl gehabt hat: 1804, 10, 13, 18, 26, 30, 36, 39, 47, 57 in Frankreich; 1825, 37, 39, 47, 57 in England, und so auch in den übrigen Ländern, haben dies bewiesen. Die Banken hatten meist in den Notencirculationen eine unbedeutende Differenz, eine ungleich größere in der Depositenannahme, vermittelst welcher sie Credit gewährten, und in Gefolge deren Zurücknahme sie wieder kündigen mußten. Während der Krisen haben die Banken ihre Creditgewährungen immer erhöhen, sie haben also wesentlich aushelfen müssen. Die Notencirculation der sämmtlichen New-Yorker Stadtbanken schwankte vom 5. Januar 1856 bis 28. No-vember 1857 nur zwischen 6,28 und 8,98 Millionen Dollars, die De-positenschuld dagegen vom 5. Juli 1856 bis 17. October 1857 zwischen 106,14 bis 52,89 Mill. Dollars (Schäffle). Wie wenig überhaupt in den Banken die Ursachen der Krisen zu suchen, zeigte sich eben auch bei der Krise von 1857, welche in Amerika mit dem Bruch der Ohio Life-Insurance and Trust-Company mit einem Stammcapital von zwei Mil-lionen Dollars zum Ausbruch kam, obwohl nur 20,000 Dollars Verlust sich herausgestellt hat. (Roscher.)

Eine augenblickliche Staatshülfe gegen den schädlichen Verlauf der Krisis giebt es nicht, die Krisis heilt sich selbst, indem die Production ein-gestellt und die Waaren zu billigeren Preisen abgegeben werden, bis sich hierdurch das Publikum wieder an den Consum gewöhnt, und die Zah-lungsmittel wieder regelmäßig circuliren. Hat die Krisis in Mißernten ihren Grund, ist also in dieser für alle Existenzen so wesentlichen Branche eine Unterproduction vorhanden, so ist Nichts verderblicher, als derartige Maßregeln, wie sie in den letzten Jahren in Frankreich ge-nommen wurden, wo die Korn- und Brodpreise im Hinblick auf die Zu-kunft für den Augenblick vermittelst Taxen billiger gestellt waren. Die sonst natürlich durch die hohen Preise eintretende Sparsamkeit wird da-durch verhindert, die Gegenwart macht Schulden bei der Zukunft, die letztere nicht immer bezahlen kann. Wenn der Betrag einer Ernte etwa nur für neun Monate bei gewöhnlichem Consum reicht und das Publikum richtet sich darnach nicht ein, sondern wird durch künstlich billige Preise zu starkem Consum verleitet, und das nächste Jahr ist wieder karg u. s. w., so kann das sehr schlimm werden, und in Frankreich ist ein großer Theil des diesjährigen Elends eine Nachwehe solcher Maßregeln. Ebenso verhält es sich mit den Brod- und Suppenvertheilungen rc.

Präventivmaßregeln giebt es ebensowenig; über die Bankregulative haben wir bereits in diesem Sinne gesprochen. Auch die Predigten gegen überhandnehmenden Luxus u. s. w., gegen falsche Speculationen der Producenten und Kaufleute helfen Nichts — Büsch, geschichtliche Beurtheilung der großen Handelsverwirrung von 1799, welche H. S. Herz 1857 von Neuem herausgegeben, hätte sonst mehr Erfolg gehabt — vielmehr dürfte unseren Bedünkens eine immer mehr sich ausbreitende klare Einsicht in die Lehre von den Absatzwegen, wie sie J. B. Say giebt, und womit unsere Darstellung vom Tauschverkehr und vom Gelde rc. wesentlich übereinstimmt, am meisten fruchten, wenn sie endlich in maßgebenden Kreisen zur Aufhebung der Productions- und Handels-Hemmungen führen würde; denn dadurch würde der Verkehr allein gleichmäßiger und übersichtlicher, und falsche Speculationen würden also seltener werden.

Ueber die Bedeutung der Absatzwege ist der Leser nach den Erörterungen über die Arbeitstheilung und den Tauschverkehr im Klaren. Jedes Product, welches ein Bedürfniß befriedigt, wird begehrt, und es würde bis in's Ungemessene begehrt werden, wenn es Nichts kostete; es wird aber nur überlassen gegen einen Gegenwerth. Letzterer nimmt heutzutage die Form von Geld an; Geld aber ist nur zu erwerben mit Producten. Das Geld spielt nur den Vermittler und hat keine Bedeutung an und für sich; wenn ein Verkäufer für seine Waare Geld bekommt, um hernach als Käufer von einem anderen Verkäufer damit eine Waare zu kaufen, so ist der Preis des Geldes einerlei; denn ist es hoch im Preise bei dem Verkaufe, so ist dasselbe der Fall bei dem Wiederkaufe, und wenn die beiden Kaufgeschäfte, welche zusammen das Tauschgeschäft bilden, abgeschlossen sind, so ist seine Rolle für diese beiden Contrahenten ausgespielt, da es nicht einmal mehr in der beiden Tauschenden Händen geblieben ist. Wenn nun also dem wahren Stande der Sache nach immer Producte mit Producten vertauscht werden, so ist klar, daß jemehr Andere producirt haben, desto mehr ich mit meinen Producten kaufen, oder gegen desto mehr ich sie verkaufen kann. Das Geld trägt also zur Möglichkeit des Tausches im Ganzen nicht bei, wie wir denn auch bereits gesehen haben, daß, wenn wenig Geld da wäre, so viel da wäre, als wenn viel da ist, vermöge seines Steigens und Fallens. Die Mehrproduction bewirkt es, daß wir mit unseren mehren Producten mehre Producte kaufen können: „wer Uhren producirt," sagt Say, „welche man früher noch nicht kannte, der kann damit Kartoffeln eintauschen, welche man ebenfalls noch nicht kannte." Die schlechte Witterung, welche die Ernte zerstört, zerstört nicht auch das Geld, und dennoch leidet der Verkauf aller Waaren darunter. So beeinflußt mehr oder weniger jeder Industriezweig den anderen. Es hängt also die Leichtigkeit, Mannigfaltigkeit und Ausdehnung der Absatzwege von der Zahl der Producenten und der Mannigfaltigkeit der Productionen ab. Welches Geschäft man auch betreibt, man setzt von seinen Producten um so mehr und gegen desto höhere Werthe um, jemehr man von Leuten umgeben ist, welche selbst absetzen und verdienen. Der Städter z. B. setzt am mehrsten ab, wenn der Landmann viel producirt, und dieser bringt seine Producte am besten aus, wenn Jener viel producirt; Alles ergänzt sich. Wie mit dem Städter und Landmann, so ist es auch zwischen Nation und Nation; eine Nation, die Nichts producirt, von der ist Nichts zu verdienen. Das hat England neuerdings eingesehen, und mit diesem Grundsatz, wonach das Wohlbefinden anderer Nationen seine Märkte vermehrt, ist es erheblich absatzkräftiger geworden. Deßhalb hat Nordamerika jetzt ein so großes Interesse, daß der Süden nicht durch seine Sklaverei zurückbleibt und verfault. Eine Concurrenz in anderen Nationen fürchten, ist thöricht: können sie gegen den Willen unserer Kaufleute mit diesen Geschäfte machen? und werden Diese solche Geschäfte machen, wenn sie nicht vortheilhaft sind? und wiederum kaufen wir ihnen ihre Waaren ab gegen unseren Willen und Vortheil?

Hiernach ist es mit der Ueberproduction in einzelnen Branchen zur Zeit der Krisen großen- und vielleicht größtentheils nur Schein, die wahre Sachlage ist der Regel nach, daß in anderen Branchen, namentlich in den nothwendigsten, eben eine Unterproduction stattgefunden hat, welche die Producenten in diesen Zweigen hindert, von Jenen zu kaufen. Getraide und Fleisch sind in den Zeiten schlechter Ernten immer auch in den Krisen verkäuflich, aber ihr Mangel schwächt die Kaufkraft ihrer Producenten. Gleich den Mißernten aber wirken auch die Zölle und Hemmungen der Production und des Handels, welche einzelne Waaren vertheuern und unkäuflich machen, dadurch aber deren Production verhindern. Auf der anderen Seite aber wird nun die Production anderer Waaren so sehr begünstigt, daß die Production derselben sich unverhältnißmäßig vermehrt, so daß es ihnen nun in Folge dieser Ungleichheit an Absatz fehlen muß. „Man kann," sagt Say, „allerdings in einer Branche für die Gegenwart zu viel produciren, aber man nehme einen Fortschritt in der Gesellschaft an, d. h. eine größere Bevölkerung, oder eine größere Wohlhabenheit, so genügt ihre Menge sofort nicht mehr." Ein Product muß mindestens so viel werth sein, so viel Nützlichkeit haben, als seine Productionskosten mit Einschluß aller Dienste, die daran verwandt sind, sonst ist kein neuer Werth producirt. Wenn ein Product diesen Werth nicht erreicht, so kann das nach Say einen vierfachen Grund haben:

1) entweder ist der Bildungsstand noch zu weit zurück, als daß die Menschen die Bedürfnisse empfinden könnten, welche die Producte befriedigen können. In dieser Beziehung wirken die Zollschranken, welche fremde billige Waaren abhalten, besonders nachtheilig, denn sie ertödten die Absatzmöglichkeit durch Erstickung des Bedürfnisses. 2) Oder die Kunst zu produciren hat noch zu geringe Fortschritte gemacht, um wohlfeil genug produciren zu können. Man denke, wie jetzt die Uhren verbreitet sind, nachdem sie so billig geworden, man denke ferner an den Baumwollenabsatz seit Einführung der großen Maschinen. Die Nachfrage nach einer Waare vergrößert sich mit deren Wohlfeilheit, und da dieselbe mit anderen Waaren bezahlt werden muß, so nimmt die Production dieser in demselben Maße zu, wie jene zugenommen hat. Soviel z. B. an Zeit und Geld, d. h. Producten, die Eisenbahn billiger ist, als die früheren Reisemittel, so viel mehr wird sie benutzt, und wie viel mehr sie benutzt wird von Geschäftsleuten, soviel werden diese in ihrer Thätigkeit gesteigert sein; 3) oder die Mängel der Staatsverwaltung vervielfältigen die Productionskosten zu sehr: falsche Steuern, unkluge Anordnungen, welche die Production hemmen und vertheuern, Beamte, Soldaten, welche, wenn sie die Summen, welche die Producenten für sie zusammenschließen, verzehren, einen Theil der Producte ohne Gegenleistung vermindern, deren Consumtion also eine reine Vernichtung ist, welche also keine wirklichen, fruchtbaren Absatzwege für das Ganze sind. Sie benachtheiligen die Gesellschaft doppelt, nämlich sowohl um die Producte, um welche sie die Gesellschaft bereichern müßten und nicht bereichern, als auch um diejenigen, welche sie durch ihre Production hervorgerufen hätten, um diese zu kaufen; 4) endlich kann man sich d e n k e n, daß das Uebermaß der Bevölkerung alle Waaren, welche man sich für einen billigen Preis verschaffen kann, erschöpft hat, und die Gesellschaft sich solche nur noch gegen Kosten verschaffen kann, welche die Preise derselben unerschwinglich machen. Hier meint Say den Fall, daß die Landwirthschaft den eigenen Boden bereits bis aufs Aeußerste ausbeute, und der Ertrag doch nicht für die Bevölkerung hinreiche, auch der der Nachbarschaft nicht mehr u. s. w., und fügt hinzu, daß dieser Fall u n - m ö g l i c h p r a k t i s c h werden könne. Wenn man die Schranken gefallen denkt, welche der Ausbeutung der fruchtbarsten Strecken noch entgegenstehen, theils durch directe politische Hindernisse, theils durch Vertheuerung der gedrückten Arbeiter, so ist in der That wohl an Mangel immer weniger zu denken, wenn man sich auch die Bevölkerung noch so sehr ausgedehnt denkt. Niemals werden ja auch Epidemien ec. aufhören, als Gegenwirkung zu dienen.

Wenn man die Say'sche Theorie nur von einem Standpunkte aus betrachtet, welcher über die Mängel der Gegenwart hinauszublicken gestattet, so muß man ihr durchaus beistimmen, und kann man nur annehmen, daß bei entfesseltem Verkehr und bei dadurch gesteigerter Bildung die Krisen mindestens bis zu momentanen, ungefährlichen Ausgleichungsprocessen sich abschwächen, und nur noch zur Verjüngung und Belebung der Kräfte in Zukunft beitragen würden.

§. 45.
Armuth und Almosen.

Wir haben es bereits wiederholt hervorgehoben, daß die Armuth der Bevölkerungen nicht zu-, sondern abgenommen hat, sowohl der Ausdehnung, als dem Grade nach.

Man braucht nur 20—30 Jahre in seiner Erinnerung zurückzugehen, und den damaligen Bettel mit dem heutigen, die damalige Dürftigkeit der Kleidungen, der Wohnungen, der Nahrungsvorräthe u. s. w. mit denjenigen der heutigen Zeit zu vergleichen, und man wird nicht verkennen, wie sehr sich die Vergleichung zum Vortheil der Jetztzeit gestaltet. Wenn man aber noch weiter zurückgeht, und in den alten Chroniken, namentlich aber auch in den Gesetzen und deren Motiven die Schilderungen der älteren Zeit studirt, so wird der Unterschied, je weiter man zurückgeht und in je uncivilisirtere Zeiten oder Länder man seinen Blick wirft, immer desto greller. Wir stoßen bereits im vorigen Jahrhundert nicht blos auf bettelnde Zigeuner und Musikbanden, sondern auf ganze Schaaren bettelnder Edelleute mit Weib und Kind, auf Schaaren entlassener Beamten, Offiziers-, Pfarrer, Schullehrer oder auf deren Wittwen und Waisen, der entlassenen Unteroffiziers und Soldaten, Domestiken, der reisenden Musikanten, Studenten, Collectanten ꝛc. ꝛc. gar nicht zu gedenken, und wir finden sie nicht im Lande, nein in den Ländern unproductiv umhervagiren. — Gehen wir gar in die Zeiten der biblischen Völker zurück, so bezeugt uns schon der in der Bibel herrschende Standpunkt der äußersten Bedürfnißlosigkeit die vorherrschende Armuth: „Wenn wir Nahrung und Kleidung haben, so lasset uns genügen", heißt es da, und der Hungrigen und Nackten gab es in der That nicht wenige. Auch Homer erzählt von Bettlerschaaren, die einem jetzigen Armenvorsteher als unendlich weit über seine Praxis hinausgehend erscheinen müssen.

Auch die Sterblichkeitsregister bezeugen uns die Abnahme der Armuth, indem, wie nachstehende Vergleichung Casper's beweist, die Sterblichkeit unter den Armen größer ist, als unter den Wohlhabenden, und indem, wie die weiter nachstehenden Vergleichungen beweisen, die Sterblichkeit überall abgenommen hat. Nach Casper's Untersuchungen leben von 1000 zu gleicher Zeit gebornen Menschen:

	Wohlhabende.	Arme.
nach 5 Jahren noch	943 . . .	655
„ 10 „ „	938 . . .	598
„ 20 „ „	866 . . .	566

	Wohlhabende.	Arme.
nach 30 Jahren noch	796 . . .	486
„ 40 „ „	695 . . .	396
„ 50 „ „	557 . . .	283
„ 60 „ „	398 . . .	172
„ 70 „ „	235 . . .	65
„ 80 „ „	57 . . .	9

Es starben aber in London im 17. Jahrhunderte von 10,000 Menschen jährlich 421, im 18. Jahrhunderte 355, im 19. Jahrhunderte 249. Es starben also jetzt 25 Procent weniger als vor 100 Jahren. In Dänemark starben in den Jahren 1750—75 im Durchschnitt jährlich 853 Menschen mehr, als geboren wurden, 1776—1815 jährlich 82 mehr, wogegen seitdem die Geburten ansehnlich überwiegen. In Schweden nahm die Sterblichkeit in 100 Jahren um 29 Procent, in den letzten 50 Jahren um 20 Procent ab. In Frankreich starben vor 100 Jahren von 10,000 Personen im Alter zwischen 20 und 30 Jahren jährlich 147, jetzt 107½, und im Alter zwischen 30 und 40 damals 215, jetzt 97. Nach den Ergebnissen der Conscription erreichten noch von den in den Jahren 1800 bis 1807 Geborenen blos 45 Procent das Alter der Conscriptionspflichtigkeit, von den 1822 bis 1825 Geborenen 61 Procent. Die äußerst zuverlässigen Ermittelungen der Stadt Genf ergeben, daß, während im 16. Jahrhunderte nur der 5. Theil das 40. Altersjahr erreichte, im 19. Jahrhunderte über die Hälfte es erreicht, ja daß jetzt mehr das 70. Jahr erreichen, als damals das 40. (Kolb.)

Der Pauperismus nimmt also — und wir würden dies auch ohne Statistik schon vermöge der Capitalzunahme und größeren Naturausbeutung für nothwendig erkennen müssen — nicht zu, sondern wesentlich ab; der Glaube an das Gegentheil hat seinen Grund darin, daß jede Erscheinung im Leben jetzt mehr hervortritt als früher, und darin, daß die erhöhete Humanität das Leiden der Mitmenschen tiefer empfindet.

Wenn wir dies ermittelt haben, so erledigt sich auch von selbst das Lamento derer, welche aus der Zunahme der Massenarmuth die Nothwendigkeit einestheils weitergehender Armenunterstützungen, anderentheils weitergehender Garantieen gegen die Verarmung durch Regelung der Betriebszweige beweisen wollen. Vielmehr ist gerade die Abnahme der Armuth, welche ersichtlich mit der Befreiung des Verkehrs und mit der dadurch und durch die erhöhte Bildung vermehrten Naturausbeutung und Capitalansammlung Schritt gehalten hat, ein deutlicher Fingerzeig nach dem Wege hin, auf welchem allein die Armuth, die in der That keine Nothwendigkeit ist, beseitigt werden kann, und beseitigt werden wird.

Woraus entspringt die Armuth? Aus dem Mangel an Production und aus dem unproductiven Verbrauch der Producte. Wie niederdrückend

und vernichtend in beiderlei Beziehungen die vielen staatlichen Hemmungen, Eingriffe und Belastungen, deren wir schon so oft erwähnt
haben, wirken: die Beschränkungen der Gewerbefreiheit und Freizügigkeit, der Theilbarkeit des Grund und Bodens, der Handelsfreiheit,
die Eingriffe in die Credit- und Absatzverhältnisse, die immensen directen
und vorzüglich indirecten Belastungen in Folge der Beamten- und Soldatenheere, ist dem Leser im Allgemeinen schon bekannt. Würde man sich
einfach entwöhnen von der Vielregiererei durch die Beamten, und damit
sich befreien von der Nothwendigkeit, schlimmsten Falles diese Beamten-
ordnung durch ein colossales stehendes Heer zu schützen — denn dazu ist
das Letztere in Wahrheit nur da — so würde mit dem, was direct und
indirect mehr producirt würde, und was direct und indirect weniger unproductiv vernichtet würde — so unproductiv, als wenn alljährlich eine
Feuersbrunst es vernichtete — der letzte Arme sofort seine Nahrung finden,
und zwar nicht im Wege des Almosens, sondern im Wege der Arbeit. Es
würde das Capital, das die zu vielen Beamten und Soldaten ernährt,
unter den Händen der Armen im Wege der Production sich vervielfältigen,
und das um so mehr, als mit Hinwegfall jener anderweitigen Beschränkungen die Mitwirkung des unentgeltlichen Productionsfactors, der Natur,
in außerordentlichem Maße gesteigert werden würde, und man würde
weiterhin eine Unmasse von Producten aus den Händen der alsdann productiv beschäftigten Soldaten und überzähligen Beamten gewinnen. —
Wenn man die Armen eines Ortes oder eines Landes oder aller Länder
die Revüe passiren lassen würde, so würde man finden, daß es ihnen an
denjenigen Erzeugnissen fehlt, welche sie alle selbst zu produciren im
Stande sein würden: an Nahrungsmitteln, Kleidern, Wohnungen und
deren Einrichtungen. Wie können sie nun darüber klagen, daß sie keine
Arbeit oder dafür keine Abnehmer haben, da die Arbeit des Einen die des
Andern würde bezahlen können? Weil ihnen das zur Herrichtung fehlende
Capital: die Rohstoffe, Werkzeuge und Maschinen, und die während der
Arbeit des ersten Stückes erforderlichen Lebensmittel fehlen, vielleicht auch
die Intelligenz. Also das Capital fehlt, das sie beschäftigen kann, und
mithin ist der Wegfall der unproductiven Verzehrungen und die Hinwegräumung der bezeichneten Lasten und Schranken das einzige, aber in
vollkommenstem Maße ausreichende Mittel zur Abhülfe, und das um
so mehr, als die Beseitigung dieser Hemmnisse in allen Ländern und
zwischen allen Ländern im Wege der immer mehr durchgeführten Arbeitstheilung überall eine unermeßliche Vermehrung des Reichthums erzeugen
würde.

Was ist nun aber von der vermehrten Armenunterstützung zu halten?
Der einzige Einwand, den man gegen die soeben bezeichnete Abhülfe noch
machen könnte, wäre etwa die mangelhafte Arbeitsfähigkeit der Armen in
Folge ihres geschwächten moralischen Willens und ihrer mangelhaften

Schulbildung. Nun, wir stehen nicht an, diese beiden Gründe der Abschwächung der Arbeitsfähigkeit auf den einzigen Grund der abgeschwächten Willenskraft zu reduciren, da mit dem Wiedererwachen des Willens zu arbeiten in den Eltern sofort auch die Benutzung der Schulen durch die Kinder, und selbst die Verbesserung und Vermehrung der Schulen ihren Anfang nehmen würde, und wir stehen weiterhin keinen Augenblick an, das Wiedererwachen der Willenskraft von dem Augenblicke an zu datiren, wo man aufhören würde, auf die Faulheit die Prämie der Armenversorgung zu setzen, und wo man anstatt dessen das von der göttlichen Vorsehung selbst geschaffene Gesetz, wonach Trägheit den Hungertod, Thätigkeit und Kampf aber Wohlleben erzeugt, in sein natürliches Recht wiedereinsetzen würde. Es ist nur so lange fromm gedacht, daß die Armuth unterstützt werden müsse, als man von der Unterstützung wohlthätige Folgen erwartet; von dem Augenblicke an aber, wo man einsieht, daß man der Armuth selbst am meisten nützt, wenn man, nachdem man die Productionsfreiheit wieder hergestellt hat, die Brücken hinter ihr abbricht — wie es Cortez bei seinen verzagten Kriegern that, — und sie zur Arbeit zwingt, von diesem Augenblicke an ist es frommer, das Princip der Selbstverantwortung wieder zur Geltung zu bringen. Wir erklären uns deshalb, — unter Hinweisung auf die Nothwendigkeit allerdings, zuvor, oder gleichzeitig, die Abschaffung der Hemmungen und Belastungen der Production, deren wir erwähnt haben, zu decretiren — für die gänzliche Abschaffung der officiellen Armenunterstützung durch den Staat, die Communen oder die Kirche. Wir erklären uns hierfür um so mehr, als uns die genugsamsten Erfahrungen dafür zur Seite stehen, daß in den verschiedenen Staaten überall die öffentliche Fürsorge an und für sich die Armuth vermehrt, die Selbstverantwortung aber dieselbe vermindert hat, ferner daß überall die officielle Armenversorgung die wesentlichsten Mißgriffe macht, und daß das Bestreben derjenigen, welche die Armensorger unter Belassung der officiellen Fürsorge auf richtigere Handhabung ihrer Pflichten verweisen, oder welche eine bloße Beschränkung der Fürsorge einführen wollen, um deßwillen immer vergeblich gewesen ist, und sein muß, weil die Herren am grünen Tische stets zu weise sind, um eingestehen zu können, daß die Geschichte weiterreichende Erfahrungen liefert, als ihre Praxis — in welche sie mit der im Voraus fertigen Ueberzeugung von ihrer Unentbehrlichkeit hinein-, und aus welcher sie mit derselben schmeichelhaften Ueberzeugung natürlich auch wieder heraustreten.

Uebergangsgesetze bis zu einem gewissen, von vorne herein zu bestimmenden Termin, bis zu welchem die jüngere Generation durch Selbsthülfe im Wege der Association Fürsorge treffen kann, genügen, um mögliche Härten auszuschließen.

§. 46.

Gebundenheit und Concurrenz.

Wir betreten in den nächstfolgenden Paragraphen ein Gebiet, das uns nicht mehr unbekannt ist, auf welchem vielmehr vorzugsweise alle die Lehren und Erfahrungen, welche wir bisher kennen gelernt — siehe besonders die Lehre von der Preisbildung — ihre praktische Anwendung finden sollen, aber leider bisher so vielfach nicht finden. Wir werden praktisch sehen, wie der reiche Quell der Natur der großen Mehrzahl der Menschen noch verschlossen wird, und wie die menschlichen Kräfte ihn auszuschöpfen verhindert werden.

Wir betreten eben die Arena, auf welcher die alte und die neue Zeit im harten Ringkampfe sich zeigen. Auf der einen Seite das Princip der Gewalt und Ausschließung, oder einer gnadenweisen Fürsorge, beruhend noch auf einer dem Bildungsgrade des Mittelalters entsprechenden beschränkten Auffassung der Natur- und Menschenkräfte, auf der anderen Seite das Princip der selbstschaffenden Arbeit in freier Bethätigung und im stets sich wechselseitig ergänzenden Austausche aller Kräfte, beruhend auf der klaren Erkenntniß des Reichthums göttlicher Fürsorge und des steten Wachsthums der menschlichen Fähigkeiten durch deren Gebrauch. Dort Gebundenheit der Naturkräfte in sich und an einzelne bevorzugte Menschen, und Gebundenheit der Vielheit der Menschen an die Scholle, ein Ersticken aller Triebkräfte unter dem Drucke beengender naturwidriger Maßregeln, — hier freies Walten aller Kräfte, freie Disposition über die eigene Person und das Eigenthum, dort Stillstand unter dem bleiernen Gewichte des alten Herkommens und Zwanges, — hier ungehemmter Fortschritt durch freie Concurrenz. Jene Richtung spricht sich aus in den Formen des Feudalsystems bezüglich des Grundeigenthums, in der Ortsangehörigkeit, dem Zunftwesen und Schutzzoll — diese in freier Veräußerung und Theilbarkeit des Grund und Bodens, in Freizügigkeit, Gewerbefreiheit und Freihandel.

Was wir im Anfange dieses Werks über die Natur des Menschen und Volks und deren Entwickelung, weiter über die innern Gesetze des Verkehrs, namentlich über die Ausgleichung der Werthe und Preise durch Angebot und Nachfrage und über die nach letzteren sich stets neu gestaltenden und verändernden Productionsrichtungen ermittelten, das Alles muß uns überzeugt haben, daß jede willkürliche Regelung der menschlichen Thätigkeit von oben herab, ja überhaupt jede Unbeweglichkeit und feste Gestaltung der Verkehrseinrichtungen die heilsame Wechselwirkung der menschlichen Bestrebungen verhindern, und zu unheilsamen Conflicten führen, dagegen aber die freie Concurrenz, d. h. der Wettstreit in allen Gebieten der Production und Consumtion, nothwendig die Kräfte der Natur und des Menschen vervielfachen und ihre Interessen aussöhnen müsse. Wir dürften demnach eine specielle Behandlung der angedeuteten Fragen unterlassen und den Leser auf die in neuester Zeit überaus reichhaltig gewordene Literatur über Theilbarkeit des Grundeigenthums, Freizügigkeit, Freihandel und Gewerbefreiheit verweisen können, deren Verständniß ihm nun offen liegt. Wenn wir dennoch jene alten Formen im Ackerbau, Handel und Gewerbe einer wenigstens kurzen Betrachtung gegenüber diesen neuen freien Gestaltungen des Verkehrs unterstellen, so geschieht dies, weil es sich gerade hier um die nächsten Interessen jedes Geschäftsmannes handelt, und nicht Jedem die Specialliteratur zugänglich sein wird.

§. 47.

Gebundenheit und Freiheit des Bodens.

Wie wir bereits oben in der Lehre vom Eigenthum entwickelt haben, hat sich dasselbe an Grund und Boden viel schwieriger entwickeln können, als dasjenige an beweglichen Sachen. Die alten Staaten beruhten auf dem Princip der Eroberung, nicht auf Arbeit, und wenn auch im deutschen Charakter ein freiheitlicher Grundzug für freies allodiales Grundeigenthum vorhanden, und sogar bereits bei ihnen entwickelt war, so mußte doch das Kriegswesen und der Einfluß der römischen universal-monarchischen Anschauungen dem Lehnwesen allmählich Bahn brechen, d. h. dem Gedanken, daß alle Rechte vom Fürsten verliehen und demgemäß unter seinem Schutze und Obereigenthum besessen würden. Jemehr demnächst bei den herrschenden Gewaltzuständen jedem Kleinen der Schutz des Großen vonnöthen war, und unter dem Lehnsherrn lauter Vasallen, und unter diesen wieder Aftervasallen sich bildeten, und jemehr überdies auch die rohe Rechtsanschauung die Berechtigung der Person mit ihrem Grundbesitz in Zusammenhang brachte, dieselbe von diesem herleitete, und wiederum auch die Abhängigkeit der Person auf deren Grundbesitz zurückwirken ließ, desto mehr schwand die Unabhängigkeit des reinen Privateigenthums an dem, im Wege der Eroberung erworbenen, vom Fürsten oder Großen verliehenen und fort und fort geschützten Boden dahin, und desto mehr gestaltete sich das Eigenthum zu einem unklaren Nutzungsrechte, an welchem dem Lehnsherrn Einkünfte und Rechte aller Art, die sich dann mehr oder weniger auf die Person und das Gut zugleich erstreckten, vorbehalten waren. Da sich die lehnsherrlichen Rechte bis in die Familie des Vasallen ausdehnten, so wurde das Recht an Grund und Boden auch von Ansprüchen der eigenen, als mitbelehnt angesehenen Familienglieder des Vasallen durchlöchert. Wie sich Dies bei dem von Oben her ursprünglich verliehenen Eigenthum gestaltete, so gestaltete es sich auch bei demjenigen, welches die Kleinen den Großen hingaben, um sich damit wieder belehnen zu lassen, des Schutzes halber. So sind das Rückfallsrecht, Recogni-

tionsgelder und andere Abgaben an den Lehnsherrn, Beschränkungen des
Erbrechts, der Veräußerlichkeit, der Theilbarkeit, der Verschuldbarkeit,
entstanden, selbst bei den großen eigentlichen Lehngütern, mehr aber noch
— denn es ist eine bekannte Thatsache, daß der kleinere Beherrschte gegen
seine Untergebenen despotischer ist, als der große Herrscher — bei den
kleinen Bauern, welche wieder unter dem Lehnsmann standen. Die Zeit,
worin diese Institute sich bildeten, war eine rohe, ungebildete und von
einer strengen Begrenzung der Rechte und Pflichten konnte deßhalb, und
weil eben die factische Macht der Kern des Rechts war, keine Rede sein.
Von dem freien Allodialeigenthum durch das Lehnseigenthum hindurch bis
zu den erblichen und nicht erblichen Nutzungsrechten des Domanial=, ritter=
schaftlichen, städtischen, Kloster=, Stifts=, Kirchen=, Prediger=c. Bauern herab
ist eine Stufenleiter von Rechtsverhältnissen gegeben, in welcher die einzelnen
Stufen um so weniger eine scharfe sichere Begrenzung haben, je älter und
dunkler ihr Ursprung ist, und die Umbildungen der Zeit haben diese
Rechtsverhältnisse zum Theil noch unkenntlicher gemacht. Was eigentlich
ein Lehensmann, ein Erbpacht=, ein Zeitpacht=Bauer u. s. w. im strengen
rechtlichen Sinne heutzutage ist, kann im Allgemeinen kein Mensch sagen,
wenn er nicht offen gestehen will, daß die aus dem Verhältnisse zum Gute
und zum Gutsherrn herauswachsenden, persönlichen und dinglichen, mit
den ihnen anhaftenden vielfachen, auf Person und Gut liegenden Pflichten
verschwommenen Rechte eben keine strengen Rechte, sondern von wechseln=
den Verwaltungsgrundsätzen oder Wohlwollen abhängige factische Ein=
räumungen sind. Die Sitte der Neuzeit hat in den damit zusammen=
hängenden Frohndiensten, Zehnten c. viel verändert, und hie und da die
Rechte des Bauern allerdings auch wohl schärfer fixirt, ja mancher Orten
selbst freies bäuerliches Eigenthum geschaffen, weil die Herrn selbst viel=
fach nicht verkannten, daß die Abhängigkeit des Bauern c. ihn aus der
Rohheit, Trägheit und Indolenz nicht herauswachsen ließ, immer aber
ist an vielen Orten theils noch ein großer Theil des beschränkten unklaren
Rechtsverhältnisses zur Sache, und eine generelle administrative Bevor=
mundung der Person geblieben, welche mit dem alten Gewaltverhältnisse
im engsten Zusammenhange steht, und ein sittliches und geistiges Empor=
kommen des Bauern, sowie namentlich in Folge dessen auch eine volle
Ausnutzung des Guts verhindert. Wir können — was auch lebensun=
kundige Phantasten von dem biederen Bauernstande fabeln mögen — aus
eigner jahrelanger Erfahrung versichern, daß in dem in beengenden
Schranken administrativer Willkür aufgewachsenen, unfreien Bauernstande
sclavischer Sinn, Unwissenheit, Mißtrauen, Unredlichkeit, Geiz, Faul=
heit immer noch heimisch sind, und daß nur da diese Eigenschaften t r o z
der Bevormundung nicht vorherrschen, wo entweder eine reiche Naturbe=
gabung die letztere unschädlich gemacht, oder die civilisirende Macht freie=
ren Verkehrs ihren heilsamen Einfluß geübt hat. Bei dem Lehnsguts=

besitzer sind die Eigenthumsbeschränkungen bereits meist geschwunden, und die großen Gutsbesitzer kann man daher im Wesentlichen als freie Eigenthümer betrachten, und dies ist ein Hauptgrund, weßhalb die großen Güter im Ganzen besser bewirthschaftet werden, als die meist, oder vielfach noch unfreieren kleinen Bauerstellen.

Niemand vertritt heutzutage noch die Unveräußerlichkeit, die Unfreiheit und überhaupt irgendwelche sonstigen Beschränkungen des Eigenthums überhaupt, und namentlich an Grund und Boden mit wissenschaftlichen Gründen. Wohl aber wird die freie Theilbarkeit, Parcellirbarkeit der Güter noch immer von Vielen als unräthlich betrachtet, und können wir dieserhalb dieser Frage eine nähere Betrachtung nicht entziehen. Man stellt die Frage gewöhnlich dahin: ob in derselben Gegend eine gleich große und gleich gute Bodenfläche mit gleich viel Capital und Arbeit vortheilhafter durch wenige große Landwirthe, oder durch viele kleine bestellt und ausgenutzt werden kann? Diese Fragestellung ist unfehlbar eine durchaus einseitige, und darum falsche. Zunächst nämlich ist die Voraussetzung gleicher Capital- und Arbeitsverwendung auf derselben Fläche eine solche, welche nothwendig den ganzen Standpunkt verschieben, und die ganze Frage zu einer müßigen machen muß.

Wenn ein einzelner Landwirth ein bestimmtes Capital und eine bestimmte Arbeitsmenge zu verwenden hat, und sich nun fragt, ob er damit in einer Gegend vortheilhafter ein großes, oder ein kleines Gut bewirthschaften werde, d. h. ob für ihn eine extensive oder eine intensivere Bewirthschaftung vortheilhafter sei, dann ist die obige Fragestellung richtig, dann handelt es sich aber auch lediglich um das Reineinkommen dieses einzelnen Landwirths; fragt man aber: wie wird ein Land am vortheilhaftesten und besten ausgenutzt, so daß man nicht sowohl an das Reineinkommen der einzelnen Person denkt, als an den Ertrag des Areals und an den Nutzen der Bevölkerung, dann ist gerade die Antwort wesentlich von der Beantwortung der Vorfrage abhängig, ob bei dem Klein- oder Großbetriebe mehr Capital und mehr Arbeit verwendet werde, denn hiernach eben wird sich die Größe des Ertrages richten, und es ist wohl zu beachten, daß die Arbeitslöhne, welche der Gutsbesitzer an seine Leute bezahlt, zwar von seiner höheren Roheinnahme wieder abgezogen werden müssen, um sein Reineinkommen zu finden, daß sie aber das Reineinkommen der arbeitenden Leute ausmachen. Vom Standpunkte der Volkswirthschaft aus sind also diese Löhne, um deren Werth der Ertrag des Guts erhöhet ist, ein Gewinn. Von diesem Gewinne leben die Arbeiter, und mit ihm beschäftigen sie wieder andere Producenten. Die ganze Frage nach der Parcellirbarkeit des Grund und Bodens kann ja nur insofern interessiren, als ermittelt werden soll, ob wichtige Gründe vorhanden sind, die theilweise Veräußerung der als Landgüter, als Bauer-

stellen u. s. w. einmal bestehenden Areale im Allgemeinen gesetzlich verbieten zu können. Die Freiheit des Eigenthums faßt die Befugniß zu
solcher Veräußerung von selbst in sich, und das Gesetz erlaubt dieselbe
also, wenn es dieselbe nicht verbietet. Letzteres kann natürlich selbst vom
Standpunkte derjenigen aus, welche es mit der Heiligkeit des Privateigenthums nicht so genau nehmen, nur aus überwiegenden Gründen für
den Nutzen der Allgemeinheit geschehen, und die Frage, ob der Inhaber
des Guts die Theilung für sich als vortheilhaft oder unvortheilhaft ansehen müsse, kann also um so weniger für die Frage nach der Zweckmäßigkeit oder Unzweckmäßigkeit der Parcellirbarkeit im Allgemeinen in Betracht
kommen, als es sich ja nur um die freiwillige, nicht verlangte etwanige
Theilung handelt, um die Erlaubniß zu theilen. Haben wir aber diesen
Standpunkt als den richtigen gewonnen, daß es sich also lediglich darum
handelt, ob es besser für die Gesammtheit ist, daß die Theilbarkeit, d. h.
die Erlaubniß für den Eigenthümer, theilweise veräußern zu dürfen, gestattet, oder ob es besser ist, daß sie verboten oder beschränkt werde, und
wissen wir, daß, je mehr Capital und Arbeit auf eine Strecke Landes
verwandt werde, desto höher im Allgemeinen auch deren Ertrag sei —
wir wissen ja, daß jedes Product, jeder Werth durch die drei Factoren:
Natur, Arbeit und Capital entsteht — und wissen wir ferner, daß die
Löhne der arbeitenden Leute, um deren Höhe eben der Ertrag des Guts
erhöhet wird, dem Gesammteinkommen der Bevölkerung zu Gute kommt:
so können wir in der That sagen, die Beantwortung der Frage hänge i m
W e s e n t l i c h e n davon ab, ob mehr Capital und Arbeit bei kleinerem
oder bei größerem Betriebe verwandt werde. Man könnte hiergegen freilich
noch erinnern, es sei noch nicht gewiß, ob das Capital am besten gerade für
den Landbau verwendet werde, denn hierdurch werde es den übrigen Industriezweigen entzogen; allein dieser Einwurf wäre nicht stichhaltig, denn
es handelt sich ja nur um die Erlaubniß, das Capital nach dem freien
Willen des Besitzers desselben für den Landbau verwenden zu dürfen, und
es kann keine Frage sein, daß es da am ergiebigsten sein wird, wohin es
sich freiwillig wendet, und daß es gerade im Landbau, wenn es dessen
Ertrag erhöht, fruchtbringend ist, haben wir gesehen, als wir bei der
Lehre vom Preise bemerkten, daß die Preise der Rohstoffe und Nahrungsmittel in den Productionskosten jedes anderen Products sich wiederfänden,
und daß ihre bisherige, durch die Beschränktheit des Grund und Bodens
hinaufgeschrobene Höhe deßhalb alle anderen Waaren mit vertheuerte.
Die Wichtigkeit der Preiserniedrigung der Rohstoffe und namentlich der
Lebensmittel durch Vervielfältigung dieser ist vermöge ihres Einflusses
auf die Erniedrigung der Preise aller übrigen Producte nicht zu bezwei-
feln, selbst der Landmann hat davon den höchsten Gewinn, denn wenn er
alle Waaren billiger kauft, und wenn er seinen Leuten einen geringeren
Lohn geben kann, so ist der Abzug von seinem Gesammtertrage so viel

geringer, er kann so viel intensiver wirthschaften, und so viel mehr er=
zielen. Die intensivere Bewirthschaftung eines Areals durch erhöhete
Capital= und Arbeitsverwendung ersetzt uns den Mangel an Ausdehnung
unseres Bodens, und schafft uns also mehr Früchte. Der Landmann
wird nun in den Stand gesetzt mehr zu kaufen, alle übrigen Producte
finden einen reichlicheren Absatz.

Manche bringen in diese Frage noch eine Menge anderer Erwägungen
hinein, außer derjenigen bezüglich der Capital= und Arbeitsverwendung,
allein solche Erwägungen sind immer mehr untergeordneter Natur, und
wenn man sie sämmtlich durchgeht, so sprechen deren mindestens eben so
viele für, als gegen die Theilung, so daß um ihretwillen die Entschei=
dung gegen dieselbe schwer fallen dürfte. Die großen Güter ermöglichen
allerdings eine größere Theilung und Vereinigung der Arbeit, und dadurch
wird eine höhere Intelligenz und ein rationellerer Landbau befördert;
allein wir haben schon früher gesehen, daß die Arbeitstheilung im Land=
bau nicht die hohe Bedeutung hat, wie in der Industrie, auch ist auf
kleinen Parcellen Alles leichter abzureichen, und je mehr Capital und
Arbeit gebraucht wird, desto mehr wird daran oder an Zeit auf großen
Gütern verloren vermöge der großen Entfernungen. Die mangelnde In=
telligenz im Großen wird von dem kleinen Wirthe oft durch seine Beob=
achtungen und Erfahrungen in den Details, sowie durch seine bessere
Ausführung der Arbeit überwogen. Die Anwendbarkeit von Maschinen,
von Drainagen 2c., ist nicht durchaus auf große Güter beschränkt —
Association kann hier vielfach die Anwendung ermöglichen — und jeden=
falls ersetzt oft die größere Aufmerksamkeit des kleinern Wirthes auf jede
Kleinigkeit, auf jeden kleinen Fleck die Vortheile jener. Es geht im
Kleinen nicht so viel in die „Krempe“ wie im Großen, wo oft der in=
telligenteste Inspector durch Säumniß, und die vielen Arbeiter durch
Mangel an Interesse Vieles vernachlässigen und verkommen lassen. Man
möchte sich wegen dieser und vieler anderer Gründe deßhalb eher für die
kleinen Parcellen entscheiden, indeß, wie gesagt, das Hauptgewicht wird
auf die Frage gelegt werden müssen, ob bei kleinen oder großen Gütern
mehr Capital und Arbeit verwendet, mehr intensiv gewirthschaftet werde?
In dieser Rücksicht muß man sich aber vor einer Haupttäuschung hüten.
Wenn man durch ein Land reiset, welches lauter große Wirthschaften hat,
so sieht man wenige Höfe, aber diese bezeugen mit ihren großen, präch=
tigen Wohngebäuden, Ställen und Scheunen, einen sehr erheblichen
Wohlstand der Besitzer; auch die arbeitenden Leute, welche man sieht, sind
reinlich, oft wohlgenährt und oft gut gekleidet. Wenn man dagegen
durch ein Land fährt, wo viele kleine Bauern in großen Dörfern, oder
in zerstreueten, aber doch verhältnißmäßig eng aneinander gerückten Häu=
sern wohnen, da sieht Alles viel ärmer aus. Hierdurch darf man sich
nicht täuschen lassen, denn die vielen kleinen Besitzer auf der Quadrat=

meile repräsentiren doch vielleicht zusammen einen größeren Reichthum als der eine Große, oder die wenigen Großen von derselben Fläche, nur leben mehr Familien und Arbeiter davon. Dieserhalb wird man nicht schlechthin sagen können, daß auf großen Gütern mehr Capital verwandt werde, aber auch umgekehrt wird man dieses nicht schlechthin von den kleinen sagen können, und selbst nicht, wenn man von einem und demselben Lande spricht; vielmehr wird bald auf großen, bald auf kleinen Gütern mehr an Capital und Arbeitskraft, und zwar an letzterer durch Menschen oder Maschinen, verwandt werden.

Die statistischen Ermittelungen weisen im Allgemeinen allerdings bei dem kleinen Grundbesitze mehr Vieh und mehr thätige Menschenhände im Verhältnisse nach, und auch die Verschuldung der großen Güter pflegt bis zu höheren Procenten hinanzusteigen. Auch wird im Allgemeinen der Rohertrag von gleich großer Fläche bei kleinen Gütern bedeutend viel höher angenommen als bei großen Gütern, und von vielen National-ökonomen wird selbst der Reinertrag derselben Fläche bei kleinen Wirth-schaften für höher gehalten wie bei großen. Läßt man namentlich das nicht außer Acht, daß die kleinen Wirthschaften bisher fast überall noch mehr oder weniger unter Bevormundung von wirthschaftsunkundigen und, selbst wenn sie guten Willen und gute Einsicht haben, immer hemmend und schädlich wirkenden Beamten stehen — Niemand kann consequent unter fremder Einmischung wirthschaften — so wird man unter der Voraussetzung, daß auch dem letzteren Uebelstande hoffentlich bald abgeholfen sein werde, kaum umhin können, aus dem bloßen Gesichtspunkte des Güterertrags zu Gunsten der kleinen eigenen Wirthschaften sich zu er-klären. Wollte man aber auch für große Güter sich entscheiden, so würde dies doch nur unter der Voraussetzung isolirter, fern von den Absatz-märkten gelegener Lage bei undichter Bevölkerung möglich sein; denn wer wollte wohl behaupten, daß in der Nähe von Paris und London große Güter liegen müßten, während die Leute von einem kleinen Gartenfleck reichlich leben können. (Man braucht nur den Reichthum der Vierlande bei Hamburg bei deren Kleincultur zu sehen.) Die Absatzmöglichkeit der verschiedensten Producte, — mit deren Production sich zu befassen der große Gutsbesitzer unmöglich im Stande ist — die vielen Dungmittel und Menschenhände führen bei dichter Bevölkerung von selbst zu kleinen Parzellen. Umgekehrt aber wird von selbst in einem uncultivirten, un-bevölkerten Lande der extensive Landbau allein möglich sein. Wir sehen also, daß, wenn man sich nicht schon an sich für den Kleinbetrieb in cultivirten Ländern entscheiden will, dann doch jedenfalls hier eine Be-schränkung der Theilung ohne alle Rechtfertigung sein würde.

In Irland, wo früher Untheilbarkeit geherrscht, hat, wie wir oben schon angeführt, das Land sich in neuester Zeit seit der Gestattung der Theilung besser gestaltet; in England, wo Theilung zwar gestattet ist, jedoch fast nur im Wege der Verpachtung geübt wird, wird dies als ein wesentlicher Grund des noch bestehenden Elends der landbebauenden im Vergleich zur städtischen Bevölkerung angesehen. In Frankreich, wo die Theilbarkeit bereits seit länger als 1789 besteht, wird diese als vorzüglicher Hebel des Wohlstandes angesehen, und französische Nationalökonomen sind dieserhalb sämmtlich für kleinen Grundbesitz. In Deutschland sind neuester Zeit ebenfalls die meisten Nationalökonomen und die bedeutendsten Auctoritäten für kleine Güter, jedenfalls für Parcellirbarkeit. Der alte Thaer — bei Landleuten die wichtigste Auctorität — hatte sich früher für große Güter entschieden, widerruft aber dies Urtheil in seinen „Grundsätzen der rationellen Landwirthschaft" von 1833, Th. I. §. 132. Er sagt: „der Streit über die Vorzüge der großen und kleinen Wirthschaften kann ohne bestimmte Localität durchaus nicht entschieden werden. Jede hat im Allgemeinen ihre eigenen, die ich in meiner englischen Landwirthschaft kurz gegeneinander zu stellen versucht habe. Ich gestehe aber nach meiner jetzigen Ueberzeugung, daß ich daselbst auf die Schaale der großen Wirthschaften im Allgemeinen ein zu großes Gewicht gelegt habe. Wo unter den kleineren Besitzern wahre Betriebsamkeit und verhältnißmäßiges Vermögen sich findet, und sie in ihrem Betriebe uneingeschränkt, und anderweitig nicht zu sehr belastet sind, da wird ein fruchtbarer Grund und Boden durch kleine Besitzer, die ihn mit eigenen Händen, oder doch unter eigenen unverwandten Augen bearbeiten, nicht nur — wie vielleicht Jeder zugiebt — mehr produciren, sondern auch — was man um so mehr leugnet — größeren reinen Ertrag geben können. Die Besorgniß, daß hier von den Producenten Alles wieder consumirt werde, und folglich Nichts zum Verkauf käme, ist völlig eitel, und kann nur aus der Ansicht der aus ganz anderen Ursachen so jämmerlichen Bauerwirthschaften gewisser Gegenden entstanden sein." Man siehe eine reichhaltige Literatur bei Roscher Bd. II. §. 53, zu welcher vor Allen noch Dr. Ad. Lette (Präsident des Königl. Preuß. Revisionscollegiums für Landescultursachen) „die Vertheilung des Grundeigenthums ꝛc." zu fügen ist. Letzterer weiset namentlich die Unbegründetheit der Furcht vor Zersplitterung bei freier Parcellirbarkeit — welcher immer ja auch die Freiheit des Zusammenlegens entsprechen muß und entspricht — auf das Gründlichste an den Erfahrungen im preußischen Staate, wie in vielen anderen deutschen und außerdeutschen Ländern nach.

Kann nun schon hiernach jede Beschränkung der Parcellirbarkeit nicht gebilligt werden, um so weniger, als selbst in weniger cultivirten Ländern die Fortschritte der Cultur und der Bevölkerung oft rasch zunehmen, und alle Berechnungen umstoßen, so sprechen noch viel gewichtigere andere ökonomische Gründe gegen solche Beschränkung. Es ist selbst in rein ökonomischer Beziehung mit einer Vergleichung des Güterertrags nicht abgethan. Das Verbot der Parcellirung muß schon immer mit einer Beschränkung der Erbfolge Hand in Hand gehen. Der Anerbe, welcher das Ganze erhält, muß aus demselben seine Miterben in Geld oder Naturalien abfinden, und schwächt sich hierdurch in seiner Capitalkraft. Ebenso führt die Parcellirungsbeschränkung bei Lebzeiten in schlechten Zeiten zu Ueberschuldungen des Guts, wo durch die Parcellirung die Möglichkeit gegeben wäre, einen Theil durch Veräußerung des anderen mit gehörigem Betriebscapital zu bewirthschaften. Wie die Schädlichkeit jeder Veräußerungsbehinderung und deßhalb namentlich die Festhaltung des Grundeigenthums in todter Hand erfahrungsmäßig sich in demselben Maße herausgestellt hat, in welchem die Bedeutung des Capitals für die Production gewachsen ist, weil eben die freie Veräußerungsbefugniß die Grundbesitzungen in die capitalreichsten und deßhalb meliorationsfähigsten Hände führt, so ist namentlich auch Parcellirungsbeschränkung als eine Entfremdung der Capitalien von Grund und Boden anzusehen.

Man darf aber unsere Frage durchaus nicht allein aus rein ökonomischem Gesichtspunkte betrachten. Wie sehr schon die Sittlichkeit des ganzen Bauernstandes durch das Erstgeburtsrecht, oder eine anderweitig beschränkte Erbfolge leidet, ist gewiß jedem Praktiker, welcher mit dem so beschränkten Bauernstande sich näher bekannt zu machen Gelegenheit hat, bekannt. Der Anerbe wird regelmäßig — dies ist nicht zu viel behauptet — von den Eltern verhätschelt, weil die Eltern später als Altentheiler von ihm abhängig sind. Der Anerbe behandelt aber gerade — nach dem im „König Lear" dargestellten Naturgesetze — wegen seiner zu rücksichtsvollen Erziehung seine Eltern regelmäßig schlecht. Seine Geschwister, welche ihm als Knechte und Mägde gegenüberstehen, beneiden ihn, und werden von ihm mißachtet. Familiensinn und jede edlere Regung schwindet. — Wie sehr die Gebundenheit des Grund und Bodens die ganze niedere Bevölkerung, welcher dadurch die Niederlassung, die Ehe, der Erwerb eines kleinen Eigenthums erschwert, ja vielfach unmöglich gemacht wird, in ihrem Fleiße, ihrer Ordnungsliebe und Sparsamkeit niederdrückt, zeigt die Erfahrung in Ländern, wie Mecklenburg, wie sich daselbst auch zeigt, in welchem Maße diese Absperrung vom Grundbesitz eine schiefe Richtung der Berufswege der ganzen Bevölkerung hervorruft: unnatürlicher Andrang zu den Gewerben, Niedrigkeit der Löhne in denselben bei geringem Absatz der Industrieproducte und bei theureren Nahrungsmitteln. Wie ganz anders sich die Sache stellt, wo die freie Veräußerungsbefugniß auch in den kleinsten Parcellen stattfindet, namentlich wenn auch das Gewerbe frei, und dem flachen Lande zugänglich ist, das bezeugen Länder, wie die Rheinprovinz, von welcher — siehe Lette S. 161 — bei Gelegenheit eben der Dismembrationsfrage in Preußen, und dieserhalb vorgenommener Vergleichung der verschiedenen Provinzen 1837, der Geh. OberRegierungsrath Bethe, damals an der Spitze der Landescultur-Verwal

tung, sagt: „Ueberall geht die Theilung des Bodens und die empor-
blühende Gewerbthätigkeit Hand in Hand, und es würde schwer zu
bestimmen sein, ob die Rheinprovinz ihre bei der Theilbarkeit und Parcellirung des Bodens blühenden, auch in Bezug auf Staats- und Ge-
meinwesen leistungsfähigen Verhältnisse zuerst und mehr der freien Erwerbsfähigkeit von Grundeigenthum, oder der Gewerbthätigkeit zu
danken hat. Die Verkleinerung der Wirthschaften wird ohne Abbruch am
Wohlstande dieser zahlreichen kleinen Eigenthümer, durch die Mitwirkung
der mittleren und kleinen Landwirthe bei der Gewerbeindustrie der Provinz
in der einen und anderen Weise möglich."

Wie günstig könnten sich die Verhältnisse in Mecklenburg gestalten,
wenn in ähnlicher Weise, wie in der Rheinprovinz, die Schranken zwischen
Stadt und Land fielen, Grund und Boden aber sowohl dem sparsamen
kleinen Landarbeiter, als dem Fabrikanten und selbst Handwerker zugänglich würden. Während jetzt die geringe ländliche Bevölkerung für die
Ernten der großen Güter nicht ausreicht, um dieselben sicher einzubringen,
vielmehr trotz der durch die Höhe der Löhne zur Erntezeit theuern Ernte-
arbeiten selten eine Ernte ordentlich und zeitig einkommt, zur selben Zeit
aber die Städte ihre „Saure-Gurkenzeit feiern", würde eine auf dem
Lande gestattete Industrie und namentlich dort allmählich sich bildende
Fabrikindustrie für diese Zeit in ihrem Personal und in deren Familien eine
Reserve bilden, Alles würde ineinandergreifen, die ländliche Bevölkerung
würde mit ihren Familien zwiefache Beschäftigungsmöglichkeit bekommen,
sich an Thätigkeit und Sparsamkeit gewöhnen, und bei kleinem Grundbesitz für die Nebenstunden eine über das ganze Land ebenmäßig vertheilte
Bevölkerung bilden, in welcher das städtische Gewerbe wiederum einen
lebendigen Absatzmarkt fände.

§. 48.

Ortsangehörigkeit und Freizügigkeit.

Der Deutsche hat eine dreifache Heimath: in seinem Geburtsorte,
in seinem engeren Geburtslande und in — Deutschland, und dennoch
giebt es eine Menge Deutscher, denen im ganzen deutschen Lande, in
ihrem engeren Vaterlande und in ihrem Geburtsorte die Einlaßpforten
verschlossen werden, oder denen für den Fall erzwungener Aufnahme die
Pforten einer Vagabondenanstalt eröffnet werden.

Im Mittelalter waren Fremde rechtlos, und Einheimische hatten die
verschiedenartigste rechtliche Stellung, je nach dem Schutz- oder Corpora-
tionsverhältnisse, in welchem sie standen. Das neue Staatsrecht hat
die Rechtlosigkeit der Fremden principiell aufgehoben, und die vielen
kleinen Schutzverhältnisse haben sich mit wenigen Ausnahmen in den Unter-
thanenverband erweitert. Einer der tiefeinschneidendsten Ueberreste der mit-

telalterlichen Auffassung aber ist die, bis auf einzelne allerneueste Parti-
culargesetze, immer noch für den Betrieb der „bürgerlichen Nahrung" erforderliche Ortsangehörigkeit, und der daraus hervorgehende Mangel an
Freizügigkeit. Zwar ist bis auf die Erfüllung der Militärpflicht das persönliche Verlassen des Vaterlandes — abgesehen von der Erlaubniß des
Wiederkommens — gestattet, und seit Aufhebung des Abschosses und der
Nachsteuer durch Art. 18 der Bundesacte kann auch das Vermögen frei
wegziehen, allein das Unterkommen einer Person in einem anderen Orte
des engeren oder weiteren Vaterlandes ist, mit Ausnahme weniger
deutscher Länder, auf das Aeußerste erschwert, und — nach dem alten
Rechtssprüchworte: „Wenn Einer ziehet ein, soll man ihm helfen mit
Rath, wenn er ziehet aus, soll man ihm nehmen was er hat" zu urtheil-
len — gerade seitdem, daß der Einzelne mehr selbständig dastehen, und
den Ertrag seiner Arbeitskräfte selbst genießen will, factisch weit schwieriger als im Mittelalter. — Es meinen zwar Manche, der Freizügigkeit sei
ein wesentlicher Vorschub geleistet durch die sogenannte Gothaer Convention, in welcher sich die sämmtlichen deutschen Staaten, mit Ausnahme,
wie wir meinen, von Oesterreich, Holstein und Lichtenstein, vereinbart
haben, diejenigen Individuen, welche noch fortdauernd ihre Angehörigen
(Unterthanen) sind, und ihre vormaligen Angehörigen, auch wenn sie die
Unterthanenschaft nach der inländischen Gesetzgebung bereits verloren
haben, so lange, als sie nicht dem anderen Staate nach dessen eigener
Gesetzgebung angehörig geworden sind, auf Verlangen des anderen Staates wieder zu übernehmen; allein diese Convention giebt lediglich den
S t a a t e n gegeneinander Rechte, dem E i n z e l n e n giebt sie weder für
seine Rückkunft seinem Staate gegenüber ein praktikables Recht, da er sich
häufig genug mit der Anstalt für Vagabunden hat begnügen müssen, noch
hat sie ihm wesentlich die Unterkunft in einer S t a d t fremden Landes,
oder in einer fremden Stadt seines eigenen engeren Vaterlandes erleichtert.
Eben so wenig hat das Institut der Heimathscheine, d. h. die Verpflichtung eines Orts durch Revers, den Auswandernden im Falle der Verarmung zurückzunehmen, erhebliche Linderung geschaffen, theils, weil
sich zu solchen Reversen verhältnißmäßig sehr wenige Ortsbehörden
verstanden haben, theils weil auch andere Gesichtspunkte, als die bloße
Rücksicht auf die Armenversorgung die Aufnahme zum Ortsbürger verhindern.

So lange noch die mittelalterliche Anschauung besteht, daß zur Ausübung eines beliebigen Aufenthalts und eines Nahrungsbetriebes die An-
gehörigkeit, das Ortsbürger - oder Ortseinwohner-Recht gehöre, so lange
wird der Eintritt eines Freizügigkeitsrechts in Deutschland, wir wollen
nicht sagen unmöglich, aber doch sehr schwierig sein. Abgesehen von der
Armenunterstützung, bringt der Eintritt in den wirklichen Communalverband als Bürger eine Menge politischer Rechte, sowie die berechtigte

Theilnahme an Communaleinrichtungen und Communalvermögen mit sich, welche jedenfalls nicht unentgeltlich an beliebige Zuzügler ertheilt werden können, in deren Entgeltlichkeit aber schon eine Erschwerung und also vielfach eine Ausschließung der Aufnahme liegen würde; andererseits würde für Den, welcher das Ortsbürgerrecht erworben haben würde, damit der Verlust der alten Heimath verbunden sein, der Gedanke aber, seine Heimath aufgeben zu müssen durch Hinziehen an einen andern Ort, würde eine Fessel enthalten, welche diejenige Fluctuation der Arbeitskräfte, ohne welche die Nützlichkeit bestehender Freizügigkeit sowohl für das Ganze, als für den Einzelnen erheblich geschwächt sein würde, wesentlich behindern müßte. — Die Freizügigkeit wird vielmehr erst dann verwirklicht werden, wenn man die völlige Unabhängigkeit des Wohnens, des Sichverheirathens, des Erwerbs von Grundstücken, und namentlich auch der Ausübung einer Berufsthätigkeit, von dem Erwerb des politischen Ortsbürgerrechts anerkennt. Alle diese ebengenannten Bethätigungen der Persönlichkeit sind Ausflüsse aus der unbeschränkten Fähigkeit zu Privatrechten. Sobald die Privatrechtsfähigkeit einer Person in einem Staate nicht beschränkt und beschnitten ist, muß sie, in dessen ganzem Bereiche, alle Contracte zu schließen und zu erfüllen, berechtigt sein. Dies ist nur denkbar bei Gewerbefreiheit und Freizügigkeit. Letztere Rechte, angewandt auf den einheimischen Staatsbürger, haben also mit dem öffentlichen Rechte Nichts zu thun, weil sie in der vollen Privatrechtsfähigkeit inbegriffen sind, und wenn man sie als öffentliche behandelt, so geschieht das eben nur, weil die Privatperson und deren Eigenthum bisher vor dem öffentlichen Rechte nicht sicher, vielmehr durch den Staat geschmälert ist. Die Freizügigkeit ist so zu sagen gar kein selbständiges Recht, denn das Recht, irgendwo zu wohnen, hat an sich keinen oder äußerst geringen Werth, es ist aber für die Bethätigung der vollen Privatrechtsfähigkeit von dem allergrößesten Werth, ist dessen conditio sine qua non. Wenn Jemand in Grundlage der Gothaer Convention in seine frühere Heimath zurückgeschickt wird, letztere verschließt ihm aber alle anderen Thüren, als die der Vagabondenanstalt, dann nützt ihm seine Heimath wohl schwerlich; denn er kann dort seine Persönlichkeit nicht bethätigen. Die Festbannung in dem einzigen Heimathsort ist noch nicht viel besser; denn auch hier kann die Möglichkeit, sich zu bethätigen, durch hundert Umstände ausgeschlossen sein. Erst wenn Jemand sich den Ort seiner privatrechtlichen Wirksamkeit, seines Nahrungsbetriebes überall in seinem Vaterlande frei wählen kann, erst dann ist ihm die volle privatrechtliche Verfügung über seine Kräfte, über sein Eigenthum zugestanden. Diese Forderung, welche also weiter nichts ist, als das Anverlangen an den Staat, unser Privateigenthum, unsere Privatrechtssphäre, unbehelligt zu lassen, stellen wir an den Staat, ohne von ihm irgend welche öffentliche Rechte, welche wir nicht schon hätten, zu begehren. Unser Heimathsrecht in unserem

Geburtsstaate und Geburtsorte behalten wir so lange, als wir nicht an einem anderen Orte das Staats- und Ortsbürgerrecht erworben haben, so daß wir bis dahin immer wieder in unsere alten Communalrechte zurückkehren können. Wir wollen aber vermöge unseres Unterthanenrechts in unserem ganzen Vaterlande unsern Aufenthalt nehmen können, um unsere Kräfte nach Möglichkeit zu verwerthen. — Man könnte einwenden, dann werde es in allen Communen eine Anzahl Einwohner geben, welche keine Communalrechte hätten; es müsse doch wohl wenigstens nach einer gewissen Dauer des Aufenthalts der Zuziehende berechtigt und verpflichtet sein, das Ortsbürgerrecht zu erwerben. Wir wollen dagegen nicht erwiedern, daß ja auch jetzt viele Einwohner ohne Bürgerrecht in den Communen leben, z. B. Staatsbeamte, Juden, aber wir haben es hier mit einer rein wirthschaftlichen Frage zu thun, und bezüglich dieser können wir von jenem Rechte und jener Pflicht völlig absehen. Sehen wir einmal den Staat — siehe §. 2 — lediglich als der Entwickelung der Einzelnen dienend an, und müssen wir eben deßhalb die volle Privatrechtsfähigkeit der Einzelnen nach Möglichkeit zu wahren suchen, und eben deßhalb ihnen die Freizügigkeit, als die Grundlage ihrer vollen wirthschaftlichen Bethätigung zugestehen, so involvirt die Niederlassung in einem Orte auch die Theilnahme an allen denjenigen Instituten der Commune, welche der Zuziehende als Staatsbürger beanspruchen darf, z. B. an den Schulen, Rechtsschutze u. s. w., und zwar selbstverständlich gegen Entrichtung der dafür bestehenden Abgaben; bei der Selbständigkeit aber, die andererseits die Communen für ihre Specialinteressen vom Staate beanspruchen dürfen, und die ihnen, ganz dem deutschen Charakter angemessen, zu erhalten ist, würden wir die Verpflichtung zur Aufnahme Fremder, wenn auch Staatsangehöriger, in den engern Communalverband und das Communaleigenthum nicht billigen können, wie wir eben so wenig die Verpflichtung des Zuziehenden, früher oder später Bürger zu werden, für eine ungebotene Freiheitsbeschränkung ansehen würden. Wir glauben aber, wie gesagt, von diesem Rechte und dieser Pflicht absehen zu können, denn wir sind fest überzeugt, daß im Wesentlichen die Sache zur Zufriedenheit des Zugezogenen und der Commune von selbst sich gestalten würde. Der Erstere wird nämlich, da er durch den Eintritt bezüglich seines Credits, seiner socialen Stellung u. s. w. sich wesentlich verbessert, alsdann von selbst das Bürgerrecht begehren, wenn er sein Fortkommen an dem neuen Orte begründet sieht, während er entgegengesetzten Falles sich der Verpflichtung durch Wegzug doch entziehen würde; die Communen aber werden bei statthabender Freizügigkeit bald zu der Einsicht gelangen, wie große Vortheile ihnen aus der Liberalität in der Aufnahme erwachsen, und so werden sich die Wünsche regelmäßig begegnen.

Die bisherige Abgeneigtheit gegen die Freizügigkeit beruhete auf der Besorgniß der Communen vor der Vermehrung der Armenlast, und der bereits ansässigen Geschäftsinhaber vor der Beeinträchtigung ihrer Nahrung durch Zuzug neuer Berufsgenossen. Beide Befürchtungen lassen sich zurückführen auf die aus der Zeit völliger Verkehrsabgeschlossenheit gewohnheitsmäßig festgehaltene Anschauung, als ob einer Commune, einem Kreise, einer Gegend, eine ein für alle Mal bestimmte Menge von Nahrungsmitteln, so zu sagen eine Schüssel voll Unterhaltsmitteln, zugemessen wäre, aus welcher jeder Einwohner seinen Antheil bekäme, und daß hinfolglich der Antheil der bisherigen Eingesessenen durch den Zuzug neuer Zuzügler beeinträchtigt werden müßte. Wie wir gesehen haben, ist die Nahrung einer Commune n i ch t eine bestimmt gegebene, sondern sie wird geschaffen durch die Communemitglieder, durch deren Arbeit und deren wirkliches, oder im Wege des Credits beschafftes Capital. Je mehr Kräfte die Commune hat, desto mehr Unterhaltsmittel hat sie, und ein Einwohner arbeitet immer dem anderen in die Hand, der Art, daß ein Ort eher und öfter aus Mangel an tüchtigen und betriebsamen Arbeitern zu Grunde geht, oder gelähmt wird, als aus Ueberfluß daran. Es ist, richtig betrachtet, viel häufiger ersichtlich, daß eine Gewerbsbranche karge Beschäftigung findet, weil sie zu wenig, und von zu wenig tüchtigen und speculativen Mitgliedern vertreten ist, als umgekehrt wegen Uebersetzung. Wir erinnern uns, etwa vor zwei Jahren in den Blättern gelesen zu haben, wie die Weber in Berlin bei der Ortsbehörde beantragten, daß dieselbe liberaler hinsichtlich der Aufnahme von Webern verfahren solle, weil sie sonst nicht gegen die auswärtige Concurrenz bestehen könnten. In diesem Verlangen ist Sinn und Verständniß des Geschäftslebens zu erblicken, nicht aber darin, die Mithelfenden zur Heranziehung eines Geschäfts zu verbannen. Würde wohl beispielsweise die Hamburger Kaufmannschaft sich überall nach einem Elbschiffer umsehen, wenn etwa nur 20 bis 30 Elbschiffer existirten, von denen sie nur mangelhaft bedient werden könnte? Gewiß würde sie dann vielmehr lediglich auf den Transport mit der Eisenbahn reflectiren, von welcher sie stets sicher bedient wird, während der Einzelne jener 30 Schiffer, selbst wenn er sich anböte, kein in der Erfahrung begründetes Vertrauen finden, und mindestens, weil er sich aufdrängen müßte, niedrige Frachtpreise erhalten würde. Wer hat es nicht hundertfach gesehen, wie ein zu schwaches Angebot die Nachfrage dahin treibt, wo jenes reichlicher zu finden ist; das Angebot soll ja so gut die Nachfrage auf den Markt locken, wie diese jenes. Darüber, wie überdies ohne Mitbewerbung jeder Mensch erlahmt, reden wir kein Wort. — Die Annahme, daß für die Zuziehenden keine Nahrung mehr da sei, und dieselben deßhalb der Armenkasse zur Last fallen würden, ist also offenbar eine völlig grundlose, da mit jeder Aufnahme auch die Armenversorgungsmittel sich vermehren. Es ist auch wohl zu beachten, daß oft e i n Mann dem ganzen Orte ein regeres Leben und eine gedeihlichere Geschäftsrichtung zuführen kann, welche für eine Menge der bisherigen Ein-

wohner neue Nahrungsquellen eröffnen. Die Rücksichtnahme auf die
Armenversorgung müßte also richtiger die Liberalität in der Aufnahme
steigern. Wir haben aber überdies das Anverlangen, daß die Commune
die Zuziehenden und deren Familien im Falle ihrer Verarmung ernähren
solle, gar nicht gestellt, sondern wir haben nur verlangt, daß die Zuziehenden Aufenthalt sollen nehmen können, um ihr Geschäft an dem Orte
zu betreiben, so lange sie in demselben ihre Nahrung finden. Dieselben
werden unfehlbar den Ort bei bestehender Freizügigkeit von selbst wieder
verlassen, sobald derselbe ihnen für ihren Betrieb keinen günstigen Boden
mehr bietet, und das Recht auf Armenunterstützung würden sie, wenn
überall, höchstens nach wie vor in ihrem Heimathsorte geltend zu machen
haben, so lange die neue Commune ihnen nicht freiwillig, über unser
Verlangen hinaus, das Heimathsrecht eingeräumt haben sollte. Gerade
die bisherige Ueblichkeit, den Betrieb einer Nahrung nicht anders dem
Zuziehenden zu gestatten, als wenn er in dem neuen Orte das Ortsbürgerrecht erwarb, zwang ja denselben, sein früheres Heimathsrecht aufzu-
geben, und gerade dadurch wurde ja der aufnehmenden Commune die
subsidiäre Haftung für die Ernährung des Zugezogenen zugewälzt. Der
Leser wolle sich aber auch erinnern — §. 45 — daß wir von einer officiellen Armenunterstützung überhaupt gar nichts wissen wollen. Das
Bestehen derselben hat wesentlich die Armuth erzeugt, weil sie nicht allein
die Energie der arbeitenden Classen gebrochen, sondern auch die Erhaltung
der fressenden Krebse — der unproductiven Beamten- und Soldatenheere
— ermöglicht hat.

Was die Furcht vor der Uebersetzung einzelner Erwerbsbranchen
durch Aufnahme neuer Berufsgenossen betrifft, so ist außer dem Bisherigen auch das nicht zu übersehen, daß jeder zuziehende Concurrent, wenn
er das mit seiner Thätigkeit Erworbene zur Befriedigung seiner Bedürfnisse verwendet, oder Andere es derartig verwenden läßt, den Fond von
Nahrung um den Betrag seiner Erzeugnisse vermehrt hat. Wenn heute
ein zuziehender Schneider abgewiesen wird, so entgeht den Schuhmachern,
Bäckern, Fleischern u. s. w. u. s. w. ein Abnehmer, und wenn morgen
ein Schuhmacher abgewiesen wird, so entgeht wieder den Schneidern u. s. w.
ein Kunde; ja, richtig besehen, sind gar oft auch die Schneider Kunden
der Schneider, die Schuhmacher Kunden der Schuhmacher u. s. w., denn
gesetzt, der Schneider Schulze setzt fortwährend den Bäcker Müller in
Nahrung, und giebt ihm nach und nach so viel zu verdienen, daß derselbe
dafür einen neuen Rock machen lassen kann, und derselbe läßt nun den
neuen Rock bei dem Schneider Meyer machen, der auch sein Kunde ist, ist
es dann nicht gerade so gut, als hätte Schneider Schulze den Rock bei
dem Schneider Meyer machen lassen? Man sieht eben hieraus, wie unmöglich die strenge Scheidung in Producenten und Consumenten ist, und wie
eng alle Geschäfte im bunten Durcheinander mit einander verwachsen sind.

Die Besorgniß vor Uebersetzung derjenigen Erwerbsbranche, für die sich gerade ein Ankömmling meldet, macht sich heute für diese und morgen für jene Branche geltend, und hat in kurzem Zeitraume alle Branchen bedacht und vor Zuwachs bewahrt; es geht aber gerade daraus, daß a l l e Erwerbsbranchen sich vor Uebersetzung fürchten, hervor, daß a l l e Zuwachs bekommen würden, wenn die sich Meldenden alle angenommen würden, daß sich also alsbald nur der Ort durch gleichmäßige Vermehrung aller Geschäfte vergrößern würde. Durch den Zuwachs der Geschäfte entstehen eben die großen Städte, und wie reimt es sich nun mit jener Furcht vor Uebersetzung, daß die Kleinstädter sich so viel darüber beklagen, daß die großen Städte alle Nahrung an sich ziehen?!! Gerade Freizügigkeit im ganzen Lande ist das wirksamste Mittel, um die Uebersetzung einzelner Erwerbsbranchen zu verhüten; denn nur wenn der Zu= und Abfluß von einem Orte zum anderen unbeschränkt gestattet ist, kann das große Ausgleichungsgesetz, das wir in der Lehre vom Preise kennen gelernt haben, im Wege natürlich sich gestaltender Einwirkung von Angebot und Nachfrage sich bethätigen. Niemand ist dann, wie jetzt, an den Ort gefesselt, welcher für ihn gegenwärtig zu wenig Nachfrage bietet, sondern ein Abfluß einseitig überflüssiger Kräfte nach Orten hin, wo daran Mangel ist, stellt fort und fort das Gleichgewicht her. Kein Producent wird aber dann auch in seinem Betriebe dadurch, wie jetzt so vielfach, behindert und gelähmt, daß diejenigen Arbeiter anderer Branchen fehlen, welche ihm etwa die Vorarbeiten, oder selbst einzelne Theile seiner Arbeiten liefern, oder sonst ihm in die Hände arbeiten müssen, oder umgekehrt, nach seiner Arbeit Begehren tragen, fehlen, und darum wird nicht allein die Uebersetzung einzelner Gewerbe durch die Freizügigkeit verhütet, sondern es wird auch jeder Ort in die Richtungen der Production wie von selbst geleitet, welche für ihn die fruchtbarsten sind, und es wird so jeder Ort durch sie in seiner Gesammtleistung, in seiner Gesammtproductionskraft auf die möglichste Höhe gehoben und befähigt, es anderen Orten, mindestens in einzelnen Hauptbranchen, an Güte und Billigkeit zuvorzuthun, dadurch immer mehr Nahrung heran zu schaffen, und dadurch wieder zu möglichst erhöhetem Gesammtwohlstande zu gelangen.

Es ist ersichtlich, einen wie großen Werth wir darauf legen müssen, daß überall in unserem Vaterlande die Freizügigkeit gestattet werde. Darum aber denken wir noch lange nicht daran, die Einführung derselben an einem Orte, oder in einem Lande, von der Reciprocität, von der Gestattung auch in anderen Orten und in anderen Ländern abhängig machen zu wollen. Das ist nur eine Verewigung der alten Zustände; die Praxis hat es bewiesen, daß der Peel'sche Grundsatz, Engherzigkeit mit Liberalität zu bekämpfen, der einzig richtige ist. Auch steht sich selbst bei anderer Orten mangelnder Wiedervergeltung der liberal aufnehmende Staat, die liberal aufnehmende Commune, immer am besten. Wenn selbst der Zuziehende

kein baares Vermögen mitbringt, was indeſſen — da die ganz Zurück-
gekommenen meist die zur Aenderung ihres Orts erforderliche Energie und
Zuverſicht verloren haben — meiſtens mehr oder weniger der Fall iſt, ſo
bringt er doch das mit, was ſeine Arbeitskraft bisher gekoſtet, womit er
dieſe erworben hat. Ein Handwerker koſtet bis zu ſeiner Niederlaſſung
und reſp. bis zu der Durchbildung, welche der Zuziehende beſitzt, ſeine
ein bis zwei Tauſend Thaler und oft noch mehr, ein Kaufmann, ein
Fabrikant u. ſ. w. regelmäßig eine noch höhere Summe. Dieſe Summe
iſt nicht weggeworfen, ſondern ſie iſt in dem Zuziehenden capitaliſirt, der
Zuziehende bringt gewiſſermaßen alles dasjenige mit, was er verzehrt und
gekoſtet hat. Soll ſich in der Commune erſt ein gleicher Geſchäftsmann
bilden, ſo koſtet er dieſelbe Summe, und in Anbetracht, daß von Allen,
welche ſich dahin ausbilden wollen, Viele vor Erreichung des Ziels, oft
kurz vor demſelben, ſterben, oder ſonſt nicht einſchlagen, noch mehr.
Niemand weigert ſich gegen den Einlaß von Vieh, ſondern man betrachtet
daſſelbe als einen Gewinn zur Höhe der Koſten und bezahlt die letzteren
auch willig dafür, während man gegen den Einlaß producirender Menſchen,
ſelbſt wenn ſie ſich umſonſt anbieten, ſich ſträubt. Iſt denn die Capital-
anlage bei dem Menſchen weniger productiv, als die bei dem Vieh, etwa
weil man letzteres ſogleich ganz conſumirt, während der producirende
Menſch nach und nach ſeine Capitalverwendungen mit Zinſen wieder vergütet? Wahrlich, für die Summe des jährlich vom Zuziehenden Verzehrten iſt — von ſeltenen Ausnahmen abgeſehen — deſſen Productivkraft für die Commune billig acquirirt.

In Amerika, England, Frankreich, Belgien u. ſ. w. hat ſich die
Freizügigkeit als äußerſt wohlthätig herausgeſtellt, und ſie iſt namentlich
für die Geſchäfts- und Verkehrskenntniß und für den vorwärts ſchauen-
den Geſchäftsſinn, da ſich mit der Ausdehnung der Geſchäftsmöglichkeit
auch der Geſichtskreis der Geſchäftsleute erweitert, überaus förderlich geweſen. In Preußen beſteht nach dem mit den Principien von Stein's
übereinſtimmenden Geſetze vom 31. December 1842 die Freizügigkeit zu
Recht, und nur „wenn ſich vor Ablauf eines Jahres ergiebt, daß der Zu-
gezogene ſich in einem ſolchen Zuſtande der Verarmung befinde, welcher
die öffentliche Unterſtützung deſſelben nothwendig macht," kann die aufnehmende Commune ſich nach der Ergänzungsverordnung vom 21. Mai
1852 ſeiner wieder entledigen. — So lange nicht in ganz Deutſchland
Freizügigkeit herrſcht, wird nicht allein das weſentlichſte äußere Merkmal,
ſondern auch der mächtigſte Hebel ſeiner nationalen Einheit fehlen, ſo
lange werden aber auch, was die Engherzigen wohl beachten wollen, die
in's Ausland getriebenen ſtrebſamen und tüchtigen Kräfte vom Auslande
her ihrem Vaterlande und alſo auch denen, welche ſie ausgeſchloſſen haben,
Concurrenz machen, anſtatt daß ſie, vom Inlande aus, dem Auslande
den Markt hätten ſtreitig machen müſſen.

§. 49.

Schutzzoll und Freihandel.

Diese Frage ist bereits speziell und fast erschöpfend in Demjenigen behandelt worden, was wir in Beurtheilung des Merkantilsystems ausgeführt haben, auch haben wir gerade den Bericht des Schatzsecretairs Walker in besonderem Hinblick auf diese Frage auszüglich — siehe §. 31 — aufgenommen und auch unsere statistischen Notizen haben bereits diesen Gegenstand vielfach berührt. Es bedarf deßhalb hier nur noch weniger Worte. Wir erinnern zunächst an das, was wir im Anfang des Werks über die Rothwendigkeit des Kampfes für die Entwickelung des Menschen gesagt haben. Die Geschichte und Statistik weisen das Erschlaffende eines Schutzolls fast auf jedem Blatte nach, und die Erfahrung, daß, wo einmal Schutzölle eingeführt sind, dieselben in immer sich steigerndem Maße ausgedehnt werden mußten, weil die Selbständigkeit und Kraft der Producenten immer mehr abnimmt, und das künstliche System die Production in immer weniger den Verhältnissen — dem Klima, der Bodenbeschaffenheit u. s. w. — entsprechende Bahnen der Betriebsamkeit einlenkte, sollte jeden Staat davor warnen. Wir erinnern ferner an Dasjenige, was wir über die Arbeitstheilung gesagt haben, an die vermehrte Production, welche dadurch entstehen muß, daß jede Person nur auf die Branche sich wirft, für welche sie am besten geschaffen und ausgebildet ist, und wenn der Leser damit vergleichen wird, was wir über die Preisbildung gesagt, wonach Dasjenige, was die meisten Bedürfnisse befriedigt, am meisten gesucht und am höchsten bezahlt wird, ferner Dasjenige, was wir über die verschiedenen Productivanlagen der verschiedenen Gegenden der Erde gesagt, und nicht minder dasjenige, was wir daran knüpfend über den Umlauf der Güter, der sich immer mehr zum Weltverkehr ausdehnte, sowie über dessen Vermittler, den Handel, sagten: so wird damit der Freihandel als eine Rothwendigkeit erscheinen. Nur Der, welcher alles Dieses übersieht, und dessen Geist zu eng ist, als daß er ein Bild vom Gesammtverkehr sich machen könnte, kann dem Schutzoll das Wort reden. Dessen Wirkungen können nur in derjenigen Verkümmerung bestehen, welche eine natürliche Folge der Abschließung ist. Der Schutzoll (Eingangszoll und Ausgangsprämie) besteuert zunächst die ganze consumirende Bevölkerung, sei es zu Nutzen einzelner Producenten, oder zu Liebe einer künstlich gezogenen Production. Die Consumenten müssen ihre Bedürfnisse so viel höher bezahlen, als wenn sie dieselben ohne Zoll von Außen beziehen, und wenn sie der auszuführenden Waare aus ihren Mitteln eine Prämie bezahlen müssen (der Staat thut dies aus ihren Mitteln), so haben sie hiefür keinen Genuß, und müssen andere Dinge dafür entbehren, und außerdem wird die künstlich ausgeführte Waare für sie auch noch seltener, und also auch hierdurch

theurer. Muß der Consument in Gestalt des Einfuhrzolles, oder des Aus-
fuhrzolles, und durch dieselben mehr für seinen Unterhalt ausgeben, so
überträgt sich dies auch auf die Preise der von ihm als Producenten ge-
fertigten Waaren, weil die Production auch dieser durch das theure Leben
vertheuert wird. Dies hat nun aber wieder zur Folge, daß er, und da
dies sich für alle Consumenten als Producenten geltend macht, alle Producenten weniger Absatz finden, da die im Preise gesteigerten Waaren mit
dem Auslande nicht concurriren können und da die Einheimischen durch
das theure Leben allgemein in ihren Einkaufsmitteln geschwächt sind, ja
daß sie selbstverständlich auch weniger produciren können, und letzteres um
so mehr, wenn, absehend von den Natur- und Volksanlagen, unrichtige
Productionsbahnen eingeschlagen sind. So bei jedem Schutzzoll. — Wenn
nun aber gar der Schutzzoll zu hoch gegriffen ist — und welcher Handels-
minister will sich vermessen zu sagen: gerade so viel ist erforderlich, die
auswärtige Waare zu vertheuern, damit die einheimische damit gleiche Bedingungen erhält — dann macht der geschützte Fabrikant einen übermäßigen Gewinn und nun nimmt die gesammte Landesproduction eine
schiefe Richtung, indem Alles sich auf diese geschützte Production wirft, und
andere gesundere Geschäftsbranchen verläßt. Wenn dann endlich eine
Menge Menschen diesen Zweig betreiben, und ihn nicht wieder verlassen
können, weil sie in demselben ihre Capitalien stehend angelegt haben, dann
muß wohl endlich die Waare billig werden, aber wiederum zum Nachtheil
einer ganzen Klasse von Menschen. Es wird nun schon die Bahn von
Privilegien und Monopolen betreten werden müssen, und zuletzt ist im
Grunde in allen Zweigen der Staat selbst der Unternehmer, die Bevölkerung eine erschlaffte, mehr und mehr zurückspielende Menge von Hunger-
leidern.

Kurz, aber sehr gut, sagt Prince-Smith in einer uns leider soeben
erst zugehenden, im letzten volkswirthschaftlichen Congresse gehaltenen
Rede: „die Erweiterung und Durchbildung der Arbeitstheilung, dieser
eigensten Grundlage aller volkswirthschaftlichen Vergesellschaftung, wird
durch die Thätigkeit des Handels bewirkt. Wo nämlich die Verhältnisse
einem gewissen Product am günstigsten sind, wo mit einem gegebenen Aufwand von Arbeit und Capital am meisten davon producirt wird, da ist es
am billigsten, da sucht es der Handel auf, und ermuntert durch seine Nachfrage daselbst die Verwendung von immer mehr Kräften und Mitteln zu
solcher Production. Das fragliche Product führt der Handel nun dahin,
wo es nicht mit so gutem Erfolg hergestellt werden kann, und nöthigt durch
billiges Angebot zur Einstellung einer unzweckmäßigen Production, zur
Verwendung der vorhandenen Kräfte und Mittel auf irgend einen anderen
Zweig, bei dem sie sich ergiebiger zeigen; — und welcher Zweig dies sei,
läßt sich aus dem Vergleiche der Marktpreislisten mit den zu veranschla-
genden respectiven Productionskosten überall herausfinden. Der Handel

ist es, welcher, wohl verstanden bei völliger Concurrenzfreiheit, gleichsam die Function einer volkswirthschaftlichen Polizei ausführt, und einerseits durch die Prämie eines rentirenden Gewerbes, andererseits durch die Strafe der Brodlosigkeit Jeden dazu anhält, seine Arbeits- und Capitalmittel so zu verwenden, daß sie unter den gegebenen Naturverhältnissen den möglichst großen Beitrag zur Gesammtbefriedigung liefern, die Mittel zum Kulturleben möglichst mehren helfen. Den Handel beschränken, die freie Concurrenz hemmen, heißt die Durchbildung der Arbeitstheilung verhindern; dem Grundprinzip aller menschlichen Vergesellschaftung entgegenstreben, den Culturfortschritt aufhalten."

§. 50.
Zunftwesen und Gewerbefreiheit.

Die unter der Herrschaft der Römer um den Rhein und um die Donau entstandenen Städte verloren während der Völkerwanderung ihre Verfassungen und erst im 10. und 11. Jahrhundert bildeten sich wieder bischöfliche, königliche und fürstliche Städte, je nach der öffentlichen Gewalt, welche sie aus den ihr untergebenen hörigen Leuten bildete. Neben dem unfreien Ganzen setzten sich einzelne Freie, welche demnächst zwar der Jurisdiction des Stadtherrn allmählig mit unterstellt wurden, aus welchen aber die Schöffen genommen, und die städtischen Aemter später besetzt wurden. Zu diesen eigentlichen Bürgern gehörte der Handwerksstand nicht, sondern dieser war unfrei, entwickelte sich auch sehr langsam durch den Uebergang der Hausarbeit in die getheilte (Berufs-) Arbeit, welche in den Städten erst Platz gewann durch Einzug solcher Leibeigenen, welche von ihren Herrn zu einer ausschließlichen Arbeit benutzt waren. Dieser Einzug ward von Heinrich dem Finkler im 10. Jahrh. besonders begünstigt.

Der Handwerker konnte sich bei dem damals, wie wir bereits oben gesehen, herrschenden Faustrechtssystem von dem Druck und der Unsicherheit der Person und des Eigenthums nur dadurch befreien, daß er sich zusammenschaarte, die einzeln stehende Person hatte derzeit keine Geltung, die Vielheit dagegen, die Corporation mußte schon respectirt werden. Durch die Zunft gewann der Handwerker allmählig die Freiheit und Schritt für Schritt ein Recht nach dem anderen. Lediglich also um des Rechtsschutzes willen, um in der Arbeit und in den Früchten der Arbeit nicht beeinträchtigt und fort und fort gehemmt zu werden, bildeten sich die Zünfte, und mußten sie sich in jenen Zeiten des Faustrechts bilden, und sie mußten sich auch weiterhin vorerst noch erhalten, weil eben im Mittelalter Rechte überhaupt nur durch großen Grundbesitz, sonst aber nur durch corporative Sonderstellung erworben und aufrecht erhalten werden konnten. Jede gesunde Natur muß es aber sofort erkennen und empfinden, wie unbefriedigend ein Zustand ist, in welchem man nicht um seiner selbst willen, als einzelne selbstständige Person gilt, sondern nur weil und sofern man sich an Grundstücke, oder an andere Personen gewissermaßen anrankt.

Das mittelalterliche Feudalwesen, und mit ihm das Prinzip der Eigenmacht, wurde allmählich von der sich befestigenden fürstlichen Gewalt gebrochen, namentlich durch den ewigen Landfrieden und die festere Einrichtung des Reichsjustizwesens (1495). Nun war für die Existenz der Zünfte die wesentliche Veranlassung und Voraussetzung geschwunden, und hätte der Handwerker mit der Zeit fortschreiten wollen, so hätte er aus dem bloßen Appendix, oder Anhängsel der Corporation in eine selbstständige, ihre Bedeutung in sich selbst tragende eigene Persönlichkeit, Individualität, übergehen müssen. Es liegt in der Natur der Sache, daß jedes bloß äußerliche Dasein, ohne inneren Grund und ohne inneres Wesen, wenn es sich über seine Zeit forterhält, ein falsches Wesen annehmen, in ein Unwesen übergehen muß. So ging es auch mit den Zünften. So lange sie nothwendig waren, um Rechtssicherheit, Freiheit und Ehre des Handwerkers zu ermöglichen und aufrecht zu erhalten, so lange war in denselben ein frisches, kräftiges Leben, das Handwerk blühte durch sie, versittlichte sich, und übte einen wohlthätigen Einfluß auf seine Mitglieder und auf den gesammten Staat. Von kleinlichen Zänkereien, von Inhumanität gegen Andere, war umsoweniger Etwas zu sehen, jemehr die Zunftmitglieder sich ihrer edlen Bestrebungen für Freiheit, Ehre und Recht bewußt waren. Der kräftige Gemeingeist beseelte Meister, Gesellen und Lehrlinge, und der Handwerksstand hob sich vortheilhaft in seinem Wesen und in seiner Arbeitskraft. Sobald aber die Rechtssicherheit anderweitig garantirt war, und also die Zünfte ihren Zweck und die Veranlassung ihrer Entstehung verloren hatten, sobald also ihr gemeinsames Streben kein nothwendiges Ziel mehr hatte, lenkte es sich selbstverständlich auf Ziele, die dem Handwerk und seiner Grundlage, der Arbeit, fremd waren: die Zünfte traten nicht mehr für die Freiheit der Arbeit auf, sondern sie lenkten in die Bahnen ihrer bisherigen Widersacher, des rohen Adels, ein, verfolgten und beeinträchtigten, wie dieser die Arbeit Anderer im Wege kleinlicher, **gegen die Arbeit gerichteter**, Sonderrechte und Monopole. Sie verkehrten sich gegen ihr eigenes Lebensprinzip: die Arbeit. Alle die Privilegien und Monopole, welche als gegen das Prinzip der Arbeit gerichtet zu betrachten sind, datiren im Wesentlichen aus der Zeit nach entstandener allgemeiner Rechtssicherheit, von wo an eben der industrielle und sittliche Verfall der Zünfte beginnt, weil dieselben keinen Sinn mehr hatten, und weil die Schranken und Fesseln, die sie glaubten zu ihrem Schutze schaffen zu müssen, gerade ihre eigene Bewegung hemmen und ihre Productivität schwächen mußten. Der Zunfthandwerker ist durch die engen Schranken, welche jedes

Gewerk um sich gezogen, und durch die pedantischen Regeln, welche es in sich aufgestellt hat, an dem vollen Gebrauch seiner Fähigkeiten gehindert, er darf nicht mehr produciren, wie er will und wie er es am besten kann, sondern wie das Reglement es vorschreibt, und er muß sich wohl hüten, daß er in die Gerechtsame eines anderen Gewerks nicht eingreife. Während früher die Zunft die Handwerker aus der allgemeinen Hörigkeit und Unfreiheit zum freien Mann machte, und ihm die Frische und Productivität eines freien Mannes verlieh, drückt sie jetzt bei der allgemeinen Freiheit aller Uebrigen ihn zum Hörigen Derjenigen herab, welche nach der Zunftrolle ihm die Grenzen und Wege seines Thuns und Lassens vorschreiben, oder die Befolgung solcher Vorschriften mit neidischer Strenge überwachen. Alle früher den Zeitverhältnissen nach guten und selbst nothwendigen Bestimmungen der Rollen erscheinen der fortgeschrittenen civilisirten Neuzeit gegenüber als Carricaturen und ihr Festhalten, wie die später dazugekommenen monopolistischen und einengenden Bestimmungen nach innen tragen das Gepräge des Rückschritts und der jammervollsten, bereits mit dem Bewußtsein eigener Unfähigkeit sich paarenden, Engherzigkeit. Die Bestimmungen über die Lehr- und Gesellenzeit, über deren Wanderzwang, über die Herberge, über das Meisterstück, über die Zusammenkünfte im Amte ꝛc. waren in der Zeit der Rohheit und Beschränktheit und der dem Handwerker nur erst ausnahmsweise zugestandenen Freiheit aus dem Bestreben hervorgegangen, den Handwerkerstand an Kenntnissen und Tüchtigkeit, in Sitte und Ehre über den rohen Haufen der Hörigen zu erheben; die Trennung der Gewerke von ungelernten rohen Arbeitern und unter sich, sollte den eben erst erkannten Nutzen der Arbeitstheilung und die Fortschritte jedes Gewerks in der Technik bewahren und fördern. Jetzt sind von allen diesen Einrichtungen nur die leeren Formen in mißbräuchlicher Anwendung, um die Ausbeutung und die mißgünstige Zurückhaltung fremden Fortschritts damit zu verdecken. Aus dem Lehrling ist wesentlich ein Laufjunge und Handlanger geworden, die Vorschriften über das Wandern und die Herberge — vernothwendigt früher durch die Schwierigkeiten des Reisens und des guten Unterkommens — bannen den besseren jungen Mann in die Geleise der Rohheit, der Unstrebsamkeit und der Unsittlichkeit, wo er seinen Zweck aus den Augen verliert, und verhindert wird, in selbstgesuchter besserer Gesellschaft seinen Gesichtskreis und seine Kenntnisse zu erweitern und seine Grundsätze und Sitten zu veredeln. Das Meisterstück, bei den kargen Mitteln der Ausbildung damals ein Stachel der Thätigkeit, ist jetzt zu einer bloßen Kostenvermehrung, und dadurch zum Mittel der Ausschließung armer Mitbewerbender geworden. Die Aemter zwicken den Lehrling, Gesellen und angehenden Meister mit den Kosten der Ein- und Ausschreibung, des Meisterstücks und der Aufnahme, entziehen ihm die Mittel zum Betriebe, und weit entfernt, irgend wie ein gemeinsames Streben nach Verbesserung der Methoden, nach billigerer und besserer Beschaffung der Betriebsmittel, der Materialien, der Werkzeuge u. s. w. zu fördern, ja auch nur zu kennen, sind sie nur da, um gemeinsames Streben mit Nichtmitgliedern auszuschließen, um die eigenen Mitglieder zu überwachen und in ihren Bewegungen zu hindern, und um gegen andere Zünfte einzuschreiten, wenn deren Mitglieder mit demselben Material, mit demselben Handwerkszeug, mit ihren Gesellen u. s. w. etwa zu arbeiten sich unterfangen sollten. Die Zunftrolle schreibt vor, wie viel Lehrlinge der Meister halten darf, sie leidet nicht, daß er mit unzünftigen Gesellen arbeite, daß er den zureisenden Gesellen nach seinem Bedürfniß engagire u. s. w., sie duldet es auch nicht, daß der Lehrling auswärts lerne, daß der Geselle zu einem anderen Meister gehe, als an welchem nach der Herbergstafel die Reihe ist, oder daß er bei mangelnder Arbeit sich bei unzünftigen Meistern, oder bei Meistern anderer Zünfte Arbeit suche u. s. w. u. s. w.

Und in solche Fesseln geschmiedet, will der Handwerker mit Demjenigen concurriren, welcher frei nach allen Richtungen seine Kräfte verwenden darf? Doch nein, vom Concurriren soll nach dem Prinzip der Zünfte immer weniger die Rede sein. Als sich die Zünfte durch derlei, bereits ihren Rückschritt offenbarende, Bestimmungen, welche theilweise soweit gingen, daß sie dem Meister die Verwendung neuerfundener Rohmaterialien, z. B. Metallcompositionen, neuerfundener oder bisher ungebräuchlicher Handwerksgeräthe u. s. w. verboten, immer mehr die Hände banden, und dieserhalb an Geschicklichkeit immer mehr verkamen, da entstanden der Bannrechte, der Ausschließungen fremder Arbeit und Waaren ꝛc. um so mehr und um so schroffere, jemehr der früher engbegrenzte Verkehr sich erweiterte, und die wachsenden Bedürfnisse des Publikums nach den vollkommneren Leistungen des Auslandes Verlangen trugen, und die steigende Cultur dieselben erheischte.

Indessen der Fortschritt der Zeit läßt sich auf die Dauer nicht hemmen. Drängen die Zünfte auf Beschränkung, so drängte das Publikum auf Emancipation von denselben, und selbst einzelne strebsamere Handwerker suchten die Fesseln abzustreifen und zur freien Fabrikation, soweit es ging, sich die Wege zu bahnen. Die Regierungen freilich waren vielfach nur zu geneigt, die rückschreitenden Tendenzen des Handwerksstandes zu begünstigen, theils um das mit fortschreitender Intelligenz natürlich sich paarende Freiheitsgefühl nicht aufkommen zu lassen, theils um in ihren Kämpfen gegen den Adel und noch mehr mit den liberalen Parteien den zahlreichen Handwerkerstand sich zu verbinden; allein auch sie, die Regierungen, konnten nicht verkennen, daß in den Schranken des Zunftwesens der Verfall der einheimischen Industrie, und damit natürlich auch der Steuerkraft, sich vernothwendige, und waren deßhalb zu — Ausnahmsmaßregeln genöthigt: sie gaben Concessionen, erst ausnahmsweise, die sich dann aber mit der Zeit immer mehr ausdehnten. Der Handel mit auswärtigen Industrieerzeugnissen und die Fabrikation zogen dem Zunftwesen allmählich einen gewaltigen Strich durch die Rechnung und als sie einmal mehr und mehr die Bedürfnisse steigerten, und auch immer mehr neue Betriebsarten entstanden, welche den Befugnissen und Gebieten der Zünfte fern standen, da verloren die Zünfte immer mehr ihre befestigte Stellung, und es traten sogar neben dem Handel mit auswärtigen Waaren, und den Fabriken auch noch eine Menge früher ganz unbekannte Gewerbe auf, die sich — weil sie in zunftmäßiger Einrichtung nachgerade gar keinen Vortheil mehr erblickten — als concessionirte, oder als sogenannte freie Gewerbe hinstellten. Dazu gaben besonders eine Menge früher unbekannter Rohmaterialien: Tabak, Baumwolle, Fischbein, Elfenbein, Gutta-Percha, Gummi ꝛc. oder neue durch die Naturwissenschaften aufkommende Erfindungen: Electro-Magnetismus, Dampfkraft ꝛc. ꝛc., sowie die Vermehrung des Verkehrs Veranlassung. Es entstanden die Tabaksspinner, Kunstdrechsler, Baumwollenfabriken, Porzellan- und Steingutfabriken, Mechaniker, Optiker, Buchdrucker, Lithographen, Uhrmacher, Büchsenmacher, musikalische Instrumentenmacher, physikalische Instrumentenmacher, Photographen, Maschinenbauer, Gastwirthe u. s. w. u. s. w.

Wie früher auf den niedrigeren Stufen der Bedürfnisse und des Verkehrs bis in eine späte Zeit hinein noch immer die Hausfrau spann und webte, den Bedarf an Brod, Bier, Seife, Licht u. s. w. selbst im Hause fertigte, und wie dann mit der fortschreitenden Zeit, als die Bedürfnisse sich steigerten und vervielfältigten und die Grenzen des Gebrauchs und Verkehrs sich erweiterten, jene Hausmacherei einer getheilten und sich in sich vervollkommnenden Industrie Platz machen mußte, so sind wir längst wieder auf einem Standpunkt angelangt, wo j e n e Industrietheilung des Mittelalters theils der noch unendlich vermehrten Vielgestaltigkeit der Bedürfnisse gegenüber noch zu viel umfassend, zu wenig getheilt ist, theils aber umgekehrt gegenüber den unendlich vervollkommneten Transport- und Arbeitsmitteln (Maschinen) wieder viel zu sehr getheilt ist. Wie aber früher die Entstehung der speziellen Gewerbe durch die Entwickelung der Bedürfnisse und des Verkehrs sich von selbst machte, und jener oft widerstrebenden Hausfrau die Spindel aus der Hand nahm, damit sie ihre Thätigkeit anderweitig verwende, so macht sich auch jetzt wieder die Umwandlung der Geschäftsgebiete und der Geschäftsweisen nothwendig, und zwar muß jetzt theilweise das Handwerk ganz abtreten, um der Massenproduction der Maschinen Platz zu machen, theils muß es, wo es sich behaupten kann und will, den veränderten Ansprüchen einer veränderten Zeit gegenüber zu veränderten Weisen sich bequemen. Es ist vor allen Dingen das nicht mehr zu verkennen, daß unter der Leitung der ewig fortschreitenden Wissenschaften und Erfindungen, und auf Grund der mit immenser Schnelligkeit zunehmenden Productions- und Verkehrsmittel in jeder

Geſchäftsbranche Tag für Tag Neuerungen und neue Richtungen eintreten, welche die Geſchäftsweiſen, die Productions- und Abſatzwege verändern, die Geſchäftsgebiete anders geſtalten und abgrenzen, und welche es mit Nothwendigkeit erheiſchen, daß der Geſchäftsmann in jeder Hinſicht freie Hand habe, um die Vortheile des Augenblicks wahrzunehmen, und von der bisherigen beengenden und erſtarrenden corporativen Gebundenheit befreit, allein, oder mit gerade ihm ſich darbietenden, heute ſo, morgen ſo erforderlichen Hülfskräften vereint, ſeine wirthſchaftlichen Zwecke verfolge. Jeder Stillſtand, jede feſte bleibende Regel iſt jetzt hemmend und läſtig, was geſtern zweckmäßig eingerichtet war, das iſt heute veraltet, Angebot und Nachfrage wechſeln alle Tage, und verändern alle Tage die Gebiete und Richtungen aller Geſchäfte. Wie ſoll da der Meiſter fortkommen und concurriren, wenn er in dem Schnürleib ſich bewegen muß, das ſeine Zunft und die Zünfte anderer Gewerke vor 3 oder 400 Jahren gemacht haben? Wie ſoll der Tapezier ſeine Kundſchaft befriedigen, wenn der zurückgebliebene Stuhlmacher ſeines Orts ein Anrecht darauf hat, daß nur von ihm die Geſtelle zu den Sopha's und Stühlen gefertigt werden? Wie ſoll der Branntweinbrenner und Deſtillateur concurriren, wenn er verhindert wird, von auswärts die vervollkommneten Apparate zu beziehen, damit der einheimiſche Kupferſchmied ſeine alte Weisheit anbringe? Wird nicht durch ſolchen Zwang gerade die Kundſchaft nach auswärts gedrängt, und muß nicht unter ſolcher gewaltſamer Austreibung der Kunden ſelbſt der gute Handwerker mit leiden, welcher nun auch für ſich den Markt leer findet? Aber das iſt gerade der Fluch der Sklaverei und Bevormundung und der dadurch zurückgebliebenen Cultur, daß der Sklave Sklave, der Bevormundete bevormundet bleiben will, und daß die Unbildung in der Bildung und im Fortſchritt ihren ärgſten Feind erblickt. Wie ſehr auch die Induſtrie der gewerbefreien Länder: Englands, Frankreichs, der Schweiz, der Rheinprovinz, der Pfalz u. ſ. w. die Induſtrie der Zunftländer — wie die Weltausſtellungen zu London und Paris u. ſ. w. nur zu deutlich gezeigt haben — beſchämt, wie ſehr auch der Wohlſtand der Gewerbetreibenden jener dieſe überragt, dennoch iſt die Gewerbefreiheit den Zunfthandwerkern immer noch an vielen Orten eine Schreckgeſtalt, bis ſie eingeführt iſt, und die früheren Zünftler aus eigenſter Erfahrung erkennen, wie ſehr ſie ſich in ihr geirrt und ihren Segen verkannt haben. Doch iſt auch rühmend zu erkennen, wie an vielen Orten die Zünfte — wir werden das bald ſehen — ihre Zeit verſtanden, und von den überwiegenden Gründen und Erfahrungen der Volkswirthſchaftslehre überzeugt, ſelbſt die zeitgemäße Umwandelung verlangten.

Mit welchen Gründen bekämpfen und bekämpften nun die Zünfte die Gewerbefreiheit und was iſt von dieſen Gründen zu halten?

Vor allen Dingen ist es wohl die völlige Unklarheit, das nebelhafte Gewand, worin den Zünftlern die Gewerbefreiheit erscheint, was ihnen ein gewisses Grauen davor einflößt. Sie denken sich, daß mit Eintritt der Gewerbefreiheit mit einem Male alles Oberste zu unterst gekehrt wird, daß Alles plötzlich wirr durch einander läuft, und sich umrennt, und können sich nicht denken, wie sie dabei sollen den Kopf oben behalten können. Darauf deuten die heftigen von den fanatischen Zünftlern gebrauchten Schlagwörter, welche nur zu augenscheinlich den Mangel an wirklichen Gründen ersetzen sollen, sich auch großentheils in sich selbst widersprechen und wider sie selbst kehren: „schlechte übertünchte Arbeit, vernichtende Concurrenz; Ausbeutung durch das Capital — Schleuderpreise und Hungerlöhne; Vernichtung des Mittelstandes, Proletariat — Mangel an Gesellen" u. s. w.

Der Leser wird nicht mehr zweifelhaft sein, daß schlechte Arbeit schwerlich eine gefährliche Concurrenz bieten, daß die Mitwirkung des Capitals schwerlich zugleich Hungerlöhne und Mangel an Gesellen schaffen, daß der Mittelstand schwerlich vernichtet werden kann, wenn statt 100 privilegirter Meister 1000 gleichberechtigte Arbeiter uns mit Producten aller Art und sich mit erhöhetem Verdienste versehen dürfen, und daß nicht Letzteres, sondern das ausschließende, den kleinen Mann in seiner natürlichen Berechtigung schmälernde Privileg unmoralisch ist u. s. w. Doch wir wollen Dasjenige, was die Zünftler diesen grausenhaften Schreckgestalten unterlegen, näher untersuchen, vorerst jedoch uns dadurch beruhigen, daß dem fortschreitenden Menschengeschlechte noch immer dergleichen Schreckgestalten vorgehalten sind, die der Fortgeschrittene hernach belächelt. Den sich entwickelnden Knaben hält man mit Gespensterfurcht im Zaum, die Kirche schreckte zur Zeit Luther's die Ihrigen mit höllischen Strafen der Ketzerei, bei Eintritt der Maschinen wurde die Menge zu deren Vernichtung, als ihrem einzigen Rettungsmittel vor dem Verhungern aufgereizt, die Buchdruckerei wurde als ein Werk des Teufels betrachtet, die Eisenbahnen sollten den Fuhrleuten den Untergang bringen ꝛc. ꝛc.

Alle dergleichen Befürchtungen entspringen lediglich unklaren Lebensanschauungen, der Ueberschätzung bloß äußerer Maßregeln und der Nichterkennung der inneren Gesetze des Lebens und Verkehrs. Der gewöhnliche Meister glaubt nicht anders, als daß nach Einführung der Gewerbefreiheit, also nach Aufhebung des Lehr- und Wanderzwangs u. s. w. sofort alles Lernen, alles Wandern, alles Arbeiten bei fremden Meistern u. s. w. aufhören werde. Alle Gesellen würden seiner Meinung nach sofort den Meister spielen, und der Klempner würde morgen Bäcker, der Schneider morgen Schuhmacher, der Schlächter morgen Tischler, der Schmied morgen Maler sein ꝛc. Wie die Arbeit werde, darauf komme es nicht an, das Publikum werde damit betrogen. In seiner Angst nimmt nun jeder Handwerker als selbstverständlich an, gerade sein Gewerk werde übersetzt werden, gerade

für ihn bleibe Nichts mehr zu thun. Ist in solchen Befürchtungen nun
wohl irgend welche Vernunft? Wie sollte es wohl kommen, daß das
Publikum die schlechte Waare gleich der guten kaufte? Wird es nicht vielmehr gerade dann, wenn die Befürchtung, betrogen zu werden, nahe tritt,
am meisten prüfen und untersuchen, und wird nicht gerade die Gewöhnung,
sich auf eigene Prüfung zu verlassen und Nichts ohne solche zu kaufen, viel
eher Betrug ausschließen, als jetzt, wo das Publikum Garantien zu haben
glaubt, und doch keine hat, sondern häufig genug eben wegen seines
Sicherheitsgefühls betrogen wird? Speculirt nicht jeder Dieb, jeder Be-
trüger auf den Schlummer der Wachsamkeit, wird mehr bei Tage einge-
brochen, wo Jeder selbst wacht, oder bei Nacht, wo man sich dem Schutze
der Wächter überläßt? Wird aber das Publikum selbst aufpassen, so kann
der Untüchtige, der Nichts gelernt hat, weder als Meister mit dem Tüchtigen concurriren, noch als Geselle in der Werkstatt eines Anderen eine
Rolle spielen, weil ihm Niemand seine schlechte Arbeit bezahlen wird, sondern er wird gern oder ungern bei einem Tüchtigen das Geschäft lernen
müssen, dem er sich widmen will. Aber Das ist wohl zu merken: die Lehr-
lings- und Gesellzeit wird bei der Gewerbefreiheit nutzbarer verwandt
werden, der junge Mann, dem das ganze Gebiet des industriellen Geschäftslebens offen steht, wird vielseitigere Geschäftskenntnisse, eine größere Einsicht in das Getriebe des Gesammtverkehrs — welche unserem Zunfthandwerker in dessen einseitigem und vor allen Dingen in seinem beschützten,
privilegirten und beengten Berufsleben völlig abhanden gekommen zu sein
pflegt — überhaupt diejenigen Eigenschaften in erhöhetem Maße sich aneignen, welche wir als für den Unternehmer erforderlich — §. 40 — betrachtet haben. Der Lehrling wird nicht der Laufjunge, Mistauflader,
Kinderwärter, nicht, wie man sich ausdrückt, der Putzleputz sein, sondern
sein Vater wird mit ihm zu einem geschickten Handwerksmann gehen, und
mit diesem einen vernünftigen Lehrcontract abschließen, wonach er was
Tüchtigeres in viel kürzerer Zeit lernt, als bisher. Nicht wird der Glaser,
der Seiler eben so lange lernen müssen, wie der Uhrmacher, der Maschinenbauer ꝛc., die Schwierigkeit des Handwerks, die Anlage und der Fleiß des
Burschen und die Tüchtigkeit und die Ausdehnung des Geschäftsbetriebs
seines Meisters wird vielmehr bestimmen, wie lange und wie viel er lernt,
ehe ein anderer Geschäftsmann ihn als Lohnarbeiter anstellen kann und
wird. Der Lehrling wird sich aber vielleicht in verschiedenen Geschäften
umsehen, wenn er künftig einmal Unternehmer eines, verschiedene Gewerke
beschäftigenden Betriebs, z. B. Polsterarbeiter, Wagenfabrikant u. s. w.
werden will. Auch wird er sich eine allgemeinere Bildung, einige Kenntnisse in der kaufmännischen Buchführung u. s. w. aneignen, und wenn er
dann in die Fremde geht, wird er sich nicht etwa den größten Theil des
Wanderlebens bettelnd auf der Landstraße umhertreiben — wie dies ein
einfaches Additionsexempel auf Grund des Wanderbuchs vieler Gesellen

bis dato ergiebt — wird nicht in schlechten Herbergen rohe Sitten und
gemeine Anschauungen sich aneignen, sondern mit reichen Kenntnissen und
mit ernst auf sein Ziel gerichtetem Sinn — denn er weiß, daß kein Privileg später ihn schützt, sondern daß er mit eigenen Kräften die Concurrenz bestehen soll — wird er sich in stets seiner würdiger Gesellschaft das
Leben anschauen und sich dasselbe, wie man sagt, nach Möglichkeit um die
Ohren schlagen. Auf der Wanderschaft hat sein spähendes Auge vielleicht
ganz andere Zielpunkte entdeckt, er hat Gelegenheit gefunden, sich seinem
ursprünglichen Gewerbe ganz fremden, ihm mehr zusagenden Beschäftigungen zu widmen, seine Fähigkeiten sind mannigfacher geworden, als er anfangs beabsichtigte, und er kann nun heimkehrend, wenn er sich nicht etwa
einen anderen Ort seiner Wirksamkeit aufsucht, als tüchtiger, für alle Zeit-
läufte und Conjuncturen und für viele Erwerbsbranchen befähigter, Mann
auftreten. Wer soll ihn da prüfen, etwa so ein bisheriger Aeltermann,
der mit seinen veralteten Methoden ihm das Wasser nicht mehr reicht?
Keinesweges, sondern das Publikum prüft seine Waaren, die er dem Bedürfniß der Zeit entsprechend allein, oder mit beliebig angeworbenen Arbeitern anfertigt, oder unter seiner Leitung anfertigen läßt. Dies ist die
allein richtige und mögliche Prüfung, sie ist längst bei den freien Gewerben, bei den Fabriken, beim Handel, beim Landbau u. s. w. allein maßgebend gewesen, und muß umsomehr beim Gewerbe allein maßgebend werden,
wenn der Handwerker das Recht haben wird, sein Geschäftsgebiet frei zu
wählen und den Umständen nach zu verändern, da dies nur bei wegfallen-
der Prüfung denkbar ist, und da bei dieser Veränderung der Geschäftsgebiete die alte Prüfung eine Unmöglichkeit ist. — Arbeiter werden ihm,
wenn er tüchtig ist, und currente Geschäfte betreibt, niemals fehlen, und
eben nach dem Vorhandensein von brauchbaren Arbeitern wird er oftmals
die Richtung seines Geschäfts wählen und bestimmen. Er hat ja nicht
nöthig, wie der Zunfthandwerker, nur zünftige Gesellen zu beschäftigen,
nach der Ordnung der Herbergstafel, er wird nicht von diesen chikanirt
und in Verlegenheit gesetzt, wenn die Arbeit reichlich ist, und braucht sie
nicht zu behalten, wenn die Arbeit knapp ist, sondern er darf sie nehmen,
wann und wo er will — kann auch Tagelöhner, Frauenzimmer, Kinder bei den
roheren oder leichteren Arbeiten beschäftigen — und wo er sie findet. Sie aber,
die Gesellen, dürfen sich verdingen, bei welchem Meister oder Unternehmer, welchen Geschäfts er auch sei, sie wollen oder können. Von einem Mangel an
Lehrlingen oder Gesellen kann demnach für jeden tüchtigen Geschäftsmann viel
weniger die Rede sein, als früher, denn die Auswahl ist ja viel größer, und
ebenso werden auch die Gesellen um Arbeit umsoweniger in Verlegenheit
sein, weil auch sie größere Auswahl haben. — Freilich die Untüchtigen werden dann zurückstehen müssen, sowohl die untüchtigen Unternehmer, als
die untüchtigen Arbeiter. — Der tüchtige Arbeiter wird mehr Lohn verdienen, schon weil seine Arbeit niemals stockt, seine Ersparnisse niemals

auf nothgedrungener Wanderschaft unfruchtbar verstreuet werden, und der Unternehmer wird mit ihm selbst bei dem höheren Lohn mehr gewinnen, weil seine Arbeit nie wegen Mangels an Arbeitern stockt und er aus allen sich die geschicktesten auswählen kann. Der höhere Lohn ermöglicht aber den Gesellen weitere Reisen, oder sonst bessere Bildungsmittel, sowie die Ansammlung eines Betriebscapitals. Läßt er sich endlich selbständig nieder, so wird ihm nicht erst ein großer Theil seines Capitals mit Prüfung und Aufnahme u. s. w. abgezwackt, sondern er geht mit vollen Segeln in's Geschäft, und kann also um so besser concurriren. Von einer schlechteren Arbeit bei der Gewerbefreiheit kann also keine Rede sein, und ebenso wenig von einer vernichtenden Ueberfetzung und Concurrenz, die bei jedem einzelnen jetzigen Zunftmeister auf dem lächerlichen Glauben beruht, als ob alle übrigen Handwerker gerade sein Fach besetzen müßten, eine Meinung, welche auf Alle angewandt, zu nichts Anderem führen würde, als gerade zur gleichmäßigen Vertheilung. In der That werden sich Angebot und Nachfrage gerade bei Freizügigkeit und Gewerbefreiheit am gleichmäßigsten vertheilen müssen, weil das Hinströmen zu den ergiebigeren Orten und Branchen durch die im Wege vermehrten Angebots bewirkte Verminderung der Vortheile von selbst ein Abströmen in seinem Gefolge haben müßte. Gerade eine künstliche Erschwerung des Meisterwerdens bei den Zünften durch die Erschwerung der Niederlassung, durch die Kosten der Prüfung und Aufnahme u. s. w. hat, wenn sie auch einestheils wirklich manche völlig Untüchtige — die aber bei der Gewerbefreiheit noch weniger sich selbständig erhalten können — abgehalten haben mag, doch wiederum auch Andere, welche sich durch Einheirathen u. s. w. die Wege — freilich oft auf sehr unsittliche Weise — zu bahnen wußten, zum Meisterwerden hingedrängt, indem die privilegirte Stellung sie lockte, und dieser künstlich, wiewohl unwillkürlich, hervorgerufene Andrang mußte um so größer sein, je gedrückter und unvortheilhafter die Stellung eines Gesellen war. Der Geselle durfte ja nur bei einem zünftigen Meister arbeiten und zwar bei dem, welcher gerade auf der Herbergstafel obenan stand; war hier die Arbeit aus, oder paßte Meister und Geselle nicht zusammen, so mußte Letzterer wieder mit seinem Wanderstab aus dem Thore; an Verheirathung und festen Wohnsitz war für den Gesellen gar nicht zu denken. Dagegen hat der Arbeiter in der Gewerbefreiheit durchaus keine nachtheilige Stellung dem Unternehmer gegenüber, er kann morgen Unternehmer sein, gleich seinem heutigen Arbeitgeber, und kann übermorgen den letzteren bei sich in Arbeit haben, um demnächst wieder seinem etwaigen Vortheil gemäß Arbeiter zu sein. Es entscheiden also in der Gewerbefreiheit keine fremde, die ganze Situation verschiebende Verhältnisse und Beweggründe, sondern lediglich wirthschaftliche Motive, da jeder Arbeiter je nach seinen Mitteln und Arbeitskräften wohnhaft und verheirathet sein kann. Im Zunftwesen vermindert also die künstliche Erschwerung des

Meisterwerdens das letztere nicht, weil die Verlockungen, welche damit verknüpft sind, überwiegend sind; in der Gewerbefreiheit vermehrt die Befugniß zum selbstständigen Arbeiten den Andrang dazu nicht, weil die
Selbständigkeit alsdann nicht die künstliche Beimischung, nicht den künstlichen Reiz hat, sobald das Arbeiten bei Anderen, das alsdann durchaus
nichts Entehrendes und keine Abhängigkeit in seinem Gefolge hat, wirth-
schaftlich vortheilhafter erscheint.   Der Arbeiter A., welcher heute eine bedeutende Bestellung erhält, geht zu seinen Collegen und Freunden B. und
C. und D. u. s. w. und sagt: Ihr müßt mir helfen, soviel sollt Ihr verdienen — die Association, wovon später, bietet noch vollendetere Formen
— diese willfahren ihm, und später hilft ihnen A. wieder u. s. w.   Die
socialen Gegensätze gleichen sich aus, und die Arbeit an sich und ihr Gewinn treten in ihr natürliches Recht ein.

Aus diesen kurzen Betrachtungen ist schon mit Klarheit ersichtlich,
daß die Production und der Gewinn eines Jeden bei der Gewerbefreiheit
viel bedeutender sein muß, als bei dem, alle Productionskräfte lähmenden
und alle Absatzwege künstlich verstopfenden Zunftwesen, und von einem
Proletariat kann deßhalb bei der Zunft viel eher, als bei jener die
Rede sein.

Wie ist es nun mit der Herrschaft des Capitals?   Wir haben in
unseren früheren Untersuchungen gesehen, eine wie wichtige Rolle dasselbe
bei der Production spielt; wir haben aber auch gesehen, daß dem Capital
diese Rolle verkümmern, und etwa ihm die Vortheile, welche es, ohne privilegirt zu sein, durch Benutzung der Resultate der Wissenschaft und
Technik, durch Maschinen, Transportmittel ꝛc., sowie durch Benutzung der
Arbeitstheilung und Vereinigung naturgemäß für sich hat, im Wege
künstlicher Beschränkung rauben, nichts anders heißen würde, als: uns
Alle an Producten ärmer machen, den Arbeitern die
Gelegenheit der Arbeit rauben und das Leben vertheuern.   Und dann haben doch auch bisher alle die Hemmnisse des
Zunftwesens seine Macht nicht eindämmen können.   Nicht erst durch Beseitigung der Zunftschranken ist die Macht des Capitals, namentlich in
den Fabriken entfaltet, sondern trotz jener Schranken, und trotz derselben
wird sie sich immer mehr und mehr entfalten.   Ein engherziges, eigen-
sinniges Gegenankämpfen der kleinen, unvermögenden Arbeitskraft gegen
die besser und billiger arbeitende Maschine, d. h. ein Verharren mit der
Handarbeit in den von den Maschinen beherrschten Branchen, hat das un-
säglichste Elend natürlich herbeiführen müssen (Schlesien), während ein Eingehen in die Wege, welche bei dem Maschinen- und Fabrikwesen nicht
von diesen besetzt, aber gerade durch dieselben befruchtet und in Thätigkeit
gesetzt werden, diese Diener des Capitals unendlich segensreich und den
Wohlstand der Arbeiter befördernd wirken läßt (England ꝛc.).   Wir haben
aber auch bereits früher gesehen, wie die Maschinenthätigkeit — §. 16 — und

18*

die Arbeitstheilung — §. 17 — an Bedingungen geknüpft sind, welche
in einer großen Menge von Gewerbsbranchen durchaus nicht vorhanden
sind, wie also für viele Gewerbe die alte Unabhängigkeit von Capital und
Arbeitstheilung, wenn natürlich auch nicht von der auf jenen beruhenden
Intelligenz, nach wie vor fortbestehen wird, wie aber diese von denselben
unberührten Branchen gerade durch sie eine Menge Consumenten und billigere Unterhaltsmittel, und damit eben die Möglichkeit, billiger produciren (daher die sogenannten Schleuderpreise), also auch mit dem Auslande
concurriren zu können, gewinnen. §. 16. — Wir haben in der That an
England, Belgien, Sachsen — §. 41 — gesehen, daß die Zahl der
Handwerker und ebenso ihrer Arbeiter sich nicht durch das Maschinenwesen
vermindert, sondern eher vermehrt hat, wie uns auch früher schon das
Beispiel der Pfalz gegenüber dem übrigen Bayern die wohlthätigen Folgen
der Gewerbefreiheit so recht klar machen mußte. Der Mittelstand in allen
diesen Ländern befindet sich wohl, während er in den Ländern des Zunftwesens sich immer elender und hungriger gestaltet, und selbst in allen Zunft-
ländern machen wir tagtäglich die Bemerkung, daß die freien Gewerbe,
welche Nichts von Zunftgesetzen wissen, obwohl sie vielfach bedeutend
schwieriger zu lernen sind, ohne Lehr- und Wanderzwang, ohne Meister-
prüfung u. s. w. viel tüchtigere Geschäftsmänner, und größeren Wohlstand
aufzuweisen haben, und das sowohl bei großen, fabrikartigen Geschäften,
als bei kleinen, wo der Unternehmer mit wenigen Leuten, oder allein
arbeitet.

Was haben denn die Zünfte der letzten Jahrhunderte geleistet?
Haben sie die Arbeiter und Meister geschickter gemacht, als die Arbeiter
und Unternehmer freier Gewerbe? Ach nein! Die Industrieausstellungen
haben es nur zu klar bewiesen, und der gewöhnliche Geschäftsverkehr beweist es täglich, daß in den Ländern der Gewerbefreiheit: in England,
Frankreich, der Schweiz, Belgien, der Pfalz, Amerika die Gewerbe auf
einer unendlich viel vollkommneren Stufe stehen, als in den Ländern des
Zunftzwangs, und daß in den letzteren — das hat namentlich Sachsen
bewiesen — die freien (obwohl noch durch Concessionen gedrückten, und
von dem Schlendrian und dem Verfall der Zünfte mit ergriffenen) Gewerbe und die Fabriken ungemein vor den zünftigen sich auszeichnen. —
Haben sie die Uebersetzung des Gewerbes verhindert und die Concurrenz
ausgeschlossen? Ach nein! Die ewigen Lamento's, das Wimmern nach
noch kräftigerer Staatshülfe und Privilegirung, und die Zahlen der Statistik (in Bayern kam z. B. 1846 1 Schuhmachermeister auf 232 Personen, in Preußen auf 252, in der Rheinpfalz auf 310; 1 Schneider-
meister in Bayern kam auf 178, in Preußen auf 188, in der Pfalz auf
191 Personen; 1 Bäckermeister in Bayern auf 488, in Preußen auf 652,
in der Pfalz auf 783 Personen; 1 Schlächtermeister in Bayern auf 474,
in Preußen auf 831 und in der Pfalz auf 958 Personen) zeigen das

nur zu deutlich. Die einheimischen Märkte sind mit fremden Waaren überschwemmt, die Regierungen haben sich zu Concessionen freier Gewerbe und zu Fabrikanlagen im nothwendigen Interesse des Consumenten nur zu sehr veranlaßt gesehen, und der zünftige Handwerker hat troz der Zunft vielfach, unendlich vielfach so wenig in seinem Topfe, daß er, um nicht Tagelöhner bei fremden Leuten zu spielen, auf seinem Bischen Pachtacker — §. 17 — tagelöhnert. — Hat der zünftige Handwerker höhere Preise? Theure Preise sind kein Beweis von hohem Gewinn, sondern dieses nur, wenn sie mit vielem Absaz und geringen Productionskosten verbunden sind. Das Publikum wendet sich von dem allzutheuern Producenten, wenn es sich auch ein Mal bethören läßt, nur allzuleicht ab, und kauft die ausländische durch den Handel bezogene billige Waare, da wir überall (mit Ausnahme etwa bestehender Schutzzölle) bereits i n s o w e i t Gewerbefreiheit thatsächlich haben, und nicht etwa blos der Landmann, der Kaufmann, der Gelehrte u. s. w., nein, auch der zünftige Handwerker selbst kauft die ausländische billigere Waare statt der theuern, zünftigen. Da wo der zünftige Handwerker Consument ist, da will er von Zunftschranken Nichts wissen. Der Tischler kauft seine Schlösser und Charniere vom Kaufmann und nicht vom einheimischen Schlosser, der Schlosser kauft englische Feilen, der Sattler hält sich nicht verpflichtet, sein Leder vom einheimischen Gerber zu kaufen zc., ja der Schlosser kauft seine Schlösser aus der Fabrik und giebt sie für eigene aus, der Goldschmied hängt sein Schaufenster voll Fabrikarbeit des Auslandes, Alle beziehen ihre Kleider, ihr Schuhzeug u. s. w. je nach Gelegenheit da, wo sie es am billigsten bekommen, und wenn ein Mal auf den Jahrmarkt ein fremder Händler mit unzünftigen Waaren kommt, so wissen die Zünftigen nicht genug zu rühmen, wie gut und billig sie von demselben gekauft haben, und können nicht begreifen, weßhalb man bei ihrem Nachbarn (dem zünftigen Meister) nicht eben so gut und billig kaufen könne! —

Mit einem Worte also: das fernere Fortbestehen der Zünfte und der Schranken in der Verwendung der Arbeitskräfte ist eine Unmöglichkeit geworden. Wollte man sie nun aufheben, um Concessionen an deren Stelle zu sezen, so würde das soviel heißen als: vom Regen in die Traufe kommen. Wir haben uns schon längst darüber mit dem Leser verständigt, was von Beamteneinsicht und Beamtenwillkür zu halten ist. Ebenso sind auch, wie das überall sich herausgestellt, sogenannte allmählige Uebergänge nur Verewigungen der Krankheit, und sie geben dem gesellschaftlichen Körper v i e l e Stöße, während es mit e i n e m e i n z i g e n, bald verschmerzten, abgethan sein könnte. Zu empfehlen über diesen Gegenstand sind dem Leser: Dr. Böhmert „Freiheit der Arbeit", Dr. Rentsch „Zünfte oder Gewerbefreiheit" u. A., und für Mecklenburg Moriz Wiggers „Volkswirthschaftliche Flugblätter".

In den lezten Jahren ist, Gott sei Dank, Deutschland fast überall

zur mehr oder weniger vollständig klaren Ueberzeugung von der Nothwendigkeit der Verkehrs- und namentlich der Gewerbefreiheit gelangt.
Diese Ueberzeugung war lange unterdrückt durch die Auctorität, welche
Preußen als Staat der Intelligenz im übrigen Deutschland ausübt, und
durch die Thatsache, von welcher wir in §. 31 — welchen der Leser überhaupt ganz in sein Gedächtniß zurückrufen wolle — berichtet haben, daß
es 1845 und 1849 im Gewerbewesen, wie auch sonst, die Wege der
Reaction betreten hatte. Die Zunftanhänger triumphirten, und es hieß
überall: seht Ihr es, in Preußen ist es mit der Gewerbefreiheit schief gegangen. Aber es war damals mit vielen anderen guten Einrichtungen
des weisen Ministers von Stein auch schief gegangen, nicht weil sie sich
etwa für das Publicum als unzweckmäßig herausgestellt hatten, sondern
weil sie — vielleicht gerade wegen ihrer Güte — unliebsam wurden.
Die gesammte nicht reactionaire Presse hat die seitdem in Preußen ein-
getretenen Uebelstände genugsam gekennzeichnet. Die Nationalzeitung con-
statirte es 1856, daß sich der Handwerkerstand selbst in seinen Erwar-
tungen völlig getäuscht gesehen habe, und daß namentlich die Betheiligung
an den Wahlen zu den Gewerberäthen gänzlich erlosch, bis man diese
großentheils aufheben mußte. Aehnlich die Cölnische, die Ostseezeitung
u. s. w. Wir erinnern wiederholt an das Factum, daß in Berlin die
Weber um Anwendung liberalerer Grundsätze in der Aufnahme baten, weil
sie zu wenig seien, um nach außen concurriren zu können. Wir erinnern
ferner daran, wie entschieden im vorigen Jahre der Berliner Gewerbestand
den Schuhmacher Panse fallen ließ, als dieser mit der Partei Kleist-Retzow
ein Bündniß eingehen wollte, um das Innungswesen zu retten — siehe
den Kladderadatsch um die Zeit der vorigjährigen Wahlen. — Als 1855
bei der Gewerbeausstellung in Paris das zünftige Gewerbe von dem freien
wiederum total geschlagen war, da erschien zuerst in Oesterreich ein offen
das Princip der Gewerbefreiheit proklamirender Entwurf einer Gewerbeordnung. Die Presse Oesterreichs befürwortete diese Vorlage auf das
Kräftigste, und legte nun die Schäden und Mängel des Gewerbewesens
offen dar, auch pflichteten die Handels- und Gewerbekammern demselben einhellig bei. Von jetzt an — denn man hatte Preußen gegenüber
wieder ein Gegengewicht — ward die Stimmung für die Gewerbefreiheit
überall reger. Im September 1858 tagte in Gotha der erste volkswirthschaftliche Congreß, eine aus den ersten volkswirthschaftlichen In-
telligenzen und gewiegtesten Männern zusammengesetzte Versammlung, und
nach eingänglichen Berichten über die gewerblichen Zustände der einzelnen
Länder ward in Form eines Beschlusses die Gewerbefreiheit für nothwendig anerkannt. — Inzwischen hatte das Königreich Sachsen, bekanntlich eins der industriellsten Länder, in welchem Zünfte, freie Gewerbe und
zahlreiche Fabriken nebeneinander bestehen, eine Vorlage für die Kammern
fertig gebracht. In den Motiven dazu hieß es: „Das ganze verwickelte

System gewerblicher Verbietungsrechte rührt in seinen Auswüchsen, namentlich mit seinen endlosen Processen aus einer Zeit her, in welcher die politische Bedeutung der Zünfte im Sinken war, und ist das Resultat verkehrter Bestrebungen, im Wege technischer Monopole die Bedeutung und den Einfluß zu erhalten, welcher aus anderen Gründen verloren zu geben drohete." Dann wird die Frage, ob die Zünfte wieder aufzufrischen seien, verneint, und heißt es zur Begründung dieser Verneinung weiter: „Es ist nicht zu leugnen, daß in Bezug auf Billigkeit und in vielen Fällen auch auf Qualität der Erzeugnisse der zunftmäßige Betrieb mit dem freien nicht concurriren kann.   Die ungeheuren Fortschritte der durch die Naturwissenschaften getragenen modernen Technik, die entwickelten Creditverhältnisse der neueren Zeit, das so fruchtbare System der Arbeitstheilung bieten dem freien Gewerbebetriebe eine Menge von Mitteln zu besserer und billigerer Production dar, welche der zunftmäßige Handwerker, nach allen Seiten hin an Schranken stoßend, welche nicht in der Natur der Sache und der Verhältnisse wurzeln, sondern künstlich jede natürliche Entwickelung durchkreuzen, nur unvollkommen benutzen kann." Die dennoch in dem Entwurf enthaltenen künstlichen Vorschläge zogen ihm eine so scharfe Kritik zu, daß er zurückgezogen wurde. Namentlich hatte sich ein in Freiberg von 36 Gewerbevereinen abgehaltener Congreß in freierem Sinne gegen denselben ausgesprochen. — In Hannover war 1848 ein den damaligen Zunfttendenzen entsprechendes Gewerbegesetz eingeführt. Nachdem nun der Gewerbestand die Nachtheile seiner beschränkenden Bestimmungen in ewigen Streitigkeiten erfahren und dieselben in verschiedenen Gewerbevereinen sich klargemacht hatte, und namentlich auf zwei Gewerbevereinstagen vom 16. und 17. Mai 1857 in Hannover und am 13. bis 15. November 1857 für die Abschaffung vieler Zunftbeschränkungen sich ausgesprochen hatte, so entschloß sich die hannoversche Regierung zu einer Aenderung. Der Entwurf ging indessen nur auf eine Machtverstärkung der Regierung aus, und Herr von Borries erklärte selbst, „daß man, um die Gewerbefreiheit schrittweise herbeizuführen, nur eine erweiterte Concessions- und Dispensationsbefugniß der Regierung für angemessen gehalten habe." Dem gegenüber aber erklärte der Gewerbestand, daß er die Gewerbefreiheit vorziehe, und am 5. October 1858 erklärten, nachdem die Presse inzwischen die Ansichten aufgeklärt hatte, die Deputirten der Gewerbevereine auf dem Congresse in Celle: „der Gewerbevereinstag erklärt sich für möglichst rasche und vollständige Einführung einer freien Gestaltung des Gewerbewesens und der damit zusammenhängenden staatlichen Einrichtungen, zu welchen ohne gesetzliche Zwischenzustände der Uebergang von den Handwerkern selbst zu nehmen ist, einerseits durch bessere Bildung, namentlich in wirthschaftlicher Hinsicht, andererseits durch Vergesellschaftung zum Ankauf von Rohstoffen und Haushaltsmitteln, zur Anschaffung von Capital und Credit, zum Absatz und zur Arbeit." — Gleich darauf sprachen sich die Abgeordneten der sämmtlichen Gewerbevereine des Herzogthums Nassau in Montebaur ebenfalls dahin aus, daß sie bei der Staatsregierung die Einführung vollständiger Gewerbefreiheit erbitten wollten. — Am 27. October schloß sich die Wanderversammlung der würtembergischen Gewerbevereine in Stuttgart der Erklärung des volkswirthschaftlichen Congresses in Gotha an. — Am 8. November erklärten sich Vertreter von badischen, würtembergischen und hessischen Gewerbevereinen, die in Frankfurt a. M. zusammengetreten waren, ebenfalls für den Anschluß an den volkswirthschaftlichen Congreß. Die Regierungen von Coburg und Gotha erklärten sich dahin: die Wahrnehmung, daß ein großer Theil der Gewerbetreibenden bei dem bisherigen innungsmäßigen Betriebe ihres Gewerbes nicht im Stande sei, den Anforderungen der Zeit und den berechtigten Ansprüchen der Consumenten zu genügen, und selbst bei Geschicklichkeit und Arbeitsamkeit mit Nahrungssorgen zu kämpfen habe, sowie die von Neuem auftretenden Differenzen über die innungsmäßigen Befugnisse der verschiedenen Gewerbe unter sich und den Händlern gegenüber, lassen es als dringend geboten erscheinen, auf eine Reform des Gewerbewesens Bedacht zu nehmen, und diejenigen Hemmnisse zu beseitigen, welche einer freieren Bewegung der Gewerbsthätigkeit entgegenstehen.

So ist — uns gestattet der Raum nicht, die Geschichte der neuen Zeitströmung in's Einzelne gehend so bis in die heutige Zeit zu verfolgen — sogar in denjenigen Kreisen, welche der Umgestaltung des Gewerbewesens früher am meisten abhold waren, nämlich in den Regierungskreisen und in den Kreisen der Handwerker selbst, die Ueberzeugung von der Nothwendigkeit des Ueberganges zur Gewerbefreiheit im eigenen Interesse der Gewerbetreibenden, wie auch der Regierungen, immer klarer und lebendiger geworden, und nachdem in Oesterreich seit dem ersten Mai 1860, ferner bald darauf in Nassau, in Bremen seit dem 4. April 1861, in Oldenburg seit dem 23. Juli 1861, in Sachsen seit dem 1. Januar 1862 die Gewerbefreiheit bereits gesetzlich eingeführt ist, — nachdem ferner die Kammern und gesetzgebenden Körper von Braunschweig (am 8. März 1861), von Frankfurt a. M. (17. April 1861), Würtemberg (um dieselbe Zeit), von Preußen (Anfangs Mai vorigen Jahres), von Coburg und Gotha, sowie von Weimar erst kürzlich, meistens mit großen Majoritäten, ja, wie in Würtemberg, fast einstimmig (68 gegen 2 Stimmen), und mehrfach auf Regierungsvorlagen, sich entschieden für Gewerbefreiheit erklärt haben, so daß auch in diesen Ländern, mit Ausnahme des nun unter dem Ministerium v. d. Heidt stehenden Preußens, die Publication der Gewerbefreiheit mit Freizügigkeit bald zu erwarten ist, nachdem auch ferner in Hamburg dieselbe in erster Lesung gerade jetzt angenommen ist, auch die freisinnige badsche Regierung im März v. Jahres einen Entwurf vorgelegt hat, in Bayern aber der Antrag Brater's in der Kammer nur mit 69 gegen 61 Stimmen abgelehnt ward, so wird — das zeigt sich bereits auch an der anderer Orten sich kundthuenden Aufklärung der Ansichten in den bürgerlichen Kreisen selbst zu deutlich — das freie Princip immer mehr durchdringen, so daß Deutschland bald den übrigen civilisirten Ländern: England, Nordamerika, Frankreich, Belgien, Holland, Sardinien, Dänemark und der Schweiz so ebenbürtig in diesem Punkte zur Seite stehen wird, wie es seine Provinzen: Rheinpreußen, Rheinbayern und Rheinhessen bereits thun. — Man vergleiche noch den in dem jüngsten volkswirthschaftlichen Congresse erstatteten Bericht des Dr. Böhmert aus Bremen, des Hauptkämpfers für Gewerbefreiheit. Am Schlusse wollen wir nun noch eine Autorität bezüglich der in den letzten §§. überhaupt entwickelten Wahrheiten anführen, nämlich den Großmeister der Wissenschaften, A. v. Humboldt, den gründlichsten Kenner aller Lebensgebiete. Dieser sagt im Kosmos Bd. 1. S. 37:

„Der erste und erhabenste Zweck geistiger Thätigkeit ist das Auffinden von Naturgesetzen, die Ergründung ordnungsmäßiger Gliederung in den Gebilden der Natur, die Einsicht in den nothwendigen Zusammenhang aller Veränderungen im Weltall. Was von diesem Wissen in das industrielle Leben der Völker überströmt und den Gewerbfleiß erhöht, entspringt aus der glücklichen Verkettung menschlicher Dinge, nach der das Wahre, Erhabene und Schöne mit dem Nützlichen wie absichtslos in ewige Wechselwirkung treten. Vervollkommnung des Landbaues durch freie Hände und in Grundstücken von minderem Umfang, Aufblühen von Manufacturen, von einengendem Zunftzwange befreit, Vervielfältigung der Handelsverhältnisse, und ungehindertes Fortschreiten in der geistigen Cultur der Menschheit, wie in den bürgerlichen Einrichtungen, stehen (das ernste Bild der neuen Weltgeschichte dringt diesen Glauben auch dem Widerstrebendsten auf) in gegenseitigem, dauernd wirksamem Verkehr mit einander.“

§. 51.
Die freien Genossenschaften. Wohlthätigkeit und Selbsthülfe.

Das Zunftwesen ist in seiner bisherigen Gestalt eine rein socialistische Einrichtung, und es mußte nothwendig alle die Nachtheile des Socialismus in seinem Gefolge haben. Die Idee der Arbeitsgarantie durch Privilegium mußte — der Handwerker möge nicht uns diese Vorwürfe zur Last legen, wir gestehen gerne zu, daß mehr oder weniger jeder Staatsbürger, oder besser Unterthan, durch das bisherige Staatssystem in seinem Culturfortschritt zurückgedrängt ist — den Gedanken an eigene Verantwortlichkeit und damit alle Rührigkeit im Keime ersticken; der an das Privileg sich nothwendig anknüpfende Zwang mußte die Idee der

Hülfsbedürftigkeit und die Schwäche nähren; die ein für alle Mal vom
ältesten überwundenen Standpunkte gegebene feste Regel heftete so zu sagen
den Gewerbetreibenden an das alte Jahrhundert an, machte ihn zum
Philister, unbeweglich und ungeschmeidig, und für die gewaltigen Fortschritte und Neuerungen der jetzigen Zeit unzugänglich; die Abgrenzung
der Gewerbsgebiete machte ihn gegen den Erwerb Anderer mißgünstig, vor
allen Dingen aber einseitig, die allgemeine Bildung der Neuzeit blieb ihm
fremd, der speculative, ein größeres Gebiet beherrschende Geschäftssinn
kam in ihm ebensowenig zur Entwickelung, als das Verständniß des
größeren Geschäftslebens.

Je mehr der Gewerbetreibende an Bildung zurückblieb, desto mehr
überschätzte er seine kleinen Leistungen, tröstete er sich wegen der besseren
Leistungen Anderer, eine rohe Selbstzufriedenheit gewann in ihm Raum,
und ihn darin zu befestigen, waren die zünftige Abgeschlossenheit, die an-
gedichteten Würden der Gesellenschaft gegenüber dem Lehrling, der Alt-
gesellenschaft gegenüber dem Gesellen, der Meisterschaft gegenüber diesen
Allen, sowie die Gebräuche bei Anfertigung und Würdigung des Gesellen-
und Meisterstücks, womit der Betreffende, dem die Leistungen anderer
Fächer immer fremder und unbekannter wurden, Wunder was geleistet zu
haben glaubte, nur zu geeignet. Die Sitten und Gebräuche auf der
Wanderschaft, in der Herberge und im Amte, die Unterwürfigkeit gegen
den Amtspatron u. s. w., waren wahrlich nicht geeignet, den Handwerkerstand moralisch und geistig zu heben. Sehen wir dennoch unter den
Handwerkern so viele kernhafte Naturen, so haben sich diese — wer mit
diesem Stande sich nur praktisch recht vertraut gemacht hat, kann das,
Beispiel nach Beispiel, verfolgen — nicht durch das Zunftwesen, sondern trotz demselben, theils vermöge ihrer gesunden Naturanlage, — siehe
oben Germanismus und Romanismus — theils wegen der nachgerade
doch vielfach lax gewordenen Handhabung der Zunftrollen, sowie endlich
auf Grund der Reste unseres Gemeindelebens gebildet und erhalten. —
Gutes geschaffen haben die Zünfte der neueren Zeit durchaus nicht. Sie
haben keinen Erfinder aufzuweisen. Böhmert macht mit Recht darauf
aufmerksam, daß es sogar nur sogenannte Pfuscher waren, welchen wir
die großen Erfindungen verdanken: Herschel (Teleskop) Musikus, Arkwright
(Maschinen-Spinnerei) Wundarzt, Gutenberg (Buchdruckerkunst) ver-
armter Edelmann, Watt (Dampfmaschine) Instrumentenmacher, Bötticher
(Porzellan) Apotheker, Berthold Schwarz (Schießpulver) Mönch, Jacquard
(Jacquard-Webstuhl) unzünftiger Weber und Posamentirgesell. Sie
haben nicht den Gemeinsinn befördert, sondern Hader und Zank, sie
haben an gemeinnützigen Instituten: Fachschulen und Bildungsmittel,
Unterstützungskassen u. s. w. so gut wie gar nichts gethan, der Gedanke
gemeinsamen Handelns ist ihnen sogar, abgesehen von kleinlichen Spiele-
reien, gänzlich fremd geworden. Sie haben auch ihre vorgesetzten Zwecke

in keiner Hinsicht erreicht: die Uebersetzung der Gewerbe ist bei ihnen sprüchwörtlich geworden, und wie sehr ihnen der vor Allem wichtige Credit abhanden gekommen, das beweiset am besten die Feindschaft der Zünftler gegen das Capital; denn Feindschaften sind in der Regel gegenseitig, und wir sehen in der That alle Tage, daß das Capital von den zünftigen Handwerkern sich nur allzusehr zurückgezogen hat.

Aus allem diesen hat sich ein allerdings miserabler Zustand eines großen Theils der zünftigen Handwerker entwickelt, oder, wir wollen lieber nach unserer bereits bei Beleuchtung des Armenwesens gewonnenen Anschauung sagen: forterhalten. Diejenigen, welche bisher die Fortexistenz jener alten Einrichtungen, sei es planmäßig im eigenen Interesse, sei es aus Unkenntniß der Verkehrsgesetze, forterhalten haben, konnten selbstverständlich, so lange sie von der Schädlichkeit der alten Zwangsjacke keine Ahnung hatten, kein wirkliches Heilmittel entdecken, und mußten sich demnach auf eine möglichste Verstopfung des Uebels im Wege der **Wohlthätigkeit** beschränken. Wollen wir aber auch nicht leugnen, daß die Wohlthätigkeit, auf ihre richtigen Schranken, nämlich auf das arbeitsunfähige Elend, zurückgeführt, und in Privatwegen mit Vorsicht und richtiger Wahl geübt, zur Zeit heilsam, ja nothwendig sei, so können wir aus den bei Beleuchtung des Armenwesens entwickelten Gründen der öffentlichen, praktisch jedesmal in blinden Schematismus ausartenden Wohlthätigkeit eine heilsame Wirkung nicht einräumen, vielmehr sehen wir alle Tage nur zu klar, wie dadurch alle Energie der kleinen, unter dem Bevormundungswesen so schon in ihrem moralischen Bildungsgrade niedergehaltenen Leute nothwendig noch mehr gebrochen werden muß. Aber auch die Privatwohlthätigkeit, wenn sie, wie bisher gerade von Denjenigen, welche das Princip der Ausbeutung der Arbeit damit gern verschleiern möchten, als **System** geübt wird, nimmt meistens die Gebrechen des öffentlichen Armenwesens an. Sie wendet sich fast nur der **Armuth** zu, nicht der **Verarmung**, leistet vielmehr dieser letzteren vermöge ihrer Abschwächung der Energie, des Stolzes und der Productionskraft mehr Vorschub als Abhülfe. Die Armuth wächst ihr immer wieder entgegen, und dieses um so mehr, als mit jeder Erlahmung einer Kraft in dem großen Räderwerk der Gesammtproduction eine sich weiter und weiter übertragende Störung eintritt. Wäre nicht der Fortschritt in der Technik, im Maschinenwesen, in den Transportmitteln und in der Arbeitstheilung von zu eminenten heilsamen Folgen für die Bereicherung der Menschheit und für die Verwohlfeilerung der Lebensmittel, das **System** der Mildthätigkeit hätte längst die Armuth bis zum allgemeinen Elend vermehrt. Mit der bloßen Rede: die Wohlthätigkeit hat auch ihr Gutes, ist es nicht abgethan, denn jedes Ding hat seine zwei Seiten und, das Gute an ihr auch anerkannt, muß man von ihr doch sagen, daß sie das Bessere, nämlich die Aufraffung Derjenigen, welche in ihrer Arbeitskraft einen viel größeren Reichthum besitzen, als sie sich zutrauen, wesentlich verhindert, und daß sie zweitens, und das dürfte die Hauptsache sein, we sentlich auch die allgemeine Anerkennung der Wahrheit verhin dert: daß die Befreiung der Arbeitskraft des Verarmen den von den seitherigen Fesseln eine viel größere Wohl that ist, als so ein elendes Almosen, das zum Verhungern zu groß und zum Leben zu klein ist. Man muß dem Princip der Mildthätigkeit auch deßhalb namentlich entgegentreten, weil es von der bevormundenden Partei unverkennbar deßhalb gepflegt und systematisch ausgebildet wird, damit die Mängel des Bevormundungssystems etwas weniger an den Tag treten, und damit auf diese Weise das Bevormun dungswesen möglichst lange erhalten bleiben könne.

Es ist eine schlechte Wohlthat gegen den Kranken, wenn man sich lediglich mit der Milderung seines Zustandes beschäftigt, die Ursachen seiner Krankheit aber fortbestehen läßt. Der wahre Wohlthäter sucht die Ursachen der Krankheit auf und sucht sie in der Wurzel zu heilen, und wenn auch die Heilmittel weniger sanft sein sollten, als die Linderungs mittel, so wendet er doch jene lieber an, als diese. Wo ist nun bei der sogenannten Massenverarmung der Sitz des Uebels und was sind seine Ursachen? Von Armuth kann man betroffen werden durch mangelhaften Ertrag der Arbeit, oder durch mangelhafte Gelegenheit dazu, oder durch Krankheit, oder durch den Tod oder sonstige Unglücksfälle des Ernährers. In wiefern die Verkehrshemmungen überhaupt im Ganzen die Lebendig keit der Geschäfte, die Ausdehnung und Ersprießlichkeit der Gesammt production und damit die Gelegenheit für Jeden, sich nutzbringend zu beschäftigen, beeinträchtigen, haben wir gesehen, und ebenso haben wir den Leser überzeugt, wie speciell für jeden Arbeiter noch überdies dessen Erwerbsfähigkeit durch Ausschließung der Handels- und Gewerbefreiheit und der Freizügigkeit, wie der freien Veräußerlichkeit und Theilbarkeit des Grund und Bodens vermindert wird. Ja, wird man uns erwie dern, aber demjenigen, welcher verarmen wird, steht eben kein Capital zur Seite, seine Arbeit ist deßhalb von geringerem Ertrage und die Ge legenheit dazu ist deßhalb von Anderen abhängig, weil er der Wucht des Capitals entbehrt. Gut, das geben wir bei dem jetzigen System zu, und auch bei völliger Freiheit ist Capital der hauptsächlichste Hebel der Production und des Verdienstes. Aber wir wollen noch weiter gehen als diejenigen, die uns dies entgegenhalten, indem wir Capital in noch viel weiterem Sinne nehmen wie sie. Capital — das weiß der Leser aus unseren gesammten Erörterungen — ist nicht blos Geldcapital, sondern außer diesem ist vor allen Dingen auch zum Capital zu rechnen die Arbeits kraft, die Intelligenz, die Geschicklichkeit, der sittliche Fond: Sparsam keit und Mäßigkeit, Zuverlässigkeit und Ehrlichkeit, Fleiß und Ordnung und Unternehmungsgeist. Diese letzten Arten von Capitalien sind aber, wir haben das zu vielfach sich bestätigen gesehen, nur in der Freiheit auf ihren Höhepunkt zu bringen, nicht in der Gebundenheit des Verkehrs, auch nicht unter der Bevormundung, und am wenigsten bei steter Oeffnung einer großen Hinterthür zur Armenunterstützung. Selbstverantwortung und Selbstthätigkeit sind ihre Voraussetzungen, Kampf, aber nicht mit gefesselten Armen, sondern bei freier Bewegung. Ohne sie sind selbst die Geldcapitalien wenig ertragreich und sehr hinfällig, mit ihnen aber: mit Arbeitskraft, Intelligenz, Fleiß 2c. sind, zumal bei überall geöffneten Verkehrswegen, auch die Geldcapitalien zugänglich durch den Credit. Aber wir wollen auch das noch zugeben, und müssen es zugeben, daß auch bei freiem Verkehr und bei völlig entwickelten Thätigkeiten, der Einzelne nicht gesichert ist vor Krankheit und Tod, und daß, weil er eben hiergegen, wie gegen manche sonstige Unglücksfälle, nicht gesichert ist, auch sein Credit ein mangelhafter sein werde. Aber auch diese persönliche Unsicherheit, welche auch dem Besten anhaftet, so lange er nur seine persönlichen Fähigkeiten hat, läßt sich neutralisiren, und zwar ganz abgesehen von der Assecuranz, welche heutigen Tages so entwickelt ist, daß es kein Unglück giebt, das sich dadurch nicht unschädlich machen ließe. Dieses indeß nur bei freiem unbeschränkten Verkehr, unter der Voraussetzung, daß der Einzelne nicht in der Verwerthung seiner Kräfte gesetzlich gehemmt und gebunden ist, vielmehr über seine Person und über seine Thätigkeit frei disponiren kann. Dann kann er, was er allein nicht vermag, mit Hülfe Anderer, ebenso frei Gestellter, erreichen. So wie früher in den Zeiten der Gewalt die Gewerbetreibenden sich zu Zünften vereinigten, um sich den nöthigen Rechtsschutz, die Ehre und Freiheit mit gemeinsamer Kraft zu erringen, so muß auch jetzt der Gewerbestand überall durch Vereinigung diejenige Capitalkraft zusammenbringen, und diejenige für den Credit erforderliche Sicherheit bieten, welche jeder Einzelne allein nicht hat. Parva concordia crescunt, d. h. das Kleine wird durch Einigkeit groß, oder Eintracht schafft Macht. Mit dem veränderten Ziel wird jetzt aber auch die Form der Vereinigung eine andere sein müssen. Damals handelte es sich um dauernde Uebelstände, welchen dauernd in immer gleicher Weise zu begegnen war, jetzt handelt es sich um die Abhülfe momentaner Bedürfnisse, die sich jeden Augenblick und an jedem Orte anders gestalten, und deren Abhülfe dieserhalb ewig veränderlich, der jedesmaligen Lage angemessen sein muß. Nur das ist bei der ursprünglichen Bildung der Zünfte und bei ihrem Bestehen zur Blüthezeit so wie hier, daß auch sie damals auf freiem Willen beruheten, und ein reiner Act der Selbsthülfe waren. — Der Einzelne hat wenig Capital, vereinigt er es mit dem wenigen Vieler, so wird es viel, und die Gesammtheit der Vereinten kann sich die Vortheile des Capitalisten zueignen. Reicht aber das baare Capital nicht aus, so ist die gemeinsame Verhaftung, das Haften Eines für Alle und Aller für Einen hinreichend, um Jedem den Segen des

Credits zuzuwenden. Der Einzelne kann plötzlich sterben oder krank
werden, oder von sonstigen Unglücksfällen betroffen werden, und Niemand
wird ihm deßhalb Geld anvertrauen, wenn er auch noch so tüchtige Arbeitskraft u. s. w. besitzt; wenn aber 100 und aber 100 sich vereinigen und
sagen: wir kommen Alle für Einen auf, dann ist das Unglück des Einzelnen leicht übertragen, und wenn die Vereinigten tüchtige, ehrliche,
pünktliche Leute sind, so werden sie ungemessenen Credit besitzen. Auf
diese Art helfen sie sich Alle selbst, die Selbsthülfe vermag das in unendlich viel größerem Maße zu beschaffen, als die Wohlthätigkeit. Für die
Wohlthätigkeit ist es einerlei, ob diejenigen, welchen wohlgethan werden
soll, einzeln unterstützt werden von Einzelnen, oder ob die Unterstützten
sich zusammenthun, und die Unterstützenden auch, und wenn Kassen er-
richtet werden von Wohlhabenden, um Armen daraus Anleihen zu gewähren,
und zwar, dem Wohlthätigkeitsprincip gemäß, meist zinsenlos oder zu
ganz niedrigen Zinsen, so kann hieraus deßhalb schon niemals viel Gutes
erwachsen, weil die Unterstützten regelmäßig die Schlechtesten und Scham-
losesten sein werden; denn diese drängen sich an, während die Guten,
schon um nicht ihren Credit ganz einzubüßen, sich zurückhalten. Es werden nun Verluste über Verluste gemacht, die Wohlthäter machen üble
Erfahrungen über die schlechte Benutzung des Geldes, und ziehen sich
zurück, oder, wenn die Kasse einmal fest begründet ist, werden doch die
Anleihen alsbald versagt, die Capitalien liegen brach, und müssen anderweitig untergebracht werden. Das hat sich überall herausgestellt. Von
den so zu wohlthätigen Creditgewährungen 1848 und 1849 in Berlin
gegründeten Bezirksdarlehnskassen bestehen wohl circa 100 und 84 von
diesen haben im Jahre 1857 nach der dem Berliner Polizeipräsidium auf-
gemachten amtlichen Zusammenstellung bei einem Gesammtvermögen von
85,018 Thlr. nur 68,761 Thlr. Vorschüsse gewährt. Von den bayeri-
schen diene die Wirksamkeit der Leihkasse des Gewerbevereins zu Nörd-
lingen zum Beispiele, welche bereits 1849 begründet und von dem Vor-
stande des Gewerbevereins geleitet wird. Die Kasse hat:

$$
\begin{array}{l}
\text{4,000 Gulden Staatsdotation und} \\
\underline{\text{6,500 \quad „ \quad sonstige Geschenke}} \\
\text{10,500 Gulden in Summa}
\end{array}
$$

erhalten und bezieht außerdem 413 Gulden jährliche Beisteuer, nämlich
125 Gulden von den Mitgliedern des Gewerbevereins, 38 Gulden von
Innungen, 200 Gulden von der Sparkasse, 50 Gulden von der Stadt-
kämmerei. Ihr Fond war dadurch 1858 auf 16,798 Gulden gebracht,
wovon jedoch die Reserve mit 3,550 Gulden und ein Inventar mit
65 Gulden auszuscheiden war, so daß 13,183 Gulden disponibel waren.
Jedoch sind im Jahre 1858 nur 9,486 Gulden Vorschüsse gegeben, und
nach dem Berichte kaum mehr begehrt (Zeitschrift „Unsere Tage“ Jahrg.

1859/60). So gestaltet sich der Erfolg der Wohlthätigkeit überall, und das liegt auch in der Natur der Sache, wie in der Natur der Sache auch die verhältnißmäßig großen Verluste liegen, welche bei den Berliner Kassen z. B. über 3 Proc. gewesen sind.

Auch diejenigen Vorschußkassen, welche nicht auf der reinen Selbsthülfe und dem reinen Selbstinteresse der Creditbedürftigen beruhen, sondern mehr oder weniger Unterstützung von Außen haben, von Stadtkassen, von Aktionären ꝛc., und wo nicht allein die Creditbedürftigen die Leitung haben, sondern unter fremder Leitung oder doch unter steter fremder Controle stehen, und wo die Creditbedürftigen nicht in Form von Geschäftsantheilen eigenes Interesse haben, sind von dürftigem Erfolge gewesen.

Ganz anders die auf reiner Selbsthülfe und rein auf Selbstinteresse beruhenden Vorschußvereine; welche der Kreisrichter a. D. S ch u l z e - D e l i tz ch 1850 ins Dasein gerufen zu haben, das nicht hoch genug zu schätzende Verdienst hat. Hindernisse, welche ihnen von unten und oben in den Weg gelegt sind, weil man eben weder oben noch auch unten das System der Leitung von oben her und der Unterstützung entbehren zu können glaubt, und keine Ahnung von der eigenen Kraft der Arbeiter hat, beweisen, daß wir in einer sich erst noch aufklärenden Uebergangszeit leben, und hätte Schulze nicht einen so außerordentlich praktischen Geist und eine so eminente Zähheit des Willens, so wären sie schwerlich zu ihrer jetzigen Verbreitung gekommen. Diese Vereine beruhen auf den beiden Grundsätzen: S e l b s t h ü l f e m i t S e l b s t i n t e r e s s e u n d S o l i d a r i t ä t, d. h. allgemeiner Haftung Aller für Einen. Das Betriebscapital wird theils durch die Eintrittsgelder und durch die Wochen- und Monatsbeiträge der Mitglieder gebildet, jedoch im Wesentlichen durch Anleihen, welche durch die solidarische Verhaftung aller Mitglieder vollkommen gesichert sind, und deßhalb mehr wie ausreichend zufließen. Nur Mitglieder des Vereins, d. h. welche sich selbst mit solchen Einschüssen betheiligt haben, erhalten Darlehne und zwar in kurzen Fristen und zu hohen Zinsen, wenn man dieselben auf's Jahr berechnet, nämlich zu 6—10% jährlich. Jedem Vereine ist es anheimgegeben, sich seine Statuten auf Grund jener beiden Principien verschieden zu gestalten; jedoch sind sie alle im Wesentlichen nach den Schulze'schen gemacht. Der Creditsuchende muß entweder der Regel nach Bürgen stellen, oder auch wohl nur einen Wechsel unterschreiben, wenn er dem Verein sicher ist. Die im Verhältniß zu dem landesüblichen Zinsfuße allerdings hohen Zinsen sind immer noch niedrig, wenn man erwägt, welche Vortheile der Einzelne mit dem aufgebrachten Capitale, wenn er dieses immer je nach Gelegenheit zur Hand hat, und es nicht länger, als nöthig, zu haben und zu verzinsen braucht, sich machen kann; dann aber auch ist hauptsächlich zu beachten, daß jedes Mitglied nach Maßgabe seiner Einschüsse durch die Dividende

an dem Nutzen der Zinsen wieder betheiligt ist, wodurch der Spartrieb
angeregt wird. Es sind dies wahre Volksbanken. Es gewöhnen sich
die Handwerker an das Capitalisiren und, was die Hauptsache ist, sie
haben ein Recht auf den Empfang des Darlehens, soweit die selbst gegebenen Statuten dies gewähren, und sind von Niemandem abhängig,
und Niemandem zu Danke verpflichtet. — Alle diese Vereine sind mit
wenigen Ausnahmen durch ein Centralbureau mit einander verbunden,
dessen Leitung Schulze selbst übertragen ist, und welches eine Zeitschrift
„die Innung der Zukunft" in jährlich 11 Nummern herausgiebt, in
welcher die Erfahrungen und Interessen der Vereine besprochen und berichtet werden.

Im Jahre 1850 wurden die beiden ersten Vereine begründet in den
kleinen Städten Delitzsch und Eilenburg, und nun hören wir, wie Schulze
als preußischer Abgeordneter in seiner für die Gewerbefreiheit am 7. Mai
1861 im Abgeordnetenhause gehaltenen Rede sich über den jetzigen Stand
der Vereine ausspricht. „Dies Princip der Selbsthülfe, sagt Schulze,
könnte vielleicht rein theoretisch erscheinen, aber es hat sich bewährt, wir
arbeiten bereits seit 12 Jahren danach, und ich kann Ihnen sagen, daß
auf diese, auf jene Solidarhaft großer Arbeitergruppen gewonnene Cre-
ditbasis hin uns fremdes Geld so reichlich zuströmt, daß bei vielen
Associationen mehr als das Bedürfniß da ist, so daß sie anderen, erst in
den Anfängen begriffenen, die sich noch nicht so weit durchgearbeitet haben,
Capitalien vorzustrecken vermögen. Wenn ich Ihnen alsdann anführe,
daß gegenwärtig nach diesem Principe zwischen 400 und 500 Genossen-
schaften in Deutschland operiren, von denen beinahe 300 als Vorschuß-
und Creditvereine, sogenannte Volksbanken, speciell die Aufgabe haben,
ein Bankgeschäft für ihre Mitglieder zu treiben, fremde Gelder heranzuziehen, einzelne kleine Ersparnisse derselben zu sammeln und Stamm-
antheile zu bilden, denen der Gewinn des Geschäfts zugeschrieben wird,
und daß diese 300 Banken im Jahre 1860 einen Gesammtumsatz von
10 bis 11 Millionen Thaler gemacht haben, wenn ich hinzufüge,
daß zu gemeinschaftlicher Beziehung der Rohstoffe circa 150 andere Associationen in speciellen Handwerken thätig sind, deren Gesammtumsatz
auch über eine Million beträgt, so werden Sie mir zugestehen, daß dies
allerdings nur kleine Zahlen sind, wenn sie das Gesammtbedürfniß im
Auge haben, daß es aber immer erhebliche Zahlen sind, wenn Sie die
Jugendlichkeit unserer Institute und die Schwierigkeiten, auf diesem Gebiete sich Bahn zu brechen, in Anschlag bringen."

Um nur ein paar Beispiele anzuführen, ziehen wir aus dem Jahres-
bericht pro 1860 die Rechnungsabschlüsse an:

Delitzsch hat 6000 Einwohner, der Verein hatte 453 Mitglieder
und gewährte Vorschüsse in der Summe von 77,309 Thlr.; Zerbst mit
10,000 Einw., gegründet 1857, 830 Mitglieder, gewährte Vorschüsse

in der Summe von 350,000 Thlr.; Bergen auf Rügen mit 4000 Einw., gegründet 1858, hatte 281 Mitglieder und gewährte Vorschüsse von 90,400 Thlr.; Luckenwalde mit 9000 Einw., gegründet 1858, mit 340 Mitgliedern, gewährte Vorschüsse von 224,776 Thaler.

Wahrlich, glänzender konnte doch niemals die Bevormundungspartei geschlagen werden, glänzender niemals der freie Individualismus sich bewähren. Denn auf diesem beruhen ja diese Vereine. Es müssen erst die alten Innungen gelöset sein, damit sich dies Princip völlig in seiner ganzen Mächtigkeit herausstellen kann; denn es ist eine nicht zu verkennende Thatsache, daß bei der gezwungenen Vereinigung Abneigung und Separationsgeist entsteht, bei der freien selbständigen Stellung der Einzelnen aber gerade der Vereinigungstrieb nach denjenigen Richtungen hin, wo er förderfam wirken kann, um so lebhafter erwacht. Auch lassen sich diese Vereine nur auf dem freien Genossenschaftsprincip und nicht auf dem des Innungszwanges begründen, dies ebensowenig, als man Kaufmannscompagnien zwangsweise würde zusammenbringen können. Die Innungen bedürfen als geschlossene Corporationen, und haben als solche immer über sich gehabt, die Aufsicht des Staats. Sobald die Associationen aber eigentliche Geschäfte treiben, ist die Staatsaufsicht mit ihnen unverträglich, denn sie verhindert die freie Beweglichkeit, welche den Handels- und Bankgeschäften durchaus nöthig ist. Dem Vorschußverein in Eisleben, welcher 800,000 Thaler jährlich umsetzt, ward die Concession angeboten mit der Bedingung, daß ein Magistrats-Assessor die Bank zu überwachen habe. Die Bank konnte nicht umhin dies anzunehmen, löste sich aber sofort auf, und constituirte sich neu in Form einer Disconto-Commandite-Gesellschaft, um von der Concession wieder befreit zu sein. Ferner würde die Anschließung dieser Vereine an Zwangsinnungen die beliebige Aenderung der Statuten behindern, diese ist aber, namentlich so lange der Verein noch nicht hinlängliche Erfahrungen gemacht hat, oftmals und zum Theil schleunigst nothwendig. — Dann aber würde beim Anschluß an die Innungen theils die Geschlossenheit der Zahl der letzteren die beliebige Erweiterung verhindern, theils aber auch würde die Ausschließung einzelner Innungsmitglieder nicht möglich sein, während hier die allgemeine Verhaftung sich mit der Unsolidität mancher Innungsmitglieder gar nicht vertragen würde.

Kurz und kernig sagt Schulze in seiner gedachten Rede: „Unsere Vereine beruhen auf dem streng durchgeführten Princip der Selbsthülfe, wir weisen grundsätzlich jeden Schutz zurück, den Schutz des Staats, wie die Subvention der höheren Gesellschaftsschichten. Alles Unterstützungswesen hat seine Berechtigung in dem Kreise, wo es hingehört, bei solchen, die einzeln, vorübergehend, oder dauernd dem Pauperismus bereits heimgefallen sind. Aber die sociale Frage, bei der es sich um die dauernde Haltung und Hebung großer Bevölkerungsklassen handelt, löst man weder durch Almosen, noch mit dem Staatsschutze, noch mit dem Festhalten an alten verlebten Formen des Gewerbewesens, und ich meine, wenn Jemand, wie dies so vielfach vorkommt, den Drang in sich fühlt, etwas zu thun, um die ungünstige Lage seiner Mitbürger zu bessern, daß er dann stets bedenken sollte, daß die größte Wohlthat, die der Günstiger-gestellte, der Gebildete, der Besitzer seinen weniger günstig gestellten Mit-bürgern gewähren kann, nicht ein Geschenk, nicht die Unterstützung ist, sondern die Anleitung zur Selbsthülfe, vermöge deren die Leute in die Lage kommen, keiner Unterstützung zu bedürfen.“

Wir erblicken in diesem frischen Aufblühen der freien Genossen-schaften den lebensvollen Keim einer gesunden wirthschaftlichen Entwicke-lung; denn es äußert sich hier ein wirkliches Verständniß der volkswirth-schaftlichen Wahrheiten in denjenigen Classen unserer Bevölkerung, deren Aufklärung unbestreitbar die Vorbedingung einer allgemeineren und höheren Culturentwickelung ist.